I0646926

THÉORIE

DE LA CONDITION

EN DROIT ROMAIN

PARIS. — IMPRIMERIE DE E. DONNAUD,

RUE CASSETTE, 9.

THÉORIE

DE LA CONDITION

DANS LES DIVERS ACTES JURIDIQUES,

SUIVANT LE DROIT ROMAIN

PAR

C. BUFNOIR

AGRÉGÉ PRÈS LA FACULTÉ DE DROIT DE PARIS,
AVOCAT A LA COUR IMPÉRIALE.

PARIS

COTILLON, ÉDITEUR, LIBRAIRE DU CONSEIL D'ÉTAT

24, RUE SOUFFLOT, 24

1866

AVERTISSEMENT.

———

Exclusivement préoccupé, jusqu'à ce jour, des travaux d'un enseignement d'autant plus lourd qu'il a dû s'appliquer successivement, et même simultanément, aux sujets les plus divers, je n'avais pas encore songé à m'adresser au public sous une autre forme. A dire vrai, je me sens peu de penchant à écrire : peut-être y ai-je peu d'aptitude. Cependant, de bienveillants conseils ont vaincu mes hésitations, et m'ont déterminé à entrer dans une autre voie. L'ouvrage par lequel j'y débute, résume, en les complétant, les conférences publiques sur les Pandectes, que j'ai faites à la faculté de droit de Paris, pendant le deuxième semestre de l'année scolaire 1864-1865. Je voudrais dire ici quelques mots sur la manière dont j'ai entendu et traité le sujet que j'ai choisi.

Je ne me suis pas proposé, comme on l'a fait dans des publications éminentes qui ont la même origine que celle-ci, de donner l'explication exégétique et pratique, si l'on peut ainsi parler quand il s'agit de droit romain, des textes sans nombre, épars dans nos recueils, qui ont trait à la théorie de la condition. Ma tâche s'est bornée à coordonner ces textes dans une synthèse méthodique, afin de mettre en lumière la doctrine générale des jurisconsultes romains sur la matière. Ainsi envisagé, mon sujet présentait encore les difficultés qui s'attachent à toute tentative de généralisation, surtout quand il s'agit d'une généralisation à reconstruire historiquement. Quant à l'utilité d'un tel travail, sans parler de celle qu'il pouvait présenter spécialement pour les jeunes gens auxquels s'adressait mon enseignement, il m'a paru qu'on ne s'était pas jusqu'ici préoccupé d'une manière suffisante, dans son ensemble du moins, d'un sujet dont l'intelligence exacte dissiperait, je le crois, plus d'un préjugé qui pèse encore sur l'interprétation de nos lois modernes. Ceci doit donc être considéré comme la préface d'un travail semblable sur le droit actuel. J'avais même eu la pensée de suivre dès à présent, dans l'histoire du droit, jusqu'à nos jours, le développement ou l'altération des doctrines que j'expose d'après le droit romain : l'étendue déjà considérable de cette étude limitée à la législation romaine seule, m'a forcé d'y renoncer.

Au point de vue où je me suis placé, j'ai cru ne pas devoir donner la traduction des textes que j'ai cités : la traduction des textes, qui peut paraître nécessaire quand elle est le préliminaire d'une explication exégétique, devient inutile dès qu'on les invoque seulement pour y trouver la formule des principes généraux. Je les ai néanmoins transcrit pour la plupart, soit pour la commodité du lecteur, soit, surtout, parce qu'à mes yeux cette manière de procéder évite la sécheresse d'un pur résumé doctrinal, et laisse dans l'esprit des traces plus profondes. C'est, du reste, celle qui est habituellement suivie aujourd'hui par les jurisconsultes allemands dans leurs monographies.

Je ne me suis pas toujours astreint à reproduire toutes les opinions qui ont été émises sur les points que j'ai traités. Seulement, sur les plus importants, je me suis attaché à tenir mes lecteurs au courant des doctrines professées dans les universités d'Allemagne. Non pas qu'il m'ait été possible de compulser tous les écrits des jurisconsultes d'outre-Rhin qui eussent pu me fournir d'utiles renseignements, mais, sans parler de M. de Savigny, qui a traité *ex professo* une partie du sujet, j'ai trouvé dans le manuel de M. de Vangerow le résumé de l'état actuel de la science en Allemagne. Il va sans dire, au surplus, que j'ai consulté quelques-uns des travaux spéciaux sur la matière. Outre Sell, dont le livre (1) est classique en Allemagne, bien qu'il ne soit plus l'expression du dernier état de la science sur plusieurs points, j'ai consulté avec fruit les écrits d'un esprit ingénieux et plein d'une judicieuse finesse, M. le professeur Fitting. Je dois une mention spéciale à sa remarquable brochure ayant pour titre : *Ueber den Begriff der Rückziehung* (2), dont les idées principales ont obtenu l'adhésion de M. de Vangerow.

Il ne me reste plus maintenant qu'à demander, pour ce premier essai d'une plume inexpérimentée, une indulgence dont je sens tout le besoin.

(1) *Ueber bedingte Traditionen.* — Zurich, 1839.
(2) Erlangen, 1856.

THÉORIE
DE LA CONDITION
EN DROIT ROMAIN

CHAPITRE PREMIER

Notions générales sur la condition.

I

La condition, considérée comme modalité dans les actes juridiques (1), est un événement futur et incer-

(1) Le mot *condition* a, en droit, d'autres significations dont je n'ai pas à m'occuper. Comp. Code Nap., art. 953, 954, 1108.

1

tain, auquel la volonté des parties subordonne la formation ou l'extinction d'un rapport de droit (1).

Cette définition n'est pas précisément empruntée aux
textes (2) ; mais elle n'en est pas moins très-exactement
conforme à l'idée que les jurisconsultes romains se fai -
saient de la condition. C'est ce qui résultera des développements qui vont suivre sur les caractères de cette
modalité.

II

La condition est un événement futur. — De là il suit
que si, dans un acte, on s'est référé, sous forme de
condition, à un événement supposé passé ou présent,
mais inconnu des parties (ou du disposant s'il s'agit
d'un acte de dernière volonté), cet acte ne sera pas
conditionnel en réalité. En termes plus brefs, les
conditions *quæ ad præteritum vel præsens tempus refe-
runtur,* ne sont que des conditions apparentes. C'est en
effet ce que nous trouvons exprimé dans les textes suivants :

> INSTIT., *De verb. oblig.* (III, 15), § 6. — Conditiones quæ ad
> præteritum, vel ad præsens tempus referuntur, aut statim
> infirmant obligationem, aut omnino non differunt, veluti :
> *si Titius consul fuit,* vel *si Mævius vivit, dare spondes?*
> Nam si ea ita non sunt, nihil valet stipulatio ; sin autem
> ita se habent, statim valet. Quæ enim per rerum natu-
> ram sunt certa, non morantur obligationem, licet apud
> nos incerta sint.

(1) Comp. de Savigny, *System.,* t. III, § 116. — De Vangerow,
Lehrbuch, § 93, *Anmerk* 1, t. I, p. 133.
(2) V. pourtant Instit., *De verb. oblig.* (III, 15), § 4.

PAPINIEN, L. 37, *Dig.*, *De reb. credit.* (XII, 1). Quum ad præsens tempus conditio confertur, stipulatio non suspenditur, et si conditio vera sit, stipulatio tenet, quamvis tenere contrahentes conditionem ignorent, veluti : *si rex Parthorum vivit centum millia dare spondes ?* Eadem sunt, et quum in præteritum conditio confertur.

SCÆVOLA, L. 38, *eod.* — Respiciendum enim esse, an, quantum in natura hominum sit, possit scire eam debitum iri (1).

PAPINIEN, L. 39, *eod.* — Itaque tunc potestatem conditionis obtinet, quum in futurum confertur.

Dans ces cas l'acte n'est conditionnel qu'en apparence, parce que, bien qu'il dépende d'un événement actuellement inconnu, il n'y a, au fond des choses, aucune incertitude : l'incertitude n'existe que dans l'esprit des

---

(1) Ce texte est obscur. Il ne signifie pas, à mon avis, qu'un fait, supposé présent ou passé, puisse devenir une véritable condition, quand il est humainement impossible d'en vérifier actuellement l'existence ou l'inexistence. Cette impossibilité n'empêche pas que le fait soit ou ne soit pas, et, partant, que le sort de l'acte ne soit dès à présent fixé. Je crois plutôt que ce passage, jeté maladroitement entre les deux parties du fragment de Papinien, a trait aux caractères de l'incertitude requise dans un événement *futur*, pour qu'il puisse faire l'objet d'une condition. A ce point de vue, on comprend qu'on se contente d'une ignorance invincible eu égard à l'état des connaissances humaines, et qu'on n'exige pas une incertitude absolue. Comme dit la L. 28, § 5, Dig., *De judic. in fine* (v, 1), à prendre les choses *secundum rerum naturam ;* ou mieux, eu égard à la prescience divine, *omnia certa sunt,* et aucun événement ne pourrait constituer une condition. Et la L. 28, § 5, en effet, décidant, par ce motif, qu'il faut, en cette matière, *adspicere nostram inscientiam,* exactement comme la L. 38, se réfère bien à un événement futur, certain dans un sens, *secundum rerum naturam,* mais dans des circonstances telles que cette certitude échappe à la science humaine, parce qu'elle est impuissante à constater les faits actuels qui déterminent l'événement futur. — M. Vernet, *Textes sur la théorie des obligations* (p. 128), paraît entendre ces deux textes dans un sens un peu différent de celui que je leur donne.

parties; le sort de l'opération est fixé *ab initio*, et une simple vérification de fait révélera si dès l'origine il y a eu un acte pur et simple, ou si, au contraire, il ne s'est pas formé.

Si donc l'événement auquel on s'est référé s'est réellement produit, l'acte sera traité comme ayant été pur et simple *ab initio*, et non comme suspendu jusqu'à la vérification. En conséquence, en supposant qu'il s'agisse de la vente d'un corps certain, et qu'il vienne à périr dans l'intervalle, par cas fortuit, la perte sera pour l'acheteur, tandis qu'elle aurait été pour le vendeur si on eût considéré la vente comme suspendue jusque-là par une condition (1).

Du reste, on arriverait au même résultat en disant que la vente était faite sous une condition véritable, mais accomplie au moment du contrat. Mais en se plaçant à un autre point de vue, on reconnaîtra qu'il importe de constater que les conditions dont nous parlons ne sont qu'apparentes. Il en résulte qu'elles ne vicient pas les actes qui, de leur nature, ne peuvent être faits sous condition. Par exemple, le testateur qui a un fils sous sa puissance, ne peut pas régulièrement l'instituer sous une condition non potestative (2), à moins qu'il ne l'exhérède sous la condition contraire. Eh bien, s'il l'a institué sous une condition *quæ ad præteritum vel præsens tempus refertur*, et qu'il s'agisse d'un événement réellement arrivé, l'institution sera pure et simple, et par suite régulière, quoiqu'il n'y ait pas eu d'exhérédation sous la condition contraire. C'est ce qu'explique Ulpien dans la L. 10, § 1, Dig., *De conditionibus instit.* (xxviii, 7):

(1) V. L. 8 Dig., *De peric. et comm. rei vend.* (xviii, 6).
(2) L. 4 C., *De instit. vel subst.* (vi, 25) et *infra*, p. 202 et suiv.

Si quem ita institutum ponamus : *ille, si eum codicillis heredem scripsi, heres esto*, valet institutio, etiam in filio, qui in potestate est, quum nulla sit conditio, quæ in præteritum confertur, vel quæ in præsens, veluti : *Si rex Parthorum vivit, si navis in portu stat*.

Cependant il y a certains actes, désignés sous le nom d'*actus legitimi*, qui sont viciés par l'expression d'une condition même apparente : ceux-là seraient nuls s'ils avaient été faits sous une condition *collata in præteritum vel præsens tempus*. J'aurai occasion de développer et d'expliquer cette règle qui est formulée dans la L. 77, Dig., *De div. reg. juris* (L. 17) (1).

Si nous supposons maintenant que l'événement passé ou présent auquel on s'est référé, ne s'est pas accompli, on pourrait être tenté de considérer l'acte comme fait sous une condition impossible. Ce serait inexact; il faut dire que l'acte n'est nullement conditionnel, mais inexistant. C'est bien là le langage des textes précédemment cités, auxquels nous pouvons ajouter la L. 3, § 13, Dig., de *Bon. libert.* (xxxviii, 2). Et ce n'est pas là une simple question de mots : dans les dispositions testamentaires, suivant la doctrine des Sabiniens, qui avait prévalu (2), les conditions impossibles sont réputées non écrites et laissent la disposition pure et simple. Or, dans le cas qui nous occupe, il n'en sera pas ainsi, et, au contraire, la disposition sera nulle.

Cette différence entre la condition se référant, *in præteritum vel præsens tempus*, à un événement non accompli, et la condition impossible, est nettement accusée dans la L. 16, Dig., *De injusto, rupto, irrito testamento*

(1) *Infra*, p. 104 et 110.
(2) Gaius. Comm. III. § 98, et *infra*, p 22 et suiv.

(xxviii, 3). Elle appartient au jurisconsulte Pomponius, et est ainsi conçue :

> Quum in secundo testamento heredem eum, qui vivit instituimus, sive pure, sive sub conditione, si tamen conditio existere potuit, licet non extiterit, superius testamentum erit ruptum; multum autem interest, qualis conditio posita fuerit, nam aut in præteritum concepta ponitur, aut in præsens, aut in futurum. In præteritum concepta ponitur, veluti : *Si Titius consul fuit, quæ conditio si vera est, id est si Titius consul fuit, ita est institutus heres, ut superius testamentum rumpatur, tum enim ex hoc heres esset si vero Titius consul non fuit, superius testamentum non est ruptum.* Quod si ad præsens tempus conditio adscripta est herede instituto, veluti : *Si Titius consul est*, eumdem exitum habet, ut, si sit, possit heres esse, et superius testamentum rumpatur, si non sit, nec possit heres esse, nec superius testamentum rumpatur. In futurum autem collatæ conditiones, si possibiles sunt, existere potuerunt; licet non extiterint, efficiunt ut superius testamentum rumpatur, etiam si non extiterint; si vero impossibiles sunt, veluti : *Titius si digito cœlum tetigerit, heres esto*, placet, perinde esse, quasi conditio adscripta non sit, quæ est impossibilis.

Dans ce texte, Pomponius traite de la révocation ou rupture d'un testament par la confection d'un second testament. La règle qu'il veut mettre en lumière est celle-ci : que le second testament révoque le premier par cela seul qu'il a été *jure factum*, quand même il ne produirait pas son effet; notamment si l'héritier institué dans le second testament a été institué sous condition, et que l'institution soit d'ailleurs régulière, la défaillance de la condition, en entraînant la chute du second testament, n'empêchera pas que le premier n'ait été révoqué (V. Instit., lib. II, tit. xvii, § 2). — Ce principe rappelé, le jurisconsulte distingue entre les véritables conditions, et celles dont nous parlons, qui ne sont que des conditions apparentes : les conditions *in futurum* apposées à l'institution contenue dans le second testament, si elles sont impossibles, laissent l'institution pure et simple, car elles sont tenues pour non écrites, et par suite le premier testament est rompu ; il en est autrement des conditions qui se réfèrent à un événement passé ou présent non accompli ; on ne les efface pas comme étant impossibles, elles empêchent l'institution de valoir, et par suite le deuxième testament étant *non jure factum*, faute d'une institution d'héritier, le premier testament n'aura pas été révoqué.

J'ai supposé, dans les développements qui précèdent, que le testateur lui-même, dans l'expression de la condition, s'est référé *ad præteritum vel præsens tempus*. Il en serait autrement si, parlant au futur, il avait entendu poser une véritable condition, défaillie à l'époque où il a fait son testament. La condition était alors regardée comme impossible, et par suite, suivant l'opinion qui avait prévalu, réputée non écrite. C'est ce que nous lisons dans la L. 6, § 1, Dig., *De condit. et demonstr.* (xxxv, 1).

. . . . Sed Servius respondit, quum ita esset scriptum : *si filia et mater mea vivent*, altera jam mortua, non defici conditione; idem est et apud Labeonem scriptum. Sabinus quoque et Cassius, quasi impossibiles eas conditiones in testamento positas pro non scriptis esse ; quæ sententia admittenda est.

Dès que l'événement est futur aux yeux du disposant, cela suffit pour que la condition soit régulière à ce point de vue ; seulement elle peut perdre, à raison des faits passés, son caractère d'incertitude, et devenir, suivant les circonstances, une condition nécessaire ou une condition impossible. C'est la dernière alternative qui se produit dans l'espèce de la loi que je viens de transcrire, et le résultat est tout différent de ce qu'il serait si la condition se référait à un événement passé non accompli : dans ce dernier cas il y aurait nullité de la disposition, tandis qu'en se plaçant à l'autre point de vue, et s'agissant d'un testament, la condition est réputée non écrite (1).

III

La condition est un événement incertain. C'est par ce caractère que la condition se distingue du terme. — Comme la condition, le terme se réfère à l'avenir, mais il doit nécessairement arriver.

Cependant on parle souvent du terme incertain, *dies incertus;* on entend par là que, dans la fixation du terme, on ne s'est pas référé à une date déterminée, mais à un événement dont la date est incertaine ; par exemple : *à la mort de Titius.*

---

(1) Comp. L. 45 Dig., *De hered. instit.* — La controverse dont la L. 6, § 1, *cit.* porte la trace, ne semble donc pas être autre chose que celle qui divisait les deux écoles sur les effets de la condition impossible dans les testaments. Aussi Neratius, le Proculien, tient-il pour la nullité de l'institution, tandis que Sabinus et Cassius sont nettement pour l'opinion contraire. Mais, chose remarquable, Labéon, le chef de l'école Proculienne, est ici avec les Sabiniens, et comme la doctrine sabinienne est aussi celle de Servius (V. surtout L. 45 *cit.*), on est autorisé à en conclure, contre l'avis de Blondeau (*Instit.*, t. I, p. 427, 11), que l'opinion des Sabiniens, loin d'être une innovation, était ancienne, et, en outre, que les Proculiens n'ont adopté l'opinion opposée que postérieurement à Labéon.

Le terme incertain ne doit donc pas être confondu avec la condition : dans la condition, l'incertitude porte sur l'arrivée même de l'événement prévu ; dans le terme incertain, elle ne porte que sur l'époque à laquelle cet événement arrivera. Aussi dans les actes entre-vifs le *dies incertus* produit-il les effets du *dies certus*, et non ceux de la condition ; notamment il n'autorise pas à répéter le payement fait par erreur *ante diem* (1).

Mais dans les testaments, on avait admis au contraire que le terme incertain équivalait à une condition.

> PAPINIEN, L. 75, Dig., *De condit. et demonstr.* (XXXV, 1). —
> « Dies incertus conditionem in testamento facit. »

C'est là une règle importante dont il faut déterminer avec soin le sens et la portée.

Appliquée aux legs, voici le sens de la règle : quand un legs est fait *ex die certo*, il a son *dies cedens* à la mort du testateur ; d'où il suit, entre autres conséquences, que le bénéfice en devient, dès cette époque, transmissible aux héritiers du légataire décédé avant l'arrivée du terme. Au contraire le legs *ex die incerto* n'aura son *dies cedens* qu'à l'arrivée du terme, et, par suite, ne produira son effet que si le légataire a vécu jusque-là. Tel serait le cas du legs *quum heres morietur*, ainsi qu'on le voit dans les textes suivants :

> POMPONIUS, L. 1, § 2, *De condit. et demonstr.* (Dig., XXXV, 1). — Dies autem incertus est, quum ita scribitur : *heres meus quum morietur, decem dato;* nam diem incertum mors habet ejus, et ideo, si legatarius ante decesserit, ad heredem ejus legatum non transit, quia non

_____

(1) L. 17 Dig., *De condict. indeb.* (XII, 6).

cessit dies vivo eo, quamvis certum fuerit moriturum heredem.

PAPINIEN, L. 79, § 1, *eod. tit.* — *Heres meus quum ipse morietur, centum Titio dato;* legatum sub conditione relictum est; quamvis enim heredem moriturum certum sit, tamen incertum est, an legatario vivo dies legati non cedet, et non est certum, ad eum legatum perventurum* (1).

Ce dernier texte donne implicitement la raison de cette dérogation aux effets ordinaires du terme : il y a ici une interprétation de la volonté du testateur ; on suppose qu'il a entendu subordonner l'efficacité du legs à la condition que le légataire sera encore vivant à l'époque incertaine de l'arrivée du terme. Cela est si vrai, que si l'événement à date indéterminée, auquel on s'est référé, doit nécessairement arriver du vivant du légataire, la disposition ne sera plus considérée comme conditionnelle. Tel serait le cas du legs *quum legatarius morietur* :

PAPINIEN, L. 79, *pr.*, *eod. tit.* — *Heres meus, quum morietur Titius, centum ei dato,* purum legatum est, quia non conditione, sed mora suspenditur; non potest enim conditio non existere (2).

L'application et l'explication de la règle ne sont pas aussi simples en ce qui touche l'institution d'héritier.

L'institution d'héritier ne peut pas se faire *ex die certo,* le motif en est dans la maxime *nemo paganus partim testatus partim intestatus decedere potest.* Si on

---

(1) Comp. LL. 4, *pr.* et 13 *in fine,* Dig., *Quando dies legat.* (XXXVI, 2). — L. 12, § 1, Dig., *De legat.* 2 (XXXI).
(2) V. aussi L. 4, § 1, *Quando dies legat.* (XXXVI, 2).

avait admis l'institution d'héritier *ex die*, en attendant
l'arrivée du terme, l'hérédité aurait dû appartenir aux
héritiers *ab intestat*, et cette maxime aurait été violée.
Aussi les militaires, qui pouvaient mourir partie testat,
partie intestat, pouvaient-ils, par la même raison, instituer un héritier *ex die* : « *Et quod in bonorum portione
ei licet, hoc etiam in temporis spatio, licet non modicum sit,
ex eodem privilegio competat.* (L. 41, *pr. in fine*, Dig.,
De testamento militis (xxix, 1).

Et enfin, ce qui concorde parfaitement avec la même
idée, l'institution d'héritier *ex die* n'était pas nulle;
on supprimait le terme, et on la tenait pour pure et simple : c'est ainsi que dans une institution *ex certis rebus*
au profit d'un héritier unique(1), on ne tenait nul compte
de la restriction, et l'héritier institué recueillait l'hérédité entière. V. L. 1, § 4, Dig., *De hered. instit.* (xxviii, 5),
et L. 41, § 8, *De vulg. et pupill. subst.* (xxviii, 6).

Telle est la doctrine exposée dans la L. 34, Dig., *De heredib. institut.* (xxviii, 5).

Hereditas ex die, vel ad diem non recte datur, sed vitio temporis sublato manet institutio (2).

Si donc, dans l'institution d'héritier, on avait traité
le terme incertain comme un véritable terme, on l'aurait également réputé non écrit. Mais au contraire, suivant la règle que nous étudions, on le traitait comme
une condition : en conséquence, la délation de l'hérédité
se trouvait suspendue jusqu'à l'arrivée du *dies incertus;*
si l'institué était encore vivant et capable à cette époque,

---

(1) Pour le cas où il y a plusieurs héritiers institués *ex certis rebus*.
V. M. Pellat, *Textes choisis* (1859), p. 193 et suiv.
(2) V. aussi Instit., *De hered. instit.* (ii, 14), § 9.

il pouvait la recueillir; sinon le décès antérieur de l'institué l'aurait fait ouvrir définitivement au profit des héritiers *ab intestat*.

Voilà le sens pratique de notre règle à ce point de vue. Mais comment expliquer la différence admise à cet égard entre le terme certain et le terme incertain? — Nous ne pouvons pas reproduire ici l'explication que nous avons donnée pour les legs : en matière d'institution d'héritier, il n'y a pas de *dies cedens* qui rende le droit transmissible à partir du décès du testateur; la condition de survie de la part de l'institué est donc aussi indispensable en cas de terme certain qu'en cas de terme incertain, et en se plaçant à ce point de vue, on aurait été amené à considérer comme conditionnelle l'institution d'héritier même *ex die certo*.

Pour expliquer la différence, il faut se rappeler que la préoccupation des jurisconsultes était ici d'empêcher la violation de la maxime *nemo paganus partim testatus partim intestatus decedere potest* : pour qu'on donnât effet à la volonté du testateur, il fallait que, par voie d'interprétation au moins, elle pût se concilier avec cette maxime. Or, la violation du principe est flagrante dans une institution *ex die certo;* en ce cas aucune interprétation ne peut empêcher que le testateur n'ait voulu déférer sa succession, d'abord et pour un temps déterminé aux héritiers *ab intestat*, puis, s'il y a lieu, à l'héritier institué. Il n'en est pas de même quand le terme est incertain; ce terme pouvant arriver à chaque instant, n'implique pas nécessairement chez le testateur l'intention de déférer successivement l'hérédité aux héritiers des deux ordres; on a pu interpréter sa volonté en ce sens que la délation de la succession est suspendue jusqu'à l'arrivée du terme (1).

Si cette explication est la vraie, elle doit nous conduire à décider que le *dies incertus*, vaut condition dans l'institution d'héritier, au rebours de ce qui a été dit pour les legs, même quand il doit nécessairement échoir du vivant de l'institué, car dans ce cas même, en l'absence d'un délai déterminé, la possibilité de l'arrivée du terme à chaque instant suffit pour qu'on suspende, suivant l'intention probable du testateur, la délation de l'hérédité *ab intestat*.

Cette déduction est confirmée par une constitution des empereurs Dioclétien et Maximien, insérée au Code de Justinien, où elle forme la L. 9, au titre *De hered. instit.* (vi, 24). Elle est ainsi conçue :

> Extraneum (2) etiam quum moreretur, heredem scribi placuit.

On objecte, à la vérité (3), qu'il n'y a ici nulle incertitude qui puisse autoriser à transformer le terme en une

(1) Cette explication est empruntée, pour le fond des idées, au remarquable *Cours élémentaire de droit romain* de M. Demangeat, t. I, p. 656-657. Le savant professeur est le premier auteur qui ait remarqué qu'il n'y a rien à conclure, dans la question, de ce que l'institué doit survivre au *dies incertus*, puisqu'il devrait également survivre au *dies certus* si on l'avait admis.

(2) *Extraneum*, par opposition à l'héritier sien dont l'institution ne peut pas, en principe, être conditionnelle. V. *infra*, p. 198 et suiv.

(3) M. Ortolan, *Explic. hist. des Inst*, t. II, p. 500. — Le savant professeur dit (*note* 3) : « Nous n'acceptons pas la suppression du *quis* dans ce texte. » La vérité est que le *quis* est une addition faite arbitrairement dans les premières éditions du Code. Aucun manuscrit ne le porte. V. les notes sur la L. 9, dans le *Corpus juris* des frères Kriegel.

condition, et on propose de lire le texte du Code de la manière suivante :

> Extraneum etiam quum *quis* moreretur, heredem scribi placuit.

Mais rien n'autorise cette correction, qui n'est fondée sur aucun manuscrit; quant à l'objection, elle n'a pas de valeur dès qu'on part de l'explication qui précède; enfin, à tout prendre, on pourrait sous-entendre la condition, si l'héritier institué est encore capable au moment de sa mort.

Avant de finir sur le *dies incertus*, je dois faire remarquer que, sous cette qualification, les jurisconsultes romains comprennent parfois de véritables conditions.

Il est possible qu'en se référant à un événement vraiment incertain, qui peut arriver ou ne pas arriver, les parties aient employé la formule usitée en cas de terme ; par exemple : *quum Titius consul erit, quum filius meus ad pubertatem pervenerit.* Il est bien évident qu'il y a là, sous l'apparence d'un terme, une véritable condition. Eh bien ! les textes appliquent souvent à ces hypothèses la qualification de *dies incertus*. On peut en voir un exemple dans la L. 21, pr. *in fine,* Dig., *Quando dies legat.* (XXXVI, 2). Cette terminologie n'avait pas d'inconvénients quand il s'agissait de dispositions testamentaires, puisque, là, le terme incertain proprement dit lui-même, équivalait à une condition. Au surplus, les jurisconsultes romains ne s'y trompaient pas, et ils savaient bien observer, à l'occasion, qu'un tel *dies incertus* n'était pas autre chose qu'une condition. Pour en donner la preuve, je ne puis puis mieux faire que de transcrire ici la L. 22, *pr., eod. tit.,* dont le langage est remarquablement net :

Si Titio, *quum is annorum quatuordecim esset factus*, legatum fuerit, et is ante quartum decimum annum decesserit, verum, ad heredem ejus legatum non transire, quoniam *non solum diem, sed et conditionem* hoc legatum in se continet, *si effectus esset annorum quatuordecim*; qui autem in rerum natura non esset, annorum quatuordecim non esse intelligeretur. Nec interest utrum scribatur : *si annorum quatuordecim factus erit*, an ita, quum priore scriptura per conditionem tempus demonstratur, sequente per tempus conditio; utrubique tamen eadem conditio est (1).

Mais l'appréciation exacte de la modalité désignée sous le nom de *dies incertus, hoc sensu,* devenait très-importante dans les actes entre-vifs, où le terme incertain, dans le sens propre du mot, n'était pas l'équivalent d'une condition : il était indispensable de reconnaître pour une condition le *dies incertus* dont nous parlons maintenant, et de lui en attribuer les effets. •

A l'aide de ces observations, on peut facilement rendre compte des textes suivants :

Pomponius, L. 16, *Dig., De condict. indeb.* (XII, 6). —

(1) Il y a des événements incertains qui, quand ils se réalisent, arrivent à date fixe. Ex. : *quum pubes erit, quum sedecim annorum factus erit.* La relation à un événement de cette nature, dans une disposition testamentaire notamment, constituait, en principe, une condition ; mais on pouvait décider, d'après l'intention du testateur, qu'elle ne constituait qu'un terme. On recherchait s'il avait voulu exiger la survie du bénéficiaire de la disposition à l'événement prévu, ou reculer seulement à une date désignée sous cette forme l'exécution de cette disposition. Il y en a un exemple dans la L. 46, *Dig., Ad senatuscons. Trebell.* (XXXVI, 1), où nous voyons qu'un individu ayant institué un étranger, avec la charge de restituer l'hérédité au fils du testateur quand il aurait atteint l'âge de seize ans, le jurisconsulte décide que ce n'est là qu'un terme de restitution, et que le fidéicommis est transmissible aux héritiers du fils, même en le supposant décédé avant l'âge fixé. — Comp. L. 12, pr., C., *De usufr.* (III, 33).

Sub conditione debitum per errorem solutum pendente
quidem conditione repetitur, conditione autem existente
repeti non potest.

§ 1. Quod autem sub incerta die debetur, die existente non
repetitur.

L, 17, *eod*. ULPIEN. — Nam si quum moriar, dare pro-
misero, et antea solvam, repetere me non posse, Celsus
ait; quæ sententia vera est.

La règle posée au *princip.* de la L. 16 est bien connue; j'aurai occasion d'y revenir : le payement d'une
dette conditionnelle, fait par erreur *pendente conditione,*
peut être répété jusqu'à l'arrivée de la condition ; il n'en
est pas de même du payement d'une dette non encore
exigible, fait avant l'échéance du terme (L. 10 *eod.*);
peu importe que le terme soit certain ou incertain ; la
L. 17 ci-dessus transcrite le décide expressément pour
le terme *quum moriar.* Mais alors que signifie le § 1 de
la L. 16 d'après lequel le payement d'une dette à terme
incertain, fait *ante diem*, ne peut plus être répété quand
le terme est arrivé, ce qui impliquerait que la répétition
est admise *pendente die?*

Si on veut entendre ce passage d'un terme incertain
proprement dit, il faudra, pour le mettre d'accord avec
la L. 17, supposer, avec Cujas (1), qu'il présente une
erreur de copiste, et lire *die pendente*, ou *die non existente*, au lieu de *die existente*. — Mais cette correction
arbitraire devient inutile dès qu'on entend la L. 16, § 1
d'une condition formulée sous l'apparence d'un terme
incertain (2).

(1) Observ., lib. XIII, c. 20.
(2) V. Savigny. *System.*, § 126, *note h*, trad. française, t. III,
p. 218.

Du reste, le dissentiment ne porte que sur l'interprétation du texte; il n'y a pas d'incertitude sur les
principes, qui sont constants. Comme le fait remarquer
Cujas lui-même (1), ils trouveraient au besoin leur confirmation dans la L. 56, *eod. tit.* :

> Sufficit ad causam indebiti, incertum esse, temporaria sit,
> an perpetua exceptionis defensio. Nam si qui, ne conve-
> niatur, donec Titius consul fiat, paciscatur, quia potest
> Titio decedente perpetua fieri exceptio, quæ ad tempus
> est Titio consulatum ineunte, summa rationc dicetur,
> quod interim solvitur, repeti; ut enim pactum, quod in
> tempus certum collatum est, non magis inducit condic-
> tionem quam si ex die debitor solvit, ita prorsus defensio
> juris, quæ causam incertam habet, conditionis instar
> obtinet.

On sait que le débiteur qui avait payé par erreur,
étant *tutus exceptione perpetua*, pouvait répéter, pourvu toutefois que cette exception ne fût pas de nature à
laisser subsister une obligation naturelle (2); il n'avait
pas le même droit quand l'exception qu'il avait omis
d'invoquer n'était qu'une exception temporaire. Cette
distinction aurait trouvé son application, par exemple,
dans l'hypothèse d'un pacte *de non petendo*, suivant que
ce pacte aurait été fait *in perpetuum* ou *ad tempus*. Mais
que décider dans le cas du pacte *de non petendo donec
Titius consul fiat*? Telle est la question examinée par
Papinien dans notre L. 56. Au fond, sous la forme d'un
pacte *ad diem incertum*, le créancier s'est engagé à retarder sa réclamation jusqu'à l'arrivée d'une condition :

---

(1) *Loc. cit.*
(2) V. *Vatic. fram.*, § 266 *a.* — Comp. L. 40, Dig., *De condict.
indeb.* (xii, 6).

le pacte, temporaire si la condition se réalise, deviendra perpétuel si elle fait défaut, c'est-à-dire si Titius meurt avant d'avoir été consul. Quel sera le sort du payement fait par erreur pendant la période d'incertitude ? Il pourra être répété, dit Papinien. S'il s'agissait d'un pacte *de non petendo ad tempus certum*, on traiterait le débiteur comme un débiteur à terme; le pacte étant *ad tempus incertum*, on le traite comme un débiteur sous condition.

IV

Nous devons maintenant exposer sous un autre aspect les conséquences de cette idée que la condition est un événement incertain.

Il en résulte que, lorsqu'on fait dépendre un rapport de droit d'un événement qui doit nécessairement arriver ou ne pas arriver, il n'y a pas là de véritable condition : en d'autres termes, les conditions *nécessaires* et les conditions *impossibles* ne sont que des conditions apparentes. Cette observation demande toutefois quelques développements (1).

La condition nécessaire, c'est-à-dire celle qui consiste en un événement qui doit nécessairement arriver, laisse pur et simple l'acte qu'on en fait dépendre. Tel serait, dans l'état actuel de la science astronomique, le cas d'une stipulation, ou d'une institution d'héritier, faite sous la condition que telle éclipse se produira au jour annoncé. Nous trouvons cette règle, avec un autre exemple, aux Institutes de Justinien livre III, tit. XIX, § 11 *in fine* :

(1) V. Savigny. *op cit.*. §§ 116 c, et 121.

At si ita stipuletur, *si digito cœlum non attigero dare spondes,* pure facta obligatio intelligitur, ideoque statim petere potest.

Le payement fait en vertu d'une obligation contractée sous une telle condition ne peut donc jamais donner lieu à la *condictio indebiti :*

ULPIEN, L. 18, *De condict. indeb. (Dig.* XII, 6). Quodsi ea conditione debetur, quæ omnimodo extitura est, solutum repeti non potest, licet sub alia conditione, quæ an impleatur, incertum est, si ante solvatur, repeti possit.

De même, la stipulation faite *novandi causa* sous une condition nécessaire, opérerait immédiatement novation d'une dette antérieure (Loi 9, § 1, Dig., *De novat.,* XLVI, 2), tandis qu'il n'en était pas de même, nous le verrons, d'une véritable stipulation conditionnelle.

Les mêmes règles s'appliquent aux dispositions testamentaires. Il y en a un exemple dans la L. 20, pr. *in fin.,* Dig., *De condit. institut.* (XXVIII, 7). — Ce texte prévoit l'hypothèse suivante : Une femme débitrice envers son mari d'une certaine somme d'argent qu'elle lui avait promise en dot, l'institue son héritier à la condition de ne pas exiger le payement de cette somme (1). Pour régler l'effet de cette institution, Labéon fait une distinction ; il suppose d'abord que le mari n'est pas seul héritier, auquel cas il pourra, en déclarant à ses cohéritiers qu'il est prêt à leur faire acceptilation de ce qui lui est dû *dotis nomine,* acquérir immédiatement la succession ; puis il continue en ces termes :

---

(1) On sait que, dans le droit classique, la dot *non profectitia,* à moins d'arrangements contraires, demeurait au mari quand la femme mourait *in matrimonio* (Ulp., *Lib. reg.,* VI, §§ 4 et 5).

Quod si solus heres institutus esset in tali conditione, nihilominus puto, statim eum heredem futurum, quia ἀδύνατος
(*impossibilis*) conditio pro non scripta accipienda est.

Il y a dans le texte un vice de terminologie sur lequel j'insisterai plus bas, en ce qu'il qualifie la condition dont il s'agit, de condition impossible, pour arriver
à la déclarer non écrite. La vérité est que c'est une condition nécessaire, car elle ne peut pas ne pas arriver : le
mari ne peut pas contrevenir à l'obligation qui lui est
imposée, ni avant l'adition d'hérédité, puisqu'il n'y aura
pas encore d'héritier, contre qui il puisse poursuivre le
payement de la dette contractée envers lui par la testa-
trice, ni après, puisqu'il sera l'unique héritier et que,
dès lors, sa créance envers sa femme sera éteinte par
confusion (1).

Il ne faut pas confondre avec la condition nécessaire,
celle dont l'accomplissement pouvait être incertain en
soi, mais qui, à l'insu des parties, du testateur par
exemple, est déjà accomplie au moment de l'acte :

ULPIEN. — L. 10, § 1, *De condit. et demonstr.* (XXXV, 1).
Si sic legatum sit : *si navis ex Asia venerit*, et ignorante
testatore navis venerit testamenti facti tempore, dicendum

(1) *Sic* Savigny, *op. cit.*, § 121, notes *d*, *e*. — Il est cependant permis de penser que, dans le cas particulier, le jurisconsulte se place à un
autre point de vue pour déclarer la condition impossible. Quand une disposition testamentaire est faite sous condition de ne pas faire quelque
chose, cela s'entend en ce sens qu'on doit prendre l'engagement de ne
pas le faire, et cet engagement est impossible à prendre quand on est
unique héritier et que, partant, le testateur n'a pas d'autre représentant
vis-à-vis de qui on puisse s'obliger. (Comp. L. 4, § 1, Dig., *De condit.
instit.*, XXVIII, 7.) Du reste, cela se rattache à la difficile question de
savoir si la caution Mucienne peut être exigée par les héritiers *ab intestat*. Je l'examinerai dans la suite, en traitant des effets de la condition.

pro impleta haberi. Et si cui sic legatum est : *quum pubes
erit*, simili modo hoc erit dicendum.

En pareil cas, dans la pensée du disposant, il y a véritablement une condition ; seulement elle est *pro impleta*.
Mais ne serait-ce pas la même chose de dire que la disposition est pure et simple ? Je crois que non : si un fils de
famille était institué héritier par son père sous une telle
condition, sans être exhérédé sous la condition contraire,
je pense que le testament serait nul comme si le fils
avait été omis ; il ne le serait pas s'il avait été institué
sous une condition nécessaire (1).

Enfin j'ajoute que, s'il s'agissait d'un *actus legitimus*,
comme les actes de cette espèce n'admettent pas même
l'apparence d'une condition, il serait vicié par l'insertion d'une condition nécessaire.

La condition impossible joue, dans les textes du droit
romain, un plus grand rôle que la condition nécessaire ; je dois m'y arrêter assez longuement. Elle est
définie dans un passage des Institutes de Justinien,
livre III, tit. xix, *De inutilibus stipulationibus*, § 11 :

. . . . . Impossibilis autem conditio habetur, cui natura
impedimento est quominus existat, veluti si quis ita dixe-
rit, *si digito cœlum attigero, dare spondes ?*

---

(1) Le texte cité suppose que le testateur ignorait l'arrivée antérieure
de l'événement auquel il s'est référé. S'il l'eût connue, on aurait eu à
examiner s'il n'avait pas en vue la réitération du même fait (L. 9, pr.,
Dig., *De condit.*; L. 45, § 2, *De legat.* 2). Si le fait n'était pas susceptible d'être réitéré, la disposition était pure et simple (L. 11, pr.,
Dig., *De condit.*). V. Savigny, *op. cit.*, § 121, note *h*, trad. fr., t. III,
p. 164. — M. de Vangerow (*Lehrbuch*, § 435, *Anmerk* 1, 1, *in fine*) et
d'autres auteurs qu'il cite, pensent que la condition était effacée comme
impossible. — Cela me paraît contraire au texte de la L. 11 pr., et à
l'intention bien interprétée du testateur.

Théoriquement, il n'y a pas là de condition, car il n'y
a aucune incertitude; il est certain *ab initio* que l'événement auquel on s'est référé n'arrivera pas. Une con-
lition impossible équivaut à la négation complète de la
volonté de celui qui s'engage ou qui dispose. Elle devrait donc entraîner la nullité de l'acte où elle est insérée.

C'est ce que le droit romain admettait sans difficulté
pour les actes entre-vifs :

> MÆCIANUS, L. 31, Dig. *De obligat. et act.* (XLIV, 7). — Non
> solum stipulationes impossibili conditioni applicatæ nul-
> lius momenti sunt, sed etiam ceteri quoque contractus,
> veluti emptiones, locationes, impossibili conditione inter-
> posita æque nullius momenti sunt, quia in ea re, quæ ex
> duorum pluriumve consensu agitur, omnium voluntas
> spectetur; quorum procul dubio in hujusmodi actu talis
> cogitatio est, ut nihil agi existiment, apposita ea condi-
> tione, quam sciunt esse impossibilem (1).

Mais il n'en était pas de même dans les dispositions
testamentaires. Il y avait à ce sujet un dissentiment
entre les deux grandes écoles : les Proculiens voulaient
que les dispositions de dernière volonté fussent nulles,
aussi bien que les actes entre-vifs, quand elles seraient
faites sous une condition impossible; suivant les Sabiniens on devait, en pareil cas, regarder la condition
comme non écrite, et tenir la disposition pour pure et
simple.

> GAIUS, Inst. III, § 98. — . . . . . Sed legatum sub impos-
> sibili conditione relictum nostri præceptores proinde
> valere putant, ac si ea conditio adjecta non esset Diversæ

---

(1) Comp. Gaius, Comm. III, § 98; L. 9, § 6, Dig., *De reb. credit.*
(XII, 1), L. 1, § 11, *De oblig. et act.* (XLIV, 7).

scholæ auctores non minus legatum inutile existimant quam stipulationem, et sane vix idonea diversitatis ratio reddi potest.

La manière dont ce texte est conçu suffirait à elle seule pour établir que la doctrine des Sabiniens, sur la différence des effets produits par la condition impossible, suivant qu'elle se rencontre dans un acte entre-vifs, ou dans une disposition testamentaire, était ancienne, et qu'ils la conservaient par respect pour la tradition, sans chercher autrement à la justifier. Les Proculiens protestaient au contraire contre cette tradition, au nom des principes rigoureux. C'est donc à tort, comme je l'ai remarqué plus haut, que Blondeau (1) a voulu faire ici aux Sabiniens, suivant son expression, l'honneur de l'innovation. Cet aperçu est confirmé par des textes précis. Servius Sulpicius, contemporain de Cicéron, enseignait déjà comme Gaïus que : *id, quod impossibile in testamento scriptum esset, nullam vim haberet* (L. 45, Dig., *de hered. instit.*). Cette opinion de Servius est rappelée dans la L. 6, § 1, Dig., *De condit. et demonstr.* (citée, *supra, p.* 7), qui nous apprend, en outre, que Labéon chef de l'école proculienne, pensait encore comme Servius.

Ce fut donc après Labéon, que l'opinion proculienne sur cette question prit naissance. Dans la L. 6, § 1, on cite comme la professant Neratius, mais on peut affirmer qu'elle remonte jusqu'à Proculus. J'en trouve la preuve dans la L. 58, Dig., *De condit. et demonstr.*, où l'on voit que Proculus admet la validité d'un certain legs conditionnel, en se fondant sur ce que la condition n'est pas

(1) V. Blondeau, *Institut.*, T. 1, p. 427, 11.

impossible ; d'où il suit que, dans sa pensée, si la condition eût été impossible, le legs eût été nul (1).

Quoi qu'il en soit, l'opinion des Sabiniens triompha
dès l'époque classique, et ce triomphe est constaté par
Ulpien dans le texte suivant :

> L. 3, Dig., *De condit. et demonstr.* (xxxv, 1). — Obtinuit
> impossibiles conditiones testamento adscriptas pro nullis
> habendas.

Enfin Justinien consacra définitivement la même
doctrine :

> Instit. *De hered. instit.* (II, xiv) § 10. — Impossibilis
> conditio in institutionibus et legatis, nec non fideicom-
> missis et libertatibus, pro non scripta habetur.

Cette double règle sur les effets de la condition impossible étant connue, savoir qu'elle annule les actes
entre-vifs où elle est insérée, tandis qu'elle est réputée
non écrite dans les dispositions testamentaires, il importe de rechercher ce qu'il faut entendre par une condition impossible.

Notons d'abord que la condition impossible peut être
positive ou négative : *Si vous touchez le ciel du doigt ;*
— *si le soleil ne se lève pas demain.* — Mais il ne faut
pas confondre avec la condition impossible négative
(négation d'un fait nécessaire), la condition qu'une chose
impossible n'arrivera pas : *Si vous ne touchez pas le ciel
du doigt.* — Quelquefois, par une confusion de langage,
on appelle cela condition négative impossible, et on dit,
en ce sens, que la condition négative impossible apposée
à un contrat le laisse pur et simple. La vérité est qu'en

(1) V. ce texte, *infra*, p. 30.

pareil cas il y a une condition nécessaire, car c'est la négation d'un fait impossible (1).

J'ai déjà eu occasion de signaler cette confusion de langage dans la L. 20, pr., *in fine*, *De condit. instit.* (Dig. xxviii, 7) (2). On la rencontre encore notamment dans la L. 50, § 1, Dig., *De hered. instit.* (xxviii, 5) :

> Ulpien. — Si in non faciendo impossibilis conditio institutioni heredis sit expressa, *secundum omnium sententiam* heres erit, perinde ac si pure institutus esset.

La solution est exacte, le langage seul ne l'est pas ; il s'agit de la condition de ne pas faire une chose impossible, partant d'une condition nécessaire, et dès lors les deux écoles devaient être d'accord (*secundum omnium sententiam*), pour déclarer l'institution pure et simple.

Si nous nous occupons maintenant des véritables conditions impossibles, je remarque que l'impossibilité peut être une impossibilité de fait, une impossibilité de droit, ou enfin une impossibilité logique.

L'impossibilité de fait peut être absolue. C'est ce qui arrive quand l'accomplissement de la condition contrarierait une loi de la nature : Ex. : *si cœlum digito tetigeris*. Il n'y a pas d'observation particulière à faire sur ce cas.

L'impossibilité de fait peut aussi être accidentelle. C'est ce qui arrive quand l'événement prévu, possible

---

(1) Comp. de Vangerow, *Lehrbuch*, § 93, *Anmerk.* 3, t. I, p. 135 ; — Savigny, *op. cit.*, § 121 *d*. — V. aussi Instit., III, xix, § 11, *supra*, p. 21 ; et L. 7 Dig., *De verb. oblig.* (xlv, 1).

(2) V. ce que j'ai dit sur ce texte, *supra*, p. 19 et 20. — On comprend que la terminologie n'ait pas été très-rigoureuse à cet égard à propos des testaments, puisque le résultat pratique était le même, et que la disposition était pure et simple, soit qu'on regardât la condition comme

en soi, est devenu impossible par suite de circonstances
toutes relatives. Ex. : J'institue Primus mon héritier
s'il épouse Séia ; et il se trouve que Séia est décédée (1).

L'impossibilité accidentelle peut ne s'être produite
que postérieurement à l'acte fait sous condition. Dans
l'exemple qui précède, Séia, vivante lors de la confection
du testament, est décédée depuis. Alors la condition,
possible à l'origine, n'est pas considérée comme devenue
impossible *ex post-facto*; elle est considérée comme
défaillie. Ulpien, d'après Julien, fait une application
intéressante de cette règle dans la loi 23, § 2, Dig.,
Ad Leg. Aquil. (ix, 2) :

> Idem Julianus scribit : si institutus fuero sub conditione, si
> Stichum manumisero, et Stichus sit occisus post mortem
> testatoris, in æstimationem etiam hereditatis pretium me

nécessaire, ou qu'elle fût tenue pour non écrite comme impossible.
Toutefois il y aurait eu intérêt à faire nettement la distinction, dans le
cas où un père aurait institué sous une condition de cette espèce son
fils en puissance : à regarder la condition comme impossible, l'institution eût été nulle (V. *infra*, p. 202 et suiv.), tandis qu'elle était régulièrement faite sous une condition nécessaire.

(1) On dit quelquefois qu'il y a alors *falsa conditio* (L. 72, § 7, Dig.,
De condit. et demonstr. (xxxv, 1). V. aussi, pour des exemples, L. 6,
§ 1, *eod. tit.*, L. 26, § 1, Dig., *De statulib.* (xl, 7), L. 104, § 1, *De
legat.* 1 (xxx). (Avec ce dernier texte, comp., pour une question d'interprétation de la condition, L. 84, § 7, *eod. tit.*)

La L. 58, Dig., *De condict. indeb.* (xii, 6), supposant un fidéicommis fait au profit d'un esclave putatif sous la condition *si ad libertatem ex testamento pervenerit*, autorise la répétition du fidéicommis
qui aurait été payé, si plus tard le prétendu esclave, affranchi par le
testament, est déclaré ingénu. Ce fidéicommis avait été fait sous
une *falsa conditio*, il aurait donc dû être valable, la condition étant
effacée. Pourquoi donc en autorise-t-on la répétition ? Pour expliquer cette loi, on a imaginé de dire que la condition *falsa* devait
annuler la disposition quand le testateur avait ignoré les circonstances qui la rendaient impossible, et n'être réputée non écrite que

consecuturum; *propter occisionem enim defecit conditio.*
Quod si vivo testatore occisus sit, hereditatis æstimatio-
nem cessare, quia retrorsum quanti plurimi fuit, inspicitur.

Dans l'espèce du texte, le meurtre de l'esclave, après
la confection du testament, soit du vivant du testateur,
soit depuis son décès, rend impossible l'affranchissement, condition de l'institution. Mais comme la condition était possible lors de la confection du testament,
elle ne sera pas effacée; au contraire elle sera regardée
comme ayant fait défaut, et l'institution sera anéantie.
De là la question spéciale traitée par le jurisconsulte,
de savoir si l'institué, maître de l'esclave qui a été
injustement mis à mort, peut faire comprendre la valeur
de l'hérédité dans l'estimation de l'indemnité à lui due
en vertu de la loi Aquilie. Pour résoudre cette question,
on distingue suivant que le meurtre est antérieur ou
postérieur au décès du testateur. S'il est postérieur,
l'esclave avait dès lors une valeur spéciale au point de
vue de l'acquisition de l'hérédité, et on doit en tenir
compte. Si le meurtre est antérieur au décès, il n'en est
pas de même, car jusque-là le maître n'était pas assuré
d'acquérir la succession par l'affranchissement de son
esclave. Il est vrai qu'en vertu du premier chef de la

quand il les aurait connues. Cette opinion, qui se trouve déjà dans la
glose et qui a été reprise de nos jours par quelques commentateurs
allemands, repose sur une fausse interprétation de la L. 58 qui nous
occupe. Si ce texte autorise la répétition du fidéicommis, ainsi que l'a
fait remarquer Cujas (*ad lib. IX, Resp. Papin.*), c'est en vertu d'un Sénatus-consulte aux termes duquel l'affranchi qui faisait reconnaître sa
qualité d'ingénu, devait restituer tout ce qu'il avait reçu, en qualité
d'affranchi, de son patron putatif. V. L. 1, C., *De ingen. manum.* (VII,
14); L. 3, § 1, Dig., *Si ingenuus esse dic.* (XL, 14). Comp. M. de Vangerow, *Lehrbuch,* § 434, *Anmerk.* 1, 2 a, t. 2. p. 128.

loi Aquilie, on estime l'esclave tué, non pas à la valeur exacte qu'il avait à l'époque de sa mort, mais à la plus haute valeur qu'il a eue dans l'année ; on pourrait donc croire qu'il faut encore tenir compte de l'hérédité dans l'estimation si elle s'est ouverte moins d'un an après le meurtre, mais cela ne serait pas exact, car l'année qu'on prend en considération se compte en arrière, *retrorsum*, à partir du jour où l'esclave a été tué.

Cette règle ne fait pas de doute pour les conditions casuelles ; le texte que je viens d'analyser l'affirme aussi très-clairement pour les conditions de donner ou de faire. Mais je dois dire dès à présent que, d'après la plupart des commentateurs, les conditions de cette dernière espèce, mises dans une institution d'héritier ou dans un legs, à la charge de l'institué ou du légataire, pourraient, sous certaines distinctions, être tenues pour accomplies, quand l'accomplissement en est devenu impossible par suite d'un cas fortuit. Nous verrons en temps opportun comment on concilie cela avec notre loi 23, § 2. Je me contente, quant à présent, d'affirmer mon principe, sauf à discuter plus tard les divers systèmes qui se sont produits sur cette question. Je préviens seulement que la règle souffrait exception pour le legs de liberté. Quand ce legs était fait sous condition, pour le *statuliber*, de donner ou de faire quelque chose, s'il en était empêché par un cas fortuit, tel que la mort de celui à qui il devait donner, la liberté ne lui était pas moins acquise, non pas que la condition fût alors effacée comme impossible, mais en vertu d'une fiction établie *favore libertatis*, elle était considérée comme accomplie (1).

(1) V. notamment L. 94, Dig., *De condit. et demonstr.* (xxxv, 1) et *infra*, p. 84 et suiv.

L'impossibilité de droit, ou juridique, est celle qui résulte de ce que l'accomplissement de la condition est empêché par une disposition de la loi ; telle serait la condition : *si Titius se marie avant la puberté.*

Il ne faut pas confondre la condition juridiquement impossible avec la condition illicite dont nous parlerons tout à l'heure : la première ne peut pas s'accomplir ; la seconde peut s'accomplir en fait par une violation matérielle de la loi. Par exemple, je lègue mille à Titius s'il commet un homicide, la condition pourrait être remplie, tandis que le mariage de Titius avant la puberté est absolument impossible.

L'impossibilité juridique peut cesser : l'acte juridiquement impossible aujourd'hui peut devenir possible ; d'une part, la loi est susceptible de changer ; d'autre part, des modifications de fait peuvent suivant les circonstances lever l'obstacle légal. Ces éventualités devront-elles faire considérer comme possible la condition juridiquement impossible dans l'état actuel des choses, ou faudra-t-il s'en tenir à cet état actuel ?

Cette question se résout par une distinction : la condition doit être regardée comme possible, bien qu'elle ne le soit pas actuellement, toutes les fois qu'elle peut le devenir sans supposer un changement dans la loi. Ainsi le legs fait à une femme esclave d'autrui, *quum nupserit*, est vraiment conditionnel ; sans doute, à prendre les choses comme elles sont lors de la confection du testament, l'accomplissement de la condition est juridiquement impossible, puisque l'esclave n'a pas la capacité requise pour se marier en justes noces ; mais, sans modifier la législation sur ce point, un affranchissement lui donnera peut-être la capacité qui lui manque. C'est ce que décide Pomponius, d'après Proculus ; L. 58, Dig., *De cond. et demonstr.* (XXXV, 1).

> Si ancillæ alienæ, quum ea nupsisset, legatum sit, Proculus ait, utile legatum esse, quia possit manumissa nubere (1).

Mais si la condition ne peut devenir possible qu'au moyen d'un changement dans la loi, on ne tient pas compte de cette éventualité ; nonobstant toute chance de changement, on s'attache à la législation actuelle, et on traite la condition comme radicalement impossible.

> Venuleius, L. 137, § 6, Dig., *De verb. oblig.* (XLV, 1). — Quum quis sub hac conditione stipulatus sit, si rem sacram, aut religiosam Titius vendiderit, vel forum, aut basilicam, et hujusmodi res, quæ publicis usibus in perpetuum relictæ sint, ubi omnino conditio jure impleri non potest, vel id facere ei non liceat, nullius momenti fore stipulationem, proinde ac si ea conditio, quæ natura impossibilis est, inserta esset ; *nec ad rem pertinet, quod jus mutari potest*, et id, quod nunc impossibile est, postea possibile fieri ; *non enim secundum futuri temporis jus, sed secundum præsentis æstimari debet stipulatio.*

On pourrait peut-être objecter que, sans changer la législation qui met hors du commerce les choses sacrées ou religieuses, il est possible que telle de ces choses perde son caractère et entre dans le commerce ; mais on ne gagnerait rien à se placer à ce point de vue, et le jurisconsulte n'y songe même pas, car alors la condition ne cesserait d'être impossible que pour

---

(1) Pour Proculus, la question avait une importance particulière, car si la condition avait été impossible, le legs aurait été nul ; de là, l'expression *utile legatum esse*. Pour Pomponius, le Sabinien, l'intérêt est différent ; il s'agit de savoir si la condition sera régulière, ou réputée non écrite (V. *supra*, p. 24).

devenir immorale, ce qui reviendrait au même (1).

Les conditions logiquement impossibles sont celles qui impliquent contradiction ; les textes les désignent sous le nom de *conditiones perplexæ*. Tel serait le cas où l'on aurait institué deux héritiers, mais chacun sous la condition que l'autre sera héritier : il est bien évident que la condition ne pourra s'accomplir ni pour l'un ni pour l'autre.

> MARCIEN, L. 16, Dig., *De cond. instit.* (XXVIII, 7). — *Si Titius heres erit, Seius heres esto ; si Seius heres erit, Titius heres esto ;* Julianus inutilem esse institutionem scribit, quum conditio existere non possit.

Ici la condition, bien qu'il s'agisse d'une disposition testamentaire, n'est pas réputée non écrite ; elle rend nulle la double institution, parce que le testateur n'a voulu évidemment rien faire de sérieux.

La L. 39 Dig., *De manum. testam.* (XL, 4) déclare nul, pour la même raison, le legs de liberté fait à l'esclave du testateur, *si eum heres alienaverit*, ou, *si heredis esse desierit ;* car le legs étant nécessairement (2) fait par la formule *do lego*, ou une formule équivalente, ne saurait valoir, *quia libertas in id tempus confertur, quo alienus futurus sit.* Il est vrai, observe le jurisconsulte Paul, que l'esclave affranchi par testament sous toute

---

(1) Comp. Instit., *De inutil. stipulat.*, III, XIX, § 2 *in fine*, et L. 83, § 5, Dig., *De verb. oblig.* (XLV, 1). « *Casum adversam : que fortunam spectari hominis liberi, neque civile, neque naturale est.* »

(2) On ne comprendrait pas la liberté léguée per *damnationem*, ni à l'esclave du testateur, ni à l'esclave d'autrui ; la créance résultant d'un tel legs aurait été acquise, dans le premier cas, à l'héritier, dans le second, au maître même de l'esclave : le legs aurait donc été inutile : aussi les textes supposent-ils toujours que la liberté est donnée *directo*, ou *per fideicommissum*.

autre condition acquerrait la liberté à l'événement de la condition, bien qu'il n'appartînt plus alors à l'héritier; mais la position est bien différente: pour le *statuliber*, il y a un legs valable que l'héritier ne saurait infirmer en aliénant l'esclave affranchi sous condition. La même distinction se produirait si, au lieu d'un legs de liberté, on supposait le legs *per vindicationem* d'une chose quelconque : fait sous condition, il produirait ses effets malgré l'aliénation de l'objet légué consentie par l'héritier ; il serait nul, au contraire, s'il était fait sous la condition *si heres eam rem alienaverit* (2).

On trouverait encore l'exemple d'un legs nul comme impliquant contradiction à raison de la condition sous laquelle il est fait, dans la L. 88, *pr.*, Dig., *Ad Leg. Falcid.* (XXXV, 2).

V

Les conditions *contraires aux lois ou aux mœurs* étaient assimilées aux conditions impossibles, en ce que, comme elles, elles rendaient nuls les actes entre-vifs, tandis qu'elles étaient réputées non écrites dans les dispositions testamentaires.

> PAPINIEN, L. 123, Dig., *De verb. oblig.* (XLV, 1). — Si flagitii faciendi vel facti causa concepta sit stipulatio, ab initio non valet.

> PAUL, *Sent. lib.* III, *tit.* IV, B. § 2. — Conditiones contra

_____

(2) Paul dit (*h. l.*) : *Inter libertatem et legatum, quantum ad hanc causam, nihil distat.* On pourrait cependant trouver une différence entre l'affranchissement testamentaire d'un esclave sous la condition *si heres eum alienaverit*, et le legs *per vindicationem* d'une chose quelconque sous la même condition : ce dernier legs paraît devoir être validé par le sénatus-consulte Néronien, non l'affranchissement, qui ne peut pas être ramené à un legs *per damnationem*.

leges et decreta principum vel bonos mores adscriptæ nullius sunt momenti : *veluti si uxorem non duxeris, si filios non susceperis, si homicidium feceris, si barbaro habitu processeris*, et his similia.

On explique généralement cette assimilation entre les conditions contraires aux lois ou aux mœurs et les conditions impossibles, par cette idée, que les actes illicites ou immoraux sont légalement ou moralement impossibles. On invoque en ce sens un texte célèbre, la L. 15, Dig., *De condit. instit.* (xxviii, 7), qui appartient à Papinien :

> Filius, qui fuit in potestate, sub conditione scriptus heres, quam Senatus aut Princeps improbant, testamentum infirmet patris, ac si conditio non esset in ejus potestate; *nam quæ facta lædunt pietatem, existimationem, verecundiam nostram, et, ut generaliter dixerim, contra bonos mores fiunt, nec facere nos posse credendum est.*

Mais cette loi ne me paraît pas avoir le sens qu'on lui prête ; elle ne considère nullement comme impossible l'accomplissement d'un fait illicite ou immoral imposé à titre de condition ; seulement elle décide qu'on ne peut pas le regarder comme dépendant de la volonté de celui à qui on l'impose, et, suivant des principes auxquels j'ai déjà fait allusion, elle déclare nulle, en conséquence, l'institution du fils de famille par son père, quand elle est faite sous des conditions de cette nature ; ce ne sont pas des conditions potestatives, voilà tout ce qui résulte de ce texte.

J'ai déjà montré plus haut, par des exemples, que la condition juridiquement impossible est tout autre chose que la condition illicite. Mais bien d'autres considérations démontrent l'erreur dans laquelle on tombe, quand on

3

veut expliquer par une prétendue impossibilité morale, les règles relatives aux conditions contraires aux lois ou aux mœurs. Pour les mettre dans leur jour, il faut d'abord donner une définition précise de la condition illicite ou immorale, qu'on appelle aussi *conditio turpis*.

La condition est illicite ou immorale, quand elle imprime à l'acte où elle intervient, un caractère tel, que l'opération, dans son ensemble, soit réprouvée par les règles de la loi morale ou de la loi civile. Ce n'est pas à la nature du fait dont l'accomplissement ou le non-accomplissement forme l'objet de la condition, qu'il faut s'attacher pour savoir si celle-ci est contraire aux lois ou aux mœurs; c'est au but poursuivi par la partie qui a imposé la condition.

Il résulte de là que des actes innocents en eux-mêmes peuvent, dès qu'ils sont imposés à titre de condition, constituer une condition prohibée par les lois ou par les mœurs. Par exemple, le divorce, à Rome, n'est nullement réprouvé par les unes ni par les autres; eh bien! si, dans un testament, il est imposé, comme condition d'une institution d'héritier, d'un legs, ou d'un fidéicommis, à celui-là même à qui s'adresse cette disposition, il y a une condition illicite (1). On ne saurait dire pourtant qu'il s'agit d'un fait impossible aux yeux de la loi ou de la morale. Cela est déjà décisif.

Mais quand même il s'agit d'une condition supposant l'accomplissement d'un fait *contra leges vel bonos mores*, il résulte de notre définition qu'elle ne constitue pas dans tous les cas, et sans distinction, une condition *turpis*, comme cela serait si l'on admettait la théorie de l'impossibilité morale.

(1) V. *infra*, § VI.

Pour qu'elle soit *turpis*, il faut que la condition dont
nous parlons soit conçue dans le but d'exciter à l'accomplissement du fait illicite ou immoral. Ainsi en sera-
t-il quand on l'aura imposée comme condition au bénéficiaire d'une disposition testamentaire, ou bien encore
quand, dans une stipulation, le promettant se sera
engagé sous la condition que le stipulant commettra un
acte de cette nature (1).

Mais si nous supposons, au contraire, que, dans une
stipulation, c'est le promettant qui s'est obligé sous la
condition du cas où il commettrait un acte réprouvé
par la loi ou les bonnes mœurs, la condition n'aura rien
d'immoral, et la promesse sera valable, tant on est éloi-
gné de réputer impossibles les actes dont il s'agit. —
Papinien, dans la L. 121, § 1, Dig., *De verb. oblig.*
(xlv, 1), nous donne l'exemple d'une femme qui, au
moment de son mariage, stipule de son mari une certaine somme, s'il renoue pendant la durée du mariage
les relations qu'il entretenait auparavant avec une con-
cubine :

> Mulier ab eo, in cujus matrimonium conveniebat, stipulata
> fuerat ducenta, si concubinæ tempore matrimonii consue-
> tudinem repetiisset; nihil causæ esse respondi, cur ex
> stipulatu, quæ ex bonis moribus concepta fuerat, mulier
> impleta conditione pecuniam assequi non possit (2).

(1) La condition sera immorale dans les deux cas, et, par suite, non
écrite dans le premier (V. les textes cités plus haut, et joignez L. 14,
Dig., *De condit. instit.* (xxviii, 7); dans le deuxième cas, elle entraînera
la nullité de la stipulation. (L. 123, Dig., *De verb. oblig.* (xlv, 1).

(2) S'il s'agissait d'un legs fait sous la condition : si l'héritier commet tel ou tel acte contraire aux mœurs, le legs aurait été nul dans
l'ancien droit comme fait *pœnæ nomine* (Instit. II, xx, § 36). — Il serait valable sous Justinien, la condition n'ayant rien d'immoral.

De même, le legs ou la promesse faits sous la condition qu'un tiers commettra tel délit, seront considérés comme soumis à une condition régulière. Pratiquement, cela se présentera surtout quand la promesse ou le legs seront faits au profit de la victime possible du délit, et pour lui procurer éventuellement l'indemnité du préjudice qu'il lui causera. L'assurance contre la capture d'un navire par les pirates en fournit un exemple, et prouve une fois de plus la thèse que je veux établir.

De notre définition il résulte encore que la condition négative d'un fait *contra leges vel bonos mores* sera une condition *turpis* quand elle aura été introduite dans l'acte de manière à poursuivre un résultat immoral. Cela ne peut assurément pas s'expliquer par l'idée que les faits réprouvés par les lois ou les mœurs sont réputés impossibles ; en partant de cette idée en devrait dire que la condition qu'ils ne seront pas commis est une condition nécessaire, comme condition négative d'un fait impossible. Or cette idée est tellement inexacte, que jamais les conditions dont nous parlons ne sont traitées comme des conditions nécessaires : illicites ou immorales dans les circonstances que j'ai dites, elles constituent dans les autres cas des conditions régulières.

Si on suppose que, dans une stipulation, le promettant se soit obligé à quelque chose pour le cas où il ne commettrait pas un délit ou un acte immoral, la condition est *turpis*, et entraîne la nullité de la promesse (1).

(1) Sous Justinien le legs fait sous la condition : si l'héritier ne commet pas tel ou tel acte contraire aux mœurs, n'est pas considéré comme pur et simple; il est nul, Justinien ayant conservé dans ce cas la nullité du legs *pœnæ nomine* (V. C., *De his quæ pœnæ nom.*, vi, 44). C'est une exception aux effets ordinaires de la condition immorale dans les dispositions de dernière volonté

Il en est de même quand le stipulant s'est fait promettre sous la condition qu'il s'abstiendra des mêmes actes, s'il résulte des faits qu'il a voulu, de cette manière, faire payer la rançon du délit qu'il avait l'intention de commettre : « *Si ob maleficium, ne fiat, promissum sit, nulla est obligatio ex hac conventione* (L.7, § 3, Dig., *De pactis;* II, 14).

Au contraire, on conçoit très-bien qu'un legs puisse être régulièrement fait, ou un contrat régulièrement consenti, sous la condition que tel ou tel fait délictueux ne soit pas commis par des tiers. Ex. : J'achète votre maison, si le navire que j'attends d'Asie n'est pas capturé par des pirates ; je lègue mille à Titius, si mon héritier n'a pas éprouvé, avant l'ouverture de ma succession, des pertes de fortune causées par tels ou tels délits prévus (1).

Mais, et ici nous revenons à notre point de départ, il demeure vrai que les conditions illicites ou immorales sont assimilées aux conditions impossibles, en ce que les unes et les autres annulent les actes entre-vifs où elles sont introduites, tandis qu'elles sont réputées non écrites dans les testaments.

L'assimilation, quant au premier point, s'explique par des raisons très-différentes pour l'une et l'autre espèce de conditions; j'ai donné plus haut le motif en ce qui touche les conditions impossibles. Pour les conditions illicites ou immorales, le motif, bien différent, comme je viens de le dire, ressort de la définition de ces conditions; c'est qu'elles ont pour résultat de rendre la convention elle-même illicite ou immorale.

(1) Comp. Savigny. *op. cit.*, § 122 ; — De Vangerow, *Lehrbuch*, § 93 , *Anmerk*, III.

Reste à rechercher pourquoi toutes ces diverses conditions sont également réputées non écrites dans les
dispositions testamentaires. Gaïus confessait déjà (*Instit. comm.* III, § 98) qu'il était difficile d'en donner une
bonne raison. Depuis, on en a proposé un grand
nombre (1). Sans les exposer ni les discuter, voici, il me
semble, ce qu'on peut dire de plus satisfaisant à cet
égard. En partant de l'idée que le testateur veut, avant
tout, disposer, on était arrivé, par une interprétation
favorable, à faire prévaloir cette intention sur une condition à laquelle on ne voulait pas supposer qu'il eût
attaché une importance décisive. Ayant à choisir entre
la nullité de la disposition ou le sacrifice de la condition, on s'attachait à ce dernier parti comme rentrant
mieux dans les volontés du testateur.

Aussi apportait-on à la règle une double restriction.
D'abord on avait à rechercher si l'homme qui avait subordonné ses dernières volontés à une condition impossible, immorale ou illicite, jouissait bien de ses facultés
mentales :

MODESTINUS, L. 27, Dig., *De condit. instit.* (XXVIII, 7). —

(1) Parmi les raisons qui ont été alléguées pour justifier la différence
admise par le droit romain entre les effets des conditions impossibles
ou immorales dans les actes entre-vifs et ceux qu'elles produisent dans
les dispositions testamentaires, il en est une à laquelle on accorde généralement une grande valeur, et à laquelle je ne puis en accorder aucune. On dit que l'héritier institué ou le légataire ne doivent pas souffrir de l'insertion, dans la disposition faite à leur profit, d'une clause
qu'ils n'ont pas été appelés à discuter. Cette raison pourrait avoir
quelque portée si la nullité de la disposition devait causer un préjudice
à celui à qui la libéralité était adressée ; mais il n'en est pas ainsi, la
règle qui efface les conditions dont il s'agit a pour résultat de lui assurer un bénéfice, non de lui éviter une perte : les priviléges de la bonne
foi, de l'absence de faute, ne me paraissent pas pouvoir aller jusque-là.

Quidam in suo testamento heredém scripsit sub tali conditione : *si reliquias ejus in mare abjiciat ; quærebatur*, quum heres institutus conditioni non paruisset, an expellendus est ab hereditate? Modestinus respondit : laudandus est magis, quam accusandus heres, qui reliquias testatoris non in mare secundum ipsius voluntatem abjecit, sed memoria humanæ conditionis sepulturæ tradidit. *Sed hoc prius inspiciendum est, ne homo qui talem conditionem posuit, neque compos mentis esset ;* igitur si perspicuis rationibus hæc suspicio amoveri potest, nullo modo legitimus heres de hereditate controversiam facit scripto heredi.

En second lieu, et c'est là surtout ce qui confirme notre explication, il paraît bien qu'on pouvait décider, suivant les circonstances, que le testateur, en léguant sous une condition considérée comme impossible, n'avait pas voulu faire une disposition sérieuse. Ainsi décident Paul et Julien dans l'hypothèse d'un legs de liberté fait à la condition de payer une somme tellement énorme qu'il soit impossible à l'esclave de se la procurer, *quia nec animus dandæ libertatis est.* L. 4, § 1, Dig., *De statuliberis* (XL, 7) (1). V. aussi ce que j'ai dit plus haut des dispositions perplexes (2).

Je note en passant un point sur lequel je reviendrai : les conditions illicites ou immorales, au lieu d'être réputées non écrites, étaient une cause de nullité quand elles accompagnaient l'institution d'héritier faite par le *pater-familias* au profit de son fils *in potestate,* V. L. 15 *supra, cit.,* Dig., *De condit. instit.*); ce que les commentateurs appliquent également à la condition impossible.

(1) Sur la manière exacte de lire ce texte, V. de Savigny, *op. cit.,* § 121, *t.*

(2) V, également *infra,* p. 49, 50 et 194, ce que je dirai des dispositions captatoires, et des legs *pœnœ nomine* à l'époque de Justinien.

VI

J'ai eu occasion de dire que toutes les conditions illicites ou immorales ne se réfèrent pas à des faits contraires en eux-mêmes aux lois ou aux mœurs ; il peut être défendu par la morale ou par la loi d'imposer ou de prohiber, sous forme de condition, des actes qu'on peut librement accomplir ou ne pas accomplir sans violer ni l'une ni l'autre. Par exemple, le changement de religion, chez les nations qui jouissent de la liberté de conscience, est l'exercice d'un droit : on est libre d'en user, ou de n'en pas user, sans contrevenir à la loi. Mais supposons une libéralité testamentaire faite sous la condition que celui à qui elle s'adresse changera de religion ou n'en changera pas, tout de suite s'élèvera la question de savoir si une telle condition n'est pas illicite précisément parce qu'elle porte atteinte à la liberté de conscience.

Je ne veux pas examiner ici, à un point de vue théorique général, quelles sont les conditions qui doivent être tenues pour illicites en ce sens ; je veux seulement faire connaître les plus importantes parmi celles que le droit romain considérait comme telles (1).

En premier lieu, la loi Julia déclarait illicites les conditions ayant pour but d'entraver les mariages. On rangeait dans cette classe :

1° La condition de ne jamais se marier, ou pour un

---

(1) C'est pour cela que je m'abstiens de toute discussion sur la condition de changer ou de ne pas changer de religion : la question à cet égard, ne paraît pas s'être présentée en droit romain.

veuf ou une veuve, celle de ne jamais se remarier (1).
Elle est prohibée par la loi, quand elle est introduite
dans un acte entre-vifs, ou'dans un testament, dans l'intention d'imposer le célibat à l'une des parties dans le
premier cas, à celui au profit de qui on dispose dans
l'autre cas. Le legs fait à une personne sous la condition qu'elle ne se remariera pas, est donc fait sous une
condition illicite, qui est non avenue. Mais il en est autrement du legs fait à une personne si telle autre personne
non nupserit (2); c'est alors une condition régulière ; le
testateur ne se propose pas d'imposer le célibat; il le prévoit, et il dispose dans cette prévision. Les deux hypothèses sont réunies et combinées par Papinien dans
la L. 77, § 2, Dig., *De condit et demonstr.* (xxxv, 1) :

> *Titio, si mulier non nupserit, heres centum dato;* quam
> pecuniam eidem mulieri Titius restituere rogatus est; si
> nupserit mulier die legati cedente fideicommissum petet,
> remoto autem fideicommisso legatarius exemplum Mu-
> cianæ cautionis non habebit.

(1) Une novelle de Justinien permet au conjoint prémourant d'imposer
au survivant l'obligation de ne pas se remarier, comme condition d'une
libéralité testamentaire. V. *Auth. sub.* L. 2 C., *De indicta viduit.* (vi,
40). Nov. 22, C. 43 et 44.

(2) L. 1, C., *De indicta viduit.* — Il y a exception : 1° quand le
legs est fait au père à la condition que l'enfant qu'il a sous sa puissance
ne se mariera pas, car alors le *paterfamilias* serait intéressé à empêcher
le mariage en refusant son consentement; — 2° quand le legs est fait
à un enfant en puissance paternelle à la condition que le *paterfamilias*
ne se mariera pas : celui-ci se trouvait alors, par le fait, le légataire
effectif, et le legs avait le but prohibé par la loi (V. L. 79, § 4, Dig., *De
condit. et demonstr.*)

Il faut ajouter que le legs fait à une personne sous la condition : si
l'héritier se marie ou ne se marie pas, pourrait être traité comme legs
pœnæ nomine, c'est-à-dire déclaré nul dans les deux cas, d'après l'ancien droit, dans le premier seulement (si l'héritier se marie), d'après
la législation de Justinien.

Ainsi la condition ne lie pas la femme, et elle obtient l'exécution immédiate du legs pour arriver à son fidéicommis. Mais s'il n'y avait pas de fidéicommis au profit de la femme, le legs fait à Titius serait soumis à une condition négative régulière, sans qu'il fût même permis au légataire d'offrir caution Mucienne pour obtenir l'exécution immédiate, car la condition n'est pas de celles dont l'accomplissement ne peut devenir certain qu'à la mort du légataire (1).

Si donc le testateur avait légué une même chose conjointement à un tiers et à sa femme, sous la condition que celle-ci ne se remariera pas, et qu'elle vînt à se remarier, la condition se trouverait avoir fait défaut en ce qui touche le tiers, et il en serait fait remise à la femme. En appliquant dans toute leur rigueur les conséquences de cette situation, la femme devrait, outre sa part, recueillir encore, par voie d'accroissement, celle de l'autre légataire *qui conditione defectus est.* Mais Papinien nous apprend encore qu'on n'arrivait pas à ces conséquences extrêmes :

> L. 74, Dig., *De condit. et demonstr.* — Mulieri et Titio ususfructus, si non nupserit mulier, relictus est; si mulier nupserit, quandiu Titius et vivit, et in eodem statu erit, partem ususfructus habebit; tantum enim beneficio legis ex legato concessum esse mulieri intelligendum est, quantum haberet, si conditioni paruisset; . . . . .

Le motif pour lequel on refuse l'accroissement immédiat à la femme, c'est que celle-ci, relevée de la condition, ne peut pas être dans une situation meilleure que si elle s'y fût soumise : dans ses rapports avec Ti-

---

(1) Comp. L. 106, Dig., *De condit. et demonstr.*

tius elle doit accepter sous tous ses aspects l'espèce de fiction en vertu de laquelle elle est censée avoir satisfait à la condition ; les héritiers sont d'ailleurs sans intérêt pour contester à Titius sa part dans le legs, car elle ne peut lui être enlevée que pour être attribuée à la femme par voie d'accroissement. Titius recueillera donc sa part, bien que la condition ait fait défaut à son égard ; mais, comme dans l'espèce de la loi, le legs a pour objet un droit d'usufruit, cette part pourra accroître à celle de la femme si elle existe encore quand l'usufruit de Titius viendra à s'éteindre par sa mort ou sa *capitis deminutio* (1).

(1) Le texte ajoute, *in fine*, que la renonciation que ferait Titius au legs, ne profiterait pas à la femme, c'est-à-dire apparemment qu'il n'y aurait pas accroissement, et que la part de Titius retournerait au nu-propriétaire, par suite de la répudiation. Si cela est exact, il faut en conclure, et c'est ce que fait Cujas (*ad libr.* xxxii, *quæst. Papin.*), que l'accroissement n'aurait pas lieu même *defuncto Titio vel capite minuto*. Mais alors on ne donne pas à la femme tout ce qu'elle aurait eu si la condition avait été accomplie, et Papinien est en contradiction avec lui-même. Suivant Cujas, ce *casus singularis quo inter collegatarios conjunctos re et verbis non est jus accrescendi*, s'expliquerait par cette idée, que le droit d'accroissement est fondé sur l'intention du testateur, et qu'ici il aurait lieu contre cette intention. En partant de là il faudrait refuser à la femme même sa part ; dès qu'on la lui accorde, comment peut-on lui refuser l'accroissement quand Titius est hors de cause ? Et le lui refuserait-on encore si Titius était décédé avant le *dies cedens*? Il le faudrait pour être logique, et on arriverait ainsi à l'absurde. Au surplus, Papinien lui-même semble bien indiquer que Titius ne fait obstacle à la vocation intégrale de la femme que jusqu'à sa mort ou sa *capitis deminutio*, sans cela pourquoi n'aurait-il pas dit simplement ; *Titius partem ususfructus habebit?*

On pourrait peut-être lever la difficulté en rapportant les mots *partem ususfructus habebit* à la femme et non à Titius. Voici quel serait alors le sens du passage : pendant tout le temps pendant lequel Titius aurait obtenu sa part d'usufruit, si la condition n'eût pas fait défaut quant à lui, c'est-à-dire jusqu'à sa mort ou sa *capitis deminutio* la

J'ai dit que la condition de ne pas se marier peut être illicite dans les actes entre-vifs aussi bien que dans les testaments; il en sera ainsi toutes les fois que les parties se seront proposé de soumettre à des restrictions le droit pour l'une d'elles de contracter mariage. Tel serait le cas où on aurait fait une promesse à titre gratuit à la condition que le stipulant demeurera toujours célibataire : alors la promesse serait nulle (1). Mais la condition : *si je ne me marie pas, si vous ne vous mariez pas*, est très-licite quand elle est indiquée comme une simple éventualité en prévision de laquelle on contracte; exemple : je prends votre maison à loyer pour toute ma vie, si je ne me marie pas; si je me marie, le bail prendra fin.

2° Les conditions qui, sans imposer directement le célibat, peuvent y conduire indirectement.

Telle est la condition de se marier au gré d'une personne déterminée :

PAPINIEN, L. 72, § 4, Dig., *De condit. et demonstr.* — Si arbitratu Titii Seia nupserit, heres meus ei fundum dato; vivo Titio etiam sine arbitrio Titii eam nubentem legatum

femme n'en recueillera que la moitié; mais Titius n'aura pas l'autre moitié qui demeurera entre temps au nu-propriétaire. Dans cet ordre d'idées, il est tout simple que la renonciation de Titius, *qui conditione defectus est*, ne hâte pas l'accroissement au profit de la femme. La fraude serait trop facile. J'hésite toutefois à admettre cette version; elle n'est pas conforme au sens grammatical du texte; mais en la repoussant, je ne vois pas comment on peut donner un sens satisfaisant à la dernière partie de notre L. 74.

(1) L'opinion contraire de M. de Vangerow (*Lehrbuch*, § 93, *Anmerk*. III, *in fine*, t. I, p. 139 et § 434, *Anm*. 1, 4. t. II, p. 132), d'après laquelle les dispositions de la L. Julia sur ce sujet étaient restreintes aux actes de dernière volonté, est sans fondement, et repoussée par la plupart des auteurs.

accipere respondendum est; eamque legis sententiam videri, ne quod omnino nuptiis impedimentum inferatur. Sed si Titius vivo testatore decedat, licet conditio deficit, quia suspensa quoque pro nihilo foret, mulieri succurretur.

Il en est de même de la condition de ne pas épouser telle personne quand il appert, en fait, que, cette personne ne trouvant pas facilement à se marier, on s'est proposé, en fraude de la loi, de la réduire au célibat (V. L. 64, § 1, *cod. tit.*) (1). Je suppose toujours que les conditions sont imposées dans les mêmes termes que celles dont il a été question sous le n° 1.

La condition de divorcer, ou de ne pas divorcer, est considérée comme illicite quand elle tend à imposer soit le divorce, soit le maintien du mariage. Ainsi, est illicite la condition de divorcer, quand le testateur y soumet l'héritier qu'il institue, ou la personne à qui il fait un legs (L. 5, C., *De instit.*, vi, 25). — On annule, par la même raison, le contrat par lequel on se serait soumis à une clause pénale pour le cas où on divorcerait (L. 2, C., *De inut. stipul.*, viii, 39). Mais quand le divorce n'est considéré que comme une éven-

---

(1) Hors de ce cas, la condition de ne pas épouser une personne déterminée, imposée à un légataire par exemple, est très-licite (L. 63 *pr.*, et 64, *pr.*, Dig., *De condit. et demonstr.*). — De même, si dans une stipulation, le promettant s'est engagé sous la condition que le stipulant n'épousera pas telle ou telle. *Secus* si c'est le promettant qui s'est obligé à une *pœna* pour le cas où il ne contracterait pas mariage avec telle personne (L. 71, § 1, *eod.*). — En général les questions relatives à ce sujet sont à résoudre par appréciation des circonstances : on recherche en fait si la condition a été formulée en vue d'une fraude à la Loi Julia : *causa cognita actionem denegandam puto : nec raro probabilis causa ejusmodi conditionis est*, dit la L. 97, § 2, *De verb. oblig.*, à propos d'une espèce particulière.

tualité en vue de laquelle on contracte, il peut être l'objet d'une condition régulière.

Une disposition de l'édit tenait aussi pour immorale, et réputait non écrite dans toute disposition testamentaire, la condition *jurisjurandi*. On entendait par là la condition imposée à l'héritier institué ou à un légataire(1) de jurer qu'il ferait telle ou telle chose indiquée par le testateur. Abstraction faite de toute règle du droit positif, voici quel aurait été l'effet d'une telle condition. Elle se serait trouvée accomplie par le seul fait de la prestation du serment exigé ; mais il ne résultait de ce serment aucune obligation effective à la charge de celui qui l'avait prêté. Il pouvait donc, en se parjurant, recueillir le bénéfice de la disposition faite à son profit, sans être tenu à exécuter la charge que le testateur avait voulu lui imposer, ni en vertu du testament, qui ne le soumettait qu'à la condition de jurer, ni en vertu du serment, qui ne le liait pas légalement.

La condition *jurisjurandi* ouvrait donc un large champ à la fraude ; elle contenait une sorte d'invitation au parjure ; et, d'un autre côté, elle pouvait être une cause de dommage pour les gens honnêtes, disposés à accomplir la charge voulue par le testateur, mais d'un esprit timoré, que des scrupules religieux excessifs auraient empêchés de prêter le serment exigé.

Tels sont, suivant la L. 8, pr., §§ 1 et 2, Dig., *De condit. instit.* (xxviii, 7), les motifs pour lesquels le préteur, par une disposition générale (*Dict.* L. 8, § 8), faisait remise de cette condition, et déclarait pure et simple

---

(1) La même chose se présentait dans les donations à cause de mort, et les mêmes règles étaient alors appliquées (L. 8, § 3, Dig., *De cond. instit.*).

la disposition que le testateur y avait subordonnée ; si bien que, s'il s'agissait d'un legs, il devenait, dès le jour du décès, et avant toute prestation de serment, transmissible aux héritiers du légataire.

Mais, d'un autre côté, le préteur ne dispensait du serment que pour procurer d'une manière plus efficace l'exécution de la volonté du testateur : il soumettait directement l'héritier institué ou le légataire à accomplir ce à quoi il aurait dû s'engager par serment :

> L. 8, *cit.* § 6. — Quoties heres jurare jubetur, daturum se aliquid vel facturum quod non improbum est, actiones hereditarias non alias habebit, quam si dederit vel fecerit id, quod erat jussus jurare.

Ce n'est pas, comme ce texte l'a fait croire à quelques-uns, que le préteur substituât une condition à une une autre ; l'obligation dont il s'agit n'était qu'un *modus*, qui n'aurait pas, en cas de legs, retardé le *dies cedens* (L. 8, § 8). Suivant la judicieuse remarque de M. de Savigny (1), si, en cas d'institution d'héritier, on sursoit à la délivrance des actions héréditaires jusqu'à l'exécution de la charge, c'est qu'il n'y a pas alors d'autre moyen de contraindre à cette exécution. Cela n'empêche pas que le droit ne soit immédiatement acquis.

Il me paraît problable, quoique les textes ne s'expriment pas bien nettement là-dessus, que le droit acquis par suite de la remise du serment, était purement prétorien : *jure civili*, la condition étant régulière et non accomplie, le droit ne pouvait pas naître. C'était donc par voie de *bonorum possessio* et d'actions utiles que le

(1) *System.*, § 123, note s.

préteur réalisait pratiquement la disposition de l'édit(1
On peut déjà invoquer en ce sens la L. 63, § 9, *Ad sen*
tus-cons. Trebell. Mais ce qui est décisif, c'est que C
point de vue peut seul rendre compte du motif pou
lequel la remise de la condition *jurisjurandi* n'avait pa
lieu, par exception, quand elle était mise à un legs d
liberté. Voici ce que nous dit à cet égard Ulpien dan
la L. 12, *pr., De manum. testam.* (XL, 4) :

> Si. quis libertatem sub jurisjurandi conditione reliqueri
> edicto Prætoris locus non erit, ut jurisjurandi condit
> remittatur, et merito, nam si quis remiserit conditione
> libertatis, ipsam libertatem impedit, dum compelere alit
> non potest, quam si paritum fuerit conditioni.

La remise de la *conditio jurisjurandi* à l'escla
affranchi par testament sous cette condition, ne l
aurait pas assuré le bénéfice de la liberté : le préteu
dans l'hypothèse de tout autre legs, à défaut d'efficaci
reconnue par le droit civil, pouvait procurer au légatai
des résultats équivalents, par des moyens prétoriens.
n'en était pas de même pour l'affranchissement : il n
avait pas de liberté *tuitione prœtoris,* comme il y ava
par exemple, une propriété prétorienne. Tout ce que
préteur aurait pu faire ici, ainsi qu'il le faisait en d'a
tres circonstances (2), ç'aurait été de maintenir l'escla
en liberté de fait; mais les résultats n'auraient pas é
les mêmes : c'est évidemment à ces principes que
réfère notre texte, quand il dit que la liberté ne pe
être acquise que par l'accomplissement de la conditio
et que remettre la condition, c'est *impedire ipsam libe*
tatem. Il suppppose nécessairement que la remise de

(1) *Sic* M. de Vangerow, *Lehrbuch,* § 434, Anm. 1, 4. T. II, p. 4
(2) V. *Disputatio forensis de manum.,* § 5 (al. §§ 6 et 7).

condition *jurisjurandi* ne pouvait donner à la disposition qui y avait été soumise, que les effets qu'il était au pou - voir du droit prétorien de lui faire produire (1).

On peut enfin rattacher aux conditions illicites de la catégorie que nous étudions, celles qui ont pour résultat de rendre une institution d'héritier ou un legs captatoires. Une disposition testamentaire est captatoire dans l'espèce suivante : Primus institue Mævius son héritier sous cette condition : si Mævius teste lui-même à mon profit, ou au profit d'un tiers désigné. On s'éloignait ici des règles ordinaires sur les effets de la condition illicite ; au lieu de l'effacer, on annulait l'institution elle-même. Telle était la disposition d'un sénatus-consulte mentionné dans la L. 70, Dig. *De heredib. instit.* (xxviii, 5). Pourquoi cela? N'aurait-il pas suffi, pour supprimer la captation, de déclarer la condition non écrite?

Peut-être ne doit-on pas chercher à justifier d'une manière spéciale une solution de pur droit positif, et qui n'est pas l'œuvre de la doctrine. Cependant cette exception à la règle me semble confirmer le motif que j'ai donné de la règle elle-même. On admettait, ai-je dit, la présomption que le testateur n'avait pas accordé à la condition une importance décisive. Or, ici la condition n'est réputée illicite que parce qu'elle a été considérée comme la cause déterminante de la disposition : dès lors il aurait été contradictoire de

(1) M. de Savigny, *eod. loco*, note *x*, donne de cette exception un autre motif très-vague, dont le premier tort est de ne pas rendre compte du texte que j'ai cité.

Il y a une autre exception pour les dispositions faites au profit d'une cité, sous la condition d'un serment à prêter par les magistrats municipaux (L. 97. Dig., *De condit. et demonstr.*).

4

maintenir cette disposition, en écartant la condition.

Pour qu'une institution d'héritier ou un legs soient captatoires, il faut que la condition d'une disposition en retour soit conçue *in futurum*. Si la condition (improprement dite en ce cas) se réfère au passé, par exemple : j'institue *Primus* mon héritier, s'il m'a déjà lui-même institué dans son propre testament, il n'y a aucune intention de captation, et l'institution est régie par les règles précédemment exposées sur les conditions *conceptœ in prœteritum* (V. L. 71, *pr.*, Dig., *De heredib. instit.*, XXVIII, 5) (1).

VII

Enfin, d'après notre définition, il n'y a condition qu'autant que c'est *en vertu de la volonté des parties* que la formation d'un rapport de droit, ou son extinction, est suspendue par un événement futur et incertain.

On ne doit donc pas regarder comme de véritables conditions, ni comme en produisant les effets, ce qu'on

(1) On rattache quelquefois à ce sujet des conditions illicites les règles relatives aux legs *pœnœ nomine*, pour y trouver l'exemple d'un legs fait sous une condition illicite et frappé de nullité contrairement à la règle ordinaire. Cela est exact depuis les innovations de Justinien relatives au legs *pœnœ nomine*, en ce sens que si un legs *pœnœ nomine* est fait sous une condition illicite imposée à l'héritier, il est nul (V. *supra*, p. 35, note 2). — Mais dans l'ancien droit, les règles de ce legs sont étrangères à notre sujet : il est annulé, non comme fait sous une condition illicite, puisque les conditions les plus diverses peuvent imprimer au legs le caractère pénal, mais à raison de l'esprit particulier qui l'a dicté, esprit de malveillance pour l'héritier, plutôt que de bienveillance pour le légataire. C'était du reste une chose assez singulière que cette nullité du legs *pœnœ nomine*, puisqu'on aurait pu faire, de ce qu'on voulait imposer à l'héritier sous cette forme, une condition de l'institution elle-même.

appelle les conditions *tacites* ou *légales* (1), ou, comme disent certains textes, celles *quœ extrinsecus veniunt*.

On entend par là d'abord, et proprement, celles auxquelles la loi elle-même subordonne l'acquisition d'un droit; d'où vient qu'on les appelle *conditiones juris*, par opposition aux véritables conditions, dites *conditiones facti*.

Par exemple, tout legs est subordonné à la condition tacite que l'héritier institué, si c'est un héritier externe, fera adition d'hérédité; mais le legs n'en demeure pas moins pur et simple, si le testateur n'a pas ajouté à cette condition légale d'autres conditions purement arbitraires.

Les jurisconsultes romains avaient très-nettement formulé le principe, et ils en faisaient de nombreuses et importantes applications. Voici un texte qui nous donne la règle abstraite formulée par Papinien :

> L. 99, Dig., *De condit. et demonstr.* (xxxv, 1). — Conditiones extrinsecus, non ex testamento venientes, id est, quæ tacite inesse videantur, non faciunt legata conditionalia.

Voici maintenant une application intéressante : quand l'institution d'héritier est faite sous une condition, tous les legs contenus dans le testament sont tacitement soumis à la même condition, puisque tout doit tomber si l'institution d'héritier ne produit pas son effet ; cette condition tacite les laissera cependant purs et simples, et ils n'en auront pas moins leur *dies cedens* au jour du décès du testateur (2).

---

(1) En droit, l'expression *tacitus* est souvent employée dans le sens que nous donnons aujourd'hui au mot légal. V. rubr., Dig. : « In quibus causis pignus vel hypotheca *tacite* contrahitur. » (xx, 2.)

(2) On doit donc en conclure que ces legs demeurent soumis à la

Notamment, les legs mis à la charge d'une substitution pupillaire, institution essentiellement conditionnelle (1), auront leur *dies cedens*, non pas au jour où s'ouvrira le droit du substitué, mais au décès du père auteur du testament :

> PAUL, L. 1, Dig., *Quando dies legat.* (XXXVI, 2). — Mortuo
> patre, licet vivo pupillo, dies legatorum a substituto da-
> torum cedit. (*Comp.* L. 7, § 4, *eod.*)

Il en est de même des legs à la charge d'une substitution vulgaire.

> ULPIEN, L. 7, § 3, *eod.* : — Inde dicimus, et si a substituto
> legatum sit relictum, quandiu institutus deliberat, de-
> functo legatario non nocebit, si postea heres institutus
> repudiavit; nam ad heredem suum transtulit petitionem.

Il faut aller plus loin ; quand même le testateur aurait exprimé ces conditions tacites, la disposition ne
serait pas devenue conditionnelle : on n'aurait vu là
qu'une simple redondance. Par exemple, si l'institution
d'héritier est conditionnelle, les legs demeureront purs
et simples, bien que faits expressément sous la même
condition; il en sera de même de ceux qui auraient été
faits expressément sous la condition *si heres adierit* :
Gaïus réunit les deux solutions dans un même texte :

règle Catonienne (V. en ce sens M. Machelard, *Étude sur la règle Catonienne*). M. Ortolan pense le contraire (*Explic. hist. des Instit.*,
t. 2, p. 582, note 3). Il reconnaît bien, aujourd'hui, que les legs à la
charge d'une institution conditionnelle ne sont pas eux-mêmes conditionnels; mais, suivant lui, ils n'en seraient pas moins, par exception,
soustraits à l'application de la règle Catonienne. Il explique de cette
manière la célèbre L. 4, Dig., *De reg. Caton.* Cette explication devient
inadmissible, dès qu'on abandonne, comme on doit le faire, l'idée que
les legs dont nous parlons sont conditionnels.

(1) Il est dit dans un texte (L. 8, Dig., *De vulg. et pupill. substit.*)
que la substitution pupillaire peut être pure et simple ou condition-

L. 107, Dig., *De condit. et dem.* (XXXV, 1). — Aliquando
accidit, ut sub conditione datum legatum purum intelli-
gatur, veluti quod sub eadem conditione relictum est, sub
qua etiam heres alius institutus est ; item quod sub hac
conditione relictum est : *si hereditatem adierit.* . . . .

Les mêmes décisions se retrouvent, plus développées,
dans les passages qui suivent :

PAUL, L. 24, § 1, Dig., *Quando dies legat.* (XXXVI, 2). —
Si sub conditione, qua te heredem institui, sub ea conditione Titio legatum sit, Pomponius putat, perinde hujus
legati diem cedere, atque si pure relictum esset, quoniam
certum esset, herede existente debitum iri ; neque enim
per conditionem heredum fieri incerta legata, nec multum
interesse tale legatum ab hoc : *si heres erit dato.*

POMPONIUS, L. 22, § 1, Dig., *eod.* — Quædam autem conditiones etiam supervacuæ sunt, veluti si ita scribat : *Titius
heres esto ; si Titius meam hereditatem adierit, Mœvio
decem dato ;* nam pro non scripta ea conditio erit, ut
omni modo ad heredem Mævii legatum transeat, etiamsi
Mævius ante aditam hereditatem decesserit. . . . . quia
definitio Labeonis probanda est, dicentis, id demum legatum ad heredem legatarii transire, quod certum sit debitum iri, si adeatur hereditas.

La question de savoir si telle ou telle condition exprimée n'est que l'énonciation superflue d'une condition
tacite, ou si elle est une condition véritable, peut être
quelquefois délicate. — On se la posait dans le cas
d'un legs sous la condition : *si legatarius voluerit*, et
voici comment elle est résolue dans la L. 69, Dig., *De
condit. et demonstr.* (XXXVI, 1) :

nelle ; ce qu'il explique en disant qu'on peut ajouter ou ne pas ajouter
une condition à la condition toujours requise : *Si filius intra pubertatem decesserit.* Mais cela ne contredit pas mon assertion, car la *substitution* pure et simple n'en est moins une *institution* conditionnelle.

Si ita expressum erit : Titio, *si voluerit*, do lego, apud Labeonem Proculus notat, non aliter ad heredem legatarii
pertinere, quam si ipse legatarius voluerit ad se pertinere,
quia conditio personæ injuncta videtur.

On décide donc, et en cela les deux écoles sont d'accord, puisque Gaïus rapporte l'opinion de Proculus,
qu'il y a là une véritable condition, qui suspend jusqu'à
son accomplissement le *dies cedens* du legs. Mais pourquoi
cela ? L'efficacité du legs ne dépend-elle pas toujours,
de droit, de l'acceptation du légataire ? Quand un héritier externe est institué sous la condition *si voluerit*,
on admet sans difficulté que ce n'est que l'expression
supervacua d'une condition tacite (1). Pourquoi en est-
il autrement ici ?

Le motif est très-exactement indiqué par les derniers
mots du texte : *quia conditio personæ injuncta videtur;*
l'acquisition *du droit au legs* est indépendante, en principe de droit, de toute acceptation de la part du légataire ; quant à l'acceptation qui doit lui en assurer le
bénéfice définitif, elle peut émaner, d'après le droit commun, soit du légataire lui-même, soit de son héritier ; la
clause *si voluerit* rendait le legs conditionnel en le soumettant à une acceptation *personnelle* de la part du légataire (2).

La position de l'héritier externe était toute différente ;
le décès du testateur ne lui ouvrait aucun droit transmissible ; c'est seulement par son acceptation, nécessai-

(1) L. 12, Dig., *De condit. instit.* (xxviii, 6).

(2) Il y a là quelque chose d'analogue à ce qui était admis pour le
legs d'option, qui était toujours censé fait, dans l'ancien droit, sous la
condition d'un choix émanant *personnellement* du légataire (Instit., II,
xx, *De legatis*, § 23).

rement personnelle, qu'il devenait héritier ; dès lors la condition *si voluerit* n'apportait, en ce qui le concerne, aucune modification au droit commun.

Comme il s'agit dans notre L. 69, d'un legs *per vindicationem*, on aurait pu s'attendre à un dissentiment entre les Proculiens et les Sabiniens. On sait en effet que, suivant les premiers, le légataire *per vindicationem* n'acquérait la propriété de la chose léguée que par son acceptation : suivant les Sabiniens, au contraire, le légataire devenait propriétaire *etiam ignorans*, par le fait seul de l'adition d'hérédité (1). On aurait donc pu croire qu'aux yeux des Proculiens au moins, la condition *si voluerit*, dans un legs, n'eût dû être considérée que comme l'expression *supervacua* d'une condition tacite. — Ce serait un faux point de vue : le désaccord entre les deux écoles ne portait que sur l'acceptation nécessaire pour faire acquérir *la chose léguée ;* mais les Proculiens ne doutaient pas plus que les Sabiniens que, par le fait du décès, le légataire n'eût un *droit au legs,* transmissible à ses héritiers, même à son insu, et indépendamment de toute acceptation de sa part.

Gaïus, en reproduisant dans la L. 65, § 1, Dig., *De legatis* 1 (xxx), la solution de la L. 69, la motive autrement : il allègue une règle que nous allons rencontrer bientôt, la maxime : *expressa nocent, non expressa non nocent.* Ici Gaïus se trompe; nous venons justement de constater qu'en règle générale du moins, car nous allons trouver une exception, la condition qui n'est que

---

(1) Plus tard, en traitant des effets de la condition, et en comparant le legs conditionnel au legs pur et simple, je ferai ressortir les résultats pratiques, peu considérables d'ailleurs, de ce dissentiment.

l'expression d'une condition tacite est *pro supervacuo* (V. *supra* L. 22, § 1, Dig., *Quando dies legat.*).

Les conditions tacites n'étant pas de véritables conditions, il en résulte qu'elles ne vicient pas les *actus legitimi* eux-mêmes, qui, je l'ai déjà dit et j'y reviendrai, se refusent, par leur nature, à l'admission de toute condition. L'acceptilation, par exemple, est au nombre de ces *actus legitimi;* elle ne saurait être faite sous condition ; pourtant on peut faire acceptilation d'une dette conditionnelle, et alors l'acceptilation se trouve virtuellement affectée de la même condition.

Mais ici il faudrait bien se garder d'exprimer dans l'acte la condition à laquelle il se trouve tacitement soumis : il suffit d'une condition simplement apparente pour vicier les actes légitimes, et c'est en ce qui les touche spécialement qu'est vraie la maxime : *expressa nocent, non expressa non nocent* (V. L. 77 *in fine*, Dig., *De reg. juris* (L. 17).

Enfin la L. 21, Dig., *De condit. et demonstr.* (xxxv, 1), indique un cas tout particulier dans lequel il est intéressant de ne pas regarder les conditions tacites comme de véritables conditions. C'est au point de vue de l'adition d'hérédité. Quand une institution d'héritier est conditionnelle, l'héritier institué ne peut valablement faire adition tant qu'il ignore l'accomplissement de la condition : mais, d'autre part, l'adition est soumise aussi à des conditions légales; par exemple, sous l'empire des lois caducaires, quand il y a plus d'un héritier institué, elle doit avoir été précédée de l'ouverture des tablettes du testament; eh bien ! si l'ouverture a eu lieu, bien que l'institué *pro parte* l'ait ignorée, l'adition qu'il aura faite n'en sera pas moins valable. Voici du reste le texte :

Multum interest, conditio facti, an juris esset; nam hujusmodi conditiones : *si navis ex Asia venerit, si Titius consul factus erit,* quamvis impletæ essent, impedient heredem circa adeundam hereditatem, quandiu ignoraret eas
impletas esse. Quæ vero ex jure venient, in his nihil
amplius exigendum, quam ut impletæ sint, veluti si quis
se filiumfamilias existimat, quum sit paterfamilias, poterit acquirere hereditatem; quare et ex parte heres scrip-
tus, qui ignorat an tabulas testamenti apertæ sint, adire
hereditatem poterit.

Dans un autre sens on désigne encore sous le nom
de conditions tacites, les conditions *sous-entendues,*
celles qui, sans être exprimées, sont suffisamment indi-
quées par les circonstances dans lesquelles intervient
l'acte qu'elles modifient. En ce sens on les oppose aux
conditions expresses.

Ainsi entendues, les conditions tacites ne diffèrent
pas, en principe, des conditions ordinaires, dont elles
produisent tous les effets. Cependant on leur appliquait
la règle *non expressa non nocent,* comme aux *conditiones
juris,* et on les admettait dans des actes qui n'auraient
pas pu être faits sous condition expresse. — Nous en
trouverons de nombreux exemples; je veux dès à présent en citer deux pour faire bien comprendre la règle.

Quand une dot était constituée avant le mariage, il
était indiqué *ipso facto* qu'elle était soumise à la condition que le mariage suivrait. En conséquence, bien que
les promesses, transports de propriété, et autres actes
faits *dotis causa,* avant le mariage, fussent, à ce qu'il
paraît, plutôt présumés faits purement et simplement
(L. 8, Dig., *De jure dot.*), cependant il pouvait être établi
que les parties, sans l'exprimer, avaient voulu en suspendre l'effet jusqu'à la réalisation du mariage. Or, la

dot pouvait être constituée notamment par acceptilation
faite au futur mari, par le constituant, d'une dette dont le
premier était grevé envers le second, et cette acceptilation,
bien qu'elle fût un *actus legitimus*, admettait très-bien la
condition tacite ou sous-entendue : *si nuptiæ secutæ sint.*

> ULPIEN, L. 43, *pr.*, Dig., *De jure dot.* (XXIII, 3). — Licet
> soleat dos per acceptilationem ·constitui, tamen si ante
> matrimonium acceptilatio fuerit interposita, nec nuptiæ
> secutæ, Scævola ait, matrimonii causa acceptilationem
> interpositam non secutis nuptiis nullam esse, atque ideo
> suo loco manere obligationem; quæ sententia vera est (1).

La même chose se produisait pour la *vindicta*, quand
le maître voulait conférer la liberté à son esclave *mortis
causa* : il n'aurait pas pu lui donner une liberté révocable, ni l'affranchir sous la condition suspensive expresse de son prédécès, la vindicte, application de l'*in
jure cessio*, n'admettant pas de condition ; mais elle admettait la condition tacite résultant de ce que dans
l'intention du maître l'affranchissement était fait *mortis
causa*, ce qui impliquait que la liberté ne serait acquise
qu'à sa mort, pourvu encore qu'il eût persisté jusque-là
dans sa volonté. Cette décision remarquable est donnée
par Marcellus dans la L. 16, Dig , *De manumissionibus*
(XL, 1):

> Mortis causa servum manumitti posse, non est dubitandum.
> Quod non ita tibi intelligendum est, ut ita liber esse ju-
> beatur, ut, si convaluerit dominus, non fiat liber, sed,

---

(1) La L. 10, § 4, Dig., *De condict. causa data* (XII, 4), suppose au
contraire que, dans ce cas, l'acceptilation produit une libération immédiate et définitive, et que, le mariage manquant, il y aura lieu à réclamer par la *condictio* le montant de la dette éteinte, ce qui serait loin
de donner les mêmes résultats, car les garanties de la créance primitive ne s'attacheraient pas à cette action. Mais les deux textes se concilient aisément par appréciation de la volonté des parties qui ont pu,

quemadmodum si'vendicta eum liberaret absolute, scilicet quia moriturum se putet, mors ejus exspectabitur; similiter et in hac specie in extremum tempus manumissoris vitæ confertur libertas, durante scilicet propter mortis causa tacitam conditionem voluntâte manumissoris; quemadmodum quum rem ita tradiderit, ut moriente eo fieret accipientis, quæ ita demum alienatur, si donator in eadem permanserit voluntate.

VIII.

DIVISIONS DES CONDITIONS.

Les explications qui précèdent ont déjà fait connaître les principales divisions des conditions, avec leur intérêt pratique. Ainsi nous avons parlé des conditions possibles et impossibles, licites et illicites, expresses et tacites. Je n'y reviens pas ici.

La loi 60, Dig., *De condit. et demonstr.* (xxxv, 1), nous présente de nouvelles divisions :

In facto consistentes (1) conditiones varietatem habent, et quasi tripertitam recipiunt divisionem : ut quid detur, ut quid fiat, ut quid obtingat, vel retro : ne detur, ne fiat, ne obtingat. Ex his dandi faciendique conditiones in personas collocantur aut ipsorum, quibus quid relinquitur, aut aliorum; tertia species in eventu ponetur.

Bien que Paul, dans cette loi, traite spécialement de la condition au point de vue des dispositions testamentaires, ce qu'il dit n'en est pas moins applicable aux actes entre-vifs. On ne doit attacher aucune importance

selon les circonstances, vouloir l'un ou l'autre résultat, en constituant la dot, comme nous dirions aujourd'hui, sous condition suspensive ou sous condition résolutoire (V. M. Pellat, *Textes sur la dot*, p. 183, où une autre conciliation est indiquée et réfutée).

(1) C'est-à-dire les véritables conditions, *conditiones facti*, par opposition aux *conditiones juris*.

à la division tripartite qu'il présente, mais on peut extraire des développements qu'il donne à ce sujet deux autres divisions, savoir :

1° Division des conditions en *positives* et *négatives*, suivant que l'accomplissement de la condition suppose l'arrivée ou la non-arrivée d'un événement : *ut quid detur, ut quid fiat, ut quid obtingat* (condition positive) — *vel retro : ne detur, ne fiat, ne obtingat* (condition négative).

Cette distinction n'a guère qu'une importance de fait, pour déterminer à quelle époque on doit dire que la condition est défaillie, quand il n'y a pas de délai fixé à son accomplissement (1).

2° Division en conditions *potestatives* ou *casuelles*. — Celle-ci est plus importante.

La condition est potestative, quand elle consiste dans un fait volontaire que l'on doit accomplir, ou dont on doit s'abstenir, que ce fait constitue un *facere* dans le sens restreint du mot, ou un *dare : ut detur, ut fiat; ne detur, ne fiat.* Ex. : *Si Alexandriam ieris, ou non ieris.*— *Si centum Titio dederis*, etc.

La condition est casuelle, quand elle consiste dans l'arrivée ou la non-arrivée d'un événement indépendant de la volonté : *si quid obtingat, ne obtingat.* Ex.: *Si navis ex Asia venerit, ou non venerit.*

L'importance de cette division apparaîtra dans la suite; quant à présent, j'insiste seulement sur la notion en elle-même.

La condition potestative de la part d'un tiers doit toujours, au regard des parties, être considérée comme

_____

(1) V *infra*, p. 64 et suiv.

une condition casuelle, car c'est un événement indépendant de leur volonté.

Quand la condition dépend d'un accord de volonté
entre l'une des parties et un tiers, on l'appelle condition
mixte. Ex.: *Si Seiam uxorem duxeris;* et cette triple
distinction des conditions : *potestativæ*, *casuales* et
mixtæ, se rencontre, en effet, dans une L. du Code de
Justinien (V. L. unic. § 7, C., *De caducis toll.*, VI, 51).

La condition potestative, telle que l'entend Paul,
suppose toujours un fait ou une abstention. Il ne faut
pas la confondre avec la condition *si voluero, si volueris,
si Titius voluerit*, qui réserve absolument la volonté de
l'une des parties, ou l'assentiment d'un tiers. Cette dernière espèce de condition a ses règles particulières que
j'exposerai en leur lieu.

La définition que j'ai placée en tête de ce travail fait
pressentir une autre division des conditions, suivant
qu'elles suspendent la formation ou l'extinction d'un rapport de droit. On propose, en effet, à ce point de vue, la
distinction des conditions en *suspensives* ou *résolutoires*.
Cela ne doit être accepté que sous bien des réserves.

La condition peut suspendre l'extinction d'un rapport
de droit de deux manières :

1° Supposons un droit existant; on veut l'éteindre;
au lieu de l'éteindre purement et simplement, on conçoit, si le mode employé s'y prête, qu'on puisse ne consentir qu'une extinction conditionnelle. Ainsi, soit une
obligation qu'il s'agit d'éteindre par la novation, cette
novation pourra, au gré des parties, être pure et simple,
ou conditionnelle.

Il n'y a rien là qui ressemble à ce qu'on appelle aujourd'hui la condition résolutoire; il n'y a qu'une condition suspensive ordinaire; seulement, au lieu de modifier un acte créateur d'obligation, elle modifie un acte extinctif d'une obligation existante.

2° On comprend aussi qu'en faisant un contrat, ou tout autre acte juridique, on ait, *ab initio*, l'idée de convenir que, tel événement arrivant, l'acte lui-même sera non avenu, ou que les droits auxquels il a donné naissance prendront fin. Dans le langage moderne, on dit alors que l'acte est fait sous condition résolutoire, ou que les droits qu'il a conférés sont constitués sous condition résolutoire.

Ce langage n'est pas aussi étranger au droit romain qu'on l'affirme généralement. Sans doute quand il s'agit d'un contrat, d'une vente par exemple, fait avec la clause qu'il sera tenu pour non avenu si tel ou tel événement arrive, les jurisconsultes romains ne disent pas que le contrat est fait sous condition résolutoire; ils disent qu'il est pur et simple, mais soumis à une résolution conditionnelle : *pura est emptio, quæ sub conditione resolvitur* (1). — Cela est vrai, et ce langage est on ne peut plus juridique : la condition est suspensive en ce cas comme ailleurs; seulement elle suspend la révocation du contrat, au lieu d'en suspendre la formation.

Mais cependant, lorsque, sans exercer aucune influence sur l'acte lui-même, la condition doit amener l'extinction du droit conféré par cet acte, les jurisconsultes romains se rapprochent du langage des modernes en

---

(1) V. notamment L. 2, Dig., *De in diem addict.* (xviii, 2), L. 4, § 5, *eod.* Comp. L. 1, pr., Dig., *De donationibus* (xxxix, 5) : *Donatio sub conditione.* — *Donatio quæ sub conditione solvatur.*

disant que le droit est établi *ad conditionem*, et en opposant le droit ainsi établi *ad conditionem* à celui qui est conféré *sub* ou *ex conditione*. Ainsi nous voyons Paul se demander (*Fragm. Vat.*, § 50) si l'usufruit, dans une mancipation ou une *in jure cessio*, peut être déduit soit *ex conditione*, soit *ad conditionem*. Ainsi encore Papinien nous dit (L. 4, Dig., *De servitut.* viii, 1) que, *ipso jure*, les servitudes ne peuvent être établies, *neque sub conditione, neque ad certam conditionem*. N'est-ce pas là constater l'existence d'une condition résolutoire, ou tout au moins extinctive, par opposition à la condition suspensive ?

En outre on doit reconnaître que cette révocation conditionnelle convenue *ab initio*, soit de l'acte lui-même, soit des droits qu'il a conférés, constitue une situation *sui generis* qu'il est commode et utile de qualifier par une locution spéciale, en disant que l'acte est fait, que le droit est établi sous condition résolutoire ou extinctive.

Mais il reste vrai, et l'expression ne peut être employée que sous cette réserve, que le contrat fait sous une condition dite résolutoire n'est pas un contrat conditionnel : il est *perfectus ab initio*; c'est un point qu'il ne faut pas oublier; c'est celui sur lequel insistent les jurisconsultes romains. Cette observation faite, je ne vois plus d'inconvénients à employer, avec le plus grand nombre des commentateurs, les expressions : condition suspensive, condition résolutoire.

Paul, dans la loi 11, § 1, Dig., *De condit. et demonstr.* (xxxv, 1), indique une dernière division des conditions, peu importante d'ailleurs, en *conditiones promiscuæ* et *non promiscuæ* :

Item sciendum est, promiscuas conditiones post mortem impleri oportere, si in hoc fiant ut testamento pareatur, veluti : *Si Capitolium ascenderit,* et similia, non promiscuas, etiam vivo testatore existere posse, veluti : *Si Titius consul factus fuerit.*

La condition est *promiscua,* quand il s'agit d'un acte de nature à s'accomplir aisément et souvent;— elle est *non promiscua* dans le cas contraire. — *Si Capitolium ascenderit* est un exemple de la première espèce ; quand un legs est fait sous une telle condition imposée au légataire, il doit l'accomplir après le décès du testateur, en signe d'obéissance à sa volonté. — *Si Titius consul fuerit* est une condition *non promiscua;* si une disposition testamentaire a été subordonnée à une telle condition, il suffira qu'elle se soit accomplie, fût-ce du vivant du testateur, pour que la disposition soit exécutée.

IX

DE L'ACCOMPLISSEMENT DES CONDITIONS.

Comme l'observe Doneau (1), la question de savoir quand une condition est accomplie, est une question de fait plus que de droit; elle se résout, dans chaque espèce, d'après les termes de la convention ou de la disposition, interprétés par l'intention des parties ou du testateur (2). ·

(1) *Comment.* lib. VIII, c. 33, § 2.
(2) V. LL. 10, 15, 19, 25, 32, 45, 48, 64, 81, 82, Dig., *De condit. et demonst.* (xxxv, 4), L. 68, *De solut.* (xlvi, 3). — C'est en appliquant à la substitution vulgaire, considérée comme une institution conditionnelle, cette règle, que la condition doit être accomplie selon l'intention du testateur, que les textes expliquent comment, dans certains cas, le substitué vulgaire est appelé à l'hérédité en concours avec l'in-

On comprend qu'il est impossible d'entrer ici dans l'examen des nombreuses hypothèses résolues d'après ce principe, qui se trouvent rapportées au Digeste, tit. *De conditionibus et demonstrationibus*. Je veux seulement examiner trois points qui demandent des observations particulières. Ils se réfèrent : 1° au temps dans lequel la condition doit s'accomplir; 2° à l'indivisibilité de la condition; 3° aux cas dans lesquels la condition doit être tenue pour accomplie, bien qu'elle ne le soit pas.

1° *Du temps dans lequel la condition doit s'accomplir*.

Une première règle qui va de soi, c'est que, s'il y a eu un délai fixé, il faut s'en tenir aux termes de la convention ou du testament. Dans ce cas, si la condition est positive, il faudra, pour qu'elle s'accomplisse utilement, que l'événement se produise dans le temps déterminé : le terme passé sans que l'événement se soit produit, la condition est défaillie. Si elle est négative, la condition sera utilement accomplie si le délai expire sans que l'événement prévu soit arrivé; et même, au cours de ce délai, s'il devient certain qu'il ne pourra pas se réaliser. Il n'est pas besoin d'éclaircir par des exemples ces principes de bon sens.

Qu'il y ait un terme ou qu'il n'y en ait pas, on a toujours à se demander si la condition peut s'accomplir utilement après le décès des parties quand il s'agit d'un acte entre-vifs ; après le décès de la personne au profit de qui a été faite la disposition, ou de l'héritier

---

stitué (V. LL. 40 et 41, Dig., *De hered. instit.* (xxviii, 5), 48, *De vulg. et pupill. substit.* (xxviii, 6); Gaius, Instit., II, § 177; Ducaurroy, *Instit.*, t. I, n° 605 ; M. Demangeat, *Cours élém.*, t. I, p. 659.

chargé de l'exécuter, quand il s'agit d'une disposition testamentaire. Cette question ést assez complexe ; elle se résout par l'appréciation exacte des effets qu'on peut attacher *pendente conditione* au droit suspendu par une condition. Je la réserve pour la traiter en étudiant les effets de la condition.

Réserve faite de cette question, si la condition est positive, et qu'il n'y ait pas délai fixé pour son accomplissement, elle sera accomplie, en principe, à quelque époque que se produise l'événement prévu ; on ne pourrra la dire défaillie que quand il sera devenu certain que cet événement n'arrivera pas. S'agit-il, par exemple, d'une condition personnelle de faire imposée au créancier dans une stipulation, elle serait forcément défaillie si le stipulant venait à mourir sans avoir fait l'acte sous la condition duquel le promettant s'était engagé. — Quand le fait qui met obstacle à l'événement de la condition n'est pas irrévocable, celle-ci demeure suspendue. Par exemple, la condition : *Si Titius consul fuerit*, sera défaillie si Titius détède sans avoir été promu au consulat ; mais s'il perd seulement la qualité de citoyen, comme il peut la recouvrer, rien ne sera, provisoirement, décidé. (V. loi 59, § 1, Dig., *De condit. et demonstr.* (xxxv, 1).

Il y a quelques observations particulières à présenter en ce qui touche les dispositions testamentaires. On peut se demander si la condition à laquelle elles sont soumises est régulièrement accompli du vivant du testateur, ou si l'accomplissement doit en être réitéré après le décès. Nous avons déjà vu que la solution varie suivant que la condition est ou n'est pas *promiscua*. La condition *promiscua* étant d'un accomplissement facile, dont la réitération est aisée, il faut qu'elle soit accomplie en vue d'obéir au testament, et, dès lors, après le décès du testateur. Il en est autrement des conditions *non promiscuæ*, il suffit qu'elles s'accomplissent une fois pour toutes, fût-ce *vivo testatore*. Ainsi les conditions suivantes : *Si decem dederit, Si Capitolium ascenderit,* imposées à un légataire, devront être obéies après le décès; celles-ci : *Si Titius consul fuerit, Si navis ex Asia venerit,* seront accomplies régulièrement si ces événements se produisent, même du vivant du testateur (V. L. 11, § 1, Dig., *De condit.*, *supra*, p. 62; *jung.* L. 2, *eod.*). Au fond, c'est une affaire d'interprétation de volonté.

Quand la condition d'un legs était potestative de la part du légataire, on s'écartait des règles posées ci-dessus, en décidant qu'elle devait, à peine de déchéance, être accomplie dès qu'il était possible :

> Julien, L. 29, Dig., *De condit.* — Hæc conditio : *Si in Capitolium ascenderit,* sic recipienda est, si quum primum potuerit Capitolium ascendere.

Il n'en était pas de même quand une institution d'héritier était faite sous une semblable condition : jusqu'à son décès l'institué avait le droit, en l'exécutant, d'acquérir le bénéfice de l'institution (V. L. 4, § 2; L. 5, Dig., *De heredib. instit.*; L. 28, *De condit. instit.*). Pourquoi cette différence? Suivant Doneau et son annotateur (1), c'est que le légataire n'a pas besoin d'une longue délibération, tandis que l'héritier institué doit pouvoir s'assurer des forces de la succession, avant de

_____

(1) *Comment. lib.* viii, c. 38, § 18, note 14.

se soumettre à la condition, peut-être onéreuse, qui la
lui fera acquérir, et de s'imposer ainsi une gêne ou un
sacrifice, inutiles s'il doit ensuite répudier l'hérédité.
Ce qui peut confirmer cette manière de voir, c'est qu'en
effet, en pareil cas, le préteur agissait vis-à-vis de l'institué comme vis-à-vis de tout héritier qui tardait à faire
adition : il lui assignait un délai dans lequel il devait,
sous les conséquences de droit, prendre un parti.

> POMPONIUS, L. 23, § 1, Dig., *De heredib. instit.* (XXVIII, 5).
> — Sed si bonorum possessionem non admittat, sed con-
> ditionem trahat, cui facile parere possit, veluti, si servum
> quem in potestate habeat, manumiserit, nec manumittat,
> hic Prætoris erunt partes, ut imitetur edictum illud, quo
> præfinit tempus intra quod adeatur hereditas. — (Comp.
> L. 1, pr., *De curat. bon.* (42, 7).

J'arrive au cas où, aucun délai n'étant fixé, la condition est négative. Rigoureusement alors elle demeure
en suspens tant que le fait prévu reste possible. Elle
fait défaut quand il est accompli, mais tant qu'il n'est
pas devenu impossible, elle n'est pas elle-même accomplie. Si donc il s'agit d'une condition de ne pas faire,
imposée, par exemple, à un légataire : *Si in Capitolium
non ascenderit,* c'est à son décès seulement qu'on pourra
dire que la condition a été exécutée. De même, dans
une stipulation, quand il a été promis sous une telle
condition de la part du stipulant ; aussi nous dit-on
qu'en pareil cas, cela équivaut pour le créancier à stipuler : « *Cum morietur sibi dari.* » (Instit., *De verb.
oblig.,* II, xv, § 4) (1).

---

(1) Nous verrons, en étudiant les effets de la condition, que les dispositions testamentaires faites sous des conditions de cette espèce, pou-

On appliquait la même doctrine aux stipulations sous
une condition *in non faciendo* de la part du promettant : la condition, défaillie si l'acte prévu avait été accompli, n'était accomplie elle-même que quand il était
certain que le promettant ne pourrait plus faire ce qui
était *in conditione*.

> PAPINIEN, L. 115, § 1, Dig., *De verb. oblig.* (XLV, 1). Sed
> et si ita stipulatus fuero : *Si in Capitolium non ascen-
> deris, vel Alexandriam non ieris, centum dari spondes?*
> non statim committetur stipulatio, quamvis Capitolium
> ascendere, vel Alexandriam pervenire potueris, sed *quum
> certum esse cœperit*, te Capitolium ascendere, vel Alexan-
> driam ire non posse.

Cependant, dans cette hypothèse, si la promesse
sous une condition *in non faciendo* de la part du débiteur, paraissait avoir le caractère d'une clause pénale,
par exemple : « *Si Pamphilum non dederis, centum dari
spondes?* » il s'était élevé une controverse pour savoir
si le stipulant ne devait pas avoir action dès que le promettant était en demeure d'exécuter la prestation dont
le défaut était la condition de sa promesse. Telle était
l'opinion de Sabinus. Pégasus, maintenant même dans
dans ce cas l'application du principe rigoureux, décidait
que la condition n'était accomplie que quand le débiteur était dans l'impossibilité de donner Pamphile.
Sabinus invoquait à l'appui de son opinion l'intention
des parties; mais comment tenir compte de cette
intention, dans un contrat de droit strict, comme la
stipulation? Aussi Papinien, qui rapporte la controverse (L. 115, § 2, Dig., *De verb. oblig.*, XLV, 1), donne-

vaient être exécutées immédiatement, à la charge d'une *satisdatio* dite
caution Mucienne (L. 7, Dig., *De condit. et demonstr.*).

t-il raison à Pégasus, du moins pour l'espèce proposée ; car il fait une distinction sur laquelle il est bon d'insister.

La clause pénale, ou la stipulation d'une peine, peut se concevoir de deux manières bien différentes qu'on n'a pas toujours assez nettement distinguées. Prenons pour exemple celui sur lequel disputaient Sabinus et Pégasus : clause pénale stipulée pour le cas où le promettant ne donnera pas Pamphile. On peut d'abord stipuler en ces termes : *Si Pamphilum non dederis, centum dare spondes?* — On peut dire aussi : *Spondesne Pamphilum dari? Si non dederis, centum dare spondes?* Dans le premier cas, c'est par abus de mots qu'on donne à la stipulation de cent le nom de clause pénale, ou, comme disaient les Romains, de *pœna*. Elle est en réalité l'obligation principale, et même la seule obligation ; la dation de Pamphile est uniquement *in conditione*, ou, suivant l'expression d'un texte, *in exsolutione*.

> PAUL, L. 44, § 5, Dig., *De oblig. et act.* (XLIV, 7) : — Si ita stipulatus sim : *si fundum non dederis, centum dare spondes?* sola centum in stipulatione, *in exsolutione* fundus.

Dans le second il n'en est pas de même ; il y a deux obligations distinctes, l'une principale, ayant pour objet *Pamphilum dare*, l'autre subsidiaire, pour ainsi parler, contractée sous la condition de l'inexécution de la première.

La détermination exacte des différences pratiques qui séparent ces deux hypothèses a donné lieu à des difficultés. Notamment, la question de savoir si le créancier, dans la deuxième hypothèse, peut agir à son choix en vertu de l'une ou de l'autre obligation, ou si la deuxième n'absorbe pas la première, qui ne joue plus que le rôle d'une condition (1), cette question, dis-je, est très-délicate, et demande probablement des distinctions dont l'examen est en dehors de mon sujet.

Mais en admettant même, en matière de stipulation (2), la dernière alternative, savoir que la clause pénale absorbe l'obligation qui la précède, au point d'en placer simplement l'objet *in facultate solutionis*, les deux cas que j'ai distingués seront encore loin de se confondre :

1° Si l'objet de la *pœna* est hors du commerce, ou impossible, quand elle forme une promesse unique sous condition, tout est évidemment nul. Au contraire quand il y a deux obligations, la nullité de la stipulation pénale laisse subsister l'obligation principale :

> CELSUS, L. 97, Dig., *De verb. oblig.* (XLV, 1). — Si ita stipulatus fuero te sisti, nisi steteris hippocentaurum dari? proinde erit, atque te sisti solummodo stipulatus essem. (V. aussi L. 126, § 3, *eod.*)

2° Supposons une stipulation ainsi conçue : *Si Stichum non dederis, centum dari spondes?* Il se trouve que Stichus est décédé avant le contrat; on sera dans le cas d'une promesse faite sous une condition nécessaire, c'est-à-dire pure et simple. — Supposons, au contraire, une promesse principale ayant pour objet Stichus, suivie d'une stipulation de clause pénale : *Stichum dari spondes? Si non dederis centum dari spondes?* Le décès de Stichus antérieur au contrat, empêchant l'obligation

(1) V. L. 44. § 6, Dig., *De oblig. et act.* Comp. LL. 41 et 42, Dig., *Pro socio*; L. 28, *eod*, *De act. empti.*

(2) Dans les contrats de bonne foi, la règle contraire n'aurait pas fait de doute; cela résulte des textes cités à la note précédente.

principale de se former, fera évanouir également la
stipulation pénale :

> L. 69, Dig., *De verb. oblig.* (XLV, 1). ULPIEN. — .....
> nec pœna rei impossibilis committetur : quemadmodum
> si quis Stichum mortuum dare stipulatus, si datus non
> esset, pœnam stipuletur (1).

3° Papinien met entre les deux cas une autre différence au point de vue qui nous occupe, c'est-à dire au
point de vue du délai après lequel, faute de l'autre
prestation, le créancier peut exiger la peine. — La
pœna est-elle une obligation principale unique contractée sous condition, il faut suivre l'opinion de
Pégasus, appliquer les règles rigoureuses sur l'accomplissement de la condition, et décider que le créancier
n'a le droit de poursuivre la peine que quand il est certain que la prestation qui est *in conditione* ne sera pas
accomplie. Mais l'opinion de Sabinus doit être suivie si
la *pœna* joue le rôle d'une obligation accessoire : dans
ce cas il y a une première obligation *præsens ;* la peine
étant promise pour le cas d'inexécution de cette obligation, est due à défaut d'exécution immédiate, c'est-
à-dire après mise en demeure :

> L. 115, § 2, *De verb. oblig.* — .... Itaque potest Sabini
> sententia recipi, si stipulatio non a conditione cœpit, ve-
> luti : *si Pamphilum non dederis, tantum dare spondes?*
> sed ita concepta sit stipulatio, *Pamphilum dari spondes?*
> *si non dederis, tantum dari spondes?*

Par une interprétation toute favorable, on décidait
que la condition de ne pas faire, imposée à un esclave

---

(1) La première partie de ce texte a trait à l'hypothèse où le fait
dont l'inexécution est la condition de la stipulation pénale, est devenu
impossible postérieurement au contrat. J'en parlerai plus loin.

affranchi par testament, était censée accomplie quand
il n'avait pas contrevenu à la condition, ayant eu l'occasion d'y contrevenir :

> Julien, L. 17, § 1, Dig., *De manum. testam.* (xl, 4). — Hæc
> autem scriptura : *Stichus, si Capitolium non ascenderit,*
> *liber esto,* ita accipienda est, si, quum primum potuerit,
> Capitolium non ascenderit; isto enim modo perveniet
> Stichus ad libertatem, si facultate data ascendendi Capi-
> tolium abstinuerit.

2° *De l'indivisibilité de la condition.* — Dans bien
des cas, on conçoit que la condition puisse s'accomplir
per partes; mais l'accomplissement partiel de la condition ne produit aucun effet ; le droit subordonné à l'événement de la condition ne prend naissance pour aucune
part, tant qu'elle n'est pas entièrement accomplie. C'est
là, en premier lieu, ce qu'on exprime par ces mots :
indivisibilité de la condition. Soit un legs fait à Mævius
si decem Titio dederit, le légataire, en payant cinq, n'est
pas admis à prétendre qu'il a droit au legs pour moitié.
De même, si la condition consiste à payer dix à deux
personnes, le payement de cinq fait à l'une d'elles n'ouvre
le droit au legs pour aucune part :

> Julien, L. 23, Dig., *De condit. et demonstr.* — Qui duobus
> heredibus decem dare jussus est, et fundum sibi habere,
> verius est, ut *conditionem scindere non possit,* ne etiam
> legatum scindatur. Igitur quamvis alteri quinque dederit,
> nullam partem fundi vindicabit, nisi alteri quoque
> adeunti hereditatem reliqua quinque numeraverit, aut
> illo omittente hereditatem, ei qui solus adierit heredita-
> tem, tota decem dederit.

Il en serait autrement si le legs avait été fait conjointement au profit de deux personnes, sous une condition
susceptible de s'accomplir *per partes* : chacun des léga-

taires pourrait accomplir la condition et donner ouverture au legs pour sa part : *nam quamvis summa universæ
conditionis sit adscripta, enumeratione personarum potest
videri esse divisa* (L. 56, Dig. *De condit. et demonstr.*).
De même, quand le legs se trouvait en partie caduc, on
admettait que la charge imposée au légataire sous forme
de condition était proportionnellement réduite. Ainsi,
soit le legs fait à un *orbus* sous la condition de payer
cent, le légataire recueillera la seule moitié qu'il puisse
recueillir d'après les lois caducaires (1), en payant seulement la moitié de la somme fixée. Le surplus était mis
à la charge de ceux qui profitaient de la caducité, en
vertu de la règle : *caduca cum onere fiunt* (2). Voici, en
effet, comment Paul s'explique sur ce point dans la
L. 43, § 2, Dig. *de condit. et demonstr.* (xxxv, 1) :

> Item scinditur jus dandi, si is, cui legatum est, non potest
> partem hereditatis sibi relictam totam capere; nam verius
> est, partem eum præstare debere, partem illos, qui aufe-
> runt ab eo, quod plus relictum est, quam a lege conce-
> ditur.

De même enfin, si le legs est devenu partiellement
caduc par suite de l'usucapion d'une partie de la chose
léguée :

> PAUL, L. 44, § 9, *eod.* — Si pars rei legatæ usucapta sit, an
> in solidum parendum sit, dubito ; et potest dici, pro parte
> parendum, ex sententia testatoris.

Le même jurisconsulte décide autrement quand le
legs est réduit par application de la Loi Falcidie : il refuse au légataire réduit pour ce motif la répétition d'une

(1) V. Gaius, *Comm.*, ii, § 286.
(2) Ulpien, *Lib. reg.*, tit. xvii, § 3.

part proportionnelle de ce qu'il a payé *implendæ conditionis causa* :

L. 43, §1, *eod*. — Diversum est, si Falcidia interveniat, et
minuat legatum; nam his casibus nihil repetetur, *quia in
solidum conditioni paretur.*

Quel est le motif de la différence? Il me paraît avoir
été indiqué exactement par Doneau : c'est que, pour que
le legs soit admis *ad contributionem*, en cas d'application de la Falcidie, il faut qu'il ait été préablement acquis pour le tout ; les legs conditionnels ne peuvent être
comptés dans la masse réductible que quand la condition est accomplie; si on commençait par les supposer réduits, pour se contenter de l'accomplissement
partiel de la condition, ils ne viendraient *ad contributionem* que *pro parte*, et y subiraient une nouvelle réduction,
tandis qu'ils diminueraient d'autant moins les autres
legs : « *Cum legatum Falcidia minuit*, dit Doneau (1),
» *non jam eo legatarius tantum conditioni paret, ut lega-
» tum consequatur,..... sed etiam ut ad contributionem
» legatorum ab initio admittatur ;.....* »

Nous venons d'étudier l'indivisibilité de la condition,
en tant qu'elle est imposée au créancier (2), ou, plus
généralement, à celui au profit de qui elle s'accomplit.
Elle trouve également son application en un autre sens,
quand il s'agit de conditions imposées au débiteur. La
condition est alors indivisible en ce sens, que celui qui
s'est obligé sous une condition potestative de sa part,

(1) *Comm.*, lib. VIII, c. XXXIII, § 12.
(2) Bien que les exemples rapportés d'après les textes soient tous relatifs à des dispositions testamentaires, la même chose s'appliquerait
sans aucun doute, aux stipulations sous une condition de donner imposée au stipulant.

est tenu à tout ce qu'il a promis, bien qu'il n'ait contrevenu à la condition que pour partie. Cela se présente spécialement dans les stipulations pénales.

Soit la stipulation suivante : *Si fundum non dederis, centum dare spondes;* le promettant décède laissant deux héritiers. L'un offre d'exécuter pour sa part héréditaire la prestation qui est *in conditione* : l'inexécution du chef de l'autre fait encourir la *pœna* pour le tout.

> PAUL, L. 85, § 6, Dig., *De verb. oblig*. (XLV, 1). Item si ita stipulatio facta erit : *Si fundus Titianus datus non erit, centum dari,* nisi totus detur, pœna committitur centum, nec prodest partes fundi tradere cessante uno.....

Cela me paraît sans difficulté dans l'exemple que j'ai choisi : la clause pénale n'est ici qu'une obligation conditionnelle ordinaire. Mais en serait-il de même quand la clause pénale est stipulée pour le cas d'inexécution d'une autre obligation préalablement contractée ? Exemple : *Promittis ne fundum Titianum dari? si non dederis, promittisne centum dari ?* Dira-t-on encore que l'inexécution partielle de la première obligation fera encourir la clause pénale pour le tout ? Pourquoi non, puisque dans ce cas, comme dans l'autre, la stipulation pénale est une stipulation conditionnelle ?

Toutefois, nous retombons ici dans les difficultés auxquelles j'ai précédemment fait allusion, sur les conséquences juridiques exactes de la clause pénale subsidiaire. On conçoit, par exemple, qu'on puisse considérer, dans ce cas, la clause pénale comme représentant les dommages-intérêts dus pour inexécution de l'obligation principale. C'est en effet l'idée qui est exprimée dans plusieurs textes. En parlant de là, on aurait pu dire que, si l'obligation principale est susceptible d'exécution partielle(1), la clause pénale ne doit être encourue que pour la part pour laquelle cette obligation est demeurée inexécutée.

Il paraît bien que cette manière d'entendre la clause pénale a dicté certaines solutions qui se trouvent dans les textes. Ainsi Caton décidait qu'étant supposée la promesse *amplius non agi*, faite *sub pœna*, la contravention d'un seul des héritiers du promettant ne fait encourir la clause pénale qu'à lui seul, et pour sa part héréditaire. Et Paul qui rapporte cette opinion ne la contredit pas (V. L. 4, § 1, Dig., *De verb. oblig.* (XVL, 1), car il l'applique lui-même à la promesse *Titium heredemque ejus rem ratam habiturum* (2).

Mais d'autres textes laissent ce point de vue complétement de côté, pour ne voir dans la clause pénale, même subsidiaire, qu'une simple obligation conditionnelle. Ainsi Paul lui-même et Ulpien, supposant que le débiteur contrevient à une obligation

(1) C'est ce que je supposerai constamment. Si l'obligation principale ne pouvait pas être exécutée partiellement, il est bien clair que la contravention d'un seul des débiteurs ferait encourir la peine intégrale. Sur ce point, l'opinion de Caton, rapportée dans la L. 4, § 1, *De verb. oblig.*, est incontestable.

Je suppose qu'il s'agit d'une contravention partielle provenant de l'un de plusieurs débiteurs. S'il n'y avait qu'un seul débiteur, il n'y aurait pas de doute qu'une exécution partielle de l'obligation principale ne lui donnerait droit à aucune réduction de la peine, car il n'a pas le droit de se libérer par un payement partiel.

(2) Les commentateurs ne s'accordent pas sur le point de savoir si Paul approuve ou non les solutions de Caton. Je crois qu'il les approuve, et que l'exemple qu'il cite a pour but de confirmer, par analogie, ce que Caton avait dit de la stipulation *amplius non agi*. Du reste, le texte est lui-même incertain (V. sur les différentes restitutions qui en ont été faites, Maynz, *Éléments de droit romain*, t. II. p. 360, 364).

de ne pas faire à l'égard de l'un des héritiers du créancier, se demandent si cette contravention a pour résultat
de faire *committere stipulationem erga omnes*, et ils répondent par une distinction. S'il n'y a pas de clause pénale,
celui-là seul à l'égard de qu'il y a eu contravention
peut agir *quanti ejus interest;* les autres n'ayant pas
d'intérêt, n'auront pas d'action. Mais s'il y a une clause
pénale, il en sera autrement : rigoureusement, elle sera
commissa au profit de tous les héritiers, dès qu'il y aura
eu contravention à l'égard de l'un d'eux (1); elle est si
peu la représentation de l'indemnité due pour inexécution de l'obligation principale, que, *ipso jure* du moins,
elle pourra être poursuivie par ceux qui n'en ont éprouvé
aucun préjudice (2). V. LL. 2, §§ 6 et 3, Dig., *De verb.
oblig.* Comp. L. 44, § 6, *Fam. ercisc.* (Dig., x, 2).

Pomponius, appliquant la même doctrine aux héritiers du débiteur, admet que la contravention d'un seul
à l'obligation principale fait encourir la peine à tous,
c'est-à-dire à chacun pour sa part héréditaire.

> L. 5, § 3, Dig., *De verb. oblig.* — . . . . . Si sortem pro-
> miseris, et si ea soluta non esset, pœnam, etiam si unus ex
> heredibus tuis portionem suam ex sorte solverit, nihilo-
> minus pœnam committet, donec portio coheredis solvatur.
>
> § 4. — Idemque est de pœna ex compromisso, si unus pa-
> ruerit, alter non paruerit sententiæ judicis (3).

(1) A la vérité, Paul et Ulpien raisonnent ici dans une hypothèse
où l'obligation principale est indivisible, mais l'opposition qu'ils établissent entre le cas où il y a, et celui où il n'y a pas une *pœna* stipulée, n'en est pas moins fondée sur l'idée que la clause pénale est une
obligation sous condition, et non la représentation des dommages-intérêts pour inexécution.

(2) Toutefois, ils étaient repoussés par une exception de dol (V. le
texte cité).

(3) V. aussi Paul, L. 25, § 13, Dig., *Famil. ercisc.* — « Idem juris

Comment peut-on expliquer ces textes divergents? Faut-il croire à une controverse, qui se justifierait par les deux aspects sous lesquels on pouvait envisager la clause pénale? Cela serait possible si Paul ne devait pas, de cette manière, se trouver dans les deux camps. Faut-il dire que Paul lui-même a pu varier dans ses solutions sur un point assurément très-délicat? Ce n'est pas probable, car la L. 2 et la L. 4, *De verb. oblig.*, sont extraites du même livre du même ouvrage (*lib.* xii, *ad Sabinum*).

La conciliation la plus satisfaisante me paraît être celle qui a été proposée par Molitor (1). Cet auteur fait remarquer que les cas où on déclare la peine *commissa in solidum* par suite de la contravention d'un seul des héritiers du débiteur, se réfèrent à des stipulations conventionelles (L. 5, §§ 3 et 4, *De verb. oblig.*; L. 25, § 13, *Famil. ercisc*), tandis que les cas où la peine n'est *commissa* que dans la mesure de la contravention, se réfèrent à des stipulations prétoriennes (L. 5, § 1, *De verb. oblig.*) Dans les premières, on s'en tenait strictement à la forme, qui donnait à la clause pénale le caractère d'une obligation conditionnelle, et on appliquait le principe de l'indivisibilité de la condition. Dans les autres, qui se rapprochaient des contrats de bonne foi, à raison de la *clausula doli* qui y était insérée (2), et qui s'interprétaient *ex mente prætoris* (3), on abandonnait ce point de vue rigoureux, et on divisait la clause pé-

---

» est in pœna promissa a testatore, si sub pœna promissa sit ; nam li-
» cet hæc obligatio dividatur per legem duodecim tabularum, tamen,
» quia nihilum prodest ad pœnam evitandam partem suam sol-
» vere..... »

(1) *Les obligations en droit romain*, t. I, p. 209, n° 167.
(2) V. de Savigny, *System*, t. V, append. xiii, n° xix.
(3) L. 9 Dig., *De stipul. prætor.* (xlvi, 5).

nale, comme on aurait divisé les dommages-intérêts, quand la contravention à l'obligation principale ne se produisait que de la part de l'un des débiteurs, et que cette obligation était d'ailleurs divisible (1).

X

3° *Des cas dans lesquels la condition non accomplie est légalement tenue pour accomplie.*

Il y en a un premier, sur lequel il ne s'élève aucun doute ; c'est celui où l'accomplissement de la condition a été frauduleusement empêché par celui qui avait intérêt à ce qu'elle fît défaut :

> ULP., L. 161, Dig., *De reg. jur.* (L, 17). — In jure civili receptum est, *quoties per eum, cujus interest, conditionem non impleri, fiat quominus impleatur, perinde haberi, ac si conditio impleta fuisset,* quod ad libertatem, et legata, et ad heredum institutiones producitur ; quibus exemplis stipulationes quoque committuntur, quum per promissorem factum esset, quominus stipulator conditioni pareret.

On peut prendre pour exemple l'hypothèse où, un legs étant fait sous la condition que le légataire donnera à un tiers un esclave qui lui appartient, l'héritier aura

---

(1) Je m'éloignerais trop du cadre de ce travail, si je voulais examiner d'une manière complète les difficultés qui se rattachent à l'interprétation des textes que je viens de citer. Je me contente donc du rapide exposé que je viens de faire ; il est suffisant pour montrer l'influence qu'exerce, sur les effets de la clause pénale, l'idée qu'elle est une stipulation conditionnelle. J'ajoute seulement qu'on a mal à propos embrouillé cette théorie en la mêlant à celle de l'indivisibilité des obligations. L'addition d'une clause pénale, quoi qu'on ait pu dire, ne peut pas changer la nature de l'obligation principale et la rendre indivisible quand elle ne l'est pas ; mais, en la transformant en une condition, elle conduit à lui appliquer, contre les héritiers du débiteur, la règle de l'indivisibilité de la condition.

lui-même causé méchamment la mort de cet esclave. On trouve aussi, en matière de contrats, l'exemple d'une vente faite sous la condition que l'acheteur trouvera à acheter un local déterminé, pour y placer les choses (dans l'espèce une bibliothèque) qui font l'objet de la vente : le contrat est déclaré formé si le propriétaire du local étant prêt à le céder, l'acheteur se refuse à l'acquérir (V. L. 50, Dig., *De contrah. empt.*, xviii, 1).

Mais la règle n'est applicable qu'autant que l'intéressé à la défaillance de la condition a procuré cette défaillance *injuria*, et contre la volonté du disposant ou celle des parties contractantes. Il est bien entendu, par exemple, que si la condition était potestative de la part du débiteur, il aurait toujours le droit d'en empêcher l'accomplissement. Il n'est pas moins certain qu'en supposant un legs fait sous la condition de payer une somme à un tiers, il n'y aurait rien à reprocher à l'héritier qui aurait mis obstacle à ce payement, en poursuivant rigoureusement contre le légataire l'acquittement des dettes que celui-ci aurait contractées envers lui.

Il existe, sur le sujet que j'étudie, un texte embarrassant; non pas qu'il jette le moindre doute sur la certitude ou l'étendue de la règle, mais il y a des difficultés sur la manière de l'entendre, et sur l'hypothèse exacte à laquelle il s'applique. Je veux parler de la L. 24, Dig., *De condit. et demonstr.* (xxxv, 1). C'est un fragment de Julien, qui reproduit presque textuellement la L. 161, *De reg. juris*, ci-dessus transcrite, mais avec cette différence remarquable, qu'au lieu de : *cujus interest conditionem non impleri*, on y lit : *cujus interest conditionem impleri*, la négation retranchée. Cela donne-t-il un sens différent?

6

L'idée la plus naturelle, c'est qu'il y a dans la L. 24 omission purement accidentelle de la négation; c'est l'opinion d'Haloander, qui, dans son édition des Pandectes, modifie en ce sens le texte donné par les manuscrits; et quoique les Basiliques soient conformes aux manuscrits sur ce point, je crois que le rapprochement de la L. 24 et de la L. 161 exige en effet, dans la première, le rétablissement de la négation. Les explications qu'on a proposées pour maintenir tel qu'il est le texte de la L. 24, ne sont guère satisfaisantes. Suivant une opinion, il y serait fait allusion à une autre règle, que nous allons exposer tout à l'heure, savoir que la condition est réputée accomplie, quand celui dans l'intérêt de qui elle a été imposée (*cujus interest conditionem impleri*) ne se prête pas à son accomplissement. Mais cette interprétation est repoussée par la fin du fragment, où l'on donne l'exemple d'une condition dont l'accomplissement est empêché par le *promissor*, l'obligé conditionnel, ce qui est justement l'exemple de la L. 161 (1). — Une autre explication se fonde sur les interprétations différentes que peuvent recevoir les expressions: *cujus interest*. Sans doute, dit-on, dans le sens le plus précis, le débiteur conditionnel est intéressé au non-accomplissement de la condition; mais on peut dire aussi, en sens inverse, qu'il est intéressé a son accomplissement, en ce que cet accomplissement a de l'importance pour lui, *ejus interest*. Tel serait le sens de la L. 24. Il est inutile d'insister pour faire voir combien, dans cette idée, on s'éloigne de la signification naturelle des mots. Cependant il faut reconnaître que

(1) V. de Savigny, *System*, t. III, § 119, note *g*

ce serait la seule manière plausible d'entendre notre texte, si l'on se refusait absolument à y rétablir la négative (1).

Un deuxième cas où la condition est réputée accomplie, bien qu'elle ne le soit pas réellement, est celui où, s'agissant d'une condition de donner ou de faire imposée dans l'intérêt d'un tiers et exigeant son concours, celui-ci, par son refus, en empêche l'accomplissement :

> ULPIEN, L. 5, § 5, Dig., *Quando dies legat*. (XXXVI, 2). — Item si qua conditio sit, quæ per legatarium non stat, quominus impleatur, sed aut per heredem, *aut per ejus personam, in cujus persona jussus est parere conditioni*, dies legati cedit, quoniam pro impleta habetur, utputa si jussus sim heredi decem dare, et ille accipere nolit. Sed etsi ita mihi legatum sit, *si Seiam uxorem duxero*, nec ea velit nubere, dicendum erit, diem legati cedere, quod per me non stat, quominus pareim conditioni, sed per alium stat quominus impleatur conditio.

> MARCELLUS, L. 23, Dig. *De condit. instit.* (XXVIII, 7). — . . . . . Plerumque enim hæc conditio : *si uxorem duxerit, si dederit, si fecerit*, ita accipi oportet, quod per eum non stet, quominus ducat, det, aut faciat (2).

On voit, par cette dernière citation, que la décision dont il s'agit était fondée sur une interprétation de volonté : on partait de l'idée que, le testateur ayant eu pour but l'intérêt du tiers au profit de qui la condition avait été imposée, ce but était suffisamment rempli dès qu'il refusait d'en profiter.

Cette interprétation, admissible dans les testaments,

---

(1) V. M. de Vangerow, *Lehrbuch*, § 94, 2, t. I, p. 140.
(2) Comp. L. 14, Dig., *De condit. instit.*; L. 78 pr., *De condit. et demonstr.*, etc.

ne paraît pas devoir être reçue dans les actes entre-vifs, au moins sans distinctions. Souvent, en effet, la condition de faire, demandant le concours de la volonté d'un tiers, insérée dans un contrat, ne le sera pas dans le but de favoriser ce tiers, mais pour créer une situation en vue de laquelle seulement le contrat est consenti. Tel serait le cas d'une donation faite sous la condition d'un mariage déterminé : le mariage manquant, même par le fait de la partie autre que le donataire, la condition serait défaillie. On ne saurait donc transporter en cette matière la présomption établie pour les testaments; ce sera une question à résoudre en fait pour chaque espèce (1).

D'autre part, il ne faut pas, même dans les testaments, accepter dans sa généralité cette formule des textes, d'après laquelle la condition de donner ou de faire imposée à l'héritier institué ou au légataire, *ita accipi oportet, quod per eum non stet quominus det aut faciat.*— C'est le cas de dire avec un texte bien connu : *Omnis definitio in jure civili periculosa est* (2). Elle doit être entendue avec le correctif des exemples qui la précisent, correctif exprimé dans la L. 5, § 5, *Quando dies,* savoir que l'obstacle doit venir du refus du tiers dans l'intérêt

(1) *Contra* Savigny, *System.*, § 149 A *in fine*. L'extension de la règle aux contrats est repoussée, en termes peut-être trop absolus, par M. de Vangerow, *op. cit.*, § 435, *Anm.* 2, 1.

(2) L. 202, Dig., *De reg. juris*. Je ne crois pas qu'il soit exact de traduire ici, comme on le fait généralement, *definitio* par définition. Il signifie plutôt règle générale. Tel est le sens que prend souvent dans les textes le verbe *definire*. Ex. Namque *definierunt* veteres ex quibus causis inficiando lis crescit, etc. Instit., III, xxviii, § 7. Comp. le grec ἀφορισμὸς.

de qui la condition a été établie. Si l'obstacle venait
d'un cas fortuit, il en serait autrement, et la condition
serait défaillie. Cela est dit expressément, d'abord, pour
le cas d'un legs sous la condition d'un mariage :

> AFRICAIN, L. 31, Dig., *De condit.* (XXXV, 1). — In testa-
> mento ita erat scriptum : *Stichus et Pamphila liberi sunto,*
> *et si in matrimonium coierint, heres meus his centum*
> *dare damnas esto ;* Stichus ante apertas tabulas decessit ;
> respondit, partem Stichi defectam esse ; sed et Pamphilam
> defectam conditione videri, ideoque partem ejus apud
> heredem remansuram. . . . . nam quum uni ita
> legatum sit : Titio, si Seiam uxorem duxerit, heres meus
> centum dato, *si quidem Seia moriatur, defectus condi-*
> *tione intelligitur ;* at si ipse decedat, nihil ad heredem
> suum transmittere, quia morte ejus conditio defecisse
> intelligitur ; utroque autem vivente, si quidem ipse nolit
> uxorem ducere, quia ipsius facto conditio deficit, nihil
> ex legato consequitur ; *muliere autem nolente nubere,*
> quum ipse paratus esset, legatum ei debetur.

Ce passage met bien en regard toutes les hypothèses
qui peuvent se présenter ; il en résulte très-expressément que la condition de se marier avec une personne
déterminée n'est réputée accomplie, à défaut d'accomplissement effectif, que quand elle manque par le refus
de cette personne, non quand elle manque par suite d'un
cas fortuit survenu, soit chez elle (*si quidem Seia moria-*
tur), soit chez le légataire (*si ipse decedat*).

Ces solutions sont d'accord avec ce que j'ai dit précédemment, que la condition doit être traitée, sauf une
exception, comme défaillie, et non comme impossible,
quand l'accomplissement en devient impossible depuis
la confection du testament (1).

(1) *Supra,* p. 26 et suiv.

Mais j'ai annoncé par avance que cette proposition est très-contestée, non pas à la vérité pour les conditions casuelles, mais pour celles qui imposent à l'héritier institué ou au légataire une obligation de faire ou de donner. La question de savoir si, au contraire, de telles conditions ne peuvent pas être tenues pour accomplies quand l'accomplissement en est empêché par un cas fortuit, a donné lieu à de nombreuses divergences, que je vais exposer brièvement.

A examiner la question d'après les principes, la condition ne saurait être tenue pour accomplie par cela seul que le légataire à qui elle est imposée a fait tous ses efforts pour l'accomplir : la condition n'est pas une obligation dont on soit libéré quand un cas fortuit en rend l'exécution impossible. En cela elle diffère du *modus*, sorte de charge imposée à une disposition d'ailleurs pure et simple, charge qui n'oblige que dans la mesure d'une obligation ordinaire, et qui s'éteint de même. Tout autre est la condition dont l'accomplissement, abandonné toujours pour une part plus ou moins grande au hasard, est le préalable indispensable de la naissance du droit ; on ne doit pas s'étonner de voir l'élément casuel y jouer son rôle, et décider souverainement, au besoin, la défaillance de la condition.

Ces principes théoriques paraissent bien confirmés par des textes qui, en y apportant une exception, supposent, par cela même, la règle générale. L'exception est faite en faveur du legs de liberté; l'esclave à qui la liberté avait été léguée sous condition, par exemple, de payer une certaine somme à un tiers, pouvait être considéré comme ayant satisfait à la condition quand le décès du tiers désigné venait mettre obstacle à son accomplissement. Les textes relatifs à ce point ayant une grande importance dans la question, doivent faire l'objet d'un examen très-attentif.

HERMOGÉNIEN, L. 94, Dig., *De cond. et demonstr.* (XXXV, 1). — Quum ita datur libertas : *Si Titio, qui non est heres, decem dederit,* certa persona demonstratur, ac propterea in persona ejus tantum conditio impleri potest. Sane si, quum cesserit dies, pecuniam conditioni comprehensam statuliber habuerit, *jure constituto* nulli dando consequitur libertatem. *Diversa causa est legatarii in cujus person placuit conditionem deficere, si, antequam dederit pecuniam legatarius, Titius moriatur.*

JAVOLENUS, L. 39, § 4, Dig., *De statulib.* (XL, 7). — *Si Stichus Attiæ mille nummos dederit, liber esto;* Attia vivo testatore decessit; non posse Stichum liberum esse, Labeo, Ofilius responderunt; Trebatius, si ante testamentum factum Attia decessisset (1), idem si postea, eum liberum futurum; Labeonis et Ofilii sententia rationem quidem habet, *sed hoc jure utimur,* ut is servus ex testamento liber sit.

PAUL, L. 20, § 3, *eod.* — Is, cui servus pecuniam dare jussus est, ut liber esset, decessit; Sabinus, si decem habuisset parata, liberum fore, quia non staret per eum, quominus daret; Julianus autem ait, *favore libertatis constituto jure* hunc ad libertatem perventurum, etiamsi postea habere cœperit decem. Adeo autem constituto potius jure, quam ex testamento ad libertatem pervenit, *ut si eidem et legatum sit, mortuo eo cui dare jussus est, ad libertatem quidem pervenit, non autem et legatum habiturus est;* idque et Julianus putat, ut in hoc ceteris legatariis simile sit.

Voici les propositions qui résultent de la combinaison de ces divers passages :

---

(1) Si le décès d'Attia est antérieur au testament, la condition doit être effacée comme impossible. Comp. L. 6, § 1, Dig., *De condit.*

L'esclave à qui la liberté a été léguée sous la condition de payer une certaine somme à un tiers personnellement désigné, est réputé avoir accompli la condition, si, étant en mesure de faire le payement, il en a été empêché par le décès du tiers (L. 94).

Cela paraît avoir été généralement admis; mais une opinion plus favorable alla plus loin, décidant que la condition serait encore réputée accomplie, alors même que le *statuliber* n'aurait pas été en mesure de faire le payement lors du décès du tiers, s'il justifie par la suite qu'il a à la somme à sa disposition (L. 20, § 3).

Dans la première doctrine, la condition ne pouvait être réputée accomplie au profit du *statuliber* quand le tiers était décédé *vivo testatore*, car il ne pouvait pas alléguer, dans ce cas, qu'il se fût mis en devoir de se conformer à la volonté du testateur. Mais dans l'autre opinion, il était au contraire indifférent que le tiers fût décédé du vivant du testateur ou après son décès (L. 39, § 4).

Cela, disent nos textes, se produisait *constituto jure*, *favore libertatis*; et la position de tout autre légataire aurait été différente, même celle du *statuliber*, si, en même temps que la liberté, on lui avait fait quelque autre legs *sub eadem conditione* (L. 20, § 3).

Où était au juste la différence? — Suivant M. de Vangerow (1), uniquement dans la dispense d'être en mesure au moment où décède la personne à qui doit être fait le payement, dispense qui n'aurait pas été accordée pour tout autre legs que celui de liberté. Je dois reconnaître que cette manière de voir ne serait pas

---

(1) *Lehrbuch*, § 435, *Anm.* 2. 2 *a*.

inconciliable avec la L. 20, § 3; mais elle l'est certainement avec la L. 94, *De condit.*, qui établit entre le legs de liberté et tout autre legs une différence plus profonde. On y lit très-expressément que, si la condition est réputée accomplie au profit du *statuliber* qui a la somme à sa disposition quand le tiers vient à décéder, c'est encore *jure constituto*, et que la même faveur n'est pas étendue à tout autre légataire. Donc la règle est bien que le legs fait sous la condition de donner une somme à une personne déterminée tombe, en principe, quand le décès de cette personne rend impossible l'accomplissement de la condition, bien que le légataire fût dès lors en mesure de faire le payement; ce qui nous ramène toujours à la règle plus générale, que la condition de donner ou de faire est défaillie quand un cas fortuit en empêche l'accomplissement (1).

C'est déjà la conclusion à laquelle nous avons été amené par l'examen de la L. 31, *De condit.*; relative à la condition d'épouser une personne désignée par le testateur. Jusqu'ici, la règle semble bien certaine.

Parmi les textes qu'on a allégués pour soutenir qu'il y a lieu de faire des distinctions qu'on a proposées en divers sens, et que j'examinerai bientôt, il en est qui se concilient très-aisément avec la doctrine absolue qui précède.

Suivant la L. 8, § 7, Dig., *De condit. instit.* (xxviii. 7). — Mortuo... vel manumisso Sticho vivo testatore, qui ita institutus est, si jurasset, se Stichum manumissurum, non videbitur defectus conditione heres, quamvis verum sit,

(1) *Sic.* de Savigny, *System.*, § 119 c.

compellendum eum manumittere, si viveret. Idem est, et
si ita heres institutus esset quis : *Titius heres esto, ita ut
Stichum manumittat, aut* : *Titio centum ita lego, ut Stichum manumittat*; nam mortuo Sticho nemo dicet, sum-
movendum eum; non videtur enim defectus conditione,
si parere conditioni non possit, implenda est enim voluntas, si potest.

Au premier abord, ce texte semble bien tenir la
condition de faire, imposée à l'héritier institué, pour
accomplie, quand c'est un cas fortuit qui l'empêche
de s'accomplir. Mais il faut remarquer qu'il s'agit ici,
non pas de la condition d'affranchir Stichus, mais de
la condition de jurer qu'on l'affranchira. Or, nous
savons (V. *supra*, p. 47) que le préteur, en faisant
remise de la *conditio jurisjurandi* qu'il regardait comme
immorale, convertissait en *modus* le fait à l'accomplissement duquel le testateur avait voulu contraindre par
un serment l'héritier institué ou le légataire. D'où l'on
voit qu'en réalité, dans notre texte, c'est un *modus* qu'on
tient pour accompli, ce qui est conforme aux principes,
non une condition, et cela est bien prouvé par les
exemples qui sont cités, comme comparaison, à la fin
du paragraphe.

Il n'y a pas davantage à s'arrêter aux L. 28, *pr.*, Dig.,
De condit. et demonstr. (XXXV, 1) et 54, § 1, *De legat.*
1 (XXX). L'hypothèse est celle d'un legs fait à une
fille : *Si arbitratu Scii nupsisset*, et on décide que ce
legs produit son effet si la fille se marie, quand même
le décès antérieur de Seius l'aurait empêchée de prendre
son avis. Mais la raison en est bien simple, c'est qu'il
en aurait été de même si cette fille s'était mariée,
même du vivant de Seius, sans prendre son agrément:

la condition de se marier avec l'agrément d'un tiers
était une de celles que la loi Julia prohibait comme
pouvant détourner du mariage (L. 72, § 4, Dig. *De
condit. et demonstr.*, *supra*, p. 44) ; et par suite, en effaçant cette clause contraire aux lois, il ne reste plus
que la condition de se marier.

Mais la L. 54, § 2, Dig., *De legat.* 1 (xxx), vient
contredire tout ce qui précède :

> Pomponius. — Sed et *si servi mors impedisset manumissio-
> nem*, quum tibi legatum esset *si eum manumsisses*, nihil-
> ominus debetur tibi legatum, quum per te non stetit,
> quominus perveniat ad libertatem.

Un legs a été fait sous la condition d'affranchir un
esclave ; cet esclave vient à mourir, et sa mort rend
impossible l'accomplissement de la condition ; Pomponius décide, contrairement aux solutions des textes déjà
parcourus, que la condition est réputée accomplie, et
que le legs est dû ; il en donne le motif, qu'il n'a pas
tenu au légataire, empêché par un cas fortuit, que l'esclave ne fût affranchi. On n'a pas même la ressource,
pour écarter la contradiction, de chercher à voir là un
cas spécial, qui s'expliquerait par des motifs particuliers,
car, pour le même cas, la solution opposée est donnée
dans la L. 23, § 2, Dig. *ad leg. Aquil.* (ix, 2) que j'ai analysée plus haut (V. p. 26 et suiv.) ; cette loi suppose
clairement que le meurtre de l'esclave dont l'affranchissement était la condition d'une institution d'héritier, empêche cette institution de produire ses effets. —
Nous savons, en outre, qu'on avait disputé sur le point
de savoir si la mort de l'esclave, antérieure au testament,
devait faire considérer la condition comme impossible,

et non écrite ; cette discussion n'aurait pas eu de sens, si, à tout événement, elle avait dû être tenue *pro impletâ* (V. L. 6, § 1, *De condit.*)

La contradiction portant sur la même hypothèse, sur la condition d'affranchir un esclave, il devient impossible d'admettre comme moyen de conciliation la distinction proposée par Pothier.

Suivant Pothier (1), il faudrait distinguer s'il s'agit d'une condition potestative ou d'une condition mixte. La condition potestative, comme celle d'affranchir un esclave dont on est propriétaire, aurait été tenue pour accomplie quand un cas fortuit, comme la mort de cet esclave, en empêchait l'accomplissement. Il en aurait été autrement de la condition mixte, comme celle d'épouser telle personne. Mais, outre qu'on ne voit guère comment on pourrait justifier cette distinction, elle est condamnée par la remarque que je viens de faire, savoir que la contradiction porte expressément sur la même condition, sur une condition que Pothier regarde comme potestative, celle d'affranchir un esclave.

Cujas ne me paraît pas avoir été plus heureux que Pothier, dans l'explication qu'il a tentée de la difficulté qui nous occupe. Notre illustre interprète pense (2) qu'il faut distinguer, suivant que le cas fortuit, qui met obstacle à l'accomplissement de la condition, s'est produit du vivant du testateur ou après son décès : dans le premier cas, la condition serait tenue pour accomplie; dans le deuxième, elle serait défaillie. En conséquence, il

(1) *Pandect.* lib. xxxv, tit. 1, n° 121
(2) *Observ.*, xvii, c. 22.

admet que, dans la L. 54, § 2, *De legat.* 1, il faut supposer que l'esclave dont l'affranchissement était la condition du legs, était décédé *vivo testatore*; supposition bien gratuite assurément, fondée tout au plus sur cette circonstance que le paragraphe précédent, dans une hypothèse analogue, suppose que l'événement qui a rendu impossible l'accomplissement de la condition s'est produit du vivant du testateur. On pourrait prendre cela en considération, s'il y avait quelque lien entre les divers paragraphes de la L. 54; mais il suffit du premier examen pour faire apercevoir qu'il n'en existe pas.

En admettant même que la L. 54, § 2, statue en effet dans cette hypothèse, il n'en faudrait pas moins repousser la doctrine de Cujas. D'abord je ne vois pas comment on pourrait la justifier logiquement, et il ne paraît pas lui même s'être préoccupé de le faire. En second lieu, quand il s'agissait du legs de liberté, nous avons vu que tous les auteurs n'admettaient pas que la condition pût être tenue pour accomplie lorsque le cas fortuit qui l'empêchait de s'accomplir était arrivé *vivo testatore* (V. L. 39, § 4, *De statulib. supra*, p. 85). Comment le doute aurait-il été possible pour ce cas spécialement favorisé si la règle générale avait été celle que prétend Cujas? — Enfin on peut démontrer la fausseté de cette prétendue règle par l'un des textes mêmes où il croit en trouver l'application. Je veux parler de la L. 23 §. 2, *Ad leg. Aquil.* (transcrite ci-dessus p. 26). — On se souvient que ce texte, supposant qu'un esclave dont l'affranchissement est la condition d'une institution d'héritier faite au profit de son maître, a été *injuria occisus*, se demande si la valeur de l'hérédité doit être comprise dans l'estimation de l'esclave, lorsque

le maître exerce contre l'auteur de sa mort l'action *legis
Aquiliæ*. La réponse est affirmative, quand le meurtre
est postérieur, négative, quand il est antérieur au décès.
D'où Cujas conclut qu'il y a défaillance de la condition
dans le premier cas, en quoi nous sommes d'accord avec
lui, tandis qu'elle est réputée accomplie dans le second,
ce qui est une erreur. En effet, si le maître n'obtient pas,
par l'action de la loi Aquilia, dans cette hypothèse, la
valeur de l'hérédité, ce n'est pas qu'il recueille cette
hérédité; il est certain qu'il ne la recueille pas;
mais, tant que la succession n'était pas ouverte, l'esclave n'avait aucune valeur actuelle au point de vue de
son aquisition; aussi le texte ne motive-t-il pas sa
décision sur cette circonstance que le maître ne souf-
fre pas de préjudice au point de vue de l'acquisition de
l'hérédité; loin de là, il suppose ce préjudice, puisqu'il
explique par le mécanisme de la loi Aquilie comment on
est amené à ne pas en tenir compte : *retrorsum quanti
plurimi fuit inspicitur*. C'est dire qu'on en aurait tenu
compte, si l'on avait recherché *quanti plurimi fuit servus*
dans l'année qui a suivi sa mort, et que la succession
se fût ouverte dans cette année.

M. de Vangerow (1) a proposé une autre conciliation.

(1) *Lehrbuch*, § 435, *Anm.* 2, 2. Voici le texte même de M. de Vangerow : « Eine solche Potestativ-Bedingung die, *in hoc fit, ut testamento pareatur*, ABER AUCH NUR EINE SOLCHE gilt dann für erfüllt, wenn
die Bedingung zufällig unmöglich wird, NACHDEM SICH DER HONORIRTE
ZUR ERFÜLLUNG DERSELBEN SCHON BEREIT ERKLÄRT HATTE, nicht aber auch
dann, wenn der zufall vorher eintritt, also namentlich dann nicht,
wenn derselbe schon bei Lebzeiten des Erblassers die Erfüllung unmöglich machte. Nur bei TESTAMENTARISCHER FREILASSUNG kommt hier-
von eine ausnahme vor, indem diese selbst auch in dem letztem Falle
wirksam wird. »

Il admet que la condition dont l'accomplissement est empêché par un cas fortuit, est tenue pour accomplie seulement quand il s'agit d'une condition potestative imposée en témoignage de soumission aux volontés du testateur, et non d'aucune autre ; et encore faut-il pour cela, qu'avant le cas fortuit, le gratifié se soit déclaré prêt à obéir à la condition, ce qui implique que le cas fortuit ne s'est pas produit du vivant du testateur : le legs conditionnel de liberté étant seul soustrait, sous ces deux derniers rapports, à la règle générale.

Au moyen de ces distinctions, on peut expliquer comment la condition d'épouser un tel n'est jamais réputée accomplie quand le décès de la personne désignée vient mettre obstacle au mariage ; il suffit pour cela de dire qu'elle n'est pas de celles *quæ in hoc fiunt ut testamento pareatur*. Que s'il s'agit de la condition d'affranchir un esclave, les textes divergents s'expliqueront en sous-entendant, suivant les circonstances, que le légataire ou l'héritier institué s'était ou ne s'était pas mis en mesure au moment où la mort de l'esclave est venu rendre l'affranchissement impossible ; en portant de là, la L. 54, § 2, *De legat.* supposerait que le légataire était en mesure ; la L. 23, § 2, *Ad leg. Aquil.* supposerait au contraire que l'héritier institué ne l'était pas. Malheureusement ces textes ne contiennent aucune trace de ces distinctions ; ils sont aussi absolus l'un que l'autre dans leurs affirmations contradictoires.

Nous avons bien trouvé, à propos de la condition de payer une somme à un tiers, la distinction proposée par M. de Vangerow ; mais j'ai fait voir plus haut, contre son opinion, qu'elle n'avait été proposée que pour le legs de liberté : je rappelle ici encore une fois la L. 94 Dig., *De condit.*, qui fait l'opposition entre le legs de liberté et tout autre legs, précisément dans l'hypothèse où le légataire a la somme à sa disposition, toute préparée, quand la mort du tiers empêche l'accomplissement de la condition. On ne peut rien désirer de plus précis.

A la vérité, la doctrine de M. de Vangerow est raisonnable, et je concéderai volontiers qu'elle peut faire la base d'une décision d'espèce, mais elle ne me paraît pas rendre compte des textes, qu'elle contredit formellement en certains points.

En exposant les divers systèmes qui précèdent, je crois avoir montré que, sauf la L. 54, § 2, *De legatis*, tous les textes sont d'accord avec les principes que j'ai posés en commençant, et n'admettent pas, si ce n'est pour le le legs de liberté, que la condition de donner ou de faire, qu'elle exige ou non le concours de la volonté d'un tiers, soit réputée accomplie quand l'accomplissement en est rendu impossible par un cas fortuit survenu soit du vivant du testateur, soit après son décès. La L. 54, § 2, isolée, doit-elle donc faire croire à un dissentiment entre les jurisconsultes romains? Ce n'est pas probable, car on en retrouverait d'autres traces. Je n'irai pourtant pas jusqu'à adopter le procédé héroïque par lequel M. de Savigny arrive à la mettre d'accord avec les autres passages que j'ai rapportés. Suivant lui, il faudrait lire *si servi* MORA, au lieu de *servi* MORS *impedisset manumissionem.* On supposerait, chose bien invraisemblable, que l'esclave s'est soustrait par la fuite à la manumission, et on retomberait ainsi dans la règle d'après laquelle la condition est réputée accomplie, quand elle manque de s'accomplir par le fait de celui au profit de qui elle était imposée. Pour qu'une telle correction fût admissible, contre l'autorité des manuscrits, il faudrait qu'elle donnât un sens naturel; or, les expressions *servi mora*, pour signifier ce que veut dire M. de Savigny, seraient au moins une locution inusitée, pour ne rien dire de plus.

Pour moi, voici comment je proposerais d'expliquer la L. 54, § 2. La distance qui sépare le *modus* de la condition n'est pas tellement grande, qu'on ne puisse quelquefois les confondre; la confusion est possible d'abord, en ce qu'on peut désigner par la formule d'une condition ce qui n'est qu'un *modus;* nous pouvons donc croire, n'ayant pas les termes du legs sur lequel raisonnait le jurisconsulte Pomponius, qu'il s'agissait d'un *modus*, non d'une condition (1). La confusion était même possible au point de vue des effets : les textes assimilent quelquefois, sous ce rapport, le mode et la condition : « *In legatis quidem et fideicommissis etiam modus adscriptus pro conditione observatur.* » (L. 1, C., *De his quæ sub modo*, vi, 45); il ne serait donc pas étonnant qu'un jurisconsulte, raisonnant sur une condition, lui eût, par erreur, appliqué les règles du *modus*. Dans tous les cas, il est certain qu'on aurait le droit de décider, par inter-

(1) La L. 8, § 7, *in fine*, Dig., *De condit. instit.* (*supra*, p. 89) confirme cette observation; on y suppose un legs *sub modo* : *Titio centum ita lego, ut Stichum manumittat;* on décide, d'après les principes que nous connaissons, que la mort de Stichus empêchant l'accomplissement du mode, n'entraîne pas la déchéance du légataire; puis le jurisconsulte, généralisant sa décision, ajoute : « non videtur enim defectus *conditione*, si parere *conditioni* non possit, implenda est enim voluntas si potest. » Voilà donc l'expression de condition employée à propos d'un mode, et dans un texte où l'on formule, au sujet du *modus*, la règle même que nous retrouvons dans notre L. 54, § 2.

7

prétation de la volonté du testateur que, quand même il a parlé sous forme de condition, il n'a entendu imposer qu'un mode. — Mon avis est qu'il faut, pour une des trois causes que je viens d'indiquer, rapporter notre texte à un *modus*; à mes yeux, c'est le seul moyen d'en rendre un compte satisfaisant.

Une question, inverse de la précédente, mais qui se résout par les mêmes principes, se présente au sujet de la condition potestative négative de la part du débiteur, dans les contrats. Elle s'élève dans l'hypothèse d'une stipulation conditionnelle ayant le caractère d'une clause pénale. Supposons que le promettant s'est engagé pour le cas où il n'accomplirait pas telle ou telle prestation. La condition sera accomplie si la prestation convenue n'est pas faite dans le délai fixé. Mais il pourra arriver que le débiteur ait été mis, par cas fortuit, avant toute mise en demeure, dans l'impossibilité d'exécuter cette prestation; et alors la question sera de savoir si la condition, bien qu'accomplie, ne doit pas être considérée comme ne l'étant pas, parce que le débiteur a fait tout ce qui dépendait de lui pour l'empêcher. Il s'agit toujours, comme précédemment, de l'influence qu'on doit reconnaître au cas fortuit en matière de conditions de donner ou de faire; seulement, les termes du problème sont ici renversés.

La solution n'est pas douteuse : le débiteur est tenu dès que la condition est accomplie par l'inexécution de la prestation, sans qu'il puisse alléguer que cette inexécution ne lui est point imputable, et qu'elle est la conséquence d'un cas fortuit.

PAUL, L. 8, Dig., *De verb. oblig.* (XLV, 1). — In illa stipulatione : *si kalendis Stichum non dederis, decem dare spondes?* mortuo homine quæritur, an statim ante kalendas agi possit. Sabinus, Proculus, exspectandum diem actori putant ; quod est verius, tota enim obligatio sub conditione et in diem collata est ; et *licet ad conditionem commissa videatur*, dies tamen superest.

On le voit par ce texte, le droit du créancier, dans l'hypothèse prévue, est incontestable ; on n'hésitait que sur l'époque à laquelle il pouvait intenter son action.

Le principe, établi ici par une solution particulière, me paraît formulé en thèse générale dans le texte sui-vant :

PAUL, L. 85, § 7, Dig., *De verb. oblig.* — Quicumque sub conditione obligatus curaverit ne conditio existeret, nihilominus obligetur.

Généralement, on rapporte ce passage à la fiction suivant laquelle la condition est tenue pour accomplie, bien qu'elle ne le soit pas, quand le débiteur éventuel en a, de mauvaise foi, empêché l'accomplissement. Mais, à l'entendre ainsi, il n'aurait aucun rapport avec le paragraphe qui le précède dans la L. 85 : Paul, dans ce paragraphe, décide, comme je l'ai dit plus haut, que, lorsqu'une obligation a été contractée sous clause pénale par plusieurs débiteurs, la contravention d'un seul suffit pour rendre la clause pénale exigible *erga omnes*, même à l'égard de ceux qui, en exécutant pour leur part la prestation principale, auraient fait tout ce qui dépendait d'eux pour ne pas laisser s'accomplir la condition sous laquelle la *pœna* avait été promise. Ajouter à cela une proposition dans le sens qu'on donne généralement au § 7, n'aurait pas été faire preuve de beaucoup de suite dans les idées. Le jurisconsulte était, au contraire, amené naturellement, par la solution du § 6, à formuler cette règle générale, que la *pœna* est encourue quand même il n'a pas dépendu du débiteur d'accomplir le fait dont l'omission était la condition de la clause pénale. Il faut donc traduire : celui qui, obligé sous condition potestative négative, a fait tout ce qui était en son pouvoir pour ne pas la laisser s'accomplir, n'en est pas moins tenu, quand même elle s'est accomplie contre son gré.

Dans l'hypothèse de la L. 8, ci-dessus transcrite, il s'agit d'une clause pénale sous la forme d'une obligation conditionnelle simple. La solution serait-elle la même, si la clause pénale était, suivant une distinction exposée plus haut, stipulée accessoirement à une autre obligation ? *Hominem Stichum dari spondes ? si non dederis, centum dari spondes ?* Ici, la question peut paraître douteuse. Si l'on considère que la peine était promise pour l'inexécution de l'obligation principale, il semble qu'elle ne devait être encourue qu'à raison d'une inexécution imputable au débiteur. Pourtant, il paraît bien qu'alors même on s'attachait rigoureusement à la lettre de la stipulation : *si non dederis*, et que l'on condamnait le débiteur, bien que l'inexécution eût sa cause dans un cas fortuit. Ici encore, comme nous l'avons vu pour l'indivisibilité, le caractère d'obligation conditionnelle reconnu à la clause pénale l'emportait sur l'idée qu'elle était la représentation des dommages-intérêts encourus par le débiteur négligent.

Nous en avons la preuve notamment dans la L. 22, *pr.*, Dig., *ad Leg. Aquil.* (IX, 2), où l'on voit que, quand l'esclave *injuria occisus* avait été promis *sub pœna*, on doit tenir compte dans l'estimation du préjudice particulier qui résulte pour le maître de la peine qu'il va encourir : preuve qu'il n'est pas libéré par le cas de force majeure qui a rendu impossible l'exécution de son engagement.

PAUL. — Proinde si servum occidisti, quem sub pœna tradendum promisi, utilitas venit in hoc judicium (1).

Toutefois, s'il s'agissait d'une stipulation prétorienne *sub pœna,* la peine était alors envisagée plutôt comme la représentation des dommages-intérêts dus pour inexécution, et par suite quand l'inexécution n'était pas imputable au débiteur, on lui accordait une exception contre la demande de la peine (V. L. 2, § 1 *et seq.,* Dig., *Si quis caution* (II, 11). Il en aurait été probablement de même d'une clause pénale jointe à un contrat de bonne foi. (Comp. *supra* p. 71).

---

(1) *Jung.,* L. 77, Dig., *De verb. oblig.* (XLV, 1). — *Sic* de Savigny, *Le droit des obligations,* trad. franç., t. 2, p. 428. — *Contra,* Molitor, *Les obligations en droit romain,* t. 1, n° 155; Maynz, *Éléments de droit romain,* t. 2, p. 357. Ces derniers auteurs font complétement abstraction de la L. 22 *pr., ad leg. Aquil.* et de la L. 77, *De verb. oblig.* Mais il faut convenir que leur opinion serait bien plus conforme à la règle d'après laquelle la clause pénale accessoire est subordonnée à l'existence de l'obligation principale. Quand la nullité de cette obligation entraîne celle de la clause pénale (L. 69, *De verb. oblig.* et *supra,* p. 71, 2°), on est en droit d'être surpris que des événements qui éteignent l'obligation principale n'entraînent pas l'extinction de la clause pénale.

CHAPITRE II.

Quels sont les actes qui admettent la condition.

SOMMAIRE.

I

OBSERVATIONS GÉNÉRALES.

Suivant les circonstances, la condition peut affecter, soit le rapport de droit qu'il s'agit d'établir, soit l'acte juridique au moyen duquel on se propose de l'établir. — Il est important de se préoccuper de ce double aspect de la question, car il peut arriver que telle condition, admise par la nature du droit à concéder, ne soit pas admise au contraire par l'acte juridique employé pour parvenir à la constitution du droit ; et réciproquement.

Prenons pour exemple l'usufruit : rien, dans la nature de l'usufruit, ne s'oppose à ce qu'il soit établi *sub conditione* ou *ad conditionem*. Pourtant il ne pourra pas toujours être constitué *sub conditione* : il pourra l'être par legs, non par *in jure cessio*, parce que la condition affecte, en ce cas, l'acte constitutif du droit, non le droit lui-même, et que l'*in jure cessio* ne peut être conditionnelle. S'agit-il de déduire l'usufruit dans une aliénation opérée par *in jure cessio*, il y aura doute, et on pourra soutenir qu'il est possible de le déduire *sub conditione*, en alléguant que la modalité affecte le droit retenu, et non l'acte d'aliénation. Enfin l'usufruit sera valablement conféré *ad conditionem*, même par *in jure cessio*, car la condition extinctive n'affecte alors que le droit d'usufruit (V. *Fragm.Vat.*, §§ 48-50 et *infra*, § vin).

Ceci nous amène à nous demander, avant toute chose, s'il est possible de déterminer, par quelque idée générale précise, quels sont les actes juridiques qui seraient viciés par l'insertion d'une condition, abstraction faite d'ailleurs de la nature du droit à constituer.

Les Romains paraissent avoir eu à cet égard, pour leur pratique, une règle dont le sens, très-clair sans doute pour eux, l'est moins pour nous : ils disaient que *Actus legitimi conditionem non recipiunt*. Voici un texte où cette règle est formulée, avec des observations destinées à en déterminer l'exacte portée.

PAPINIEN, L. 77, Dig., *De div. reg. juris* (L. 17). — Actus
    legitimi, qui non recipiunt diem, vel conditionem, veluti

emancipatio, acceptilatio, hereditatis aditio, servi optio, datio tutoris, in totum vitiantur per temporis vel conditionis adjectionem. Nonnunquam tamen actus suprascripti tacite recipiunt, quæ aperte comprehensa vitium afferunt; nam si acceptum feratur ei, qui sub conditione promisit, ita demum egisse aliquid acceptilatio intelligitur, si obligationis conditio extiterit; quæ si verbis nominatim acceptilationis comprehendatur, nullius momenti faciet actum.

L'énumération faite par ce texte n'est pas limitative, et ne donne que des exemples ; peut-on trouver une formule générale pour caractériser les *actus legitimi*?

Dire avec Cujas que ce sont des actes *qui in jure peraguntur, solemni ritu, et ordine juris* (1), c'est, ou bien manquer de précision, ou commettre une erreur démentie par les exemples mêmes de la loi 77. Si l'on dit, avec des commentateurs modernes, que ce sont des actes solennels (2), ou encore, des actes venant de l'ancien droit (3), ou même si l'on réunit ces deux idées, en disant que ce sont des actes solennels qui viennent de l'ancien droit civil, on sera dans le vrai, sans doute, mais dans le vague. Heureusement, au point de vue qui nous occupe, il est sans intérêt de donner des *actus legitimi* une définition précise. Cela serait nécessaire, si la prohibition de toute condition dans ces actes était une règle arbitraire du droit positif ; mais il n'en est pas ainsi ; la prohibition tenait au fond des choses, et dérivait logiquement soit des formes, soit de la nature des actes dont il s'agit.

Prenons pour exemple deux actes qui ne se retrou-

(1) *Ad libr.* xxvɪɪɪ, *Quœst. Papin.*
(2) M. Pellat, *Traité sur la dot,* p. 184.
(3) M. Vernet, *Textes sur la théorie des obligations,* p. 149.

vent plus dans la loi 77, mais qui devaient certainement se trouver dans l'énumération de Papinien, la *mancipatio* (1) et l'*in jure cessio*. La solennité essentielle de la *mancipatio* consiste dans une affirmation de propriété résultant d'un achat effectué : *Hunc ego hominem ex jure Quiritium meum esse aio, isque mihi emptus est hoc œre œneaque libra* (2). C'est la fiction d'un fait accompli ; il impliquerait contradiction que la déclaration ne fût pas pure et simple. Quant à l'*in jure cessio*, c'est la fiction d'une action en revendication ; or, on ne pourrait pas réclamer actuellement en justice un droit suspendu par une condition, et ce qui ne pourrait pas se faire dans un procès sérieux, ne saurait être admis dans le procès fictif qui en est l'image (3).

Si nous passons maintenant aux actes compris dans l'énumération de la L. 77, nous expliquerons sans plus de difficulté pourquoi ils n'admettent pas de conditions.

L'*acceptilatio*, d'abord, est la fiction d'un payement accompli : *imaginaria solutio* (4); comment comprendre qu'on puisse subordonner à une condition la déclaration d'un fait actuellement tenu pour accompli?

L'*emancipatio* offrait primitivement une combinaison de la *mancipatio* et de l'*in jure cessio* (5), ce qui

---

(1) Le mot *mancipatio* se lit même, au lieu de *emancipatio*, dans le texte de la L. 77 d'après le manuscrit de Florence. Si la deuxième version est certaine pour l'époque de Justinien, l'autre pourrait bien être plus conforme au véritable texte de Papinien.

(2) Gaïus, *Comm.* 1, § 119.

(3) Comp. *Fragm. Vat.*, § 49 : *Nulla legis actio prodita est de futuro.*

(4) Gaïus, *Comm.* III, § 167.

(5) Gaïus, *Comm.* 1, § 132 et suiv.; Ulpien, *Liber regul,* x, § 1.

excluait par là même toute idée de condition. Dans le droit nouveau, elle résulte d'une déclaration du magistrat, et alors la prohibition des conditions tient à un autre ordre d'idées : c'est que, par leur nature même, les déclarations et décisions du pouvoir judiciaire doivent nécessairement être absolues.

C'est là aussi ce qui explique la règle en ce qui touche la *datio tutoris;* en effet, il ne s'agit pas ici du tuteur testamentaire ; par testament, la nomination d'un tuteur peut être soumise à toutes les modalités qu'il convient au testateur de lui imposer (1) ; il s'agit du tuteur nommé par le magistrat, et c'est le bon sens qui indique que le choix du magistrat doit être pur et simple.

Ce qui est vrai des décisions du magistrat, ne l'est pas moins de celles du juge ; il ne faut pas hésiter à ajouter, par exemple, l'*adjudicatio* à la liste de la loi 77 (2).

Il reste à donner la raison de la règle, en tant qu'elle s'applique à l'*aditio hereditatis* et à l'*optio servi.*

Quant à l'*aditio hereditatis,* s'il s'agissait uniquement du mode solennel d'acceptation désigné sous le nom de *crétion* (3), l'inadmissibilité de la condition se trouverait justifiée par la solennité même de la déclaration qui la constitue ; mais on sait que, même en dehors de la crétion, l'adition d'hérédité non solennelle ne pouvait davantage être conditionnelle : ainsi, Africain déclare nulle l'adition faite dans les termes

(1) *Instit.,* 1, xiv, § 3.
(2) Comp. *Vatic. fragm.,* § 49, et *infrà,* § viii.
(3) V. Gaïus, *Comm.,* ii, § 164 seq. ; Ulpien, *Liber regul.,* xxii, § 25 seq.

suivants : *Si solvendo hereditas est, adeo heredita-*
tem (1). En admettant, ce qui n'est pas impossible, que
ce texte ait été primitivement écrit au point de vue de
la crétion, il n'en subsiste pas moins au Digeste avec
toute sa généralité. Il y a donc ici un motif qui tient
non pas à la forme, mais au fond des choses.

Ce motif, le voici : quand deux parties font ensemble
un acte libre, elles peuvent en débattre les clauses, et
si la forme ne s'y oppose pas, rien de plus simple
que l'une d'elles puisse mettre à son consentement
une condition librement acceptée par l'autre. De même
le bénéficiaire d'une libéralité testamentaire ne saurait
se plaindre, quand le testateur a mis une condition à
la libéralité que rien ne le contraignait à faire. Mais
quand il s'agit d'une déclaration de volonté réagissant
sur la position de personnes qui n'y sont pas parties, il ne
serait pas juste de les considérer comme liées par une
décision qui laisserait leurs droits en suspens. Or, tel
est bien le caractère de l'acte dont nous parlons : l'adition d'hérédité est une déclaration de volonté unilaté-
rale, par laquelle l'héritier prend un parti auquel sont
intéressés les créanciers de la succession : il ne saurait
lui être permis de laisser sa position vis-à-vis d'eux
incertaine, en mettant une condition à son acceptation.

On peut présenter la même idée sous une forme un
peu différente en disant : l'héritier externe a, en vertu
du testament ou de la loi, le choix d'accepter ou de
répudier l'hérédité ; il n'a pas le droit de se placer, de
sa propre autorité, dans un parti intermédiaire.

Je ferai la même observation en ce qui touche

(1) L. 51, § 2, Dig., *De acquir. vel omitt. heredit.* (XXIX, 2).

l'*optio servi*, c'est-à-dire le choix que peut faire le légataire à qui le testateur a légué *optionem servi* : ce choix n'est valable qu'autant qu'il est pur et simple, parce qu'il s'agit d'une déclaration de volonté qui s'impose à un tiers (l'héritier), et qui ne saurait, par suite, être faite que dans les termes précis du testament.

Je conclus donc que la prohibition de la condition dans certains actes n'est pas une règle arbitraire de formalisme ; souvent, sans doute, elle tient à la forme, mais, alors même, il n'y a rien d'arbitraire ; c'est qu'il y a incompatibilité entre la nature des fictions ou déclarations dont se compose la solennité, et l'idée d'une condition (1).

Avec cette observation, il deviendra facile de compléter au besoin l'énumération de la L. 77, et de déterminer quels autres actes repoussent également la condition, surtout à raison de leur forme. Ainsi, étant donnée la notion du *cognitor*, ce représentant judiciaire qui se constituait *coram adversario*, aurait-on compris que la partie adverse eût pu se trouver obligée de plaider avec lui, si la déclaration, solennelle d'ailleurs, par laquelle on le constituait, n'avait pas été pure et simple ? — Et le contrat *litteris*, tel qu'il se pratiquait dans le droit classique, supposant la mention faite du consentement du débiteur, sur le registre du créancier, que celui-ci a compté, en la pesant, une certaine somme à celui-là, supposant, en d'autres termes, un fait accompli, plus ca-

_____

(1) Cette observation peut seule expliquer comment certains actes rigoureusement solennels, et venant de l'ancien droit, tels que la *sponsio* (V. Gaïus, *Comm.*, III, § 93), peuvent cependant être faits sous condition.

ractérisé encore que dans l'acceptilation, ne repousse-t-il pas aussi l'idée de toute condition ? On pourrait affirmer tout cela, quand même on ne trouverait aucun texte pour appuyer ces solutions. Mais elles sont écrites au § 329 des *Vat. fragm.* :

> Sub conditione *cognitor non recte datur*, non magis quam mancipatur aut acceptum vel *expensum fertur :* nec ad rem pertinet, an ea conditio sit inserta, quæ non expressa tacite inesse videatur.

La dernière partie de ce texte me ramène à insister sur une remarque déjà faite, mais qui confirme les idées que je viens de développer.

Lorsque l'inadmissibilité des conditions dans un acte a sa cause dans les solennités de cet acte, il est vicié par l'expression d'une condition apparente, qui n'en est pas une au fond. Je l'ai dit pour les conditions *conceptæ in præteritum vel præsens tempus*, pour les conditions nécessaires, et comme le rappellent la L. 77 et notre § 329, pour les conditions tacites. Cela se comprend très-bien : il implique contradiction que, même en la forme, on apporte une restriction quelconque à la déclaration d'un fait accompli, ou, dans l'*in jure cessio*, qu'on vienne demander, par un procès fictif, la constatation d'un droit dont on n'affirme pas absolument l'existence. Comprendrait-on une revendication ainsi formulée : *Hunc hominem meum esse aio, si Rex Parthorum vivit?* « Eh ! dirait le magistrat, attendez pour recourir à moi que vous puissiez m'affirmer que votre droit est violé ! »

Mais nous savons aussi que les conditions tacites (*conditiones juris* et conditions sous-entendues), sont admises dans les actes dont la solennité repousse toute condition expresse. J'ai déjà cité à ce sujet notre L. 77 (1).

Enfin, je dois, dès maintenant, présenter sur ce sujet une dernière observation, dont j'aurai plus tard à tirer parti : les conditions ne sont prohibées dans les actes dont nous parlons, que quand la modalité tombe sur l'*actus legitimus* lui-même. Elles y sont parfaitement admises au contraire, quand la modalité laissant l'acte pur et simple, ne tombe que sur les droits qui en naissent. Par exemple, on peut sans difficulté, par *in jure cessio*, établir un droit d'usufruit *ad conditionem* : l'*in jure cessio* en elle-même sera pure et simple; le droit d'usufruit seul sera affecté d'une condition extinctive. (V. *Vat. Frag.*, § 48, et *infra*, § VIII.)

J'arrive maintenant aux détails, et j'examine successivement ce qui concerne l'admission des conditions :

1° Dans les actes entre-vifs ayant pour objet la création ou l'extinction d'une obligation;

2° Dans les actes entre-vifs ayant pour objet la translation de la propriété ou la constitution d'un droit réel ;

3° Dans les actes de dernière volonté.

II

DE LA CONDITION SUSPENSIVE DANS LES CONTRATS.

Que la formation d'une obligation puisse être suspendue par une condition, c'est ce qui n'est pas douteux : mais on peut se demander si cette modalité est admise dans tous les contrats.

Les textes développent surtout les règles relatives à

(1) *Supra*, p 56.

la condition dans les contrats à propos des stipulations (1); mais cela n'exclut pas l'admissibilité de la condition dans les autres contrats.

Ainsi, elle peut se rencontrer d'abord dans les contrats qui se forment *re*. Au premier aspect, cela paraît un peu difficile à comprendre; car ces contrats prennent naissance dans la remise d'une chose, et la remise d'une chose étant un pur fait, il semblerait que toute modalité suspendant la formation du contrat fût, par là même, exclue. Pourtant, rien n'est plus simple à expliquer. Il n'est pas exact de dire que la remise d'une chose, dans le but de former un contrat, n'est qu'un pur fait; à côté du fait matériel, il y a l'intention des parties, qui est dominante, et qui en détermine les effets juridiques : la tradition produit, ni plus ni moins, les effets qu'il convient aux parties de lui faire produire. Cela posé, on comprend donc qu'en remettant à quelqu'un une chose à un certain titre, il soit entendu que, tel événement arrivant, il la gardera à un autre titre.

Nous en avons divers exemples à propos du *mutuum* : dans un premier cas, une personne, allant en voyage, dépose de l'argent chez un ami, en convenant que celui-ci usera de cet argent à titre de prêt, s'il achète une propriété qu'il se propose d'acheter (L. 4, pr., Dig., *De reb. credit.*, xii, 1) : il y a là un dépôt actuel, avec un *mutuum* conditionnel. Dans un autre cas, on remet un lingot d'or à une personne qui doit le vendre et garder le prix à titre d'argent prêté (L. 11, *pr.*, *eod.*). Ici il y a un contrat innomé, accompagné d'un *mutuum* consenti à l'avance sous la condition : si la vente se réalise.

---

(1) V. *Instit.*, iii, xv, § 4, 6; xix, § 11, etc.

On trouverait aisément des applications analogues
pour les autres contrats *re*; ainsi, un dépôt pourrait être
accompagné d'une clause en vertu de laquelle il se con-
vertirait *en pignus* dans tel cas donné, etc., etc.

En ce qui touche le *mutuum*, comme il suppose la
propriété chez le prêteur, il se trouve virtuellement soumis à une condition toutes les fois que le prêteur n'a
qu'une propriété *in pendenti*. Cela se rencontre, notamment, quand un héritier a prêté de l'argent dépendant
de la succession, et dont le testateur a disposé par legs.
L'héritier est-il ou non propriétaire? On ne le saura que
quand le légataire aura fait connaître sa volonté ; car,
s'il répudie, sa renonciation a un effet rétroactif :

> POMPONIUS, L. 8, Dig., *De reb. cred.* (XII, 1). — Proinde mu-
> tui datio interdum pendet, ut ex postfacto confirmetur, ve-
> luti si dem tibi mutuos nummos, ut, si conditio aliqua
> extiterit, tui fiant, sisque mihi obligatus. Item, si legatam
> pecuniam heres crediderit, deinde legatarius eam noluit
> ad se pertinere, quia heredis ex die aditæ hereditatis vi-
> dentur nummi fuisse, ut credita pecunia peti possit. Nam
> Julianus ait, et traditiones ab herede factas, ad id tempus
> redigi, quo hereditas adita fuerit, quum repudiatum sit
> legatum, aut acquisitum (1).

Toutefois, il faut bien se garder de mettre sur la
même ligne le prêt, fait par l'héritier, de deniers légués,
et le véritable *mutuum* conditionnel, dont il est parlé
dans la première partie du texte que je viens de transcrire : quand le *mutuum* est vraiment conditionnel, il
ne se forme qu'à l'événement de la condition ; dans
l'autre cas, au contraire, le *mutuum* aura été, *ab initio*,
parfait ou nul, suivant que le légataire répudiera ou

(1) Comp. L. 15, Dig., *De reb. dub.* (XXXV, 5).

non ; il est *in pendenti*, comme la propriété même de l'héritier, et si le légataire répudie, les deniers se seront trouvés aux risques de l'emprunteur du jour de leur remise, ce qui n'arriverait pas généralement, comme je le dirai plus loin, si le prêt avait été vraiment suspendu par une condition.

J'ai déjà dit que la stipulation admet la condition suspensive (V. *Instit.*, III, xv, § 4). Il n'en est pas de même du contrat *litteris*, qui consiste essentiellement dans la constatation d'une numération déjà opérée, réelle ou fictive ; j'ai déjà eu occasion de dire qu'il ne peut être soumis à une condition. (V. *supra*, p. 110, et *Vat. Fragm.*, § 329).

Restent les contrats consensuels. Pour ceux-là, il ne semble guère qu'il puisse y avoir doute ; puisque la seule volonté des parties suffit à les former, ils doivent naturellement se prêter à toutes les restrictions qu'il convient à celles-ci d'apporter à leur consentement.

Cependant une loi du Code de Justinien nous apprend qu'il y avait eu doute autrefois pour la société, et ce doute paraît avoir persisté jusqu'à Justinien, puisqu'il le tranche par une disposition expresse :

L. 6, C., *Pro socio* (IV, 37). — De societate apud veteres dubitatum est, si sub conditione contrahi potest, puta *si ille Consul fuerit*, societatem esse contractam. Sed ne simili modo apud posteritatem, sicut apud antiquitatem hujusmodi causa ventiletur, sancimus, societatem contrahi posse non solum pure, sed etiam sub conditione. Voluntates etenim legitime contrahentium omnimodo conservandæ sunt.

Longtemps on a cru que cette hésitation des anciens jurisconsultes était spéciale à la société, et on en a pro-

posé diverses explications. Cujas (1) a voulu rattacher
cela au transport de propriété qui se produisait *ipso
jure* dans la société *omnium bonorum*, où les biens appartenant à chaque associé devenaient, par le fait seul
de la formation du contrat, copropriété de tous (2). Il
n'y avait là qu'une des applications de ce qu'on appelle
le constitut possessoire (3). Cujas a imaginé que, pour
les choses *mancipi*, il y avait une mancipation tacite, et
que de là venait l'opinion qui excluait la condition dans
la société. Cette explication n'est pas digne de notre
grand jurisconsulte : d'abord, elle se restreint à la société *omnium bonorum;* puis, outre qu'on ne saurait
comprendre un acte solennel tacite, Cujas lui-même a
fort bien montré qu'à ce point de vue le doute n'aurait
pu être sérieux, puisque la mancipation admettait les
conditions tacites. La condition à laquelle était soumis
le contrat de société, n'aurait été, en effet, qu'une condition tacite, en tant qu'elle se serait appliquée à la
prétendue mancipation sous-entendue.

On a proposé une autre explication, tirée des embarras que créerait, en pareille matière, la rétroactivité
de la condition accomplie. Un intervalle plus ou moins
long sépare nécessairement le contrat de l'événement de
la condition; supposons, a-t-on dit, celle-ci réalisée :
puisqu'elle rétroagit, les parties se trouveront avoir
été depuis longtemps peut-être en société, et alors
quelles difficultés ne rencontrerait-on pas pour régler,
dans l'intervalle, les rapports des associés avec les tiers?

Cette manière de voir me paraît exagérer beaucoup

(1) *Parat. in* iv *libr. Cod. Just., ad hunc tit.*
(2) L. 1, § 1, Dig., *Pro socio* (xvii, 2).
(3) De Savigny, *Possession*, § xxvii D.

les conséquences de la rétroactivité de la condition : ainsi que je le dirai plus tard, cette rétroactivité n'a pas pour effet de reporter *ex post facto* l'exécution du contrat conditionnel au jour où il a été formé; toute condition implique un terme incertain, et quand une société est contractée sous condition, il est entendu qu'elle ne commencera, en fait, qu'à l'événement de la condition (1).

Au surplus, je crois qu'il est inutile de chercher des raisons particulières pour la société, car nous savons aujourd'hui, par Gaïus, que le même doute s'était produit sur la possibilité d'insérer une condition dans les autres contrats consensuels; du moins il le suppose expressément pour la vente et le louage. En effet, après avoir proposé une hypothèse où l'on se demandait si l'opération constituait une vente ou un louage, il conclut en décidant que, suivant les circonstances, il y aura l'un ou l'autre contrat : ..... *tanquam sub conditione facta..... venditione aut locatione;* JAM ENIM NON DUBITA-TUR, *quin sub conditione res veniri aut locari possint* (Gaïus, III, § 146).

Il y avait donc eu doute; et ce doute, tranché du temps de Gaïus en ce qui touche la vente et le louage, paraît bien, quoi que suppose la L. 6, C., *Pro socio*, avoir été tranché également dès l'époque classique pour la société. Du moins c'est ce qui résulte du texte suivant,

_____

(1) Je ne nie pas que la volonté des parties ne puisse déroger à cette règle, et étendre la rétroactivité à l'exécution même du contrat; mais ce ne sont pas les difficultés de fait, résultant d'une convention accidentelle, qui peuvent avoir été, en droit, un obstacle à l'admissibilité de la condition (V., pour une troisième explication, Doneau, *Comment. in Cod. ad leg.* 6, *Pro socio*).

que nous n'avons aucune raison de croire altéré par les compilateurs :

L. 1 pr., Dig., *Pro socio* (xvii, 2). — Societas coiri potest, vel in perpetuum, id est, dum vivunt, vel ad tempus, vel ex tempore, *vel sub conditione.*

Mais comment expliquer qu'il y ait eu doute sur l'admissibilité de la condition, non plus spécialement dans la société, mais dans les contrats consensuels? Il faut avouer qu'il n'est pas aisé d'en donner une raison plausible. Peut-être pourrait-on dire que, le consentement des parties étant, ici, essentiellement ce qui donne naissance au contrat, il doit se produire ou persister au moment même de la formation du contrat, c'est-à-dire à l'événement de la condition, ce qui exclut toute efficacité juridique du consentement donné conditionnellement. Toutefois, on ne saurait être bien affirmatif, quand il s'agit de prêter une idée aussi subtile aux jurisconsultes romains, qui ne l'ont formulée nulle part.

Un dernier mot sur les contrats consensuels. Le mandat *ad litem,* quand il constitue une *procuratio* peut être donné sous condition, comme tout autre mandat. Mais nous savons déjà qu'il en était autrement quand le mandat était donné à un *cognitor* (V. *supra* p. 110 et *Vat. Fragm.,* § 329). — C'est que le contrat, alors, n'était plus consensuel, mais solennel; en outre, il avait pour objet, non-seulement de faire naître entre les parties les rapports habituels de mandant à mandataire, mais aussi de munir le *cognitor* des pouvoirs nécessaires pour représenter le mandant au procès, si bien que l'adversaire devait, sauf exception (1), l'accepter pour contra-

(1) Gaïus, *Instit.,* iv, § 124.

dicteur; et c'est là ce qui me paraît justifier plus particulièrement l'exclusion de toute condition.

Nous avons vu précédemment tout ce qui est relatif
à l'effet, dans les contrats, des conditions *conceptæ in
præteritum vel præsens tempus*, des conditions nécessaires, impossibles, contraires aux lois ou aux mœurs.
Je n'y reviens pas.

III

La condition suspensive, dans les contrats, peut être
indifféremment une condition casuelle, potestative ou
mixte. Toutefois, il y a quelques observations à présenter sur la condition potestative.

J'ai eu soin de dire plus haut qu'il faut distinguer la
condition potestative proprement dite de celle qui
remet au pur vouloir de l'une des parties ou d'un tiers
la formation d'un contrat : *si voluero, si volueris, si
Titius voluerit.* — La première consiste dans un fait
extérieur volontaire, ou dans une abstention ; *si Capitolium ascenderis*, ou *non ascenderis.* Elle produit
tous les effets de la condition casuelle (1).

Il n'y a pas à distinguer si une telle condition est
supposée dans la personne de l'une des parties, ou dans
celle d'un tiers. On ne distingue pas non plus si l'accomplissement du fait ou l'abstention dépendent plus
ou moins absolùment de la volonté du débiteur éventuel, quand la condition est supposée dans sa personne,
ni s'il en résulte une gêne plus ou moins sérieuse de

---

(1) V. pourtant ce que je dirai plus loin du rang de l'hypothèque
consentie pour sûreté d'une obligation conditionnelle (L. 9, § 1, Dig.,
Qui pot. in pign., xx, iv).

sa liberté d'action. — Ce sont là des idées étrangères au droit romain (1); dès qu'il s'agit de l'accomplissement d'un fait extérieur quelconque, ou d'une abstention, il y a condition véritable : les jurisconsultes romains pensaient, sans doute, que les parties devaient être les meilleurs et les seuls juges de l'intérêt que pouvait présenter pour elles l'accomplissement de la condition.

Ainsi, auraient été régulières, sans distinction, les stipulations suivantes : Me promettez-vous mille, si vous allez demeurer à Rome? Me promettez-vous mille, si vous montez au Capitole?

La clause pénale, qui était en si grand usage dans les habitudes romaines, n'était pas autre chose qu'une promesse sous condition potestative de la part du débiteur.

Que si la condition consiste en une simple manifestation de volonté, il faut faire des distinctions.

Dans une stipulation, quand le stipulant a interrogé en ces termes : *Promittisne mihi centum quum voluero?* le plus souvent il n'y aura là qu'une mention superflue, indiquant tout au plus chez le créancier la volonté d'être payé à première réquisition.

> L. 48, Dig., *De verb. oblig.* (XLV, 1). — Si decem, quum petiero, dari fuero stipulatus, admonitionem magis quamdam, quo celerius reddantur, et quasi sine mora, quam conditionem habet stipulatio; et ideo licet decessero, priusquam petiero, non videtur defecisse conditio.

Mais, comme ce texte l'indique implicitement, la clause *quum voluero* peut avoir un autre signification;

---

(1) Elles jouent au contraire aujourd'hui un certain rôle dans les explications qu'on propose de l'art. 1174 C. N.

on peut avoir entendu que la stipulation serait subordonnée à la condition que le créancier manifesterait ultérieurement et personnellement la volonté d'en profiter. C'est alors une condition ordinaire.

Il est permis aussi de subordonner la formation d'un contrat à la pure volonté d'un tiers : *Si Titius voluerit.* On en a un exemple dans le cas d'une vente faite pour un prix à fixer par un tiers. La validité de cette vente avait été l'objet d'une controverse entre les Sabiniens et les Proculiens (Gaïus, III, § 140). Justinien trancha la controverse en décidant qu'il y aurait une vente conditionnelle (L. 15, C., *De contrah. empt.; IV, 38, Instit.*, III, XXIII, § 1).

Mais lorsque c'est le promettant qui, dans une stipulation, s'est engagé sous la condition *si voluero*, une telle condition étant exclusive de tout consentement de la part de l'obligé, la stipulation est nulle.

> ULPIEN, L. 17, Dig., *De verb. oblig.* (XLV, 1). — Stipulatio non valet in rei promittendi arbitrium collata conditione.

> PAUL, L. 46, § 3, *eod.* — Illam autem stipulationem : *si volueris, dari?* inutilem esse constat.

Devra-t-on mettre sur la même ligne la stipulation conçue en ces termes : *Promittisne quum volueris dari?* C'était l'opinion de certains jurisconsultes. Mais Paul approuve à cet égard une distinction proposée par d'autres, et formulée dans le § 2 de la même L. 46 :

> Si ita stipulatus fuero : *quum volueris,* quidam inutilem esse stipulationem aiunt ; alii ita inutilem, si, antequam constituas, morieris ; quod verum est.

Il me semble difficile de justifier cette distinction. De

deux chose l'une : où il y a là une condition, et alors, comme elle remet la formation du contrat *in arbitrium rei promittendi,* elle annule la stipulation; ou bien ce n'est qu'un terme laissé à l'appréciation du débiteur, et dans ce cas, le terme extrême doit être le décès du promettant, ainsi qu'on le décide dans l'hypothèse du legs ou du fidéicommis payable *quum heres voluerit* (1).

Supposons maintenant un contrat synallagmatique conclu sous la condition du bon vouloir de l'une des parties. Cette partie, assurément, ne sera pas obligée; mais l'autre le sera-t-elle, ou bien doit-on dire que le contrat exigeant, pour sa formation, deux obligations réciproques, l'inexistence de l'une entraîne l'inexistence de l'autre, et que par suite le contrat est nul?

Les textes ne sont pas très-précis à cet égard : d'une part, Ulpien, dans la L. 7, *pr.,* Dig., *De contrah. empt.* (xviii, 1), supposant la vente d'un esclave sous la condition *Si rationes domini computasset arbitrio,* décide que, si cela doit s'entendre en ce sens que le maître, vendeur, pourra arbitrairement ne pas agréer les comptes, la vente sera nulle :

> Nam si arbitrium domini accipiamus, venditio nulla est, quemadmodum si quis ita vendiderit, si voluerit, vel stipulanti sic spondeat : *si voluero decem dabo;* neque enim debet in arbitrium rei conferri, an sit obstrictus.

Ainsi dispose également, en termes généraux, la L. 13, C., *De contrah. empt.* (iv, 38) :

> In vendentis vel ementis voluntatem collata conditione comparandi, quia non adstringit necessitate contrahentes, obligatio nulla est. Idcirco dominus invitus ex hujus-

(1) L. 44, § 6. Dig., *De legat.* 3° (xxxii).

modi conventione rem propriam vel quilibet alius distra-
here non compellitur.

D'autre part, nous lisons aux Institutes que la vente
peut être valablement faite sous la condition que la
chose vendue sera agréée par l'acheteur dans un certain délai. C'est ce qu'on a appelé vente à l'essai, *ad
comprobationem* :

> *Instit.*, III, XXIII, § 4. — Emptio tam sub conditione quam
> pure contrahi potest : sub conditione, veluti *si Stichus
> intra certum diem tibi placuerit*, erit tibi emptus aureis
> tot.

Au Digeste aussi, on nous parle de la vente *ad gustum*,
qui permet à l'acheteur de ne pas tenir le marché si la
denrée vendue ne lui convient pas: *gustus enim ad hoc
proficit, ut improbare liceat* (1), et qui n'en est pas moins
régulière.

Suivant M. de Savigny, ces derniers cas seraient
des exceptions, et la règle serait la nullité du contrat
synallagmatique dans lequel l'obligation de l'une des
parties dépendrait de son pur vouloir (2). Mais quelles
raisons particulières pourrait-on alléguer pour justi-

---

(1) L. 34, § 5, Dig., *De contrah. empt.* (XVIII, 1). Je n'ignore pas qu'une
opinion nouvelle, défendue par de graves autorités (V. un article pu-
blié par M. Goldschmidt dans le t. 1er de sa *Zeitschrift für Handels-
recht*, et dans le t. 2 de la même revue, un article de M. Fitting), refuse de voir, dans la vente *ad gustum*, une vente consentie sous la condition du pur vouloir de l'acheteur. D'après cette opinion, l'acheteur ne
pourrait refuser de tenir le marché qu'à raison des vices particuliers désignés par les expressions *acor* et *mucor*, constatés dans le vin vendu.
Mais il ne me paraît pas qu'on doive s'arrêter à cette doctrine, qui me
semble condamnée par le texte que je viens de citer.

(2) *System.*, t. III, § 117 i.

fier ces prétendues exceptions? Pour ma part, je n'en aperçois aucune.

Doit-on dire, avec des interprètes estimés (1), que le contrat est valable quand la volonté de l'une des parties a été réservée seulement pour un temps limité, nul quand elle l'a été indéfiniment? Cette doctrine pourrait s'appuyer sur le paragraphe des Institutes que j'ai cité (*si Stichus intra certum diem tibi placuerit*); mais l'argument *a contrario* qu'on tire de ce texte tombe devant la loi 4, § 1, Dig., *De peric. et commodo* (XVIII, 6), où nous voyons que, dans la vente *ad gustum*, il peut n'y avoir pas de terme fixé pour la dégustation, et qu'alors « *Quandoque degustare emptor poterit* (2). »

Pour moi, j'incline à penser, en présence des exemples si précis de la vente *ad comprobationem* ou *ad gustum*, que les contrats synallagmatiques pouvaient très-bien se trouver ainsi boiteux, l'une des parties étant régulièrement obligée, alors que l'autre ne l'était que si elle le voulait bien, c'est-à-dire ne l'était pas du tout. — Ce n'était pas le seul cas dans lequel un contrat synallagmatique ne liait que l'un des contractants. C'est ainsi que, quand le vendeur avait vendu, à un acheteur de bonne foi, une chose hors du commerce, il était tenu de l'action *empti*, bien qu'il ne pût pas lui-même intenter l'action *venditi* (3).

---

(1) M. Ortolan, *Explic. histor. des Inst.*, t. 3, p. 283; Etienne, *Inst. de Justinien*, t. 2, p. 184.

(2) De même, quand la vente était faite sous la condition résolutoire : *nisi res emptori displicuerit*, on admettait que cette réserve de la volonté de l'acheteur pouvait être *in perpetuum*. L. 31, § 22, Dig., *De œdil. edict.* (XXI, 1).

(3) V. Instit., *De empt. et vend.* (III, XXIII), § 5. Notre solution se justifie du reste très-bien : dans une stipulation, dire : je promets si je

Quant aux textes cités plus haut, qui déclarent nulle la vente dans laquelle on a réservé la volonté de l'une des parties, ils doivent s'entendre de la nullité de l'obligation remise *in arbitrium* de l'obligé, et non du contrat tout entier. Si l'on examine avec soin la L. 7, Dig., *De contrah. empt.*, on voit que la seule question qui y soit agitée, est celle de savoir si le vendeur, dans l'espèce, est obligé, non celle de savoir s'il peut lui-même poursuivre l'exécution de la vente. Enfin, la loi du Code, donnant une formule générale, sans reproduire l'hypothèse sur laquelle était intervenu le rescrit, peut facilement se plier à une semblable interprétation (1).

IV.

DE LA CONDITION DITE RÉSOLUTOIRE DANS LES CONTRATS.

Pour bien rendre compte des règles assez subtiles du droit romain sur l'admissibilité de la condition résolutoire dans les contrats, il faut faire précéder l'étude de ces règles de quelques observations générales.

veux, c'est ne pas promettre ; ici, au contraire, il y a l'une des parties qui s'engage si l'autre le veut ; on aurait lieu de s'étonner que le droit ne sanctionnât pas cet engagement.

(1) V. en ce sens Goldschmidt, *op. cit.* — Ici, M. Fitting se sépare de son ami (*ubi suprà*, p. 228 et suiv.) ; il se refuse à admettre que le vendeur soit tenu quand l'acheteur ne l'est pas, et *vice versa*. Il ne se laisse pas arrêter par l'argument tiré de la vente *ad comprobationem*, et il propose une explication très-ingénieuse, pour concilier la décision des textes sur ce point, avec son opinion. Suivant lui, la vente faite en ces termes : *Stichus*, SI TIBI PLACUERIT, *erit tibi emptus aureis tot*, ne doit pas être confondue avec celle-ci : *Stichus*, SI VOLUERIS, *erit tibi emptus*, etc. Ce qui les sépare, c'est la règle *expressa nocent, non expressa non nocent*. Dans la première formule, on ne peut pas dire que

En théorie, on conçoit la condition résolutoire apposée à un contrat, soit comme suspendant l'extinction de l'obligation, soit comme suspendant la résolution du contrat lui-même.

Mais le droit romain n'admettait pas qu'on pût jamais, en créant une obligation, convenir qu'elle serait éteinte par l'arrivée d'une condition. Pour employer le langage usité dans des cas analogues, l'obligation ne pouvait pas être contractée *ad conditionem*. Cela tenait à l'idée que les obligations s'éteignent exclusivement par un certain nombre de modes déterminés, parmi lesquels ne figure pas la condition résolutoire.

Quant au contrat lui-même, pouvait-il être, au moment de sa formation, soumis à une résolution conditionnelle ? Pour résoudre cette question *a priori*, il faut remarquer qu'une convention en vertu de laquelle un contrat, formé purement et simplement, serait déclaré soumis à une résolution conditionnelle, équivaudrait, en définitive, à une dissolution conditionnelle de ce contrat par le mutuel dissentiment. Ce point de départ admis, il en résulte que tous les contrats qui peuvent

la vente soit remise expressément *in merum arbitrium emptoris*, comme elle l'est dans le second : elle est simplement soumise à une condition potestative de la part de l'acheteur, comme serait celle-ci : *Si Capitolium ascenderit*. (Comp. ce que je dirai des dispositions testamentaires soumises à la volonté d'un tiers, *infra*, p. 195 et suiv.). — Sans relever ce qu'il y a d'éminemment subtil dans cette distinction entre la condition *sires tibi placuerit*, et celle *si volueris*, je ne ferai qu'une remarque : c'est que, si la première ne doit pas être assimilée à la seconde, on n'aurait dû, non plus, assimiler, dans aucun cas, à la condition *si volueris*, celle dont parle la L. 7, Dig., *De contrah. empt.* : *Si rationes domini computasset arbitrio;* pas plus que l'autre, elle ne remet *expressément* la vente au pur vouloir de l'acheteur. (Comp. aussi L. 35, § 1. Dig., *De contrah. empt.*).

être dissous *mutuo dissensu*, c'est-à-dire les contrats consensuels, et seulement ceux-là, peuvent aussi être formés sous une condition dite résolutoire.

Les textes confirment pleinement ces données théoriques. Ainsi, d'abord, la condition résolutoire n'est pas admise dans les stipulations : elle ne pourrait affecter ni la stipulation elle-même, qui ne se détruit pas par le mutuel dissentiment, ni l'obligation qui est née de la stipulation, parce que l'arrivée d'une condition n'est pas un mode d'extinction des obligations :

> L. 44, § 2, Dig., *De oblig. et act.* (xliv, 7). — Conditio vero efficax est, quæ in constituenda obligatione inseritur, non quæ post perfectam eam ponitur, veluti : *centum dare spondes, nisi navis ex Asia venerit?* sed hoc casu existente conditione locus erit exceptioni pacti conventi, vel doli mali.

Le § 1er de la même Loi, qui donne la même solution pour le terme *ad quem* inséré dans une stipulation, énonce le motif commun de l'une et de l'autre règle en ces termes : « *Nam quod alicui deberi cœpit, certis modis desinit deberi.* »

Il faut bien comprendre la portée pratique de notre règle : si, en fait, on avait stipulé *ad conditionem*, comme dans l'exemple de la L. 44, § 2, la stipulation n'était pas nulle ; c'était la condition qui, en droit strict, était non avenue, et l'obligation continuait à subsister, malgré l'arrivée de la condition. Seulement, si le créancier venait exercer son action après l'événement de la condition, il pouvait être repoussé par une exception de pacte ou de dol. Que si le payement avait été exigé *pendente conditione*, et que la condition se réalisât plus tard, il est probable qu'il y aurait eu lieu à une restitution obtenue par une *condictio sine causa* (1).

On pourrait supposer encore, pour l'application de la règle, une stipulation ainsi conçue : *Promittisne mihi decem aureos annuos donec Titius Consul fiat;* et la solution serait semblable : la condition extinctive serait, *ipso jure*, sans effet, et en conséquence, l'obligation ne s'éteindrait pas par l'arrivée de Titius au consulat; seulement, à partir de cet événement, l'action du créancier serait repoussée par l'exception de pacte ou de dol. Toutefois, et c'est ce qui distingue cette hypothèse de la précédente, les termes échus auraient été régulièrement payés; ils ne donneraient lieu à aucune répétition.

En droit, la stipulation que je viens de supposer était donc *perpetua*, malgré la condition, dont on ne tenait pas compte. De plus, elle était *una et incerta*, comme la stipulation d'annuités *ad diem incertum : Promittisne mihi decem aureos annuos quoad vivam.* L'action qui en naissait était la *condictio incerti* ou *actio ex stipulatu;* d'où la nécessité pour le créancier, qui voulait demander en justice une annuité échue, de faire insérer dans la formule la *præscriptio : ea res agatur cujus rei dies fuit,* à peine d'épuiser à jamais son droit, tout en n'obtenant cependant condamnation que pour le terme échu (2).

Assurément, ce sont là de pures subtilités; en les rapportant et en les expliquant suivant l'esprit du droit romain, je suis loin de les approuver au point de vue d'une bonne législation. Il y a plus, on peut, jusqu'à un

---

(1) Arg., L. 1, § 2, Dig., *De condict. sine causa* (XII, 7)..... *Sive fuit causa.....* *quæ finita est.....* *dicendum est condictioni locum fore.*

(2) Comp. Instit., *De verb. oblig.* (III, XV), § 3 ; Gaius, *Comm.,* IV, § 131 ; L. 16, § 1, Dig., *De verb. oblig.*

certain point, s'étonner que Paul, à qui est empruntée la
la L. 44, *De oblig. et act.*, n'ait pas admis de plein droit
l'extinction de l'obligation par l'arrivée de la condition
ou du terme : cela eût paru conséquent avec la doctrine
professée par ce jurisconsulte, d'après laquelle le pacte
adjoint *in continenti* à la stipulation vaut, *ipso jure, ad
minuendam obligationem* (1). Cependant on s'expliquera
qu'il n'ait pas fait ici l'application de cette doctrine, et
qu'il n'ait donné au débiteur, dans nos hypothèses,
qu'une exception, si l'on prend garde qu'il ne s'agit
pas seulement de diminuer l'obligation, mais de l'é-
teindre, ce qui ne se peut faire, *ipso jure*, par l'arrivée
d'une condition.

Si nous passons maintenant aux contrats consensuels,
nous trouverons des règles complétement différentes.
La vente, en premier lieu, peut être consentie sous condition résolutoire ; ce qui veut dire qu'au moment même
du contrat, il est loisible aux parties de convenir qu'il
sera résolu par l'arrivée d'une condition. La *lex commissoria* était même interprétée plutôt comme une résolution conditionnelle que comme une condition suspensive de la vente (2) ; l'*addictio in diem* s'interprétait, suivant les circonstances, en l'un ou l'autre sens (3).

Du reste, en dehors de ces pactes adjoints très-usités,
les parties pouvaient soumettre la vente à toutes autres
conditions résolutoires, soit casuelles : *Hic homo centum
esto tibi emptus, nisi navis ex Asia venerit;* soit potestatives, ou même dépendant de la pure volonté de l'une

---

(1) V. L. 40, Dig., *De reb. credit.* (xii,), et le commentaire de cette
loi par M. Vernet, *op. cit.*, p. 44 et suiv.

(2) L. 1, Dig., *De lege commiss.* (xviii, 3).

(3) L. 2, pr., Dig., *De in diem addict.* (xviii, 2).

des parties, par exemple : *nisi res emptori displicuerit :*

ULPIEN, L. 3, Dig., *De contrah. empt.* (XVIII, 1). — Si res ita distracta sit, ut, si displicuisset, inempta esset, constat, non esse sub conditione distractam, sed resolvi emptionem sub conditione (1).

On explique le plus souvent l'admission de la condition résolutoire dans les contrats dont je parle, par leur caractère de contrats de bonne foi. Je ne crois pas que ce soit là le vrai motif, ni la raison de la différence qui existe, à ce point de vue, entre eux et la stipulation. La vraie raison, je l'ai déjà donnée, c'est que les contrats consensuels se dissolvent par le mutuel dissentiment, quand il intervient *rebus adhuc integris.* La condition résolutoire qui accompagne la vente n'est pas autre chose qu'une dissolution conditionnelle *mutuo dissensu,* convenue *ab initio.* Car la condition résolutoire, ici, qu'on le remarque bien, porte sur le contrat même, et non sur les obligations qui en dérivent, lesquelles se trouvent, non pas éteintes par l'arrivée d'une condition, mais non avenues par suite de la disparition de la *causa* qui leur avait donné naissance.

(1) Cette décision est évidemment une solution d'espèce. Nous savons déjà que la clause, que la vente est faite à l'essai, peut très-bien former une condition suspensive (V. Instit., *De empt. et vend.*, § 4, et *supra*, p. 122). C'est donc à tort que Pothier (*Traité du contrat de vente*, n° 264), enseigne, d'après notre texte, qu'en droit romain la vente à l'essai est toujours sous condition résolutoire. Le Code Napoléon (art. 1588), qui a pris le contre-pied de la règle de Pothier, n'est pas plus dans la vérité ; c'est, avant tout, une question d'interprétation de volonté, et le Code Napoléon laisse du reste, à cet égard, toute latitude au juge, car il n'établit qu'une présomption *juris tantum.* J'examinerai plus tard quel intérêt pratique il peut y avoir à rechercher si une vente est faite sous une condition suspensive, ou sous la condition résolutoire inverse.

Pour le louage, la société et le mandat, il est certain, bien que je ne puisse alléguer aucun texte, qu'ils peuvent aussi être consentis *ad conditionem*, et cela en deux sens différents. D'abord, ils peuvent prendre fin par l'arrivée d'une condition comme par l'arrivée d'un terme. De même que je puis louer ma maison *ad tempus certum, in quinquennium* par exemple, de même, je puis la louer jusqu'à l'arrivée d'une condition : *donec Titius consul fiat.* Et il n'y a, là encore, aucune exception à la règle que les obligations ne s'éteignent pas *tempore vel conditione*, car c'est le contrat lui-même qui, de sa nature, pouvant être fait pour une certaine durée, se prête à ces modes d'extinction.

D'autre part, ces contrats admettant, comme la vente, la dissolution par le mutuel dissentiment, peuvent se trouver soumis, *ab initio*, à une résolution conditionnelle dans le sens complet du mot. C'est ce qui arrivera dans le louage, par exemple, lorsque le commencement du bail ayant été reculé à une époque fixée, il aura été convenu que, tel événement arrivant avant cette époque, le contrat sera non avenu : je vous loue ma maison à partir des calendes de janvier, *nisi ante hunc diem consul factus fuerim.* — On pourrait donner des exemples analogues pour la société et le mandat.

La condition résolutoire insérée dans un contrat qui admet les conditions de cette espèce, peut être impossible ou illicite. Quel en sera alors l'effet? S'il s'agit d'une condition impossible, le contrat sera maintenu, et la clause résolutoire que la condition était destinée à suspendre, sera nulle; exemple : Je vous vends ma maison à tel prix, mais la vente sera résolue si mon fils est nommé consul. A l'insu des parties, le fils du vendeur était mort à l'époque du contrat : la résolution de la vente se trouve soumise à une condition impossible ; elle ne pourra pas se produire, mais la vente subsistera.

Il en sera autrement, si la résolution du contrat a été soumise à une condition illicite ou immorale : dans ce cas, la convention entière sera nulle, parce qu'elle sera, dans son ensemble, contraire aux lois ou aux mœurs. Supposons, en effet, que je forme avec vous une société devant commencer dans six mois, avec la clause qu'elle sera non avenue si, avant cette époque, vous n'avez pas commis tel délit. Il est bien évident que la société elle-même se trouvera avoir été contractée dans le but de vous provoquer à commettre ce délit ; on devra donc l'annuler : autrement, il serait trop facile d'éluder les nullités résultant de l'insertion dans les contrats de conditions contraires aux lois ou aux mœurs. Pour cela, au lieu de soumettre le contrat à la condition suspensive que l'une des parties fera une chose condamnée par la loi, il suffirait de faire le contrat pur et simple en en soumettant la résolution à la condition inverse. — Les textes manquent, à la vérité, pour établir la double règle que je viens d'exposer ; mais elle résulte très-nettement des principes. Son application ne se limite pas aux contrats, elle s'étend aux translations de droits réels qui admettent la condition résolutoire (1).

---

(1) Cette différence, quant aux effets, entre la condition impossible et la condition immorale est remarquable. Elle complète les observations que j'ai faites plus haut (p. 33 et suiv.), sur l'erreur de ceux qui veulent expliquer par l'idée d'une impossibilité morale les règles relatives à la *conditio turpis*.

V

DE LA CONDITION DANS LES ACTES QUI ONT POUR OBJET L'EXTINCTION DES OBLIGATIONS.

L'extinction d'une obligation peut-elle être conditionnelle? Cela dépend du mode par lequel elle se produit.

Le payement sera sans doute rarement fait sous condition ; mais il n'est pas impossible qu'il le soit. Quand il s'agit d'une obligation de *dare*, la *solutio* peut être conditionnelle, comme toute *datio*, comme nous l'avons vu pour la *datio* à titre de *mutuum*. Le payement anticipé d'une obligation conditionnelle, fait à bon escient, était nécessairement soumis à une condition tacite; il pouvait aussi être expressément fait sous condition, ainsi que le décidait Ariston dans une espèce rapportée par Pomponius :

> L. 16, Dig., *De solut. et liber.* (XLVI, 3). — ..... Scripsit enim (Aristo), si quis, qui sub conditione pecuniam promisit, dedit eam eâ conditione, ut, si conditio extitisset, in solutum cederet, existente conditione liberari eum, nec obstare, quod ante ejus pecunia facta est.

Dans l'hypothèse prévue, la propriété de l'argent est transférée à tout événement à celui qui l'a reçu : si la condition de l'obligation se réalise, il le gardera à titre de payement, sinon, à titre de donation. Cela posé, il se présentait une difficulté ; le payement exige, pour sa validité, le transport de la propriété des écus payés du *solvens* à l'*accipiens;* ici, ce transport de propriété, qui devrait s'effectuer à l'événement de la condition, n'est pas possible, parce que l'*accipiens* est devenu, *ab initio*, propriétaire des écus qui lui ont été remis.— On aurait évité cette difficulté en suspendant, comme on aurait pu le faire, la translation de propriété jusqu'à l'événement de la condition, c'est-à-dire en la soumettant à deux conditions inverses l'une de l'autre. Mais le jurisconsulte suppose que l'*accipiens* est devenu propriétaire dès le moment de la tradition; de là l'objection, dont il ne tient pas compte, mais sans nous dire pourquoi.

Comment répondre à cette objection? Suivant Po · thier (1), la réponse se trouverait dans la rétroactivité de la condition accomplie, en vertu de laquelle le payement est reporté, en droit, au moment de la tradition. Cela ne me paraît pas suffisant, car il resterait à expliquer comment le transport de propriété à titre de donation pourrait être résolu rétroactivement par l'arrivée d'une condition. Pour rendre raison de tout, il faut supposer que les parties, d'accord sur la translation immédiate de la propriété, ont entendu que l'événement ou le non-événement de la condition déterminerait, *ex post facto* la *causa*, en vertu de laquelle elle aurait eu lieu.

La *novation* conditionnelle est très-fréquente; les textes s'en occupent souvent. Comme elle s'opère au moyen d'une stipulation, elle est naturellement conditionnelle, toutes les fois que la stipulation *novandi causa* est faite sous condition (2).

Nous savons déjà que l'*acceptilation* n'admet pas de

(1) Pandect., Ad tit. de solut., n° 70.
(2) V. Inst., Quib. mod. obl. toll. (III, XXIX), § 3. L. 14, pr., Dig., De novat. (XLVI, 2).

condition expresse, mais qu'elle peut être faite sous
une condition tacite non exprimée (1).

Enfin le *mutuel dissentiment* peut évidemment être
conditionnel : il peut l'être après le contrat formé,
comme lorsqu'il accompagne le contrat lui-même, sous
forme de condition résolutoire.

VI

DE LA CONDITION DANS LES ACTES ENTRE-VIFS TRANSLATIFS DE PROPRIÉTÉ.

1° *Condition suspensive.* — En soi, le transport de la
propriété peut être soumis à une condition suspensive. La chose n'est pas douteuse. En ne nous occupant
que de la translation de la propriété par acte entre-vifs,
nous en avons rencontré un exemple dans le cas d'un
mutuum conditionnel. Les donations à cause de mort
et la constitution de dot faite avant le mariage (2) of-
fraient aussi de fréquentes applications de la même
idée, et ce ne sont là, bien entendu, que des exemples.

Mais tous les modes de transférer la propriété ne se
prêtaient pas également à l'admission d'une condition ;
notre examen doit donc uniquement porter sur les
distinctions qu'il convient d'établir entre eux à ce point
de vue.

La tradition peut être faite sous condition; cela est
certain, et nous l'avons déjà vu pour le *mutuum* (3).

(1) Comp. L. 77, Dig., *De div. reg. jur.*; L. 16, Dig., *De solut.*
(XLVI, 3) ; LL. 4 et 12, Dig., *De acceptil.* (XLVI, 4), et *supra*, p. 56 et 110).

(2) V. L. 29, Dig., *De mort. caus. donat.* (XXXIX, 6) ; LL. 7, §§ 3 et
9, § 1, Dig., *De jure dot.* (XXIII, 3).

(3) L. 8, Dig., *De reb. credit.* (XII, 1), et *supra*, p. 112 et suiv

Elle se compose, en effet, de deux éléments : l'élément
matériel et l'élément intentionnel (*justa causa*). Celui-
ci est dominant; seul il détermine les effets de la mise
en possession matérielle, et c'est là ce qui permet de
reporter à un événement ultérieur le transport de propriété en vertu de la tradition. Spécialement, toutes
les fois qu'un contrat constituant une *justa causa traditionis* était conditionnel, et que la tradition avait
lieu *pendente conditione*, l'effet translatif de la tradition
se trouvait naturellement soumis à la même condition.
Ce n'est pas tout, la tradition pouvait être conditionnelle quand même elle était effectuée en vertu d'un
contrat pur et simple. En cas de vente sans terme pour
le payement du prix, le vendeur était même réputé, de
droit, ne faire tradition et, par suite, la propriété n'était
transférée que sous la condition de ce payement, à moins
qu'il n'eût accepté des garanties ou une satisfaction (1).
J'aurai, en parlant des effets de la condition, à déterminer la position juridique exacte de l'*accipiens*, dans
cette hypothèse d'une tradition conditionnelle.

La tradition, dans le droit classique, ne transférait,
comme chacun sait, la propriété civile que des choses
nec mancipi. Quant aux choses *mancipi*, elle ne pouvait,
sauf le cas où elles auraient été livrées par un péré-
grin (2), que les placer *in bonis* de l'*accipiens* (3). Dans
un cas comme dans l'autre, elle admettait la condition
suspensive (4).

(1) V. Inst., *De rer. div.* (ii, 1), § 41.
(2) Arg., *Vatic. fragm.*, § 47.
(3) Gaïus, *Comm.*, ii, § 41 ; comp. § 19.
(4) En ce sens que la translation de propriété, effet juridique de
l'acte matériel, était subordonnée à l'événement de la condition.

Quant aux autres modes de transférer la propriété
entre-vifs, savoir, l'*adjudicatio*, l'*in jure cessio*, et la *mancipatio*, ils ne peuvent recevoir de condition, ainsi que
je l'ai déjà expliqué(1).Cependant je rappelle que la *mancipatio* et l'*in jure cessio* se prêtaient à une translation
conditionnelle de la propriété, quand la condition n'était
pas exprimée dans l'acte, mais suffisamment indiquée
par les circonstances, et le but de l'opération. C'est ce
qui pouvait arriver en cas de donation à cause de mort,
ou de constitution de dot antérieure au mariage. Pour
la donation à cause de mort, j'ai déjà cité et transcrit
la loi 15, Dig., *de manumiss.* (xl, 1), de laquelle il résulte qu'on pouvait, *mortis causa*, conférer par la vindicte une liberté conditionnelle. Or, la vindicte n'est
qu'une forme de l'*in jure cessio;* partant, on ne doit
pas douter qu'on ne pût, par *in jure cessio*, transférer
mortis causa, la propriété sous condition, et les règles
ne sauraient être différentes pour la *mancipatio*. En
ce qui touche la constitution de dot, nous savons que
l'acceptilation *dotis causa*, faite avant le mariage, pouvait être suspendue, suivant l'intention des parties,
par la condition tacite *si nuptiœ secutœ fuerint* (2) ; il
devait nécessairement en être de même d'une translation de propriété *dotis causa*, avant le mariage, au
moyen d'une *mancipatio*, ou d'une *in jure cessio*.

VII

2° *Condition résolutoire.* — La propriété peut-elle,

1) L. 77, Dig., *De div. reg. jur.*, et *supra*, p. 105 et suiv.
(2) L. 43 pr., Dig., *De jure dot.*, xxiii, 3, *supra*, p. 57 et 58.

en droit romain, être transférée sous condition résolutoire; ou, pour parler autrement, peut-on transférer
une propriété résoluble sous condition ?

Il faut avant tout bien comprendre la question. Il
est certain qu'en fait, il est possible, d'après le droit
romain, qu'une personne n'ait qu'une propriété résoluble sous condition. D'abord, quand un propriétaire
a aliéné sa chose sous une condition suspensive, il n'en
demeure plus propriétaire que sous condition résolutoire : l'événement qui doit assurer la transmission à
l'acquéreur, fera cesser du même coup la propriété de
l'aliénateur. De même, quand un legs *per vindicationem*
a été fait sous condition, et que l'adition d'hérédité
intervient *pendente conditione,* à partir de l'adition,
l'héritier est propriétaire de la chose léguée, mais sous
la condition résolutoire de l'événement qui forme la
condition du legs lui-même. Et, enfin, si cet héritier a
aliéné, *pendente conditione,* la chose léguée, il n'aura
transmis qu'une propriété susceptible, comme la sienne,
de s'éteindre par l'arrivée de la condition (1).

Voilà qui est certain, mais notre question est tout
autre : il s'agit de savoir si, dans l'acte même par lequel on transmet la propriété, on peut insérer une
clause en vertu de laquelle la propriété se trouverait
frappée entre les mains de l'acquéreur d'une résolution
ou extinction conditionnelle.

Les règles véritables du droit romain sur ce point,
malgré de nombreux et remarquables travaux, surtout
de la part des commentateurs modernes, me paraissent environnées encore de ténèbres que je ne me flatte

(1) V. L. 81 *pr., De legatis* 1 (Dig., xxxi: L. 12, § 2. Dig.. *Famil.
ercisc.* (x, 2).

pas de dissiper : j'espère pourtant qu'en mettant en présence, d'une manière plus serrée qu'on ne l'a fait jusqu'ici, les principales opinions qui se sont produites à ce sujet, j'aurai aidé à la solution du problème ; j'espère même pouvoir mettre en lumière quelques côtés demeurés inaperçus de cette difficulté, si intéressante pour l'histoire du droit.

On peut, en ne tenant pas compte des nuances de détail, signaler trois systèmes principaux sur la question.

Le premier nie d'une manière absolue, et pour toutes les époques du droit romain, la possibilité de transférer la propriété sous condition résolutoire (1).

Le deuxième affirme, au contraire, que cela a toujours été possible, du moins quand le transport de propriété était effectué au moyen d'une tradition (2).

Le troisième distingue suivant les époques ; il admet la prohibition de la condition résolutoire dans l'ancien droit romain ; mais, suivant ses partisans, la doctrine contraire, proposée dès l'époque classique par certains jurisconsultes, aurait définitivement triomphé dans la législation de Justinien (3).

(1) V. Maynz, *Éléments de droit romain*, t. 1, §§ 164 et 180, 3° ; t. 2, § 331, 4°, et *Observ.*, spécialement *note 61*. — Riesser, *Giess. Zeitschrift*, II, p. 1 et suiv., 270 et suiv. (cité par M. de Vangerow).

(2) C'est l'opinion qui tend à prévaloir en Allemagne. V. de Vangerow, *Lehrbuch*, § 96, t. 1, p. 149, et les nombreux auteurs qu'il cite. — Les raisonnements de M. de Vangerow se réfèrent exclusivement à la tradition, parce qu'il examine la question au point de vue du droit romain pratique, et sans se préoccuper de l'histoire. Mais je ferai remarquer, dans la discussion, que les arguments qu'il invoque s'appliqueraient aisément aux modes solennels usités dans l'ancien droit romain pour la translation de la propriété.

(3) Cette opinion appartient en propre au savant doyen de la Faculté de droit de Paris, M. Pellat, qui, après l'avoir présentée à un concours en 1827, l'a plus tard développée dans son commentaire sur le titre *De*

C'est à cette opinion que je me rattache; mais, avant de l'établir par la discussion des textes, il me paraît bon de bien fixer les termes de la question, telle qu'elle était envisagée par les jurisconsultes romains.

Où était exactement, aux yeux de ces jurisconsultes, l'obstacle à l'admission de la condition résolutoire dans les translations de propriété ?

D'après un interprète, dont les travaux récents jouissent déjà d'un crédit mérité (1), l'obstacle se serait rencontré dans la combinaison des deux idées suivantes : d'une part, que la convention en vertu de laquelle l'*accipiens* aurait été tenu, sous condition, de souffrir le retour de la propriété à l'aliénateur, ne peut pas, sans l'emploi d'un mode légal, la retransférer *ipso jure* à celui qui s'en était dépouillé; d'autre part, que les modes requis pour opérer le transport de la propriété, particulièrement la *mancipatio et* l'*in jure cessio* ne se prêtent pas aux modalités qui pourraient soumettre la translation même de propriété à une résolution conditionnelle.

Que la simple convention ne suffise pas pour opérer un déplacement de la propriété; que la *mancipatio* ni l'*in jure cessio* ne puissent être modifiées par une condition exprimée, ce sont des propositions incontestables.

Il est vrai également que, si la propriété pouvait être déplacée par une convention, elle pourrait, au moment

rei vindicatione (L. 41, p. 274 et suiv.). Elle a été admise par Blondeau (*Chrestomathie*, p. 457, édit. Ch. Giraud), et par MM. Ortolan (*Explic. histor. des Inst.*, t. 2, p. 376, n° 546) et Demangeat (*Cours élément.*, t. 1, p. 576-577). — Comp. Fitting, dans la *Goldschmidt's Zeitschrift*, t. 2, p. 263 et suiv.

(1) M. Vernet (*Textes choisis*, p. 139). V. aussi Maynz, *op. cit.*, t. 1, § 180, p. 431.

de l'aliénation, être soumise à une résolution conditionnelle.

Mais il me semble inexact d'attribuer, en tout ceci, la
moindre importance à la règle qui prohibe les conditions
dans les actes solennels, tels que la *mancipatio* et l'*in
jure cessio*. L'erreur dans laquelle on est tombé à cet
égard me paraît venir de ce qu'on a omis de distinguer
entre la condition qui affecte un acte juridique, et celle
qui affecte uniquement le droit que cet acte a pour but
d'établir ou de transférer. Il est bien certain que la
mancipation ou l'*in jure cessio* ne pouvaient pas être,
elles, soumises à une résolution conditionnelle, mais
ce n'est pas en raison de leur nature d'*actus legitimi*;
c'est une chose qui leur est commune avec tous les
actes qui ne sont pas purement consensuels, ainsi que
je l'ai fait voir, notamment à propos de la stipulation,
qui n'est nullement un *actus legitimus*, et qui admet,
en principe, toute espèce de modalités (1).

On ne pouvait donc pas songer à se demander s'il était
possible d'affecter d'une résolution conditionnelle l'acte,
solennel ou non, qui opérait l'aliénation, dès qu'il n'é-
tait pas purement consensuel. La difficulté était tout
autre, à savoir s'il était possible de transférer un droit
de propriété susceptible de s'évanouir par l'arrivée d'une
condition, un droit de propriété *ad conditionem* (2).

Or, à ce point de vue la question est tout à fait indépendante de la nature du mode translatif employé; la
réponse, affirmative ou négative, s'appliquera sans distinction des actes qui admettent ou qui n'admettent pas

(1) V. *supra*, p. 126.
(2) Comp. M. Pellat, *op. cit.*, p. 280.

la condition. Le motif en est clair ; c'est que la condition extinctive affecte alors, non pas l'acte translatif qui demeure pur et simple, mais le droit transmis, qui ne passe à l'acquéreur que modifié, affecté d'une chance particulière d'extinction. Tout revient donc à examiner si une pareille modification est compatible avec la nature du droit transmis, c'est-à-dire, ici, de la propriété.

Trois observations suffiront à prouver que la difficulté est ainsi présentée sous son vrai jour.

1° On peut très-valablement, par *in jure cessio*, aussi bien que par legs, conférer un droit d'usufruit *ad conditionem* (1) ; donc, si la même chose n'est pas admise pour la propriété, cela tient à la nature de ce droit, et non à celle de l'acte translatif.

2° Je prouverai, dans la discussion des textes, que les jurisconsultes qui admettaient la possibilité de conférer un *dominium* soumis à une extinction conditionnelle, ne distinguaient pas si l'acte translatif était ou non solennel.

3° En sens inverse, suivant l'opinion dominante jusqu'à Justinien, le legs d'un droit de propriété *ad tempus* était nul (2). Certes, le legs admet la condition ; il peut aussi être *ademptum sub conditione*, ce qui n'est pas sans analogie avec la condition résolutoire ; mais la question ne se pose pas sur le legs lui-même, elle se pose sur le droit légué.

Voici donc désormais le problème nettement défini : il ne s'agit pas, il ne peut pas s'agir de la condition résolutoire affectant l'acte translatif de propriété ; il

---

(1) V. *Vatic. frag.*, § 48.
(2) L. 26, C., *De legat.* (VI, 37). J'insisterai sur ce texte en m'occupant de la condition dans les actes de dernière volonté.

s'agit de la condition résolutoire affectant la propriété
elle-même.

Or il me paraît certain que, d'après l'idée dominante
dans la jurisprudence de l'époque classique, le *dominium* ne pouvait pas valablement être aliéné *ad conditionem*. La propriété apparaissait aux jurisconsultes
romains comme un droit absolu, par suite non susceptible d'être limité dans sa durée: l'établir *ad conditionem* aurait été l'établir avec une chance d'extinction
tempore, chose contraire à son essence. Sans doute, le
propriétaire peut faire cesser la propriété en sa personne,
en la transférant à autrui, mais c'est là l'exercice su-
prême plutôt que la fin de son droit; il peut aussi, en la
transférant *sub conditione* ne garder qu'une propriété
soumise à une chance d'extinction *tempore* ; ce n'est là
encore que la suite de la disposition qu'il en fait lui-
même. Ce qui est impossible, c'est de limiter *ab initio* la
propriété dans les mains de celui qui l'acquiert, de
telle façon qu'il n'ait jamais reçu qu'un *dominium* conditionnellement temporaire.

En conséquence, celui qui, en aliénant, aurait voulu
se réserver, le cas échéant, le droit de rentrer dans sa
propriété, ne pouvait qu'imposer à l'acquéreur l'obligation conditionnelle de la lui retransférer. Le résultat,
on le comprend, sera loin d'être le même que s'il y
avait eu aliénation *ad conditionem;* car, par suite de la
rétrocession, l'aliénateur sera constitué à l'état d'ayant
cause de l'acquéreur rétrocédant, et tenu, à ce titre, de
respecter les droits réels par lui consentis sur la chose
dans l'intervalle, droits réels qui auraient été, au contraire, anéantis par le retour de la propriété en vertu
d'une condition résolutoire.

Cette doctrine est nettement accusée dans un certain nombre de textes. Les uns, d'abord, supposent que c'est par une action personnelle que l'aliénateur avec clause de retour sous condition, poursuit la rentrée de la chose entre ses mains : indice certain que cette clause ne lui assurait pas *ipso jure* le retour de la propriété quand la condition s'était accomplie, sans quoi il aurait agi par l'action en revendication.

Ainsi, en cas de donation à cause de mort, quand la propriété des choses données avait été transférée, avec convention que le donateur les recouvrerait si le donataire venait à prédécéder ou si la donation était révoquée, nous voyons que l'action par laquelle le donateur poursuivait l'exécution de la convention expresse ou sous-entendue, était, soit la *condictio causa data causa non secuta,* admise par tous les jurisconsultes, soit l'action *præscriptis verbis,* admise seulement par les Proculiens.

> PAUL, L. 38, § 3, Dig., *De usuris* (XXII, 1). — Idemque est, si mortis causa fundus fuit donatus, et revuluerit qui donavit, atque ita *condictio nascatur.*

> PAUL, L. 35, § 3, Dig., *De mortis causa donat.* (XXXIX, 6). — Ergo qui mortis causa donat, qua parte se cogitat, negotium gerit, scilicet ut, quum convaluerit, reddatur sibi. *Nec dubitaverunt Cassiani, quin condictione repeti possit,* quasi re non secuta, propter hanc rationem, quod ea, quæ dantur, aut ita dantur, ut aliquid facias, aut ut ego id faciam, aut ut Lucius Titius, aut ut aliquid obtingat ; et in istis condictio sequitur (1).

Ainsi encore, quand il s'agit d'une vente sous condi-

---

(1) Comp., L. 13 pr., L. 39, *eod.* Les mots soulignés dans le texte de la L. 35, § 3, font allusion, par *a contrario,* à l'opinion des Proculiens, relative à l'action *præscriptis verbis* (Comp. L. 18, § 1, *eod.* et M. Pellat, *op. cit.,* p. 282, *à la note*).

tion résolutoire, et que la propriété a été transportée en vertu de cette vente, si la condition vient à se réaliser, c'est par action personnelle qu'on suppose que le vendeur demande à l'acheteur la restitution de la chose vendue. Suivant un rescrit impérial qui tranche une controverse ancienne entre les deux écoles (1), cette action est, au choix du vendeur, l'action *præscriptis verbis* ou l'action *venditi* :

> L. 2, C., *De pactis inter empt. et vend.* (IV, 54). — Si fundum parentes tui ea lege vendiderunt, ut, sive ipsi sive heredes eorum emptori pretium quandocunque vel intra certa tempora obtulissent, restitueretur, teque parato satisfacere conditioni dictæ heres emptoris non paret, ut contractus fides servetur, actio præscriptis verbis vel ex vendito tibi dabitur.....

Cette loi statue pour le cas de vente à réméré; elle s'appliquerait par identité de motifs à la vente résoluble en vertu d'une *addictio in diem*, ou d'une *lex commissoria* (2).

Dans cette dernière hypothèse, la loi qui suit immédiatement, au Code, celle que je viens de transcrire, va plus loin encore; elle refuse expressément au vendeur la revendication, et nie ainsi énergiquement le retour de la propriété :

> L. 3, C., *eod.* — Qui ea lege prædium vendidit, ut, nisi reliquum pretium intra certum tempus restitutum esset, ad se reverteretur, si non precariam possessionem tradidit, *rei vindicationem non habet, sed actionem et vendito.*

(1) Je m'arrêterai plus spécialement sur cette controverse, qui est ici sans importance, quand j'étudierai les effets de la condition résolutoire dans les contrats.

(2) V. aussi Celsus, L. 67, § 3, Dig., *De furtis* (XLVII, 2), qui parlant, dans les termes les plus généraux, d'une vente résolue, suppose clairement qu'elle donne lieu à une rétrocession, ainsi que cela résulte des expressions « *antequam redderetur* », qu'il emploie.

Le même refus de la revendication, dans des circonstances analogues, se remarque dans une très-ancienne institution du droit romain, je veux parler de la *fiducie*, spécialement quand elle se faisait *cum creditore, pignoris causa*. Il y avait alors, comme on sait, aliénation par les modes ordinaires, au profit du créancier, de la chose destinée à lui servir de gage. Cette aliénation était accompagnée d'une convention en vertu de laquelle le débiteur devait rentrer dans la propriété de sa chose quand il aurait payé sa dette. Mais il n'en résultait que l'action personnelle dite *actio fiduciæ*, pour obtenir une rétrocession; la propriété ne revenait pas de plein droit au débiteur après le payement; on avait même imaginé, pour la lui faire recouvrer, une sorte d'usucapion favorisée, l'usuréception.

Enfin deux constitutions impériales nient directement, pour l'ancien droit, la possibilité de transférer la propriété *ad tempus* et, par suite, *ad conditionem*.

L'une, que j'ai déjà citée plus haut, est une constitution de Justinien, L. 26, C., *De legatis* (vi, 37). Elle décide, par abrogation du droit antérieur, que les legs et fidéicommis temporaires, c'est-à-dire conférant une propriété *ad tempus*, qui étaient jusque-là tenus pour nuls, seront désormais considérés comme valables.

L'autre est une constitution de Dioclétien et Maximien (1) rapportée au § 283 des *Fragm. Vaticana* :

Si stipendiariorum proprietatem dono dedisti, ita ut post

---

(1) Les *Vat. fragm.* l'attribuent à Dioclétien et Constance; mais cela est impossible, car elle est de 286, et la tétrarchie dans laquelle figure Constance Chlore ne commence qu'en 292. — Comp. L. 2, C. viii, 55, *infra*, p. 171.

*mortem ejus qui accepit, ad te rediret, donatio inrita est,
quum ad tempus proprietas transferri nequiverit.*

Voilà, certes, un ensemble de documents qui ne permettent guère de douter que, jusqu'à Justinien, le droit romain n'admettait pas, dans les translations de propriété, l'insertion d'une condition destinée à en opérer *ipso jure* le retour à l'aliénateur. En supposant cela admis, il reste à éclaircir un point dont les commentateurs ne se sont pas préoccupés, et qui est cependant très-embarrassant. — Que serait-il arrivé si, en fait, les parties avaient expressément transféré la propriété *ad conditionem*, ou *ad tempus?* — D'après le § 283 des *Vat. fragm.*, l'acte aurait été annulé. Cette solution est de nature à surprendre, quand on sait ce qui était décidé dans la même hypothèse, en matière d'obligations et de servitudes. — Nous avons vu que l'obligation ne pouvait pas être contractée *ad conditionem;* mais quand, en fait, elle avait été ainsi contractée, elle n'était pas déclarée nulle pour cela ; c'est là condition, au contraire, qui était non avenue *stricto jure*, sauf à la faire valoir par des moyens détournés. De même pour les servitudes prédiales : si, contrairement au droit strict, on avait mancipé ou cédé *in jure* une servitude prédiale *ad conditionem*, par exemple *donec Titius consul fiat*, loin que l'acte fût nul, comme je le dirai en son lieu, la servitude se trouvait constituée *in perpetuum*, sauf à en empêcher l'exercice, après l'événement de la condition, au moyen d'une exception de dol (1).

L'application des mêmes idées à notre sujet aurait conduit à décider que la propriété transférée *ad tempus vel ad conditionem* était transférée *in perpetuum,*

(1) V L. 4, Dig , *De servitut.* (viii, 1).

sauf l'exercice d'une action personnelle pour obtenir
une rétrocession quand la condition se serait réalisée,
ainsi que cela arrivait lorsque les parties, sans contrevenir à la règle, étaient cependant convenues, lors de
l'aliénation, que l'acquéreur devrait, *adveniente conditione*, restituer la propriété. Mais notre § 283 ne permet pas de s'arrêter à cette doctrine, et en cela il est
confirmé par la loi 26, C., *De legatis*, qui, elle aussi,
constate qu'en cas de legs *ad tempus*, au lieu de déclarer le légataire propriétaire *in perpetuum*, c'était le
legs lui-même qu'on déclarait nul.

Comment expliquer des solutions si divergentes,
dans des questions qui présentent une si étroite analogie? Les auteurs n'ont proposé, jusqu'ici, aucune
explication, puisque aussi bien personne n'a, que je
sache, signalé l'anomalie. Pour mon compte, je dois
avouer mon embarras. Voici cependant une considération à l'aide de laquelle on pourrait peut-être justifier
ces décisions contradictoires, au moins en apparence.
Les obligations et les servitudes sont des droits qui
peuvent s'éteindre ; seulement, ils ne s'éteignent que
par des modes déterminés. Quand donc on les a constitués en déclarant qu'ils seront éteints par l'arrivée
d'une condition, il est possible, à la rigueur, de les
maintenir en décidant qu'il n'y a pas à tenir compte
d'un mode d'extinction qui n'est pas reconnu par la
loi. Il en est autrement de la propriété : droit absolu,
et partant perpétuel, suivant l'idée admise, elle peut se
déplacer, non s'éteindre ; et quand on la transmet dé-
terminément ou conditionnellement *ad tempus*, on a
transmis un droit qui n'est pas juridiquement reconnu,
et on a fait un acte nul, comme si on avait voulu alié-

ner une chose hors du commerce. Je reconnais du
reste volontiers que ce raisonnement, emprunté aux
abstractions du droit, est extrêmement subtil, mais je
ne trouve pas d'autre solution à la difficulté qui nous
occupe (1).

La théorie que je viens de présenter comme étant
celle de l'ancien droit romain, paraît avoir rencontré
des contradicteurs dès l'époque classique. Ulpien professait la thèse, que la propriété revenait *ipso jure* à
l'aliénateur quand elle avait été transférée avec clause
de retour sous condition, et que la condition était
accomplie. Il semble que Marcellus ait lui-même déjà,
sinon formellement proposé cette doctrine, du moins
admis des solutions qui la supposent; car Ulpien invoque son opinion à l'appui de la sienne propre.

La théorie nouvelle est directement affirmée par
Ulpien dans la loi 29, Dig., *De mortis causa donat.*
(XXXIX, 6) :

> Si mortis causa res donata est, et convaluit, qui donavit,
> videndum, an habeat in rem actionem. Et, si quidem quis
> sic donavit, ut, si mors contigisset, tunc haberet cui dona-
> tum est, sine dubio donator poterit rem vindicare, mor-
> tuo eo tunc is, cui donatum est. Si vero sic, ut jam nunc
> haberet, redderet, si convaluisset, vel de prælio vel pere-
> gre rediisset, potest defendi, in rem competere donatori, ·
> si quid horum contigisset; interim autem ei, cui donatum

(1) Voici cependant un autre point de vue : la tradition, qui est le
mode translatif supposé dans le paragraphe 283, où il s'agit de fonds
provinciaux, est gouvernée, quant aux effets, par la volonté des parties : or, la pensée du *tradens* a été de ne conférer qu'une propriété résoluble; si cette intention ne peut pas s'accomplir, il est impossible de
scinder sa volonté, et on est ainsi amené à refuser tout effet à la tradition. Si ce raisonnement est exact, il conduit à dire que la règle est

est. Sed et si morte præventus sit is, cui donatum est,
adhuc quis dabit in rem donatori (1).

' Dans ce texte, Ulpien supposant une donation *mortis
causa*, examine à qui, du donateur ou du donataire,
appartient, suivant les circonstances, le droit de revendiquer la chose ainsi donnée, et par suite la propriété de cette chose. Il propose à ce sujet une distinction bien connue. Le transport de la propriété a-t-il
été soumis à une condition suspensive, pas de difficulté : tant que la condition est en suspens, c'est-à-
dire jusqu'à ce que la donation ait été rendue définitive par le décès du donateur, c'est lui qui, demeuré
propriétaire, a seul le droit de revendiquer ; ce n'est
qu'à son décès que la condition s'accomplissant
transmet au donataire la propriété, et avec elle la
revendication. Mais la propriété peut aussi avoir été
transférée immédiatement, à la condition de son retour au donateur en cas de révocation de la donation,
de survie du donateur à l'événement où il avait prévu
qu'il pourrait trouver la mort quand il a fait la donation, ou enfin de prédécès du donataire. Alors le donataire, rendu propriétaire *ab initio*, est investi, entre
temps, de l'action en revendication ; mais arrive un des

vraie seulement pour la tradition et le legs, qui produit aussi ses effets suivant l'intention du testateur ; qu'elle n'est pas vraie au contraire
pour les autres modes de transférer la propriété, tels que la *mancipatio*
ou l'*in jure cessio ;* que, dans ceux-ci, quand la propriété aura été
transmise *ad conditionem*, elle se trouvera transmise *in perpetuum*,
sauf obligation conditionnelle de rétrocession. Il me paraît difficile de
présenter à cet égard autre chose que des conjectures.

(1) *Jung.* L. 30 *eod.* : Qui mortis causa donavit, ipse ex pœnitentia
condictionem *vel utilem actionem* habet. Sur la nature de cette *utilis
actio*, V. M. Pellat, *op. cit.*, p. 282, note 1.

événements qui donnent au donateur le droit de reprendre la chose donnée, *potest defendi*, suivant le jurisconsulte, *in rem competere donatori*. Donc la propriété est revenue de plein droit au donateur par l'accomplissement de la condition.

Ulpien n'est pas moins explicite pour le cas de translation de la propriété en vertu d'une vente soumise à une résolution conditionnelle :

> L. 41, Dig., *De rei vindic.* (VI, 1). — Si quis hac lege emerit, ut si alius meliorem conditionem attulerit, recèdatur ab emptione, post allatam conditionem jam non potest in rem actione uti. Sed et si cui in diem addictus sit fundus, antequam adjectio sit facta, uti in rem actione potest, postea non poterit (1).

Ce texte a, à mes yeux, une importance particulière, en ce qu'il en ressort, implicitement, mais très sûrement, que la possibilité de transférer la propriété *ad conditionem*, pour ceux qui l'admettaient, était indépendante du mode employé pour opérer cette translation. La loi 41, en effet, suppose à n'en pas douter, que l'aliénation a été faite par un mode solennel, *mancipatio* ou *in jure cessio*. Cela est vrai tout au

---

(1) Ce texte prévoit deux hypothèses qu'il n'est pas très-aisé de distinguer. Ce qui est certain, c'est que, dans les deux cas, quoi qu'ait pu dire Cujas, dont les explications sur la L. 41 sont inadmissibles, il s'agit d'une *venditio pura, quæ sub conditione resolvi potest* (V. M. Pellat, *op. cit.*, p. 277, note 2). Dans les deux cas aussi, il s'agit d'une vente qui sera résolue si on trouve un acheteur à meilleures conditions; où est donc la nuance qui les sépare ? Suivant M. Pellat (*ubi supra*), Ulpien prévoit successivement l'hypothèse où il n'y a pas, et celle où il y a fixation d'un délai après lequel l'acheteur ne pourra plus être écarté par des offres plus avantageuses. M. de Vangerow (*Lehrbuch*, § 96 *b*, t. 1, p. 153) voit la différence entre les deux espèces en ce que, dans

moins dans la deuxième hypothèse prévue, puisqu'il
s'agit d'un *fundus*, et d'un *fundus* que rien n'autorise
à croire situé dans une province (1), partant, d'une
chose *mancipi*, dont la tradition n'aurait pas pu conférer le *dominium ex jure Quiritium*, indispensable pour
que l'acheteur ait eu *interim* la *rei vindicatio*.

Ailleurs Ulpien, invoquant l'autorité de Marcellus,
tire de sa doctrine une conséquence pratique importante, en décidant que le retour au vendeur, de la
propriété aliénée en vertu d'une vente soumise à une
condition résolutoire, a pour résultat de faire tomber
les hypothèques consenties dans l'intervalle par l'acheteur, ce qui n'aurait pas eu lieu si le vendeur avait dû
obtenir une rétrocession :

> L. 4, § 3, Dig., *De in diem addict*. (xviii, 2). — « Sed et
> Marcellus libro quinto Digestorum scribit, pure vendito
> et in diem addicto fundo, si melior conditio allata sit, *rem
> pignori esse desinere, si emptor eum fundum pignori de-
> disset*. . . . .

> L. 3, Dig., *Quib. mod. pign. solv*. (xx, 6). — Si res dis-
> tracta fuerit sic, nisi intra certum diem meliorem con-
> ditionem invenisset, fueritque tradita, et forte emptor,
> antequam melior conditio offerretur, hanc rem pignori
> dedisset, Marcellus libro quinto Digestorum ait, *finiri*

la première, la vente est résolue par cela seul qu'il est fait une offre
plus avantageuse (si alius meliorem conditionem *attulerit*), tandis que,
dans la seconde, suivant le droit commun en matière d'*addictio in
diem* (L. 9, Dig., *De in diem addict*.), elle n'est résolue que par l'acceptation des offres. Cette deuxième explication me semble plus plausible; il est naturel qu'Ulpien fasse cette distinction dans un texte où
il se propose de déterminer le moment précis auquel se déplace le droit
de revendiquer.

(1) Si le fonds était provincial, il ne serait pas susceptible de véritable propriété, ni, par suite, de revendication.

pignus, si melior conditio fuerit allata ; quanquam ubi sic res distracta est, nisi emptori displicuisset, pignus finiri non putet (1).

Enfin on s'explique très-bien, en se plaçant dans le même ordre d'idées, un autre passage d'Ulpien, qui forme la L. 13, Dig., *De pignorat. act.* (xiii. 7).

> Si, quum venderet creditor pignus, convenerit inter ipsum et emptorem, ut si solverit debitor pecuniam pretii emptori, liceret ei recipere rem suam, scripsit Julianus, et est rescriptum, ob hanc conventionem pignoraticiis actionibus teneri creditorem, ut debitori mandet ex vendito actionem adversus emptorem ; sed et ipse debitor aut vindicare rem poterit, aut in factum actione adversus emptorem agere.

Nous sommes ici dans une hypothèse où la stipulation pour autrui est valable, suivant des règles que ce n'est pas le lieu de développer ; il n'y a d'ailleurs aucune difficulté à expliquer comment le débiteur, qui remplit la condition formulée au contrat de vente, peut exiger du créancier la cession de l'action *ex vendito*, ou, à défaut de cession, l'exercer *utiliter* (2). Mais comment justifier la revendication accordée directement au débiteur qui offre de rembourser l'acheteur ? Rien n'est plus simple si l'on veut admettre que l'accomplissement de la condition sous laquelle le retour de la propriété a été convenu, a pour effet de la faire revenir de plein droit aux mains de l'aliénateur (3).

---

(1) Je me réserve de m'expliquer sur la restriction qui termine le texte, en traitant des effets de la condition.

(2) V. L. 16, Dig., *De pactis* (ii, 14) ; L. 13, § 25, Dig., *De action. empti* (xix, 1).

(3) On a proposé d'autres interprétations, pour expliquer cette action en revendication autrement que par les effets de la condition résolu-

Au point où nous sommes arrivés, nous nous trouvons en présence du deuxième système, d'après lequel
ce que nous considérons comme une opinion personnelle d'Ulpien, ou tout au moins d'une minorité, aurait
été au contraire une doctrine générale, admise sans
contradiction.

Je ne crois pouvoir mieux faire que d'emprunter à
M. de Vangerow la formule théorique par laquelle, tout
d'abord, ce système, répondant aux objections qu'on
lui adresse, prétend se mettre d'accord avec les principes.

Sans doute, dit en substance M. de Vangerow, la propriété qui a été aliénée sans réserve, ne peut pas revenir,
par le seul effet d'une convention, à celui qui s'en est
dépouillé ; il faut pour cela une rétrocession ; mais on
doit aussi reconnaître que le transport de la propriété
peut être soumis à des restrictions. La *justa causa* est un
élément essentiel du transport de la propriété, qui ne
passe à l'acquéreur que dans la mesure et sous les limitations déterminées par la *justa causa*, et par suite par le

toire. — Pothier (*Pandect.*, tit. *De pignorat. act.*, n° xxii) suppose qu'il
s'agit d'une chose *mancipi*, dont le créancier gagiste a fait tradition, et
dont le débiteur est ainsi demeuré propriétaire *ex jure Quiritium*. En
parlant de cette donnée, le débiteur peut naturellement revendiquer, et si
on lui oppose l'exception *rei venditæ et traditæ*, il répondra, en faisant
offre du remboursement, par la *replicatio pacti*. Cette explication labo-
rieuse a, d'abord, le tort d'enlever à notre texte toute signification pour
l'époque de Justinien. Elle n'est pas satisfaisante non plus, même en
se référant à l'ancien droit. En effet, Ulpien exprime une règle générale, et il est arbitraire d'en faire une décision d'espèce. Enfin, même
en restreignant la solution dans les termes indiqués par Pothier, Ulpien, pour être exact, aurait dû supposer que le débiteur agit avant
l'accomplissement de l'usucapion au profit de l'acheteur. Son silence à
cet égard est un nouvel indice de la généralité de sa décision.

Il est encore moins possible d'adhérer à l'interprétation de Riesser contrat en vertu duquel elle a été transférée. C'est ce qui arrive quand l'aliénateur réserve des servitudes sur le bien qu'il aliène, cas auquel ce bien n'est acquis que sous les restrictions résultant de la convention ; ou encore quand la tradition est faite sous condition suspensive : alors elle ne rend pas l'acquéreur immédiatement propriétaire, mais seulement à l'événement de la condition. En conséquence, la propriété transmise à l'acquéreur doit nécessairement pouvoir être aussi limitée dans sa durée par la *justa causa*. Si donc il a été convenu qu'elle n'est transmise que pour un temps déterminé, elle cesse virtuellement, à l'époque fixée, d'appartenir à celui qui l'avait acquise, si bien qu'une rétrocession dans le sens juridique du mot, loin d'être nécessaire, n'est pas même possible. Cela admis, il s'ensuit que les droits réels consentis sur la chose par le propriétaire intérimaire sont soumis à la même limitation que le sien propre, et tombent avec lui (1).

Ce raisonnement ne prouve qu'une chose, savoir que le retour de la propriété *ipso jure* à l'aliénateur, en vertu d'une condition résolutoire, peut se concilier avec la règle, toujours persistante en droit romain, que la propriété ne se déplace pas par l'effet des conventions. Dans cet ordre d'idées, on peut même reprocher à M. de Vangerow de ne pas aller assez loin, en ce que son rai-

---

(rapportée par M. de Vangerow, *op. cit.*, t. 4, p. 454 *f*), suivant laquelle notre loi supposerait, non pas la vente de la chose engagée faite par le créancier gagiste, mais la vente ou cession du droit de gage. S'il en était ainsi, il ne serait pas besoin d'une convention pour réserver au débiteur le droit de recouvrer sa chose, et cette récupération s'opérerait par le payement de la dette, non par le remboursement du prix, comme le dit le texte

(4) *Lehrbuch*, t. 4, § 96, p. 154.

sonnement se limite à la tradition, tandis que la même thèse, le principe étant admis, s'appliquerait aussi bien à la *mancipatio* et à *l'in jure cessio*, qui se prêtent très-bien à la translation d'une propriété incomplète, en autorisant, notamment, la réserve de l'usufruit ou d'une servitude.

Mais, au fond, l'argumentation de l'illustre professeur n'est qu'une pétition de principe : il s'agit de savoir si la manière dont les jurisconsultes romains concevaient le *dominium* ne s'opposait pas à l'établissement d'une propriété limitée dans sa durée ; affirmer n'est pas démontrer. M. de Vangerow a raison, à mon avis, au point de vue de la logique des idées ; il a raison, historiquement, pour l'époque de Justinien, mais les documents me paraissent établir qu'à l'époque classique, la plupart des jurisconsultes pensaient autrement.

Comment, en effet, expliquer dans l'opinion contraire les textes qui donnent à l'aliénateur, en vertu de la clause qui lui assure conditionnellement le retour de la propriété, une action purement personnelle ? — On en propose deux explications.

En premier lieu, on fait remarquer que, suivant les circonstances, l'aliénateur, au lieu de conférer une propriété résoluble, pourrait, en fait, avoir transféré un droit absolu, en se réservant seulement par une convention expresse ou tacite le droit d'exiger, le cas échéant, une rétrocession (1).

On doit effectivement reconnaître que cela était possible ; nous en avons un exemple dans la Loi 12, Dig., *De præscript. verb.* (xix, 5) :

_____

(1) Cette explication était celle à laquelle les anciens commenta-

> Si vir uxori suæ fundos vendidit, et in venditione com-
> prehensum est, *convenisse inter eos, si ea nupta ei esse
> desiisset, ut eos fundos, si ipse vellet, eodem pretio trans-
> criberet viro,* in factum existimo judicium esse redden-
> dum, idque et in aliis personis observandum.

C'est ce qui explique également pourquoi, dans les contrats *do ut des,* ou *do ut facias,* la partie qui avait fait la
datio, n'a jamais eu, même dans le droit de Justinien,
que la *condictio causa data, causa non secuta,* et non la
revendication, pour recouvrer, à défaut d'exécution de
la part de l'autre contractant, la chose qu'elle avait
aliénée. C'est qu'il y avait eu une *datio,* sans restriction :
l'obligation de rendre naissait simplement *quasi ex
contractu,* par application des principes généraux du
droit (1).

Et quand Ulpien lui-même, à propos de la *datio dotis* antérieure au mariage, nous dit que, si la propriété
a été transférée *hic et nunc,* on répète par la *condictio* les
choses ainsi aliénées, lorsque le projet de mariage est
rompu (2), c'est toujours par le même motif, à savoir
que l'aliénation avait été faite sans réserve, et que la restitution était uniquement imposée par une obligation
quasi ex contractu, dérivant des règles générales.

Il est donc avéré que, même dans la doctrine d'Ulpien, il y aura encore des cas assez nombreux dans lesquels le droit de reprendre, le cas échéant, une propriété

teurs s'étaient généralement arrêtés. Ils distinguaient suivant que les
parties avaient employé *verba directa* ou *verba obliqua,* par exemple,
en cas de *lex commissoria,* suivant qu'elles avaient dit, qu'à défaut de
payement, *fundus inemptus fieret* ou *fundus restitueretur.*

(1) V., pour l'échange, L. 4, C., *De rer. permut.* (IV, 64).

(2) L. 7, § 3, Dig., *De jure dot.* (XXIII, 3).

aliénée, n'impliquera pas la résolution *ipso jure* du droit de l'acquéreur, et ne fera naître, au profit de l'aliénateur, qu'une action personnelle tendant à une ré-trocession.

Mais cela ne prouve pas que les jurisconsultes, autres qu'Ulpien et Marcellus, aient admis la possibilité de transférer la propriété *ad conditionem*, de telle sorte que, la condition arrivant, elle fît retour de plein droit à l'aliénateur. Loin de là, le contraire est établi par cette circonstance, que la plupart d'entre eux reconnaissent à celui qui a aliéné avec réserve conditionnelle du droit de rentrer dans sa propriété, une simple action person-nelle, dans les mêmes hypothèses où Ulpien lui donne la revendication. Tel est le cas de la donation à cause de mort (1); il est impossible, ici, d'expliquer la diffé-rence des solutions par la différence des espèces; elles sont bien les mêmes. Mieux que cela : les expressions employées par Ulpien dans la L. 29, *De mort. causa donat.* : — « *ut jam nunc haberet, redderet si convaluis-set,* » — auraient pu, à la rigueur, s'entendre d'une obli-gation conditionnelle de rétrocéder ; cette observation prouve, d'une manière de plus en plus précise, que le cas où il accorde la revendication, est le même que celui où les autres donnent la *condictio* (2).

C'est ici qu'on fait intervenir la deuxième explication annoncée plus haut. La possibilité d'intenter la re-

---

(1) Comp. L. 29, Dig., *De M. C. donat.*; L. 13, *pr.*; L. 39, *eod.*; L. 38, Dig., *De usuris.*

(2) Comp. L. 15, *De condict. causa dat.*, qui sera expliquée *infra,* p. 162 et 163. V. aussi L. 67, § 3. Dig., *De furtis*, où le jurisconsulte suppose l'emploi d'une action personnelle, bien que la résolution de la vente ait été convenue *verbis directis :* — « *Quum servus* INEMPTUS *factus sit.* »

vendication pour recouvrer, après l'accomplissement
de la condition, la chose aliénée sous condition résolutoire, n'est pas, fait-on remarquer, exclusive du droit,
qu'on peut avoir également, d'intenter, de ce chef, une
action personnelle. Souvent il y aura intérêt à préférer
celle-ci à celle-là. Sans parler de la preuve à faire par
le demandeur, qui ne sera pas la même suivant qu'il
s'agira de l'une ou de l'autre action, elles n'ont pas la
même étendue : on obtiendra, par l'action personnelle,
des prestations accessoires, des fruits par exemple, qu'on
n'obtiendrait pas au moyen de la revendication.

Voilà ce que l'on dit, et, je m'empresse de le reconnaître, cela est encore vrai. Je me réserve de faire ressortir exactement plus loin les différences pratiques
importantes qui séparent les deux actions. En partant
de là, on s'explique très-bien, d'une part, comment on a
maintenu, dans les textes du Digeste, la mention de
l'action personnelle dans des cas où la revendication
aurait été certainement donnée par suite de l'arrivée
de la condition résolutoire, et d'autre part comment ces
textes, pour la plupart, appartiennent à Ulpien. Je transcris les plus importants.

> ULPIEN, L. 4, *pr.*, Dig., *De lege commiss.* (XVIII, 3). — Si
> fundus lege commissoria venierit, hoc est, ut, nisi intra
> certum diem pretium sit exsolutum, inemptus fieret, vi-
> deamus, quemadmodum venditor agat tam de fundo,
> quam de his, quæ ex fundo percepta sint? Itemque si
> deterior fundus effectus sit facto emptoris?..... Sed
> jam decisa quæstio est, *ex vendito actionem* compe-
> tere...... (Comp. L. 5, *eod.*).

> ULPIEN, L. 4, § 4, *De in diem addict.* (Dig., XVIII, 2). —
> ...Fundo autem, inquit, in diem addicto, et commodum et
> incommodum omne ad emptorem pertinet, antequam

venditio transferatur; et ideo, si quid tunc vi aut clam factum est, quamvis melior conditio allata fuerit, ipse utile interdictum habebit, sed eam actionem, sicut fructus, inquit, quos percepit, *venditi judicio* præstiturum. — (Comp. L. 16, *eod.*).

Il est donc établi que, même dans la doctrine de la résolution *ipso jure*, les deux espèces d'actions concourent, et dès lors la mention, faite dans les textes, de l'action personnelle n'équivaut nullement au refus de la revendication dans les mêmes hypothèses.

Cette argumentation est pressante, et elle le devient encore bien davantage, quand les auteurs auxquels je l'emprunte, font observer que plusieurs lois, qui n'appartiennent pas à Ulpien, accordent la revendication en vertu de la clause par laquelle l'aliénateur s'est réservé conditionnellement le droit de rentrer dans sa propriété. On en cite cinq en effet, trois au Digeste, et deux au Code.

Au Digeste d'abord, Scævola supposant une vente accompagnée d'une *lex commissoria*, se demande si, dans telle hypothèse donnée, le vendeur a le droit d'obtenir la résolution à défaut de payement du prix, et voici en quels termes il pose et résout la question :

L. 8, Dig., *De lege commiss.* (xviii, 3). — ....Quæsitum est, an fundi non sint in ea causa, ut a venditrice *vindicari* debeant ex conventione venditionis?

De même Julien dans le cas de donation à cause de mort :

L. 14, Dig., *De mortis causa donat.* (xxxix, 6). — Si mortis causa donatus fundus est, et in eum impensæ necessariæ atque utiles factæ sint, fundum *vindicantes* doli

mali exceptione summoventur, nisi pretium eorum resti-
tuant.

Enfin Paul, dans l'hypothèse d'une vente avec *addictio in diem*, nous dit que, pour établir, dans l'intervalle,
une servitude de. prise d'eau sur le fonds ainsi vendu,
il faut le consentement de l'acheteur et du vendeur, afin
qu'à tout événement la servitude se trouve avoir été
établie *voluntate domini* :

> L. 9, *pr.*, Dig., *De aqua, et aquæ pluv.* (xxxix, 3).— « In
> diem addicto prædio, et emptoris et venditoris voluntas
> exquirenda est, ut, sive remanserit penes emptorem, sive
> recesserit, certum sit voluntate domini factam aquæ ces-
> sionem.

La nécessité du concours du vendeur semble bien
prouver que Paul admet la résolution *ipso jure*, sans quoi
la rétrocession laisserait subsister toutes les servitudes
établies par l'acheteur seul.

La même doctrine paraît consacrée pour la vente avec
lex commissoria, par les LL. 1 et 4 au Code, *De pactis
inter empt.* (iv, 54).

> L. 1. — Si ea lege prædium vendidisti, ut, nisi intra cer-
> tum tempus pretium fuisset exsolutum, emptrix arrhas
> perderet, et *dominium ad te pertineret,* fides contractus
> servanda est.

> L. 4. — Commissoriæ venditionis legem exercere non po-
> test, qui post præstitutum pretii solvendi diem, non *vin-
> dicationem rei* eligere, sed usurarum pretii petitionem
> sequi maluit.

En toute discussion, il faut être sincère, et en
toute sincérité j'avoue que ces documents sont embarrassants, et de nature à faire grandement hésiter.

Cependant, sauf à rechercher tout à l'heure comment on peut expliquer les textes qu'on vient de lire, voici des considérations décisives, à mon avis, pour repousser l'opinion d'après laquelle la doctrine commune, à l'époque classique, en droit romain, aurait admis le transport de la propriété *ad conditionem*.

D'abord, si la chose avait été possible, l'emploi de la fiducie comme équivalent de la constitution de gage, avant l'admission *du pignus*, serait inexplicable. Comment le débiteur qui voulait donner sa chose en gage, aurait-il consenti à en transférer la propriété, en ne se réservant que le droit d'en exiger la rétrocession après le payement de sa dette, s'il avait pu sauvegarder plus énergiquement ses intérêts en transférant la propriété *donec pecunia solvatur*, de manière à la recouvrer de plein droit dès qu'il aurait satisfait le créancier ?

En second lieu, Ulpien, dans la L. 29, *De mortis causa donat.*, s'exprime en termes qui indiquent bien qu'il propose une innovation : *potest defendi in rem competere donatori*. S'il s'agissait d'une opinion reçue, établie, il n'emploierait pas ces expressions dubitatives.

En troisième lieu, parmi les textes que j'ai précédemment cités à l'appui de la doctrine que je défends, il en est deux qui sont tellement précis pour nier la possibilité de transférer la propriété *ad conditionem*, qu'il est impossible d'en atténuer la portée par aucune des explications proposées. Ce sont : 1° la L. 3, C., *De pact. int. empt. et vend.* (supra p. 144), qui dénie expressément au vendeur le droit d'intenter la revendication en vertu de la *lex commissoria*, s'il n'a pas eu soin de *precariam possessionem tradere*. Remarquons que la clause était, qu'à défaut de payement du prix, *prædium ad ven-*

11

ditorem reverteretur : ces expressions excluent bien plus
énergiquement que celles de la L. 29, Dig., *De mort.
caus. donat.* (*redderet vero si convaluiset*), une simple
obligation de rétrocession.

2° Le § 283 des *Vatic. fragm.* où nous lisons si
expressément : *quum ad tempus proprietas transferri
nequiverit.*

A ces deux textes j'en ajoute un troisième, auquel il
me semble qu'on n'a pas donné, dans cette discussion,
l'importance qu'il doit y avoir :

> POMPONIUS , L. 15, Dig., *De condict. causa data* (XII, 4).
> — Quum servus tuus in suspicionem furti Attio venisset,
> dedisti eum in quæstionem sub ea causa, ut, *si id reper-
> tum in eo non esset, redderetur tibi ;* is eum tradidit præ-
> fecto vigilum quasi in facinore deprehensum ; præfectus
> vigilum eum summo supplicio affecit ; ages cum Attio,
> dare eum tibi oportere, quia et ante mortem dare eum
> tibi oportuerit. Labeo ait, posse etiam ad exhibendum
> agi, quoniam fecerit quominus exhiberet. Sed Proculus
> dari oportere ita ait, si fecisses ejus hominem ; quo casu
> ad exhibendum agere te non posse, sed si tuus mansisset,
> etiam furti te acturum cum eo, quia re aliena ita sit usus,
> ut sciret se invito domino uti, aut dominum, si sciret,
> prohibiturum esse.

L'espèce de cette loi se comprend sans qu'il soit besoin d'y insister. Elle présente, quant aux principes
juridiques qu'elle met en jeu, une analogie remarquable avec la donation à cause de mort. Or, voici ce qui
me paraît frappant dans les solutions qu'elle contient :
c'est que Proculus, recherchant, suivant les circonstances, par quelle action pourra agir la personne qui avait

livré son esclave avec clause conditionnelle de retour,
lorsque cet esclave a péri par le dol de celui à qui elle
l'avait livré, Proculus, dis-je, fait deux hypothèses,
celle où la propriété n'a pas été transférée, dont je ne
m'occupe pas, et celle où elle a été transférée *sub eâ
causa ut redderetur.* Il refuse, pour ce cas, l'action *ad
exhibendum*, preuve certaine qu'il n'admettait pas le retour de la propriété par l'effet de la condition. Mais,
dit-on, c'est que, dans l'intention des parties, la propriété avait été transférée sans réserves, sous une simple
promesse de rétrocession. Je réponds : la clause est
supposée dans les mêmes termes que ceux sur lesquels
raisonne Ulpien dans la L. 29, *De mort. caus. donat* :
dans un cas comme dans l'autre, il y a *res data ea lege
ut sub conditione reddatur.* Au surplus, je pourrais concéder cela, sans que le texte fût moins probant, car Proculus passe évidemment en revue toutes les hypothèses
qui peuvent se présenter, et le silence qu'il garde sur le
cas où on aurait transféré la propriété de l'esclave *ad conditionem*, prouve, à mes yeux, qu'il n'en admettait pas la
possibilité. Pomponius est aussi du même avis, sans quoi
il aurait fait remarquer la lacune qui se serait trouvée
dans le raisonnement de Proculus, et il l'aurait comblée.

Je rappelle enfin qu'au témoignage de Justinien, jusqu'à lui, les legs transférant la propriété *ad tempus*
étaient nuls (L. 26, C., *De legatis*). — Je ne sais si je
m'abuse, mais il me paraît impossible, en présence
des considérations et des textes qui précèdent, de ne
pas reconnaître que, jusqu'à Justinien du moins, l'opinion qui reconnaît la possibilité de transférer la propriété *ad conditionem*, est celle d'une minorité. Cela étant
ainsi établi, il faut de toute nécessité, que les textes in-

voqués en sens contraire, que j'ai cités plus haut, se concilient avec l'opinion dominante.

Pour la L. 8, Dig., *De lege comm.* (Scævola) et pour la L. 4, C., *De pactis int. empt. et vend.*, la conciliation se fera aisément, en admettant que l'expression *vindicare* qu'on y rencontre, n'est pas prise dans un sens technique, mais signifie demander, réclamer, d'une manière générale. Cela me semble démontré d'abord par cette circonstance que, dans les deux textes, l'action fondée sur la résolution de la vente doit ou devrait être dirigée contre l'acheteur ; il ne serait pas naturel que, contre l'acheteur, le vendeur pût avoir l'idée de recourir à la revendication, au lieu d'exercer l'action *ex vendito*. On doit, d'ailleurs, d'autant moins s'étonner de ne pas trouver le mot avec son sens rigoureusement précis, que, dans l'un et l'autre passage, la question traitée est absolument indépendante de celle de savoir quelle est l'action accordée au vendeur, pour poursuivre les conséquences de la résolution du contrat. Dans la L. 8 en particulier, les expressions : *an fundi vindicari debeant* EX CONVENTIONE VENDITIONIS, ne permettent guère de penser qu'il s'agisse d'une véritable revendication. Et enfin quant à la L. 4, au Code, si l'on remarque qu'elle est du même empereur qui, dans la L. 3 au même titre, statuant directement sur la question qui nous occupe, refuse expressément au vendeur l'action en revendication, il sera difficile de croire que, dans la L. 4, il ait dit absolument le contraire.

Il ne me semble pas non plus qu'on doive s'arrêter à la L. 1, C., *De pact. int. empt.* ; elle suppose, il est vrai, qu'on peut convenir, dans la vente, qu'à défaut de payement du prix, *dominium ad venditorem pertinebit*, mais

s'agit-il d'un retour de la propriété *ipso jure* ou du droit
à une rétrocession? Le texte est trop peu précis pour
qu'on puisse le dire, et la décision de l'Empereur :
fides contractus servanda est, devrait faire incliner plus
volontiers vers la deuxième hypothèse.

La L. 14, Dig., *De mort. caus. donation.* (Julien), s'expliquera en l'entendant d'une donation *mortis causa*
faite sous condition suspensive. Il est certain, en effet,
que Julien n'accordait pas la revendication au donateur
à cause de mort, quand la résolution de la donation supposée faite avec effet actuel lui donnait le droit de recouvrer la chose donnée. C'est ce qu'on doit conclure,
non-seulement des LL. 13 et 19, Dig., *De mort. caus.
donat.*, où ce jurisconsulte parle de la *condictio* exercée
par le donateur dans le cas supposé, mais plus spécialement de la L. 4, Dig., *De donat. int. vir. et uxor.*
(xxiv, 1) :

> JULIEN. — Idem que est (sc. nullius est momenti quod agi-
> tur), et si mortis causa traditurum mihi jusserim uxori
> tradere, nec referre, convaluerit donator, an mortuus sit;
> neque existimandum est, si dixerimus valere donationem,
> non fieri me pauperiorem, quia *sive convaluerit donator,
> condictione tenebor*; sive mortuus fuerit, rem, quam ha-
> biturus eram in bonis meis, desinam propter donationem
> habere.

Dans l'espèce du texte, une donation à cause de mort
est faite à un mari qui, au lieu d'en profiter pour lui,
ordonne de transférer à sa femme la propriété de la
chose qu'on veut ainsi lui donner. Il y a donc du même
coup donation faite par le mari à sa femme. Julien déclare cette dernière donation nulle à tout événement, et
il répond à l'objection tirée, de ce que les donations

entre époux sont valables quand elles n'entraînent aucun appauvrissement du donateur (1). Pour cela, il démontre qu'il y aurait appauvrissement du mari dans tous les cas possibles ; d'abord, sans difficulté, dans celui où la donation à cause de mort est rendue irrévocable par le prédécès du donateur, et même, ajoutet-il, dans celui où la donation à cause de mort sera résolue, car alors le mari sera tenu de la *condictio* qui, à défaut de l'objet qu'il n'aurait plus, le forcerait à en rendre la valeur.

Cette solution est exclusive, dans la pensée de Julien, de tout droit, pour le donateur à cause de mort, d'exercer la revendication. En effet, si le donateur eût eu ce droit, il aurait pu l'exercer contre la femme, au lieu d'intenter la *condictio* contre le mari. Dans ce cas, la femme n'ayant aucun recours en garantie contre le mari, celui-ci n'aurait pas été appauvri, et le jurisconsulte n'aurait pas pu affirmer que le mari devrait, à tout événement, se trouver appauvri par la donation faite à sa femme en la supposant valable (2).

Reste le texte de Paul, la L. 9 pr., Dig., *De aqua et aquæ pluv.* C'est le plus embarassant. Mais cette circonstance même est favorable à la thèse que je défends, et voici pourquoi : nous avons, à mon avis, la preuve certaine que Paul ne partageait pas l'opinion d'Ulpien, sur le retour *ipso jure* de la propriété à l'aliénateur par l'effet d'une condition résolutoire. Si cela est prouvé, il faudra bien que la L. 9 puisse s'expliquer autrement que par l'application de cette théorie, et on

(1) V. L. 3, § 8, Dig., *De donat. int. vir. et ux.*
(2) Comp. Fitting, *Goldschmidt's Zeitschrift*, t. II, p. 248 et 249.

verra par là que nous n'avons pas été trop hardi, en proposant, à propos des textes qui précèdent, des explications qui s'éloignent un peu de leur sens apparent.

Or, la preuve que Paul n'admettait pas, comme Ulpien, le retour *ipso jure* de la propriété à l'aliénateur par l'effet d'une condition résolutoire, se trouve dans la L. 39, Dig., *De mort. caus. donat.* (xxxix, 6), ainsi conçue :

> Si is, cui mortis causa servus donatus est, eum manumisit, tenetur condictione in pretium servi; quoniam scit, posse sibi condici, si convaluerit donator.

Il est bien clair, d'après ce texte, que dans la pensée de Paul, la propriété du donataire à cause de mort ne s'éteint pas de plein droit par la survie du donateur. Cela résulte d'abord, de ce que le jurisconsulte suppose expressément que la survie du donateur ne lui ouvrirait, à tout événement, qu'une simple *condictio* pour recouvrer l'esclave qu'il avait donné *mortis causa*. Mais cela est encore prouvé par cette circonstance, que la liberté conférée à l'esclave par le donataire à cause de mort, est considérée comme valablement conférée. Nous verrons plus tard, en effet, que celui qui a, sur un esclave, une propriété susceptible de s'éteindre par l'événement d'une condition ne peut pas l'affranchir au préjudice de celui à qui la propriété doit revenir par l'effet de la condition (1). Paul, en décidant que l'affranchissement est maintenu malgré la survie du donateur, indique par là même, qu'à ses yeux le donataire n'avait pas une propriété susceptible de s'éteindre *ipso jure* par les événements qui produisent la révocation de la donation.

(1) Comp. L. 29, § 1, Dig., *Qui et a quib. manum.* (xl, 9).

L'opinion de Paul dans la question étant ainsi établie, il est évident que la L. 7, *De aqua et aq. pluv.*, ne peut pas s'expliquer par la supposition qu'il aurait admis la résolution de la propriété de l'acheteur en cas *d'in diem addictio*. Cela posé, on peut en rendre compte de plusieurs manières. On peut supposer d'abord que, dans l'espèce, l'*in diem addictio* joue le rôle d'une condition suspensive. D'un autre côté, comme il pouvait y avoir doute, dans tel cas donné, pour savoir si la vente avec *in diem addictio* était faite sous condition suspensive ou sous condition résolutoire, il est permis de croire que Paul donne un conseil pratique, en disant que le tiers qui, dans ces circonstances, veut acquérir une servitude sur la chose vendue, agira prudemment en exigeant le concours du vendeur et de l'acheteur, afin de se trouver en sécurité à tout événement. Enfin, en supposant même qu'il s'agît d'une condition résolutoire, Paul, qui n'ignorait assurément pas la doctrine d'Ulpien, a pu vouloir encore donner un conseil de prudence, en recommandant de se mettre en règle au point de vue de toutes les opinions (1).

(1) M. Fitting, qui enseigne, comme nous, que l'admission de la condition résolutoire affectant les actes translatifs de propriété a été le résultat d'un progrès du droit romain, lentement accompli, pense qu'on s'était mis d'accord pour l'admettre, dès avant Ulpien, en cas de vente avec *in diem addictio*. Il fait remarquer avec finesse, que c'était l'hypothèse où, pratiquement, le besoin de donner à la clause qui accompagnait le transport de la propriété des effets réels, se faisait le plus vivement sentir. Sans cela, en effet, le vendeur n'était jamais sûr d'arriver au but qu'il s'était proposé; car, comment trouver un acheteur à meilleures conditions, quand ce nouvel acheteur courait le risque de se voir opposer les droits réels constitués sur la chose par le premier acheteur? La perspective d'un recours en garantie ne devait pas être suffisante pour le rassurer. (V. *Op. sup. cit.*, p. 263 et suiv.). —

Il est donc établi, je crois, que, dans le droit antérieur
à Justinien, la doctrine dominante, malgré quelques
dissentiments, n'admettait pas qu'il fût possible de
transférer la propriété *ad conditionem*, avec retour *ipso
jure* aux mains de l'aliénateur par l'effet de la condition résolutoire. Mais, ainsi que je l'ai déjà dit, il me
paraît certain qu'à l'époque de Justinien, l'opinion contraire a définitivement triomphé. Ici, nous rencontrons
la contradiction des partisans du premier des trois systèmes que j'ai indiqués en commençant; ils affirment
que jamais le droit romain n'a admis la translation de
la propriété *ad conditionem*. Suivant eux, il est contraire
à l'essence même du droit de propriété qu'il soit établi
avec limitation dans sa durée, et les conventions qui
accompagnent l'aliénation, dans le but d'assurer conditionnellement le retour de la chose aliénée aux mains
de l'aliénateur, ne peuvent, comme toutes les conventions, que donner naissance à des obligations. Que
l'acquéreur soit soumis de cette manière à l'obligation
conditionnelle de rétrocéder, cela se comprend, disent-
ils, mais cette obligation ne donne, le cas échéant, à
l'aliénateur qu'une action personnelle contre lui. Quant
aux tiers, les conventions dont nous parlons sont *res
inter alios acta ;* il ne saurait en résulter aucune atteinte
aux droits que l'acquéreur a pu constituer à leur profit
sur la chose (1).

Cette donnée ingénieuse rendrait compte de notre texte; mais elle
rencontre, il me semble, une objection insurmontable dans le § 283 des
Vat. fragm., qui nie d'une manière si absolue la possibilité de transférer la propriété *ad tempus*.

(1) V. Maynz, *Élém. de droit romain*, t. II, p. 328 et suiv.; Riesser,
op. et loc. cit.

Ce raisonnement, on le voit, est exactement le contrepied de celui de M. de Vangerow, que j'ai rapporté plus haut. A mon avis, ainsi que je crois l'avoir démontré, il est conforme à l'opinion dominante à l'époque classique et jusqu'au temps de Justinien. Mais, au point de vue de la théorie pure, il ne résiste pas à une critique exacte, et historiquement, le système dont il est l'expression, combattu déjà dans l'ancien droit, me paraît avoir définitivement succombé dans la législation de Justinien.

Au point de vue théorique en effet, on n'aperçoit pas pourquoi un droit qui peut être transmis limité dans son étendue, par exemple par des servitudes retenues sur le bien dont la propriété est transférée, ne pourrait pas être également transmis limité dans sa durée. On n'aperçoit pas davantage comment les tiers, qui sont tenus de respecter les limitations apportées à la translation de la propriété par des retenues de servitudes, pourraient méconnaître les limitations qu'on aurait mises à la durée même de la propriété. On convient que cela est juste dans les législations qui soumettent à la publicité les actes translatifs de propriété, et qui permettent ainsi aux tiers de s'assurer des restrictions dont se trouve frappé le droit de celui avec lequel ils traitent ; mais cela n'est pas injuste non plus dans les législations qui n'exigent pas cette publicité. Sous un pareil régime, ceux qui traitent avec un propriétaire doivent lui demander de justifier de sa propriété, et il ne peut le faire sans laisser apparaître les limitations sous lesquelles il l'a acquise (1).

(1) Je rappelle aussi que, quoi qu'on ait pu dire, l'application de ces

Si nous quittons le terrain de la théorie pour examiner les textes, il ne nous faudra pas longtemps pour nous convaincre que Justinien a consacré la doctrine autrefois proposée par Marcellus et Ulpien, sur la possibilité de transférer la propriété *ad conditionem*.

Deux textes surtout me paraissent décisifs en ce sens. D'abord la L. 2, C., *De donat. quæ sub modo* (VIII, 55).

> Si prædiorum proprietatem dono dedisti, ita ut post mortem ejus, qui accepit, ad te rediret, donatio valet, *quum etiam ad tempus certum vel incertum ea fieri potest*, lege scilicet, quæ ei imposita est, conservanda.

Cette constitution est des empereurs Dioclétien et Maximien. Quand on la rapproche, en comparant les dates, du § 283 des *Vat. fragm.* que j'ai cité ci-dessus (p. 145), on voit, à n'en pas douter, que les deux textes contiennent le même rescrit (1); seulement il se retrouve aux *Vat. fragm.* dans sa pureté originelle, tandis que les compilateurs du Code ne l'y ont inséré qu'en en changeant complétement le sens primitif. — Ce rapprochement, si ingénieusement fait par M. Pellat (2), prouve nettement que la doctrine de la translation de la propriété *ad conditionem*, repoussée encore à l'époque de Dioclétien et de Maximien, a été définitivement admise

idées ne rencontre aucun obstacle dans la solennité des modes translatifs de propriété (V. *supra*, p. 139 et 140.)

(1) M. Vernet, *Textes choisis*, p. 138, à la note, pense que ce sont deux rescrits rendus le même jour sur la même question. Cela est bien invraisemblable : on ne doit pas s'arrêter à la différence des noms que l'un et l'autre texte donnent à la personne à laquelle le rescrit est adressé; il faut tenir compte des altérations inévitables que ces noms ont dû subir sous la plume des copistes. (Il y en a plus d'un exemple. Comp. *Vatic. frag.*, § 272, et L. 1, C., *De revoc. donat.*)

(2) *Revendication*, p. 284.

par Justinien, qui, suivant son habitude, a conservé la
constitution de ces Empereurs, en lui faisant dire dia-
métralement le contraire de ce qu'ils avaient décidé.

Justinien affirme, avec non moins de netteté, le changement de législation dont je parle, dans la L. 26, C.,
De legatis (vi, 37) :

> Illud, quod de legatis vel fideicommissis temporalibus, ut-
> pote irritis, a legum conditoribus definitum est, emen-
> dare prospeximus, sancientes, et talem legatorum vel fi-
> deicommissorum speciem valere et firmitatem habere.
> *Quum enim jam constitutum est, fieri posse temporales
> donationes et contractus* (3), consequens est, etiam legata
> vel fideicommissa, quæ ad tempus relicta sunt, ad eam-
> dem similitudinem confirmari ; post completum videlicet
> tempus ad heredem iisdem legatis vel fideicommissis re-
> meantibus. . . . .

Après cela, qu'on objecte que certains textes, conservés au Digeste, donnent une simple action personnelle
à l'aliénateur qui s'est réservé conditionnellement le
retour de la propriété, cela pourra embarrasser ceux
qui pensent que la possibilité de transférer la propriété
ad conditionem a été admise de tout temps et par tous
les jurisconsultes. Pour nous, ces textes, quand ils ne
s'expliquent pas, soit par les circonstances du fait, soit
par la coexistence des deux actions personnelle et
et réelle (1), sont tout simplement un vestige de la doctrine longtemps dominante.

(3) L'assertion de M. de Savigny (*System*, t. iii, § cxxvii, note g),
d'après laquelle il ne serait pas fait ici allusion à des actes translatifs de
propriété, mais à des obligations contractées *ad tempus*, est arbitraire ;
elle est démentie par la disposition qui suit, relative aux legs et aux
fidéicommis, et dans laquelle il s'agit assurément de la propriété.

(1) V. *supra*, p. 155 et 157.

Est-il besoin maintenant, après la citation des documents, qui précèdent, de réfuter les interprétations par lesquelles les partisans du système que je combats, cherchent à mettre d'accord avec lui les passages conservés au Digeste, dans lesquels Ulpien affirme déjà la thèse qui a prévalu plus tard? — Je puis le faire en quelque mots.

Nous avons, en premier lieu, la L. 41, Dig., *De rei vind.* (*supra* p. 150) qui, en cas d'*in diem addictio*, décide que c'est au vendeur, et non plus à l'acheteur, qu'appartient la revendication de la chose vendue, *ubi adjectio facta sit*.

Cette revendication accordée au vendeur n'implique pas, dit-on, que la propriété lui soit revenue *ipso jure* : on suppose que l'acheteur n'a plus la possession au moment où le vendeur, ayant reçu des propositions plus avantageuses, vient, en vertu de la convention, redemander la chose vendue. Dans cette hypothèse, le vendeur a le droit d'exiger que l'acheteur lui fasse cession de son action en revendication, et, suivant une règle bien connue, on a fini par lui permettre directement de l'exercer *utiliter*, comme si la cession avait été faite (1).

Cette explication est ingénieuse, mais elle ne résiste pas à un examen attentif. Si le texte avait véritablement le sens qu'on lui prête, on aurait droit de s'étonner de voir ainsi accorder *de plano* au vendeur, en vertu d'une cession supposée, l'action en revendication, tandis que

(1) V. Maynz, *Élém. de droit rom.*, § 331, note 39, t. II, p. 325; Riesser, *op. cit.*, p 275 et suiv.

dans la même hypothèse s'il s'agit des autres actions acquises *interim* à l'acheteur à l'occasion de la chose vendue, par exemple de l'interdit *quod vi aut clam*, on ne lui accorde que le droit d'en exiger la cession (V. L. 11, § 10, Dig. *Quod vi aut clam* — xliii, 25. — L. 4, § 4, Dig., *De in diem addict.* — xviii, 2). Il y a plus ; le texte pourrait se plier à cette interprétation, s'il se bornait à accorder la revendication au vendeur après la résolution de la vente ; mais il ne s'arrête pas là, il refuse la revendication à l'acheteur (1) : c'est juste le contrepied de l'explication proposée, d'après laquelle, au contraire, la revendication, *ipso jure* du moins, continuerait à reposer sur la tête de l'acheteur.

Quant à la L. 29, Dig., *De mort. caus. donat.*, on se contente d'y voir une singularité spéciale aux donations à cause de mort, et qui ne serait nullement l'application d'un système général (2). Cette assertion est démentie par la concordance de la L. 29 avec les autres fragments d'Ulpien qni contiennent la même doctrine.

J'ai déjà réfuté plus haut (3) les interprétations qui ont été proposées pour rendre raison de la L. 13 Dig., *De pignorat. act.* autrement que par le retour *ipso jure* de la propriété en vertu d'une condition résolutoire, et il ne me reste plus à parler que de celle qu'on a mise en avant pour expliquer les LL. 4, § 3, Dig., *De in diem addict.* et 3, Dig., *Quib. mod. pign. solv.* (4). Ces deux

---

(1) « Antequam adjectio sit facta, uti in rem actione potest, *postea non poterit.* »

(2) V. Maynz, *op. cit.*, § 331, note 65, t. ii, p. 331 ; Riesser, *op. cit.*

(3) V. p. 152, note 3.

(4) V. ces textes cités *supra*, p. 151.

fragments décident, dans le cas *in diem addictio,* que la résolution de la vente fait tomber les hypothèques consenties dans l'intervalle, par l'acheteur, sur la chose vendue. On explique la L. 4, § 3, en introduisant dans le texte une négation qui en change complétement le sens, et en lisant : *rem pignori esse* NON *desinere,* au lieu de *rem pignori esse desinere.* Les auteurs de cette correction hardie (4) avouent bien qu'elle n'est autorisée par aucun manuscrit, mais ils prétendent qu'elle est commandée par l'ensemble du passage. En effet, disent-ils, le jurisconsulte induit de la solution qu'il donne relativement aux hypothèques consenties *interim* par l'acheteur, cette conséquence que dans l'intervalle de la translation de propriété à la résolution de la vente , celui-ci a été propriétaire : *Ex quo colligitur quod emptor medio tempore dominus esset;* or, cette conséquence ne se concevrait pas, s'il venait de décider que les hypothèques sont non avenues ; elle ne se conçoit qu'en supposant la décision contraire, savoir qu'elles sont maintenues : *rem pignori esse* NON *desinere.* — Il est facile de voir que cette argumentation altère le sens du texte, pour le mettre en contradiction avec lui-même et arriver ainsi à rendre plausible la correction proposée. Elle serait fondée, si Ulpien décidait, en effet, que les hypothèques consenties *interim* par l'acheteur *sont non avenues* : il serait peu conséquent d'en conclure que l'acheteur a été propriétaire dans l'intervalle, mais Ulpien ne dit pas cela ; il décide que ces hypothèques *prennent fin,* ce qui suppose qu'elles ont

(4) Maynz, *op. cit.,* § 331, note 39; Riesser, *op. cit.,* p. 288 et suiv. (Toutes ces citations de Riesser sont faites d'après M. de Vangerow.)

été régulièrement consenties, et par suite que l'acheteur était propriétaire quand il les a constituées. La
conséquence est parfaitement d'accord avec les prémis-
ses, et rien n'autorise la correction arbitraire au moyen
de laquelle on a essayé de donner le change sur la portée
de notre Loi.

La L. 3, D., *Quib. mod. pign. solv.* contient exactement
la même décision que le texte dont nous venons de parler : le sens de celui-ci étant fixé, il devient presque inutile de parler plus longuement de l'autre. Un mot cependant à cet égard. On allègue pour l'expliquer que,
dans l'espèce, l'*addictio in diem* joue le rôle d'une condition suspensive, non d'une condition résolutoire.
L'inexactitude de cette assertion est démontrée deux
fois pour une par le texte lui-même : nous y lisons que
l'hypothèque prend fin : *finiri pignus, si melior conditio
fuerit allata* ; s'il s'agissait d'une condition suspensive,
on ne dirait pas que l'hypothèque prend fin ; la condition sous laquelle l'acheteur devait devenir propriétaire faisant défaut, l'hypothèque ne prendrait pas
même naissance. En outre, la comparaison qu'établit
Ulpien entre le sort des hypothèques consenties par
l'acheteur dans le cas d'*addictio in diem*, et dans celui
de vente sous la condition *nisi res emptori displicuisset*,
suffit à prouver qu'il a eu en vue l'*addictio in diem*
formant condition résolutoire.

Je crois donc être dans la vérité historique en répé-
tant comme conclusion, avec le savant doyen de la Faculté de droit de Paris : l'ancien droit romain n'avait
pas admis qu'on pût transférer la propriété *ad conditionem* ; mais l'opinion contraire a été proposée, dès l'é-
poque classique, par quelques jurisconsultes, et sous

Justinien on ne doit plus douter qu'il ne soit possible de transférer un droit de propriété en le soumettant à une résolution conditionnelle.

VIII

DE LA CONDITION DANS LES ACTES ENTRE-VIFS CONSTITUTIFS DE DROITS RÉELS.

Actes constitutifs d'usufruit. — L'établissement d'un droit d'usufruit peut assurément être soumis à une condition suspensive, quand le mode employé pour le constituer admet lui-même cette modalité : ainsi les textes font souvent mention de l'usufruit légué *sub conditione*. Reste à savoir si les modes au moyen desquels il est possible de conférer entre-vifs un droit d'usufruit, admettent la condition.

A peine est-il besoin de remarquer qu'il est ici question de l'établissement de l'usufruit comme droit réel, et non de l'obligation de le constituer : cette obligation contractée par *promissio*, vente, etc., est soumise, quant à l'admission de la condition, aux règles exposées dans les §§ II et III de ce chapitre.

L'usufruit peut être constitué directement, ou réservé dans une aliénation de la nue propriété; en d'autres termes, il peut être établi par *translatio* ou par *deductio*.

Dans le droit classique, les deux seuls modes admis par le droit civil pour la constitution directe (*translatio*) entre-vifs de l'usufruit, sont l'*in jure cessio* et l'*adjudicatio*. Ni l'une ni l'autre n'admettent de condition. Les règles générales que j'ai précédemment exposées sur

12

ce sujet, se trouvent confirmées quant à cette application particulière par le § 49 des *Vatic. Fragm.* :

> Ex certo tempore legari potest (ususfructus). An in jure cedi vel an adjudicari possit, variatur. Videamus ne non possit, quia nulla legis actio prodita est de futuro.

La solution n'est écrite expressément que pour le terme, mais elle s'applique à la condition par identité de motifs, et même *à fortiori*. Un texte du Digeste (L. 16, § 2, *Famil. ercisc.*, x, 2), décide, au contraire, que l'usufruit peut être adjugé *ex certo tempore;* on comprend les divergences d'opinion quant au terme : il peut être nécessaire de reculer l'ouverture de l'usufruit à un temps fixé, afin d'arriver à l'égalité des lots; mais on ne saurait en tirer argument pour la condition. On ne concevrait pas que le juge fît dépendre d'un événement incertain la composition d'un lot : cela serait contraire au principe même de l'égalité proportionnelle, qui est la règle fondamentale du partage.

Dans la législation de Justinien, que l'on admette la constitution de l'usufruit par pactes et stipulations, ou seulement par quasi-tradition, il est évident que dans tous les cas elle pourra être conditionnelle.

Quant à la *deductio usufructus*, elle se produisait, entre-vifs, soit dans la *mancipatio*, soit dans l'*in jure cessio*. Pouvait-elle être suspendue par une condition ? Paul se pose la question dans un passage reproduit aux *Fragm. Vatic.* § 50 ; il la déclare douteuse et finalement ne donne aucune solution :

> In mancipatione vel in jure cessione an deduci possit (ususfructus)...... vel ex conditione....., dubium est : quemadmodum si is cui in jure ceditur dicit..... vel « *aio hunc fundum meum esse deducto usufructu, si navis ex*

Asia venerit. » ..... Ego didici et deduci ad tempus posse...... Numquid ergo et ex tempore et conditione deduci possit?

Au premier abord on peut être surpris de ces doutes : la condition, semble-t-il, ne porte pas ici sur la manci- pation ou l'*injure cessio*, qui demeurent pures et simples, mais seulement sur le droit réservé, et, dès lors, on ne voit plus ce qui s'oppose à ce que la réserve puisse être conditionnelle.

Cependant, en y regardant de plus près, on voit que la difficulté était extrêmement sérieuse. Supposons la mancipation d'un fonds *deducto usufructu sub conditione;* dira-t-on que la pleine propriété est dès à présent trans- portée, sous réserve d'un droit d'usufruit qui prendra naissance à l'événement de la condition? Mais alors la ré- serve serait nulle, car pour retenir il faut n'avoir pas encore aliéné ; sous prétexte de *deductio*, il y aurait en réa- lité acquisition directe d'un usufruit sur le bien d'autrui. La chose n'étant pas possible ainsi envisagée, il faudrait donc admettre que la réserve conditionnelle de l'usufruit suspend l'effet de la mancipation, en ce sens que l'événe- ment de la condition déterminera seul si la mancipation a eu pour objet la pleine propriété ou la nue propriété. Si ce n'est pas là une mancipation conditionnelle, il faut avouer qu'on n'en est pas loin : tout au plus pourrait-on dire que la condition, en tant qu'elle porte sur la mancipation, n'est pas expresse ; mais on voit que la difficulté est assez complexe pour expliquer un doute, que je me borne à constater, sans avoir la prétention de le trancher, alors que Paul se contente de l'exposer sans le résoudre.

L'usufruit peut-il être affecté, lors de sa constitution,

d'une condition résolutoire ? Peut-il être établi *ad conditionem*, par exemple *donec Titius consul fiat?*

Oui sans aucun doute quand il s'agit de l'usufruit établi directement, *per translationem* : l'usufruit étant un droit essentiellement temporaire, rien ne s'oppose à ce qu'il soit assigné à sa durée un terme certain ou conditionnel autre que le décès de l'usufruitier, sans qu'on puisse, du reste, de cette manière, le prolonger au delà de ce décès. Ainsi décide le § 48 des *Vat. Fragm.* pour le terme, et par suite pour la condition, qui n'est qu'un terme éventuel :

> Ad certum tempus et in jure cedi (ususfructus) et legari, et officio judicis constitui potest.

Et peu importe qu'il soit constitué au moyen d'un *actus legitimus*, car, ainsi que je l'ai fait déjà remarquer, en pareil cas, l'acte translatif est pur et simple ; seulement il a pour objet un droit restreint, au moins éventuellement, dans sa durée.

Mais pourra-t-on aussi, en faisant une aliénation, déduire l'usufruit *ad conditionem?* — Paul (*Fragm. Vat.,* § 50) nous fait connaître qu'il y avait les mêmes doutes que pour savoir s'il pouvait être déduit *ex conditione*. Pomponius, nous dit-il, n'admet que la *translatio* et non la *deductio ususfructus ad tempus* (ou ǀ *ad conditionem*) ; mais quant à lui Paul, il se prononce résolûment en sens contraire ; il admet la *deductio* comme la *translatio ad conditionem*, et il en donne ce motif : *quia et mancipationem et in jure cessionem lex XII Tabularum confirmat.*

J'avoue que je ne puis me rendre compte des raisons qui pouvaient motiver l'opinion de Pomponius. Quant

au motif de décision allégué par Paul, il n'est pas non
plus très-facile à saisir. Il fait allusion évidemment à
cette règle de la loi des XII Tables : « *Quum nexum faciet, mancipiumque, uti lingua nuncupassit ita jus esto.* »
En d'autres termes, les pactes adjoints à la mancipation
sont obligatoires; ou encore, la mancipation produit
ses effets conformément à la volonté des parties. Ce qui
revient à dire, ici, que l'on peut valablement aliéner par
mancipation (ou *in jure cessio*) avec réserve d'usufruit.
Mais cela n'était pas en controverse, et dès lors on peut
trouver que ce motif n'est guère topique. Mais, pour
moi, je le répète, je n'aperçois même pas où pouvait
être la raison de douter.

IX

ACTES CONSTITUTIFS DE SERVITUDES PRÉDIALES.

Il existe sur l'admissibilité de la condition dans les
actes constitutifs de servitudes, un texte bien connu, de
Papinien, qu'il faut tout d'abord transcrire :

> L. 4, *pr.*, Dig., *De servitut.* (VIII, 1). — Servitutes ipso
> quidem jure neque ex tempore, neque ad tempus, *neque
> sub conditione, neque ad certam conditionem,* verbi gra-
> tia : *quandiu volam,* constitui possunt; sed tamen si hæc
> adjiciantur, pacti vel per doli exceptionem occurretur
> contra placita servitutem vindicanti. Idque et Sabinum
> respondisse Cassius retulit, et sibi placere.

D'après ce texte, d'une part, on ne peut pas suspendre
par une condition l'établissement d'une servitude; d'autre
part, on ne peut pas constituer une servitude avec la
clause qu'elle s'éteindra par l'arrivée d'une condition.
Mais on fait valoir indirectement, au moyen d'excep-

tions, ces restrictions mises à la constitution de la servitude.

A première vue, tout cela paraît simple et précis ; pourtant, nous allons voir que sous cette formule, si nette en apparence, se cachent de sérieuses difficultés. Occupons-nous d'abord de la condition suspensive.

En admettant, avec la L., 4 la prohibition de la condition suspensive dans les actes constitutifs de servitudes, à quoi faut-il la rattacher ? Suivant l'opinion commune (1), cette prohibition, dans l'esprit de Papinien, tenait à la nature des modes employés, savoir la mancipation, l'*in jure cessio*, ou l'*adjudicatio*, qui n'admettaient pas de condition. D'où il suit que la L. 4 aurait été écrite en vue de l'établissement des servitudes par actes *solennels* entre-vifs, et ne s'opposerait nullement à ce que le legs d'une servitude, comme tout autre legs, fût affecté d'une condition suspensive.

M. Demangeat s'est écarté de cette doctrine : suivant lui, la prohibition est absolue, indépendante du mode de constitution ; elle tient à une manière de concevoir la servitude, suivant laquelle, *ipso jure* du moins, l'établissement de cette espèce de droits résisterait à l'admission d'une condition agissant dans un sens quelconque. A ses yeux, Papinien, loin de trouver dans le mode de constitution la raison de la règle qu'il formule, « raisonne plutôt dans l'hypothèse d'un mode de constitution qui, comme le legs, admet toute espèce de modalités (2). »

(1) V. Vangerow, *Lehrbuch*, § 340, Ann. I, 4, t. I, p. 711 ; Maynz, *Élém. de droit rom.*, t. 1, p. 530.
(2) *Cours élém.*, t. 1, p. 511.

Je crois que le savant romaniste s'est trompé, du moins en ce qui touche la condition suspensive, la seule dont je m'occupe en ce moment. Le texte, il est vrai, est bien absolu; il contient en outre une disposition spéciale, qui est de nature à faire croire qu'il n'a aucunement en vue le cas où la servitude est établie par des modes qui excluent la condition. Je veux parler de celle qui permet de faire valoir par une exception la condition à laquelle a été soumise la constitution de la servitude. En effet, s'il s'agissait, par exemple, d'une *in jure cessio*, l'insertion d'une condition suspensive la rendrait absolument nulle, et il ne serait pas question d'une exception à opposer à la revendication de la servitude *contra placita;* Papinien, en parlant de cette exception, suppose donc un acte qui, par sa nature propre, n'est pas nul pour être fait sous condition. C'est probablement cette considération qui aura déterminé la conviction de M. Demangeat.

Mais il existe au Digeste un fragment qui mentionne un legs de *via* fait *sub conditione* (L. 3 *in fine*, Dig., *De servit. leg.* xxxiii, 3). Je démontrerai, en parlant de la condition dans les dispositions testamentaires, que la condition produit en ce cas son effet *ipso jure*, puisqu'elle retarde le *dies cedens* du legs. Ce passage établit donc directement la possibilité de soumettre à une condition suspensive l'établissement d'une servitude, quand on emploie un mode qui admet cette modalité.

Même en n'en tenant pas compte quant à présent, je trouve dans la L. 4 elle-même la preuve qu'elle se réfère à des actes entre-vifs, et non à des legs. En effet, Papinien ne fait-il pas nécessairement allusion à des actes conventionnels, quand il parle d'une exception de *pacte* à invoquer contre celui qui revendiquerait la servitude *contra placita ?*

Quant à cette exception elle-même, destinée à faire respecter la restriction mise par les parties à l'établissement de la servitude, il est bien évident qu'elle ne s'appliquera pas à tous les cas sans distinction, mais seulement aux cas où l'insertion d'une condition n'aura pas entraîné la nullité totale de l'opération : cela se trouve nécessairement sous-entendu. Ainsi, l'exception trouvera sa place, comme je le dirai, quand la servitude aura été constituée *ad conditionem;* que s'il s'agit d'une condition suspensive, pour qu'elle puisse valoir *exceptionis ope,* il faut supposer qu'elle a été l'objet d'un pacte adjoint à la mancipation ou à l'*in jure cessio,* faites d'ailleurs purement et simplement (1).

Au surplus, il n'est pas douteux qu'en vertu de la maxime : *non expressa non nocent,* la constitution d'une servitude peut être suspendue par une condition tacite. Ainsi, d'après la L. 23, § 1, Dig., *De servit. præd. urb.* (VIII, 2), on admet la possibilité d'établir une servitude au profit ou à la charge d'un *ædificium* qui n'est pas encore construit : la servitude se trouve alors implicitement établie *ex die* et *sub conditione* de la construction (2).

Voici encore quelque chose d'analogue. Le principe de l'indivisibilité des servitudes prédiales s'opposait à ce

(1) Comp. Savigny, *System.,* § CXXVII D, note *l.* Cette note contient du reste une erreur, en supposant que les *actus legitimi* sont annulés par l'expression d'une condition *ad quam* appliquée au droit transmis. V. *supra,* p. 140 et 180.

(2) Comp. L. 10, Dig., *De servit. præd. rust.* (VIII, 3).

qu'elles fussent constituées utilement par le propriétaire d'une part indivise dans le fonds destiné à devenir servant, ou au profit du propriétaire d'une part indivise dans le fonds destiné à devenir dominant. Mais, par tempérament à la rigueur du principe, on avait admis des *cessiones in jure* successives, de la part ou au profit des divers copropriétaires de l'un ou de l'autre fonds : par une fiction on les ramenait toutes à l'instant où se produisait la dernière; de cette manière l'effet des premières cessions était suspendu par la condition tacite, que les autres se produiraient toutes les parties étant encore vivantes et ayant conservé leurs droits dans le fonds :

PAUL, L. 18, Dig., *Commun. præd.* (VIII, 4). — Receptum est, ut plures domini, et non pariter cedentes, servitutes imponant, vel acquirant, ut tamen ex novissimo actu etiam superiores confirmentur, perindeque sit, atque si eodem tempore omnes cessissent; et ideo si is, qui primus cessit, vel defunctus sit, vel alio genere, vel alio modo partem suam alienaverit, post deinde alius cesserit, nihil agetur; quum enim postremus cedat, non retro acquiri servitus videtur, sed perinde habetur, atque si, quum postremus cedat, omnes cessissent. Igitur rursus hic actus pendebit, donec novus socius cedat. Idem juris est, et si uni ex dominis cedatur, deinde in persona socii aliquid horum acciderit. Ergo et ex diverso si ei, qui non cessit, aliquid tale eorum contigerit, ex integro omnes cedere debebunt; tantum enim tempus iis remissum est, quo dare facere possunt, vel diversis temporibus possent; et ideo non potest uni vel unus cedere. Idemque dicendum est, et si alter cedat, alter leget servitutes; nam si omnes socii legent servitutes, et pariter eorum adeatur hereditas, potest dici utile esse legatum : si diversis temporibus, inutiliter dies legati cedit, nec enim sicut viventium, ita et defunctorum actus suspendi receptum est (1).

J'ai raisonné jusqu'à présent dans l'hypothèse d'une servitude constituée directement : comme l'usufruit, elle pourrait aussi avoir été déduite dans une aliénation. Si l'on admet la portée absolue que M. Demangeat donne à la L. 4, *De servit.*, il faudra décider que cette réserve ne peut pas être faite sous condition. Dans l'opinion contraire, on se trouverait en présence des doutes exposés au sujet de l'usufruit dans le § 50 des *Vatic. Fragm.* (2).

Enfin, toujours dans le même ordre d'idées, il faudra dire que la L. 4 n'aura pas d'application à l'époque de Justinien, en ce qui touche la condition suspensive, dans l'établissement des servitudes *pactis et stipulationibus*, ou par quasi-tradition (3).

(1) La dernière partie de ce texte, relative au legs d'une servitude fait séparément par chacun des copropriétaires du fonds destiné à devenir servant, est très-remarquable. Elle prouve que, dans un legs de servitude, on ne se plaçait pas à l'époque du décès du testateur, et encore moins à celle de la confection du testament, mais à celle de l'adition d'hérédité, pour apprécier les obstacles que l'indivisibilité de la servitude peut apporter à son établissement. Autrement, pour que les legs dont nous parlons fussent valables, il faudrait que tous les testateurs mourussent au même instant, et même, par application de la règle Catonienne, que tous les testaments fussent faits à la même heure. J'insisterai plus bas sur cette observation, en expliquant, à propos de la condition dans les legs de servitude, la L. 3 Dig., *De servit. leg.* (xxxiii, 3).

(2) De même, en supposant, à l'époque de Justinien, l'aliénation d'un immeuble *per traditionem*, l'aliénateur ne pourrait pas, dans l'opinion de M. Demangeat, déduire la servitude sous condition, ce que je regarde, au contraire, comme très-possible. Le même dissentiment se reproduirait, pour l'ancien droit, dans l'hypothèse de la déduction, valable *jure prætorio*, d'une servitude, lorsqu'un fonds situé *in italico solo* était aliéné par tradition.

(3) Suivant la doctrine qu'on admettra sur la manière dont se constituent les servitudes dans le droit de Justinien.

Maintenant, la servitude aurait-elle pu être établie *ad conditionem*, ou, comme on dit, sous condition résolutoire ? Il faut, ici, faire tout d'abord une observation semblable à celle que nous avons faite sur la même question relativement à la propriété. Il est possible, en fait, qu'une servitude soit affectée d'une chance d'extinction résultant d'une condition. J'ai déjà eu occasion de mentionner incidemment que cela se présentait en cas de servitude constituée par un acquéreur sous condition résolutoire. Nous verrons qu'il en est de même de toute servitude constituée *pendente conditione*, par l'héritier, sur un fonds conditionnellement légué, ou par toute personne, sur un héritage qu'elle aurait précédemment aliéné sous condition suspensive.

Mais, de même que cela avait été primitivement admis pour la propriété, les parties ne pouvaient constituer, par leur volonté, une servitude dont la durée eût été conditionnellement limitée ; ici s'appliquait absolument la L. 4, *De servit.*, et la règle était indépendante du mode de constitution auquel on avait eu recours. On s'attachait à l'idée que la servitude étant une qualité, une manière d'être du fonds dominant, devait être perpétuelle comme le fonds lui-même (1).

Seulement, l'insertion d'une condition *ad quam* dans

_____

(1) Celsus, L. 86, Dig., *De verb. signific.* (L. 16). — « Quid aliud » sunt jura prædiorum, *quam prædia qualiter se habentia*, ut bonitas, » salubritas, amplitudo ? » — L'idée n'est pas inexacte ; mais quant à la conséquence qu'on en tirait au point de vue qui nous occupe, il est impossible de l'approuver : dès qu'il s'agit d'une *manière d'être* non pas naturelle, mais artificielle, ou, pour mieux parler, juridique, comme on pourrait ne pas la constituer, je ne vois pas pourquoi on n'aurait pas pu la constituer limitée, absolument ou conditionnellement, dans sa durée.

un acte constitutif de servitude n'entraînait pas la
nullité de cet acte ; ici, comme en matière d'obligations, c'était la condition qui était non avenue, et *jure*
ipso la servitude n'en était pas moins perpétuelle. Mais,
advenant l'événement de la condition prévue par les
parties, le propriétaire du fonds servant résistait, au
moyen d'une exception de pacte ou de dol, à toute demande par laquelle on aurait prétendu revendiquer,
contra placita, le droit de servitude. Ici s'applique encore
littéralement la L. 4.

De l'hypothèque. — L'hypothèque se constituant par
un pacte, il va sans difficulté qu'elle peut être valablement consentie sous une condition suspensive. Le cas
est prévu dans un texte sur lequel je reviendrai à propos des effets de la condition, la L. 13, § 5, Dig., *De*
pign. et hypoth. (xx, 1).

D'un autre côté, l'hypothèque s'éteignant, comme
elle se constitue, *solo consensu*, par une simple *remis-
sio* (1), il en résulte qu'on peut aussi convenir en l'éta-
blissant, qu'elle s'éteindra par l'arrivée d'une condition ;
en d'autres termes, pour employer le langage moderne,
l'hypothèque peut être consentie sous condition résolutoire. On peut invoquer en ce sens la L. 6 pr. Dig., *quib.*
mod. pign. solv. (xx, 6) où nous voyons que le *pignus*

---

(1) L. 5, pr. Dig., *Quib. mod. pign. solv.* (xx, 6). — La renonciation du créancier à l'hypothèque pouvait même être tacite. (V. L. 7,
pr. *eod.*). — Les interprètes sont, du reste, partagés sur la question de
savoir si la remise de l'hypothèque produit ses effets *ipso jure* ou *exceptionis ope*. Ce n'est pas ici le lieu de discuter cette question. Mais je
dois faire remarquer que la solution admise à cet égard, devra s'appliquer aux effets de la condition résolutoire insérée dans la constitution
d'hypothèque.

eut être établi *ad tempus*, ce qui entraîne la possibilité
le l'établir *ad conditionem*.

X

E LA CONDITION DANS LES ACTES DE DERNIÈRE VOLONTÉ.

On peut compter cinq espèces de dispositions de dernière volonté (1) : l'institution d'héritier, l'exhéréda-
ion des héritiers siens, ou de ceux qui sont tenus pour
els par le droit prétorien, les legs, les fidéicommis et
a nomination de tuteur.

Quant à la nomination d'un tuteur testamentaire, je
ne fais que la mentionner, en rappelant qu'elle admet
sans difficulté la condition, soit suspensive, soit résolutoire (Inst., *Qui testam. tutor. dari poss.*, I. xiv, § 3).

Pour les autres dispositions que peut contenir un
testament, il faut examiner successivement ce qui concerne la condition suspensive et la condition résolutoire.

Toutes d'abord, moins l'exhérédation, sur laquelle
j'entrerai dans des détails précis, admettent la condition suspensive. C'est même à ce sujet qu'est consacré
le titre entier du Digeste : *De conditionibus et demonstrationibus* (xxxv, 1). Sans insister sur le principe, qui
est certain, je dois présenter des observations sur quelques points spéciaux.

---

(1) Toutes ces dispositions peuvent se rencontrer dans un testament ;
voilà pourquoi on les appelle, et je les appellerai souvent dispositions
testamentaires. Mais il faut remarquer que les fidéicommis pouvaient être faits autrement que par testament, et que les legs eux-
mêmes étaient régulièrement faits dans un codicille confirmé par
testament.

Je rappelle, en renvoyant à ce qui a été dit précédemment, que le terme incertain vaut condition dans les testaments (L. 75, Dig., *De condit.*, xxxv, 1; et *supra*, p. 9); et que les conditions impossibles, illicites ou immorales y sont tenues pour non écrites (L. 3, *eod.*, et *supra*, p. 22 et 32). Toutefois, nous verrons bientôt une exception à cette dernière règle dans le cas de l'institution d'un fils de famille (L. 15, Dig., *De condit. instit.*, xxviii, 7).

Mais il se présente une première question générale, qui demande à être traitée avec quelques développements. Il s'agit de savoir si on peut faire dépendre les dispositions testamentaires, soit de la *mera voluntas* du bénéficiaire de la disposition, de celui qui en est grevé, ou d'un tiers, soit d'une condition potestative proprement dite, de la part des mêmes personnes.

1° Nul doute que l'institution d'héritier ou le legs puissent être soumis à une condition potestative de la part de l'institué ou du légataire, en ce sens qu'ils devront, pour faire produire à la disposition ses effets, accomplir quelque acte extérieur volontaire ou s'en abstenir. C'est même en se plaçant au point de vue du gratifié que la L. 60, Dig., *De condit.*, distingue la condition potestative de la condition casuelle.

Quant à la condition : *si institutus vel legatarius voluerit*, qui remet le sort de la disposition *in merum arbitrium* de celui à qui elle s'adresse, il est bien évident qu'elle n'est jamais une cause de nullité ; toute la question est de savoir si elle produit quelque effet, ou si elle est superflue. Sur ce point, il faut faire des distinctions. S'agit-il d'une institution d'héritier, cette condition, inutile, comme répétition d'une *conditio juris*, pour l'*heres extraneus* qui ne devient jamais héritier que par l'adition, est au contraire de grande importance pour l'*heres necessarius* qui, par elle, se trouve placé dans la condition d'un héritier volontaire :

> HERMOGÉNIEN, L. 12, Dig., *De condit. institut.* (XXVIII, 7).
> — Verba hæc : *Publius Mœvius, si volet, heres esto,* in necessario conditionem faciunt, ut si nolit, heres non existat ; nam in voluntaria heredis persona frustra adduntur, quum, etsi non fuerint addita. invitus non efficitur heres (1).

S'agit-il d'un legs fait sous la condition *si legatarius voluerit,* j'ai déjà dit qu'il était véritablement conditionnel, bien que l'efficacité des legs dépendît dans tous les cas de la volonté du légataire : on interprétait la volonté du testateur en ce sens qu'il avait subordonné sa disposition à une acceptation *personnelle* du légataire, et cette acceptation seule rendait le legs transmissible. (V. L. 69, *De condit. et demonstr.,* et *supra*, p. 53 et suiv.).

2º *Condition potestative de la part du grevé.* — Quand un legs ou un fidéicommis, par la condition *si heres voluerit,* se trouve remis *ad meram voluntatem* de l'héritier qui en est grevé, il y a absence de lien obligatoire, et par suite nullité. Cependant, le désir de faire prévaloir, avant tout, la volonté probable du testateur, avait fait apporter des restrictions à ce principe. Ainsi d'abord, quand le disposant, au lieu des expressions : *si heres voluerit,* avait employé celles-ci : *si heres fuerit arbitratus* ou *œstimaverit,* ou autres analogues, on considérait qu'il avait entendu se référer non à la *mera*

---

(1) Comp. L. 69, Dig., *De heredib. instit.* (XXVIII, 5).

voluntas de l'héritier, mais *ad arbitrium boni viri.* La règle et l'exception sont exprimées dans les textes qui suivent :

ULPIEN, L. 11, § 7, Dig., *De legat.* 3° (XXXII). — Quanquam autem fideicommissum ita relictum non debeatur : *si volueris,* tamen si ita adscriptum fuerit : *si fueris arbitratus, si putaveris, si œstimaveris, si utile tibi fuerit visum, vel videbitur,* debebitur ; non enim plenum arbitrium voluntatis heredi dedit, sed quasi viro bono commissum relictum.

ID., L. 75, *pr.,* Dig., *De legat.* 1° (XXX). — Si sic legatum vel fideicommissum sit relictum : *si œstimaverit heres, si comprobaverit, si justum putaverit,* et legatum et fideicommissum debebitur, quoniam quasi viro potius bono ei commissum est, non in meram voluntatem heredis collatum (1).

En second lieu, quand il s'agissait d'un fidéicommis de liberté, on interprétait facilement la condition : *si heres voluerit* en ce sens, qu'elle se référait *ad arbitrium boni viri.* (V. L. 46, § 3, Dig., *De fideicomm. libert.* (XL, 5.).

Enfin, au moyen d'une distinction subtile, on paraît être arrivé à valider, d'une manière générale, tout fidéicommis fait sous la condition du bon vouloir de l'héritier, quand on pouvait admettre que le testateur avait entendu que l'héritier fût lié par son adhésion, sans conserver le droit illimité de se refuser à l'exécution.

ULPIEN, L. 11, § 5, Dig., *De legat.* 3° (XXXII). — Sic fideicommissum relictum : *nisi heres meus noluerit,* illi

---

(1) L'assertion de M. de Savigny (*System,* § CXVII, note *k*), qui ne voit dans ces expressions *si œstimaverit heres, si justum putaverit,* etc., qu'une formule de politesse à l'égard de l'héritier, est démentie par les textes mêmes.

decem dari volo, quasi conditionale fideicommissum est, et *primam voluntatem exigit;* ideoque post primam voluntatem non erit arbitrium heredis diceňdi noluisse.

L'adhésion de l'héritier une fois donnée, ayant pour résultat de l'obliger, joue le rôle d'une véritable condition, et on ne se trouve plus, telle est la pensée d'Ulpien, dans le cas d'un fidéicommis sans efficacité juridique, parce qu'il serait remis absolument *ad merum arbitrium heredis.*

J'explique de la même manière un autre texte du même jurisconsulte, la L. 46, pr., Dig., *De fideicomm. libertat.* (XL, 5) :

> Fideicommissa libertas ita potest dari : *heres, si volueris, fidei tuæ commito, ut Stichum manumittas,* quamvis nihil [aliud] in testamento potest valere ex nutu heredis.

Le mot *aliud,* s'il était maintenu dans le texte, donnerait à croire qu'il y a ici une règle spéciale aux fidéicommis de liberté, en vertu de laquelle ces fidéicommis seraient valables dans tous les cas, étant faits sous la condition : *si heres voluerit.* Mais cela est inadmissible, car alors on retomberait dans l'espèce prévue par le § 3 de la même loi, dont la solution est loin d'être aussi absolue. Je pense donc, avec Pothier (1), qu'il faut regarder ce mot comme une addition inintelligente de quelque copiste, et donner à ce passage le sens que j'ai indiqué.

Si, au lieu d'une condition qui fait dépendre la disposition de la pure volonté de celui à la charge de qui elle est mise, nous supposons une condition propre-

---

(1) *Pandect.*, *tit. De condit. et demonstr.*; n° 55.

13

ment dite potestative de sa part, il semblerait sans
difficulté de décider que le legs ou le fidéicommis ainsi
faits sont valables. Telle est, en effet, la règle sous
Justinien ; mais dans le droit classique, ils étaient, au
contraire, le plus souvent nuls. Cela tenait à la prohibition des legs *pœnæ nomine*, prohibition si rigoureuse, nous disent les Institutes (2), qu'elle s'appliquait
même au testament militaire, et aux legs faits à l'Empereur. Or, le legs *pœnæ nomine* est justement celui qui
est fait sous la condition d'un acte ou d'une abstention imposés à l'héritier qui en est grevé. Exemple :
Heres meus, si filiam suam in matrimonium Titio collo-
caverit, ou si non collocaverit, dato decem aureos Seio.
— *Heres meus, si servum Stichum alienaverit, ou si non*
alienaverit, Titio decem aureos dato.

Donc, toutes les fois que le legs fait sous une condition potestative de la part de l'héritier qui en était
grevé, rentrait dans la classe des legs *pœnæ nomine*,
il était nul ; mais dans le cas contraire il était valable.
On recherchait en fait si le legs était ou non, dicté par
le désir de contraindre l'héritier, plutôt que par celui
de gratifier le légataire : « *Pœnam a conditione voluntas*
testatoris separat, et an pœna, an conditio.... sit, ex
voluntate defuncti apparet. » (L. 2, Dig., *De his quæ*
pœn. caus. rel. (xxxiv, 6).

A l'époque de Justinien, la prohibition des legs *pœnæ*
nomine ayant été levée, les legs et les fidéicommis sous
une condition dépendant de la volonté de l'héritier
grevé devinrent valables dans tous les cas : on ne recherchait, du reste, pas plus ici que dans les obliga-

---

(2) Lib. II, tit. xx, *De legatis*, § 36.

tions, si l'accomplissement de la condition imposait au débiteur une gêne plus ou moins sérieuse : le testateur était le seul juge de l'importance qu'il convenait d'attacher au fait ou à l'abstention qu'il avait déterminés.

Cependant, Justinien conserva la nullité du legs *pœnæ nomine*, quand il était fait en vue d'imposer à l'héritier une chose impossible, contraire aux lois ou aux mœurs (1).

Cette règle nouvelle s'éloigne du droit commun à deux points de vue différents. Elle s'en éloigne, d'abord, quand la condition a pour objet une chose impossible, car comme elle est supposée conçue *in non faciendo* (2) : Je lègue mille à Titius si mon héritier ne fait pas...., on aurait, suivant les règles ordinaires, un legs sous une condition nécessaire, et partant un legs pur et simple. Elle s'en éloigne, en un autre sens, quand la condition se réfère à un acte illicite ou immoral, et que le legs est fait pour le cas où l'héritier ne commettra pas cet acte. D'après le droit commun, la condition serait regardée comme non écrite, tandis qu'ici elle rend le legs nul. (Comp. *supra*, p. 50, *à la note.*)

3° *Condition dépendant de la volonté d'un tiers.* — Sur ce point, nous trouvons tout d'abord cette règle générale, que les dispositions testamentaires ne peuvent pas dépendre *ex arbitrio alieno*. Ainsi, on ne pouvait pas laisser à un tiers la désignation de son héritier.

---

(1) L. un., C., *De his quæ pœnæ nom.* (VI, 41).

(2) Si elle était conçue *in faciendo* : si mon héritier touche le ciel du doigt, il y aurait une condition impossible ordinaire, réputée non écrite.

Gaius, L. 32, pr., Dig., *De hered. instit.* (xxviii, 5). —
Illa institutio : *quos Titius voluerit*, ideo vitiosa est,
quod alieno arbitrio permissa est ; nam satis constanter
veteres decreverunt, *testamentorum jura ipsa per se firma
esse oportere, non ex alieno arbitrio pendere.*

Remettre à un tiers le soin de désigner son héritier,
ce n'est pas tester, c'est déléguer le droit de tester,
droit essentiellement personnel et incommunicable.
Et remarquons que la solution aurait été la même si
le choix du tiers avait été circonscrit à un cercle de
personnes déterminées, par exemple : *quos Titius ex
propinquis meis elegerit;* car la nullité ne se rattache
pas à l'institution d'une personne incertaine, mais à la
violation de ce principe fondamental : *testamenta ex
alieno arbitrio pendere non possunt.*

La même idée avait conduit à annuler l'institution
d'héritier et le legs faits au profit d'une personne dé-
nommée dans le testament, mais sous la condition du
pur vouloir d'un tiers : *Titius heres esto*, ou : *Titio decem do lego, si Mævius voluerit.* On considérait que
c'était encore une manière de déléguer à un tiers le
droit de tester pour soi, en lui remettant le pouvoir
absolu de donner ou non effet à la disposition.

Mais on validait sans difficulté l'institution d'héritier ou le legs sous une condition proprement dite
potestative de la part d'un tiers; et peu importait que
le fait, objet de cette condition, fût d'un accomplissement tellement aisé, qu'on eût l'équivalent de la
condition *si Titius voluerit.* — Par exemple, était
valable l'institution faite dans les termes suivants : *si
Titius Capitolium ascenderit, Sempronius heres esto.* Les
textes nous disent qu'on applique à ces cas la maxime :

non expressa non nocent, ou, autrement, que le testateur
peut faire dépendre sa disposition de la pure volonté
d'un tiers, pourvu qu'il n'exprime pas cela directement.
Mais il y en a une raison plus profonde, c'est que le
testateur est le meilleur et le seul juge de l'importance
qu'il attache à l'acte le plus indifférent aux yeux d'autrui, et du rapport qu'il établit entre cet acte et sa
disposition. Je transcris deux textes qui résument toute
cette doctrine, en l'appliquant, l'un aux institutions
d'héritier, l'autre aux legs.

POMPONIUS, L. 68, Dig., *De hered. instit.* (XXVIII, 5). —
Si quis Sempronium heredem instituerit sub hac conditione : *si Titius in Capitolium ascenderit*, quamvis
non alias heres esse possit Sempronius, nisi Titius ascen-
disset in Capitolium, et hoc ipsum in potestate sit repo-
situm Titii, quia tamen scriptura non est expressa voluntas Titii, erit utilis ea institutio. Atquin si quis ita
scripserit : *si Titius voluerit, Sempronius heres esto*,
non valet institutio. Quædam enim in testamentis si
exprimantur, effectum nullum habent, quando, si verbis tegantur, eamdem significationem habeant, quam
haberent expressa, et momentum aliquod habebunt....

MODESTIN, L. 52, Dig., *De condit. et demonstr.* (XXXV, 1). —
Nonnunquam contingit, ut quædam nominatim expressa
officiant, quamvis omissa tacite intelligi potuissent, nec
essent obfutura, quod evenit, si alicui ita legatur : Titio
decem do lego, *si Mævius Capitolium ascenderit;* nam
quamvis in arbitrio Mævii sit, an Capitolium ascendat,
et velit efficere, ut Titio legatum debeatur, non tamen
poterit aliis verbis utiliter legari : *Si Mævius voluerit*,
Titio decem do, nam in alienam voluntatem conferri
legatum non potest. Inde dictum est : expressa nocent,
non expressa non nocent.

Rien n'est plus précis que la distinction présentée

par ces deux lois. Mais il n'est pas sûr qu'elle ait été maintenue par tous les jurisconsultes. Du moins, certains textes d'Ulpien semblent bien décider que, suivant lui, dès qu'on admettait le legs avec la condition : *si Mævius Capitolium ascenderit*, il n'y avait pas de raison pour ne pas l'admettre également avec la condition : *si Mævius voluerit.* Comme les commentateurs sont loin d'être d'accord sur ce point, je dois m'y arrêter un peu.

Je reconnais bien volontiers que la preuve du dissentiment d'Ulpien ne ressort pas suffisamment de la L. 43, § 2, Dig., *De leg.* 1° (xxx) qu'on a quelquefois invoquée en ce sens. Voici comment elle est conçue :

> Legatum in aliena voluntate poni potest, in heredis non potest.

Sans doute, le sens le plus naturel de ce fragment, c'est que le legs est valablement fait sous la condition : *si Titius voluerit*, non sous celle : *si heres voluerit*, ce qui établirait qu'Ulpien ne partageait pas l'opinion commune sur le point qui nous occupe ; mais ce passage peut s'entendre aussi de la condition potestative proprement dite : *si Capitolium ascenderit*, valable, comme nous le savons, dans la personne d'un tiers, nulle le plus souvent dans la personne de l'héritier, parce qu'il en résulte un legs fait *pœnæ nomine* (1).

Mais l'opinion particulière d'Ulpien s'accentue déjà

---

(1) Cependant le texte ainsi entendu serait trop absolu, car il n'est pas vrai que tout legs fait sous une condition potestative de la part de l'héritier soit un legs *pœnæ nomine*. C'est déjà une raison pour préférer l'autre interprétation.

davantage dans la L. 46, § 2, Dig., *De fideicomm.
libert.* (XL, 5) :

> Sed et si ita adscriptum sit : *si Seius voluerit,* Stichum
> liberum esse volo, mihi videtur posse dici, valere liber-
> tatem, *quia conditio potius est,* quemadmodum si mihi
> legatum esset, *si Titius Capitolium ascenderit.*

On a bien allégué que c'était là une tolérance excep-
tionnelle pour le fidéicommis de liberté; mais le raisonnement du jurisconsulte et l'assimilation qu'il établit entre cette hypothèse et celle du legs sous la
condition *si Titius Capitolium ascenderit,* ne permettent guère de douter qu'il n'entende appliquer une
règle générale.

Cela devient, on peut le dire, une certitude quand on
lit la L. 1, pr., Dig., *De legat.* 2 (XXXI), ainsi conçue :

> *In arbitrium alterius* conferri legatum *veluti conditio* po-
> test; quid enim interest : si Titius in Capitolium ascen-
> derit, mihi legetur, an : si voluerit ?

Les interprètes qui ne veulent pas admettre qu'Ulpien s'éloigne ici de la doctrine générale, paraphrasent
ce fragment de la manière suivante : En fait, on peut
arriver, au moyen d'une condition, à subordonner un
legs à la volonté d'autrui; c'est ce qui arrivera quand
on l'aura soumis à une condition potestative de la part
d'un tiers, et que le fait prévu sera d'un accomplissement si facile que cela reviendra à la condition : *si
Titius voluerit.* D'après cette manière d'entendre le
texte, Ulpien aurait eu pour but de faire remarquer,
non pas que le legs est valablement fait sous la condition expresse : *si Titius voluerit,* mais qu'on pourra

arriver au même résultat, en prenant la forme d'une condition potestative équivalente (1).

Je pense, au contraire, qu'Ulpien, considérant qu'il n'y a aucune utilité à poser une prohibition qu'il est si facile d'éluder, admet franchement le legs *si Titius voluerit;* et voici, à mon avis, le sens exact de la phrase : On peut faire dépendre le legs de la volonté d'autrui, en faisant du consentement d'un tiers la condition de ce legs, car on ne saurait établir de différence sérieuse, en droit pas plus qu'en fait, entre la condition : *si Titius voluerit,* et celle-ci : *si Titius Capitolium ascenderit.*

Voici les raisons qui me portent à admettre cette interprétation déjà proposée par Cujas (2). Je me fonde surtout sur le rapprochement de notre texte avec la L. 46, § 2, *cit.* — La difficulté est, en effet, tout entière sur le sens des mots : *veluti conditio;* signifient-ils : par le moyen d'une condition ? comme on l'a dit ; ou ne signifient-ils pas plutôt, comme je le crois, la volonté d'autrui jouant le rôle d'une condition ? — Or,

(1) V. de Savigny, System, T. III, § CXVII, note 4 ; de Vangerow. *Lehrbuch,* § 432, *Anm.* 4; Demangeat, *Cours élém.,* t. 4, p. 770.

(2) *Observ.* lib. II, c. 2. — Cujas fait remarquer que, dans le sens que nous lui donnons, le texte serait plus correct s'il portait : *veluti conditionem.* Mais, dans l'opinion que je combats, il ne l'est pas davantage ; il faudrait qu'il portât : *veluti conditione.* — On pourrait, du reste, lui donner un troisième sens, conforme à l'opinion que je défends, et d'après lequel il serait on ne peut plus correct, en traduisant : Le legs peut être remis *in arbitrium alterius,* comme la condition du legs peut elle-même être remise *in arbitrium alterius.* Mais je n'ose admettre cette traduction plus littéralement exacte, parce qu'elle heurte trop directement le principe : *Testamenta ex alieno arbitrio, etc.,* et aussi parce qu'elle ne cadrerait plus avec le motif de la L. 46, § 2, *De fideicomm. libert. : quia conditio potius est* (V. la suite du texte).

la L. 46, § 2, consacre la dernière interprétation; elle déclare valable le fidéicommis de liberté *si Seius voluerit*, pourquoi? *Quia conditio potius est*, parce que la volonté de Séius est ici une condition qui ne diffère pas au fond de celle-ci : *si Seius Capitolium ascenderit*. — Ce rapprochement me paraît tout à fait probant. J'ajoute que nous avons déjà vu le même Ulpien valider le fidéicommis *nisi heres voluerit*, quand on pouvait décider, en fait, que l'adhésion de l'héritier jouait, dans la pensée du testateur, le rôle d'une condition, et que cette adhésion une fois donnée, devait lier l'héritier définitivement. V. L. 11, § 5, *De leg.* 3 (Dig., xxxii), et *supra*, p. 192.

XI

OBSERVATIONS SPÉCIALES SUR L'ADMISSIBILITÉ DE LA CONDITION DANS L'INSTITUTION D'HÉRITIER.

Que l'institution d'héritier puisse être faite sous condition, c'est une chose qui n'est pas douteuse en principe. Mais il y a certaines personnes que le testateur doit, soit en vertu du droit civil, soit en vertu du droit prétorien, nécessairement instituer ou exhéréder. Ces personnes doivent-elles se tenir pour satisfaites d'une institution conditionnelle? Si non, qu'arrivera-t-il quand elles auront été instituées sous condition?

La solution de cette question demande des distinctions assez nombreuses. Elle n'est pas la même d'après le droit civil et d'après le droit prétorien ; en droit civil, il faut encore distinguer suivant qu'il s'agit d'un fils du testateur, ou de tous autres descendants; suivant qu'il s'agit d'enfants nés lors de la confection du testament, ou de posthumes. Enfin, les règles sont différentes à l'époque classique et au temps de Justinien.

Occupons-nous d'abord du droit civil.

D'après le droit civil, le testateur doit instituer ou exhéréder, d'abord, les enfants ou descendants qu'il a sous sa puissance, et qui sont présomptivement ses *heredes sui* à l'époque où il fait son testament. Mais cette obligation n'est pas imposée à l'égard de tous sous la même sanction.

Si c'est un fils que le testateur a omis, cette omission rend le testament *injustum*, et, suivant l'opinion qui a prévalu, il demeure sans effet quand même le fils omis serait décédé avant le testateur (1).

Au contraire, l'omission des filles et petits-fils laissait le testament valable, et leur ouvrait seulement un *jus adcrescendi*, en vertu duquel ils venaient recueillir une certaine part de l'hérédité, comme s'ils eussent été institués (2).

Il était utile de rappeler brièvement ces principes, car les règles sur les conséquences que produit, suivant les cas, l'omission des héritiers siens, exercent une influence décisive sur les effets de l'institution *sub conditione* de ces mêmes héritiers.

S'agit-il d'un fils placé sous la puissance du testateur, il ne peut pas, en règle générale, être institué sous condition, à peine de nullité du testament. La raison en est que, si la condition vient à faire défaut, il se trouvera n'avoir jamais été institué ni exhérédé; on ne

(1) Gaïus, *Comm.* II, § 123.
(2) *Id., eod.*, § 124.

pouvait pas dire, à l'inspection du testament, qu'il fût institué ou exhérédé, et cela suffisait pour que, sans attendre l'événement, on déclarât la nullité.

Pour éviter cette nullité, le testateur devait, en instituant son fils sous une condition, l'exhéréder sous la condition contraire, ou, comme disent les textes, l'exhéréder pour le cas de défaillance de la condition : *in defectum conditionis.* De cette manière, le fils se trouvait à tout événement institué ou exhérédé (1).

Par exception, le fils était valablement institué sous toute condition potestative de sa part, sans qu'il fût nécessaire de l'exhéréder *in defectum conditionis.* Il ne pouvait pas se plaindre d'avoir été omis, quand il dépendait de lui d'être héritier. Je vais revenir sur cette exception, pour présenter les développements qui s'y rapportent ; mais je cite d'abord les textes qui consacrent toute cette théorie.

> **L. 4, C.,** *De instit.* (VI, 25). — Si pater filium quem in potestate habebat, sub conditione, quæ in ipsius potestate non erat, heredem scripsit, nec in defectum ejus exheredavit, *jure testatus non videtur.....* »
>
> MARCIANUS, **L. 86,** *pr.*, Dig., *De hered. instit.* (XXVIII, 5).

(1) Encore, dans ce cas, le testament n'était-il valable que si la condition s'était réalisée, ou avait fait défaut, du vivant du fils ; sans quoi celui-ci serait mort sans avoir été ni institué ni exhérédé. Ainsi décide Tryphoninus dans la L. 28, pr., Dig., *De liber. et post.* (XXVIII, 2). Je ne puis m'empêcher de remarquer qu'en poussant à bout cette logique à outrance, on aurait dû, même en supposant l'exhérédation *in defectum conditionis*, déclarer le testament nul *ab initio*, pour ce motif qu'on ne pouvait pas affirmer, au vu du testament, que le fils serait en fin de compte, institué ou exhérédé. (Comp. sur l'inefficacité de l'exhérédation *post mortem*, L. 13, § 2. Dig., *De liber. et post.*)

— Jam dubitari non potest, suos quoque heredes sub
hac conditione institui posse, ut, si voluissent, heredes
essent, si heredes non essent, alium quem visum erit,
iis substituere; negatumque, hoc casu necesse esse, sub
contraria conditione filium exheredari.....

Ulpien, L. 4, *pr.*, *eod.* — Suus quoque heres sub conditione potest institui. Sed excipiendus est filius, quia
non sub omni conditione institui potest; et quidem sub
ea conditione quæ est in potestate ipsius, potest, de hoc
enim inter omnes constat....

Quand le fils était institué sous la condition *si voluerit*, ou sous toute autre condition potestative, il devenait un véritable héritier volontaire, et ne jouissait pas,
en cas d'acceptation, du bénéfice d'abstention :

L. 8, § 1, Dig., *De hered. instit.* — Non ab re autem hoc
loco velut excessus hic subjungetur, suis ita heredibus
institutis, si voluerint heredes esse, non permittendum
amplius abstinere se hereditate, quum ea conditione
instituti, jam non ut necessarii, sed sua sponte heredes
extiterunt; sed et ceteris conditionibus, quæ in ipsorum
sunt potestate si sui pareant, jus abstinendi assequi non
debent.

N'y a-t-il pas une certaine contradiction entre la
dernière partie de cette loi, et la L. 42, § 3, Dig., *De acquir. vel omitt. hered.* (xxix, 2) ? Quelques interprètes
l'ont pensé (1), et voici en quoi, d'après eux, consisterait
la contradiction : suivant notre L. 86, § 1, l'accomplissement, par l'héritier sien, de la condition potestative
sous laquelle il a été institué, serait une acceptation
volontaire qui ne laisserait aucune place au bénéfice

_____

(1) Pothier, *Pandect.*, *tit. De acq. vel omitt. her.*, n° 16 : — M. Vernet, *Quotité disp.*, p. 30.

d'abstention ; suivant la L. 42, § 3, au contraire, l'accomplissement de la condition ne constituerait une *immixtio* qu'autant qu'il impliquerait nécessairement l'intention de renoncer au bénéfice d'abstention. — Je crains bien qu'il n'y ait là un malentendu. En effet, je remarque d'abord, que dans la L. 42, § 3 il s'agit, non d'une condition, mais d'un fidéicommis; le fils, dans l'espèce de ce texte, est héritier pur et simple, et la question est de savoir si l'exécution du fait objet du fidéicommis, est ou non une *immixtio*. Tout autre est notre hypothèse ; il s'agit d'une condition que l'héritier doit accomplir pour acquérir l'hérédité. Sans doute, quand il aura accompli l'acte prévu, il pourra prétendre et prouver qu'il l'a fait librement et non *implendæ conditionis causa*; mais quand il l'aura accompli *implendæ conditionis causa*, il résulte de notre texte que cela entraînera, dans tous les cas et sans distinction, acquisition de l'hérédité, et une acquisition qui, étant volontaire, écarte le bénéfice d'abstention (1).

Supposons maintenant que le fils institué sous une condition *quæ in potestate est ipsius*, ne l'accomplisse pas. Que va-t-il arriver ? Un premier point certain, c'est que le testament n'en aura pas été moins régulièrement fait et *justum ab initio* (2). Il y aura seulement défaillance

---

(1) En cela, la position de l'héritier sien, institué sous une condition *quæ in potestate est ipsius,* diffère de celle d'un véritable *heres voluntarius* institué sous une semblable condition. Celui-ci, après l'accomplissement de la condition, demeurerait encore libre d'accepter ou de répudier (L. 19, Dig., *De cond. instit.* (xxviii, 7), tandis que l'héritier sien, dans le même cas, se trouve avoir nécessairement acquis l'hérédité.

(2) V. L. 4. pr. *in fin.* (citée un peu plus loin), *De heredib. instit.*

de l'institution faite au profit du fils, et, pour déterminer
les effets de cette défaillance, il faut distinguer suivant
qu'il a été donné au fils un cohéritier ou un substitué,
ou enfin qu'il est seul institué sans substitution.

D'abord, s'il a un cohéritier, celui-ci pourra, *delibe-
rante fiilio an conditioni parere velit,* faire dès à présent
adition ; il ne le pourrait pas si, faute par le fils d'obtem-
pérer à la condition, le testament devait tomber comme
ayant été irrégulièrement fait ; dans cet ordre d'idées,
le cohéritier du fils n'aurait pas pu faire adition, tant
que celui-ci n'aurait pas eu assuré le maintien du testament paternel, en accomplissant la condition. Mais il
n'en était pas ainsi ; le sort du testament ne dépendant
pas de l'accomplissement de la condition mise à l'institution du fils, le cohéritier voyait s'ouvrir son droit
par la mort du père, et il pouvait accepter dès ce moment, avec la chance de voir, plus tard, par la défaillance
de la condition, la part du fils accroître à la sienne. C'est
ce que nous voyons dans la L. 4, pr., Dig., *De hered. instit.*, qui, à la suite du passage plus haut transcrit, continue en ces termes :

> Sed utrum ita demum institutio effectum habeat, si parue-
> rit conditioni, an et si non paruerit et dicessit, Julianus
> putat, filium sub ejusmodi conditione institutum, etiamsi
> conditioni non paruerit, summotum esse ; et ideo si
> coheredem habeat ita institutus, non debere eum exspec-
> tare, donec conditioni pareat filius, quum, etsi patrem
> intestatum faceret, non parendo conditioni, procul dubio
> exspectare deberet ; quæ sententia probabilis mihi vide-
> tur, *ut sub ea conditione institutus, quæ in arbitrio ejus
> sit, patrem intestatum non faciat.*»

Quand le père de famille, instituant son fils sous une

condition *quæ in potestate ejus est*, lui a donné un substitué, la substitution s'ouvre à l'époque où l'on peut dire que la condition est défaillie. Ainsi, si le testateur a fixé un délai dans lequel le fils a dû obéir à la condition qu'il lui a imposée, la substitution s'ouvrira à l'expiration de ce délai, si le fils ne s'est pas exécuté dans le temps fixé :

> Ulpien. — L. 6, pr., *eod. tit.* — Sed si conditioni dies esset adjectus, ut puta : *si Capitolium intra dies triginta ascenderit*, tantumdem potest dici, ut, si non paruerit conditioni, substitutus possit admitti, filio repulso ; consequens est sententiæ Juliani et nostræ.

A défaut de délai fixé, la condition sera défaillie, quand il s'agit d'une condition *non faciendi,* lorsque le fils institué aura contrevenu à la volonté paternelle ; elle le sera à son décès seulement, quand il s'agira d'une condition positive dont il aura toujours différé l'accomplissement (1). Toutefois, dans ce dernier cas, il y a une distinction à faire pour mieux préciser.

La condition imposée peut être de nature à pouvoir s'accomplir jusqu'au dernier moment de la vie du fils institué, par exemple : *si decem Titio dederit.* Elle peut aussi être telle, qu'il devienne certain, même avant le décès, qu'elle ne pourra plus s'accomplir, par exemple : *si Alexandriam eirit.* — Dans la première hypothèse, la substitution ne sera ouverte qu'après le décès du fils ; dans la deuxième, elle le sera de son vivant.

Cette distinction a une grande importance dans le

---

(1) Sauf pourtant le droit, pour les parties intéressées, de faire fixer un délai dans lequel la condition devrait être obéie (V. L. 23, § 1, Dig., *De hered. instit.; supra,* p. 68).

cas où le testateur a appelé comme substitués ses petits-enfants, c'est-à-dire les enfants, supposés démeurés dans la famille, du fils qu'il avait institué sous une condition potestative. — En effet, si la condition est telle qu'il devienne certain, dès avant le décès du fils, qu'elle ne s'accomplira pas, les petits-enfants appelés, par l'ouverture de la substitution, du vivant de leur père, à la succession de leur aïeul, *faciunt ipsum patrem heredem necessarium avo* (1). En conséquence, les biens du père et ceux du fils formeront une masse unique dont la dévolution sera réglée par le testament de ce dernier ; les petits-enfants n'y prendront part que dans la mesure et sous les charges déterminées par ce testament; enfin ils ne pourront pas séparer les deux hérédités pour jouir vis-à-vis de chacune d'elles séparément, du bénéfice d'abstention. — Si, au contraire, la condition ayant pu s'accomplir jusqu'au dernier moment, la substitution s'est ouverte après le décès du fils, les petits-enfants recueilleront, pour leur propre compte, la succession de l'aïeul, en vertu du testament de celui-ci : leur droit à cette succession sera complétement distinct de leur vocation à l'hérédite paternelle, et s'ils se trouvent appelés aux deux, il y aura deux masses distinctes, à chacune desquelles s'appliquera séparément, s'il y a lieu, le bénéfice d'abstention (V. *infra* L. 28, Dig., *De condit. instit.*, XXVIII, 7).

Enfin, nous pouvons supposer que le fils institué sous une condition qui dépend de sa volonté, n'avait ni cohéritier, ni substitué. Dans ce cas, il était le maître, en faisant défaillir la condition, par exemple en n'accom-

---

(1) L. 6, § 5, Dig., *De adquir. vel omitt. hered.* (XXIX, 2).

plissant pas, dans le délai fixé, ce qui lui avait été imposé (L. 6, Dig., pr., *De hered. inst.*), d'ouvrir à son profit la succession *ab intestat.* Il y aurait gagné de ne pas exécuter les dispositions du testament. Les volontés du testateur auraient donc été méconnues, si le préteur n'y avait mis ordre. Mais on sait que, d'une manière générale, l'Edit imposait à toute personne qui, appelée à l'hérédité *ex testamento*, la répudiait à ce titre pour la recueillir *ab intestat*, l'obligation d'exécuter les charges que lui imposait le testament (V. Dig., *Si quis omissa causa testam.*, xxix, 4). — Cette disposition de l'Edit trouvait son application toute naturelle toutes les fois que, comme dans notre hypothèse, l'héritier *ab intestat* étant institué sous une condition potestative de sa part, il ne l'accomplissait pas, pour faire tomber le testament.

> ULPIEN, L. 1, § 8, *dict. tit.* — Qui sub conditione institutus heres potuit parere conditioni, nec paruit, quum conditio talis sit, ut in arbitrio sit heredis instituti, deinde ab intestato possidcat hereditatem, debebit edicto teneri, quia ejusmodi conditio pro pura debet haberi.

A défaut de délai fixé, quand il s'agissait d'une condition positive, c'est d'après les distinctions précédemment faites qu'on décidait si la succession *ab intestat* s'était ouverte avant ou après le décès de l'institué. — Elle s'ouvrait du vivant de l'institué, quand la condition était de telle nature qu'elle ne pût pas s'accomplir jusqu'à son dernier moment; dans le cas contraire, elle s'ouvrait seulement après le décès, suivant la règle que la succession *ab intestat* n'est déférée qu'au jour où il devient certain qu'il n'y a pas lieu à l'hérédité testamentaire (1).

Les points fondamentaux de toute cette théorie sont posés par Papinien dans la L. 28, Dig., *De cond. instit.* (xxviii, 7) :

> Si filius sub conditione heres erit, et nepotes ex eo substituantur, quum non sufficit, sub qualibet conditione filium heredem institui, sed ita demum testamentum ratum est, si conditio fuit in filii potestate, consideremus, numquid intersit, quæ conditio fuerit adscripta, *utrum quæ moriente filio impleri non potuit,* veluti : *si Alexandriam ierit filius, heres esto,* isque Romæ decessit, an vero *quæ potuit etiam extremo vitæ momento impleri,* veluti : *si Titio decem dederit, filius heres esto,* quæ conditio nomine filii per alium impleri potest. Nam superior quidem species conditionis admittit vivo filio nepotes ad hereditatem, qui, si neminem substitutum haberet, dum moritur, legitimus patri heres extiterit ; argumentoque est, quod apud Servium quoque relatum est, quemdam enim refert ita heredem institutum : si in Capitolium ascenderit ; quod si non ascendisset, legatum ei datum, eumque, antequam ascenderet, mortem obiisse ; de quo respondit Servius, conditionem morte defecisse, ideoque moriente eo legati diem cessisse. Altera vero species, conditionis vivo filio non admittit nepotes ad hereditatem, qui, substituti si non essent, intestato avo heredes existerent ; neque enim filius videretur obstitisse, post cujus mortem patris testamentum destituitur, quemadmodum si exheredato eodem filio nepotes, quum filius moreretur, heredes fuissent instituti.

Ce texte indique brièvement l'importance considérable qu'il peut y avoir, dans notre hypothèse, à rechercher si le testament se trouve sans effet, par la défail-

(1) Instit. iii, 1, § 7.

lance de la condition, avant ou après le décès du fils institué. Si c'est avant, la succession *ab intestat* s'ouvre au profit du fils lui-même ; dans le cas contraire, elle s'ouvre au profit des héritiers du père qui, étant conçus à l'époque de sa mort, sont aujourd'hui en rang pour recueillir. De là les différences les plus graves dans la dévolution des biens du père, suivant qu'on se place dans l'une ou dans l'autre hypothèse. D'abord les héritiers *ab intestat* du père peuvent ne pas être les mêmes que ceux du fils, sans compter que, peut-être, celui-ci aura laissé un testament; à ce point de vue déjà, il est très-important de savoir si le fils a recueilli *ab intestat* la succession de son père pour la transmettre à ses propres héritiers, ou si elle ne s'ouvre qu'après sa mort, au profit de qui il appartient. En supposant même que le fils laisse ses propres enfants pour héritiers *ab intestat*, ils peuvent n'être pas tous appelés à la succession de leur aïeul, dont quelques-uns se trouveront exclus parce qu'ils n'étaient pas conçus à l'époque de son décès (1); il serait très-intéressant pour ceux-ci que leur père l'eût recueillie et l'eût transmise avec ses propres biens, dans lesquels ils ont une part égale à celle de leurs frères et sœurs. Fussent-ils tous appelés *ab intestat* aux deux successions, le testament du fils peut avoir créé entre eux des inégalités, qui donneraient à certains d'entre eux intérêt à être appelés *jure proprio* à l'hérédité de leur aïeul, au lieu de la recueillir par transmission. Enfin, en admettant qu'ils viennent tous également à l'une comme à l'autre hérédité, il n'est pas indifférent pour eux de recueillir deux

(1) Instit., *De heredit. quæ ab intest.* (III, 1), § 8.

successions distinctes, ou de n'en recueillir qu'une seule. S'ils sont appelés, d'une part, à l'hérédité de leur père, d'autre part, *jure proprio*, à celle de leur aïeul, ils n'auront d'abord, quant à celle-ci, à supporter aucune des charges du testament qui instituait leur père; ils pourront, en outre, invoquer le bénéfice d'abstention séparément pour chacune des deux successions, qui se liquideront individuellement, de sorte que l'excédant d'actif de l'une ne servira pas à payer l'excédant de passif de l'autre, mais demeurera libre aux mains des héritiers. Il en serait tout autrement si la succession de l'aïeul, ouverte au profit du fils, avait été transmise par celui-ci à ses enfants : d'une part, cette succession aurait été grevée des charges testamentaires, par application de l'édit *si quis omissa causa* (L. 1, § 8 *cit.*, *Si quis omissa causa;* Dig., xxix, 4); d'autre part, n'y ayant qu'une hérédité, il n'y aurait qu'un bénéfice d'abstention ; d'où l'obligation, pour les petits-enfants, de subir le payement des dettes paternelles sur l'excédant d'actif qui pourrait se trouver dans la succession de l'aïeul, ou *vice versa*.

Nous avons vu plus haut que l'exhérédation conditionnelle du fils est régulière, quand en même temps le fils est institué sous la condition inverse. Autrement, elle devrait toujours être pure et simple. Du moins, c'est ce que nous lisons dans la L. 3, § 1, Dig., *De lib. et post.* (xxviii, 2) :

> Pure autem filium exheredari Julianus putat ; qua sententia utimur (ULPIEN).

Cependant, il est permis de se demander si l'exhérédan-ne serait pas valable, par analogie de l'institution, étant prononcée sous une condition potestative de la part du fils exhérédé. Sans doute il dépendrait toujours du fils de faire tomber l'exhérédation, et par suite le testament, en s'abstenant de l'acte sous la condition duquel il aurait été exhérédé, ou en le faisant s'il a été exhérédé sous condition négative; mais du moins le testament régulier *ab initio* demeurerait valable si le fils accomplissait au contraire la condition de l'exhérédation. Tel serait le sens exact de la question que j'ai posée. Les textes ne nous en donnent pas la solution précise, mais il est permis de penser qu'il faut la résoudre dans le sens de la nullité *ab initio* d'une telle exhérédation; cela s'induit du texte général que je viens de transcrire; il ne fait pas de distinction, et il serait d'autant plus téméraire d'en faire par analogie de l'institution, que, loin d'être favorisée comme elle, l'exhérédation était plutôt vue d'un mauvais œil : *Scævola respondit...... aliamque causam esse institutionis, quum benigne acciperetur, exheredationes autem non essent adjuvandæ;* L. 19, Dig., *De lib. et post.* (xxviii, 2).

Pour en finir avec les règles du droit civil sur l'institution on l'exhérédation conditionnelle du fils de famille, il reste à signaler cette disposition remarquable d'après laquelle cette institution était nulle quand elle était faite sous une condition *turpis* (V. L. 15, *De condit. instit.* xxviii, 7, Papinien; — *supra*, p. 55). Suivant les règles générales, cette condition aurait dû être réputée non écrite, et l'institution, étant regardée comme pure et simple, aurait été régulière, même pour un fils de famille. Je ne sais si on doit approuver cette dérogation aux principes généraux, ceux-ci étant une fois admis. En vain dira-t-on, avec le texte, que ce n'est pas là une condition qui soit *in potestate filii;* qu'importe, si on décide qu'il n'y a pas de condition? On peut cependant expliquer la solution de la L. 14 par cette idée, qu'en définitive, c'est à la demande de l'héritier que la condition était tenue pour non écrite ; qu'ici l'intérêt de l'héritier était au contraire de la considérer comme obligatoire, ou mieux, qu'il n'avait pas besoin de s'en faire déclarer exonéré, puisque le seul fait de l'existence de cette condition rendait l'institution nulle. Mais il resterait toujours à expliquer comment le fils peut invoquer, pour faire tomber l'institution, une condition à laquelle il est libre de désobéir impunément.

On admet généralement que la règle de la L. 14 s'appliquait aux conditions impossibles.

D'après le droit civil, le testateur qui veut prudemment assurer l'efficacité de son testament, doit prévoir le cas où il lui surviendrait des posthumes ou des quasi-posthumes siens, et les instituer ou les exhéréder, quel que soit leur sexe ou leur degré. L'omission d'un posthume ou d'un quasi-posthume sien ne pouvait évidemment pas rendre le testament *injustum*, mais elle l'exposait à être *ruptum* par l'agnation, ou la quasi-agnation d'un héritier sien. L'institution conditionnelle d'un posthume ou quasi-posthume ne pouvait donc pas rendre le testament nul *ab initio*, mais était-elle suffisante pour en empêcher la rupture ? Les principes conduisent à une distinction : le testament demeurera valable si, à la survenance du posthume, la condition se trouve accomplie ; il sera rompu si, à la même époque, elle est encore en suspens, parce qu'alors il resterait incertain que le posthume dût ou non se trouver institué. C'est aussi ce que décident les textes :

Terentius Clemens, L. 22, Dig., *De lib. et post.*

(xxviii, 2). — Quum postumus sub conditione instituitur, si, priusquam nascatur, conditio extiterit, non rum-
pitur testamentum postumi agnatione.

Paul, L. 24, *eod.* — Postuma sub conditione heres
instituta, si pendente conditione vivo patre nascatur,
rumpit testamentum.

Toutefois il me paraît certain que le testament serait
demeuré valable, même dans ce dernier cas, si l'institution du posthume *sub conditione* avait été accompagnée
d'exhérédation *in defectum conditionis*, ou s'il s'était agi
d'une condition dépendant de la volonté du posthume.

J'arrive maintenant aux filles et petits-fils existant
lors de la confection du testament. Leur omission n'em-
portant pas nullité du testament, il en devait être de
même de l'institution faite à leur profit sous une condition quelconque : l'un des textes précédemment transcrits (L. 4, pr. Dig., *De hered instit.*) nous a déjà dit
que la règle relative aux fils est une exception, et que
le principe est que : « *Suus quoque heres sub conditione
heres potest institui* (1). »

Mais il est bien entendu que si la condition faisait
défaut, il y avait lieu au *jus adcrescendi* au profit de la
fille ou du petit-fils, qui se trouvaient par le fait avoir
été omis ; à moins que la condition ne fût potestative,
ou qu'il n'y eût exhérédation sous la condition contraire. La défaillance de la condition, quand elle était
potestative, aurait entraîné des conséquences analogues
à celles que nous avons vues se produire dans le même
cas, pour l'institution du fils.

Enfin, si la condition était impossible ou *turpis*, on ne
pouvait pas la considérer comme une véritable condi-

(1) *Supra*, p. 204.

tion pour arriver à la nullité du testament (Comp.,
L. 15, *De condit. instit.*, et *supra*, p. 213), puisque le
testament était régulier avec une institution conditionnelle. Suivant la règle commune, on tenait la condition
pour non écrite. (Arg., L. 20, pr., Dig., *De bonis libert.*
xxxviii, 2. V. *infra*.)

Ces différences entre les fils d'une part, les filles et
petits-fils d'autre part, au point de vue d'une institution
conditionnelle, subsistent-elles sous Justinien? C'est un
point sur lequel on n'est pas d'accord. Pour moi, il me
semble résulter de l'assimilation faite par Justinien des
filles et petits-fils aux fils, quant aux effets de l'omission
dans le testament du *paterfamilias* (V. L. 4, C. *De lib.
præter.*, vi, 28 ; Inst. *De exhered. liber.*, II, xiii, § 5),
que, désormais, les règles que nous avons développées
à propos de l'institution du fils sous condition, devinrent
nécessairement applicables aux filles et petits-fils.

Le contraire est soutenu par Muhlenbruch (*Erleut.
der Pand.*, xxviii, p. 215 et suiv.), mais par un motif
évidemment faux. Suivant cet interprète, la nullité de
l'institution du fils, dans les circonstances supposées, serait une règle de pure faveur ; j'ai fait voir, au contraire,
qu'elle était la conséquence de ce que le testament était
injustum quand le fils avait été omis ; elle dut s'appliquer également pour les autres descendants, dès que leur
omission exerça la même influence sur la validité du
testament.

Il reste à parler du droit prétorien. Suivant le droit
prétorien, tous les enfants et les descendants appelés au
rang d'héritiers siens, doivent être institués ou exhérédés,
qu'ils soient ou non dans la famille. Mais leur omission

n'entraîne pas la nullité du testament; elle ouvre seulement à leur profit une *bonorum possessio contra tabulas*, qu'ils ne peuvent demander qu'autant qu'ils auront survécu au testateur (1).

En conséquence, d'après le droit prétorien, le testament n'étant pas nul pour omission des descendants appelés par le préteur au rang d'héritiers siens, il était, à plus forte raison, régulier quand il les instituait sous une condition quelconque sans qu'ils fussent exhérédés sous la condition contraire. Mais il faut entrer dans quelques développements, pour déterminer d'une manière précise les effets de cette institution conditionnelle.

Supposons d'abord qu'il s'agit d'un enfant émancipé, qui se trouve exclusivement placé, au point de vue qui nous occupe, sous l'empire de la législation prétorienne. Le père est décédé, laissant un testament dans lequel cet enfant est institué sous condition; le testament est, en principe, régulier, et il n'y a pas lieu, quant à présent du moins, à donner à l'émancipé la *bonorum possessio contra tabulas*. Mais, pour fixer sa position d'une manière précise, il faut faire diverses distinctions.

Si la condition est casuelle sans exhérédation *in defectum conditionis* et qu'elle vienne à faire défaut, il obtiendra la *bonorum possessio contra tabulas*. Il aura pu aussi, pendant qu'elle était en suspens, se faire donner la *bonorum possessio secundum tabulas*, comme tout autre institué sous condition (2), et alors, *deficiente condi-*

---

(1) V. Gaïus *Comm.* II, § 135. — Instit. *De exhered. liber.* II, XIII, § 3.

(2) V. L. 23, Dig., *De heredib. instit.*; L. 6, eod. *De bonor. possess. secund. tab.*

tione, cette *bonorum possessio* se trouvera convertie en une *bonorum possessio contra tabulas,* qui produit, comme on sait, des effets bien différents de l'autre. Ces solutions sont écrites dans le texte suivant :

> ULPIEN, L. 3, Dig., *De bonor. possess. contra tab.* (xxxvii, 4). — § 12. — Sed si sub conditione scriptus sit, bonorum possessionem contra tabulas accipere non potest ; et ita Julianus quoque libro vicesimo tertio Digestorum scripsit. Quid ergo, si defecerit conditio ? Verum est, eum contra tabulas accipere bonorum possessionem. — § 13. — Si sub ea conditione filius emancipatus heres sit institutus, quæ in ipsius potestate non est, quia scriptus heres est, bonorum possessionem secundum tabulas accipere potest, et debet, nec contra tabulas potest ; et si forte defecerit conditio, tuendus erit a prætore in tantum, quantum ferret, si contra tabulas bonorum possessionem accepisset.

Dans ce cas, à un titre ou à un autre, l'enfant émancipé conservait donc l'hérédité à tout événement ; et il en était ainsi lors même qu'il lui avait été donné un substitué ; celui-ci en effet, était nécessairement écarté, soit par la *bonorum possessio secundum tabulas* confirmée par l'événement de la condition, soit par la *bonorum possessio contra tabulas,* si la condition venait à faire défaut ; car alors l'enfant se trouvait, en fait, avoir été omis. Aussi est-il évident que, dans notre hypothèse, il ne devait pas être contraint de fournir les sûretés imposées à l'héritier institué sous condition, qui demandait, *pendente conditione,* la *bonórum possessio* (1).

Que si l'émancipé, institué sous une condition ca-

_____

(1) Comp. Paul Sent., V, 9, § 1. Dig., L. 8, pr., *De stipul. prætor.* (xlvi, 5) ; LL. 12 et 13, *Qui satisd. cog.* (ii, 8).

suelle, avait été exhérédé *in defectum conditionis*, ou s'il avait été institué sous une condition potestative de sa part, il était encore admis, *pendente conditione*, à la *bonorum possessio secundum tabulas* ; mais, dans les deux cas, la défaillance de la condition avait pour résultat de l'écarter entièrement, et, par suite, il devait donner au substitué la satisdation prescrite.

En supposant spécialement une institution sous condition potestative, on est amené à prévoir d'autres combinaisons d'intérêts. Il est possible qu'aucun délai n'eût été fixé pour l'accomplissement de cette condition, et alors, comme nous l'avons vu pour le fils en puissance dans la même hypothèse, l'émancipé pouvait l'accomplir jusqu'à son décès. S'il avait demandé en attendant la *bonorum possessio secundum tabulas*, le retard qu'il mettait à accomplir la condition ne laissait aucunement en souffrance les intérêts des créanciers du défunt qui avaient action contre lui comme *bonorum possessor*. Mais s'il ne demandait pas même la *bonorum possessio*, les créanciers, ainsi que le substitué, auraient pu obtenir du préteur qu'il lui fût fixé un délai analogue au *spatium deliberandi*, après lequel le substitué obtenait l'hérédité, ou bien, à défaut de substitué, les créanciers étaient envoyés en possession des biens du défunt, qui étaient vendus (1).

On trouve une application intéressante des principes que je viens d'exposer sur les effets de l'institution conditionnelle d'un enfant émancipé, dans la loi 20, § 4, Dig., *De bonis libert.* (xxxviii, 2). Voici ce texte, qui appartient à Ulpien :

(1) V. L. 23, § 1, Dig., *De hered. instit.* (xxviii, 5), *supra*, p. 68; et L. 1, Dig., *De curat. bonis dando* (xlii, 7).

Si libertinus filium emancipatum sub conditione heredem
instituerit, et deficiente conditione substitutus adierit,
quæro, utrum patrono adversus substitutum in partem
debitam Prætor, an emancipato filio in totam hereditatem succurrere debeat. Respondi, quum pater filium
sub conditione primo gradu heredem instituit, si deficiente conditione, sub qua filius heres institutus est, ad
secundum gradum hereditas pertinet, vel adhuc pendente
conditione filius decesserit, patrono partis debitæ hono-
rum possessionem adversus substitutum competere. Idemque est, et si filius non petierit bonorum possessionem
tempore exclusus, vel repudiaverit. Si vero deficiente
conditione hereditas ad filium pertineat, emancipatum
potius tuebitur prætor adversus substitutum. Existimo
autem, quoties sub conditione heres filius scribitur, alias
necessariam esse exheredationem a substitutis, alias
supervacuam; nam si id genus conditionis fuerit, quæ
in potestate filii esset, veluti : *quum testamentum fecerit,*
puto etiam omissa conditione filium locum substitutis
facere; si vero conditio non fuerit in potestate filii,
veluti : *si Titius consul factus fuerit*, tunc substitutus
non admittitur, nisi filius ab eo nominatim exheredatus
fuerit.

Pour comprendre ce passage, il faut se rappeler
que, d'après le droit prétorien, l'affranchi qui faisait
son testament au profit de tout autre que ses enfants
par le sang (*naturales*), devait laisser à son patron la
moitié de ses biens, sans quoi celui-ci obtenait, *contra
tabulas*, la *bonorum possessio* de la moitié de la succession, à moins, bien entendu, que quelque enfant *natu-
ralis* du testateur ne vînt lui-même enlever l'hérédité
aux institués (1). Cela rappelé, rien n'est plus simple
que les décisions de notre L. 20, § 4. Elle suppose

(1) Instit. *De success. libert.*, III, VII, § 1.

qu'un affranchi a institué *sub conditione* son fils émancipé, en lui donnant un substitué vulgaire. Si la condition se réalise, il est sans difficulté que l'enfant recueillant l'hérédité *ex testamento*, le patron sera complétement exclu. Mais qu'arrivera-t-il si la condition fait défaut ? Le préteur appellera-t-il alors le patron *ad debitam portionem ?* Il faut distinguer : si l'hérédité doit en ce cas aller au substitué, le patron sera appelé ; il ne le sera pas si l'hérédité doit, nonobstant la défaillance de la condition, demeurer à l'enfant émancipé. Or, c'est d'après les règles précédemment exposées qu'on décide si, *deficiente conditione*, la succession passe au substitué, ou s'ouvre *ab intestat* au profit de l'émancipé. Si celui-ci a été institué sous une condition potestative de sa part, et qu'il ne l'accomplisse pas, la substitution s'ouvrira, et avec elle, le droit du patron à la *bonorum possessio dimidiæ partis.* Il en sera de même si la condition étant casuelle, l'enfant émancipé a été exhérédé *in defectum conditionis.* Mais en supposant que l'institution sous une condition casuelle n'ait pas été accompagnée d'exhérédation *in defectum conditionis*, si la condition vient à défaillir, l'émancipé se trouvera n'avoir été ni institué ni exhérédé, et par suite il sera admis à la *bonorum possessio contra tabulas*, ce qui entraîne l'exclusion du patron.

Le préteur ne mettait aucune différence entre l'enfant demeuré *in patria potestate*, et l'enfant émancipé. A ses yeux, par conséquent, lorsque le premier avait été institué sous une condition casuelle sans être exhérédé sous la condition contraire, les choses ne se passaient pas autrement que pour le second : le testament étant supposé fait dans la forme prétorienne, il n'était pas traité, *jure prætorio*, comme étant frappé d'une nullité originelle, et le fils pouvait, *pendente conditione*, obtenir une *bonorum possessio secundum tabulas*, qui, survenant la défaillance de la condition, se convertissait virtuellement en un *bonorum possessio contra tabulas*.

Mais le fils en puissance, dans ce même cas de la défaillance de la condition casuelle, pouvait, au lieu de recourir aux moyens prétoriens, invoquer *jure civili* la nullité du testament, et se présenter comme héritier *ab intestat*. Tel est, en effet, le droit que lui reconnaissent les textes quand il a été *præteritus;* tel est aussi son droit dans notre hypothèse, où il se trouve *præteritus* par suite de la non-arrivée de la condition. C'est ce qui résulte implicitement du fragment suivant :

> ULPIEN, L. 2, § 1, Dig., *De bonor. possess. secund. tab.* (XXXVII, 11).—Si sub conditione heres institutus filius sit, Julianus peræque putavit, secundum tabulas competere ei quasi scripto bonorum possessionem, qualisqualis conditio sit, etiamsi hæc : si navis ex Asia venerit ; et quamvis defecerit conditio, prætor tamen filium, qui admiserit secundum tabulas, tueri debebit, ac si contra tabulas acceperit ; *quæ tuitio ei, qui emancipatus est, necessaria est.*

Dire que, dans le cas sur lequel nous raisonnons, l'émancipé a besoin des secours prétoriens, c'est supposer que le fils en puissance peut en faire abstraction pour invoquer le droit civil. Du reste il n'y avait aucun intérêt, car le préteur en lui donnant en ce cas la *bonorum possessio contra tabulas*, ne lui imposait l'exécution d'aucune des dispositions testamentaires, même au profit des personnes privilégiées, précisément parce que, à défaut de *bonorum possessio*, il aurait recueilli l'hérédité *ab intestat* :

PAUL, L. 15, Dig., *De legat. præstand.* (XXXVII, 5). — Is, qui in potestate est, præteritus legata non debebit præstare, etsi contra tabulas bonorum possessionem petierit, quia et non petita bonorum possessione intestati hereditatem obtineret ; nec enim exceptio doli mali huic noceat, et absurdum est, eum cogi legata præstare, quia bonorum possessionem petierit, quum et sine hac hereditatem habiturus sit suo jure.

Si la condition se réalise, le fils en puissance pourra-t-il encore, délaissant la *bonorum possessio secundum tabulas,* invoquer la nullité du testament et se présenter comme héritier *ab intestat* en vertu du droit civil ? Ici l'intérêt serait évident : la *bonorum possessio secundum tabulas* soumet naturellement celui qui l'invoque à l'exécution de toutes les dispositions testamentaires, dont le fils se déchargerait au contraire en venant *ab intestat.* M. de Vangerow pense qu'il le peut aussi bien dans cette hypothèse que dans la précédente (1). C'est aussi l'opinion de M. Vernet (2). Cette opinion serait incontestable s'il s'agissait d'un testament nuncupatif ; le préteur, en effet, n'accordait la *bonorum possessio secundum tabulas* en vertu d'un testament nuncupatif, que *confirmandi juris civilis gratia,* et par suite qu'autant qu'il était régulier suivant le droit civil.

(1) *Lehrbuch,* § 469, *in fine.*
(2) Du moins, M. Vernet a écrit que si l'enfant demande la *bonorum possessio secundum tabulas,* il l'obtiendra sans être tenu d'exécuter les dispositions du testament. V. *Quotité disp.,* p. 67. Au reste, je crois savoir que, depuis la publication de cet ouvrage, M. Vernet a modifié son opinion sur ce point, et que son enseignement actuel est conforme à la doctrine développée au texte.

Dans notre hypothèse, le testament, supposé nuncupatif, étant irrégulier *jure civili*, ne pouvait donner lieu à aucune *bonorum possessio*, et rien ne faisait obstacle à l'ouverture de la succession *ab intestat*. Mais si nous supposons un testament fait dans la forme prétorienne, il me semble que les choses auraient dû se passer autrement. Advenant la condition sous laquelle le fils avait été institué, le testament se trouvait régulier *jure prætorio*, le fils institué pouvait obtenir la *bonorum possessio secundum tabulas*, et s'il préférait venir *ab intestat*, en vertu du droit civil, rien ne s'y opposait sans doute, mais je crois qu'il devait tomber sous l'application de l'édit *si quis omissa causa testamenti*, et demeurer obligé à l'exécution du testament.

On peut encore supposer le cas où l'enfant institué sous une condition casuelle sans être exhérédé *in defectum conditionis*, se trouvait *in patria potestate* lors de la confection du testament, mais a été émancipé avant le décès du testateur. Voici, à mon avis, ce qui serait alors advenu, toujours en supposant un testament dans la forme prétorienne. Si on avait suivi le droit civil, le testament aurait été non avenu, mais au profit des agnats, car le droit civil n'appelait pas l'enfant émancipé à l'hérédité *ab intestat*. Quant au préteur à qui seul l'enfant pouvait avoir recours, il ne donnait pas de *bonorum possessio ab intestat*, quand il y avait un testament suffisant pour fonder une *bonorum possessio secundum tabulas*. Or c'était ici le cas, et par suite, dans l'espèce, l'enfant aurait dû demander cette dernière *bonorum possessio*, sauf, si la condition venait à faire défaut, à la convertir en une *bonorum possessio contra tabulas* à la charge des dispositions testamentaires au profit des personnes privilégiées. Mais je tiens pour certain qu'il n'avait aucun moyen de venir à la succession *ab intestat* (1).

Je termine sur se sujet en faisant remarquer que, *jure prætorio*, les conditions impossibles ou illicites mises à l'institution d'un héritier sien étaient, suivant le droit commun, réputées non écrites : elles ne rendaient pas l'institution irrégulière, puisqu'elle pouvait être conditionnelle.

XII

OBSERVATIONS SPÉCIALES SUR L'ADMISSIBILITÉ DE LA CONDITION DANS LES LEGS ET LES FIDÉICOMMIS.

Les legs et les fidéicommis considérés en eux-mêmes peuvent, sans difficulté, être modifiés par des conditions; j'ajoute qu'ils le peuvent quel que soit leur objet. Mais nous avons vu plus haut que cela avait été contesté pour le legs *per vindicationem* d'une servitude prédiale. S'appuyant sur la loi 4, Dig., *De servit.*, M. Demangeat a pensé que si une servitude prédiale avait été léguée *per vindicationem* sous condition, il n'aurait été tenu, *ipso jure*, aucun compte de la condition, et qu'en droit rigoureux la servitude aurait été établie purement et simplement, sauf à écarter par une exception toute réclamation du légataire, tant que la condition n'aurait pas été accomplie.

J'ai déjà fait connaître que je ne partageais pas sur

_____

(1) M. Vernet, *op. cit.*, p. 66, note 5, et 67, note 5, lui accordait la *bonorum possessio unde liberi*. Je crois savoir qu'il a également abandonné cette opinion.

ce point l'opinion du savant professeur, et j'ai présenté
quelques considérations tirées du texte même de la
loi 4, pour établir qu'elle n'a pas la portée que M. Demangeat lui attribue. Mais je dois ici, comme je l'ai
annoncé, établir directement la possibilité de soumettre
le legs d'une servitude prédiale à une condition produisant ses effets *ipso jure*.

Or, c'est ce qui me paraît résulter de la loi 3, Dig.,
De servit. leg. (xxxiii, 3). C'est un texte très-important,
et que j'aurai à rappeler en d'autres circonstances. Je
le transcris ici tout entier.

> Marcellus. — Si fundum Mævio, et ad eum viam per alium
> fundum, et eumdem fundum sine via Titio legasset, si
> uterque fundum vindicasset, sine via legato fundum
> cessurum, quia neque acquiri per partem servitus possit.
> Et si prius Mævius fundum vindicaret altero deliberante,
> posse dubitari, an, si postea Titius omisisset, viæ legatum
> salvum esset. Et hoc magis videbatur. Quanquam si sub
> conditione quis fundum legasset, viam pure, aut pro parte
> fundum pure, pro parte sub conditione, et viam sine con-
> ditione, si pendente ea legati dies cessisset, interiturum
> fore viæ legatum, ut responsum est, quum alteri ex vicinis
> qui fundum communem habebant, viam sub conditione,
> alteri pure legasset, et pendente conditione decessisset,
> quia alterius legatarii persona impedimento esset, quo-
> minus solidus fundus cum via vindicaretur.

Cette loi contient quatre solutions; la dernière seule
a trait à la question qui nous occupe, mais je résume
également les trois autres, pour bien présenter l'enchaî-
nement des idées du jurisconsulte.

1° Le testateur a légué à Mævius un fonds avec une
servitude de *via*, sur un autre fonds, pour accéder au
premier. Il a légué en outre le même fonds à Titius,

mais sans *via :* Mævius et Titius se trouvent donc, quant
au legs du fonds, *conjuncti re;* s'ils viennent l'un et
l'autre le recueillir, le legs de la *via* au profit de Mævius
demeurera sans effet, par application de la règle suivant
laquelle la servitude ne peut pas être constituée au profit
d'un seul des copropriétaires du fonds dominant. C'est
la première solution; elle est sans difficulté.

2° En conservant la même hypothèse, il peut arriver
que Mævius revendique seul le fonds légué, alors que
Titius n'a pas encore pris parti, et que, dans la suite,
celui-ci renonce au legs fait à son profit. Quelle sera
l'influence de la renonciation de Titius sur le legs de la
servitude au profit de Mævius? Ici le jurisconsulte
hésite, mais il admet que ce legs se trouvera maintenu.
Cela est l'application exacte des principes : la renonciation de Titius a un effet rétroactif (1), et Mævius étant,
par suite, considéré comme seul légataire *ab initio* du
fonds, rien ne s'oppose plus à l'efficacité de la disposition relative à la servitude. Telle est la deuxième
solution.

3° Mais on pourrait objecter que la décision serait
différente, si on avait légué à la même personne un fonds
sous condition (ou partie purement et simplement, partie sous condition) et une servitude de *via* pour y
accéder, *sine conditione*, et qu'avant l'accomplissement
de la condition *dies legati servitutis cessisset* (2); dans

---

(1) « Si legatum nobis relictum, constituerimus, nolle ad nos pertinere,
pro eo erit, quasi nec legatum quidem sit. » (L. 38, § 1, Dig., *De legat.*, 1.) J'aurai occasion d'insister plus tard sur ce point.

(2) Quelle est exactement l'époque à laquelle le jurisconsulte entend
se référer, quand il exige, pour la validité du legs pur et simple de servitude, que la condition sous laquelle a été légué en même temps le

ce cas, en effet, le legs de la *via* s'évanouissait, bien
que plus tard la condition sous laquelle le fonds avait
été légué, au moins pour partie, vînt à se réaliser. Cela
est vrai; mais cette décision se concilie très-bien avec
la précédente, car, ainsi que nous le verrons, c'est seulement à l'événement de la condition que le légataire
sub conditione devient, sans rétroactivité, propriétaire
de la chose léguée; ici donc, à la différence du cas
précédent, on ne peut pas dire que le légataire doit être
considéré *ex post facto* comme ayant été propriétaire,
ou du moins propriétaire intégral, à l'époque où se

fonds dominant soit préalablement accomplie ? Cela revient, il me semble, à se demander à quelle époque le légataire d'une servitude
doit être propriétaire du fonds au profit de qui elle est établie, pour
que le legs produise son effet. Marcellus parle ici de l'époque à laquelle
se place le *dies cedens* du legs, et plus loin, précisant davantage, il
mentionne expressément le décès du testateur. Malgré cela, il est permis de douter que ce soit là la vraie doctrine, et je croirais plutôt que
c'est seulement à l'époque de l'acquisition du droit de servitude, c'est-
à-dire à l'époque de l'adition d'hérédité, que le légataire de la servitude devait être propriétaire exclusif du fonds pour l'utilité duquel le
testateur avait entendu l'établir. Trois arguments qui semblent décisifs peuvent être invoqués en ce sens : 1° cela est incontestable dans
le cas où le testateur a légué le fonds *cum servitute* ; ce legs serait toujours nul en ce qui touche la servitude, s'il ne suffisait pas, pour sa validité, que le légataire fût propriétaire lors de l'adition d'hérédité ; or,
on le suppose constamment valable. 2° En dehors de cette doctrine
toute notre loi est inintelligible. En effet, si le legs pur et simple d'une
servitude prédiale était nul quand le légataire n'était pas propriétaire
du fonds à l'époque habituelle du *dies cedens*, il faudrait aller plus
loin, et l'annuler par application de la règle Catonienne quand le légataire n'était pas propriétaire lors de la confection du testament. D'où il
suivrait que, dans le cas prévu, la propriété étant léguée sous condition,
la règle Catonienne annulerait le legs de servitude malgré l'arrivée de
la condition dans l'intervalle de la confection du testament au décès ;
or, notre texte dit tout le contraire. 3° Nous avons déjà vu par la L. 18,
Dig., *Comm. prœd.* (viii, 4, — *supra*, p. 185 et 186), que c'était à

. serait placée l'acquisition de la servitude. Or, le legs de servitude ne peut être utile qu'autant qu'à l'époque où il produit son effet, celui à qui il s'adresse est propriétaire, et propriétaire intégral, du fonds destiné à devenir dominant. Troisième solution.

4° Cette troisième décision, continue Marcellus, est conforme à celle qui a été admise dans l'hypothèse où, étant donnés deux copropriétaires d'un fonds, on a légué une *via* pour y accéder, à l'un purement et simplement, à l'autre sous condition. Dans cette hypothèse, si la condition du dernier legs est encore en suspens quand l'autre devrait produire son effet (1), tous deux

l'époque de l'adition d'hérédité, et non à celle du décès, qu'on se plaçait pour tenir compte des obstacles que l'indivisibilité de la servitude pouvait mettre à son établissement. Ce texte a une importance particulière dans la question, en ce qu'il emploie les expressions *dies legati cedit* par relation à l'adition d'hérédité. Il n'y a pas de raison pour que la règle soit différente dans notre cas. (Comp. la note suivante). — En se pénétrant des observations qui précèdent, on admettra facilement avec Cujas (*Observ.* 1, c. 23, et *Recit. solemn. ad h. tit. et ad h. leg.*) que vers la fin de notre loi, au lieu de *et pendente conditione* DECESSISSET il faut lire : *et pendente conditione* DIES LEGATI CESSISSET, en entendant cela dans le sens de la L. 18 précitée. Ce n'est pas à dire, au surplus, que le legs de servitude n'ait pas son *dies cedens* au jour du décès, suivant le droit commun, qu'il ne devînt pas transmissible dès cette époque, et qu'il ne fût pas soumis à la règle Catonienne. Ainsi, il n'y a aucune raison de croire qu'on n'annulât pas, en vertu de la règle Catonienne, le legs pur et simple d'une servitude sur le propre fonds du légataire, quand même il aurait cessé d'en être le propriétaire dans l'intervalle de la confection du testament au décès. Cela se concilie très-bien avec les solutions qui précèdent, dès que l'on consent à admettre que c'est à l'époque de l'établissement effectif de la servitude qu'il faut se placer pour apprécier si les conditions requises pour sa constitution sont remplies. — Du reste, tout en rendant compte de cette manière des décisions des textes, je ne me dissimule pas les objections que tout cela peut soulever au point de vue théorique.

(1) Appliquez à ce cas les observations contenues à la note précé-

s'évanouissent : autrement on aurait, ce qui est impossible, la constitution successive à des époques différentes, de la servitude de *via* au profit de l'un d'abord, puis de l'autre des copropriétaires du fonds dominant.

C'est cette dernière solution qui tranche notre difficulté : il en ressort, en effet, avec la dernière évidence, que le legs d'une servitude sous condition produit les effets ordinaires d'un legs conditionnel. Cela résulte, d'abord, de ce que le jurisconsulte parle du legs conditionnel d'une servitude comme d'une chose usuelle. On pourrait objecter qu'il se place au point de vue de la pratique; que, suivant la loi 4, *De servit.*, on arrivait, au moyen d'une exception, à corriger la règle du droit strict, d'après lequel il n'y aurait pas eu, en pareil cas, à tenir compte de la condition. Mais voici la réponse décisive à cette objection. C'est que, d'après notre texte, la condition supposée produit son effet *ipso jure*. Dans l'opinion de M. Demangeat, il faudrait dire que les deux legs faits à chacun des copropriétaires sont l'un et l'autre purs et simples, et, par suite, entraînent au même moment l'acquisition de la servitude, sauf à attendre, pour s'en prévaloir utilement, l'arrivée de la condition. D'où il résulterait que ces legs seraient valables au lieu d'être déclarés nuls : ils ne peuvent être annulés qu'en admettant que la condition mise à l'un

dente. L'argument tiré de la L. 18, *Comm. præd.*, s'applique ici très-exactement, car l'obstacle à l'établissement de la servitude, dans l'espèce, comme dans la L. 18, se trouve dans son indivisibilité ; toute la différence consiste en ce que, dans la L. 18, cet obstacle se présente du côté du testateur, tandis que dans notre hypothèse, il se présente du côté du légataire. Mais il ne peut pas y avoir des solutions différentes pour les deux faces de la même question.

d'eux suspend *ipso jure* l'ouverture du droit qu'il a pour objet de conférer (1).

XIII.

LES DISPOSITIONS TESTAMENTAIRES ADMETTENT-ELLES LA CONDITION RÉSOLUTOIRE?

Pour résoudre cette question, il faut distinguer avec soin deux choses, savoir : la disposition elle-même, et les droits qu'elle a conférés.

Soit d'abord l'institution d'héritier : envisagée en elle-même, on ne peut pas l'affecter d'une condition résolutoire; on arrive à un résultat analogue en ajoutant à l'institution pure et simple la révocation de cette institution *sub conditione*. Nous en avons un exemple dans ce qu'on appelle la *cretio perfecta*. Après avoir institué un héritier *sub cretione*, on ajoutait : *nisi creveris exheres esto*, et on nommait un substitué (2). Au lieu de la condition *nisi creveris*, on peut supposer telle autre condition qu'on voudra, et ce sera toujours la même chose. Seulement, au fond, on n'obtenait pas, dans les résultats, une véritable institution affectée d'une condition résolutoire : elle se trouvait par le fait soumise à la condition suspensive inverse de celle qui affectait la révocation.

D'un autre côté, on n'aurait pas pu instituer un héritier *ad certam conditionem*, en ce sens que l'hérédité

---

(1) La dernière phrase du texte, *quia alterius legatarii persona impedimento esset, quominus solidus fundus cum via vindicaretur*, n'aurait pas de sens si on la rattachait à la dernière solution. Il faut la rattacher à la première, à laquelle le jurisconsulte revient pour conclure, après une digression qui a pour objet de comparer avec sa décision celles qui étaient données dans des espèces voisines. C'est l'opinion de Cujas (*Loc. supra cit.*).

(2) Ulp., *Reg.*, *tit.* XXII, §§ 33 et 34; Gaïus, *Comm.*, II, §§ 164-166.

acquise à l'institué pourrait lui être enlevée par l'arrivée d'une condition. Les droits conférés par l'institution ne peuvent pas prendre fin par l'arrivée d'une condition qui ferait ouvrir la succession *ab intestat,* ou dont l'événement ferait arriver un substitué. De cette manière on aurait violé, dans tous les cas, la règle *semel heres, semper heres* (1). En outre, si l'événement de la condition avait dû appeler les héritiers *ab intestat,* il y aurait eu violation de la maxime : *Nemo paganus partim testatus, partim intestatus decedere potest.*

C'est en partant de ces principes que, suivant Gaïus (2), il n'était pas permis d'instituer un héritier *post mortem ejus qui nobis heres extiterit,* ce qui aurait été en réalité affecter d'une condition résolutoire les droits résultant de l'institution. Mais il faut remarquer que les fidéicommis fournirent, dans une certaine mesure, le moyen d'éluder la règle, non-seulement pour le cas particulier prévu par Gaïus, mais pour tous les cas possibles. Il suffit pour cela de grever l'héritier institué d'un fidéicommis conditionnel : toutefois, ce n'était pas tout à fait la même chose que s'il eût été permis de transférer, par l'arrivée d'une condition, l'hérédité de l'un à l'autre (3).

---

(1) *Quum autem heres extiterit servus, non potest adjectus efficere, ut, qui semel heres extitit, desinat heres esse.* (L. 88 *in fine,* Dig., De hered. instit.. xxviii, 5.)

(2) *Comm.* ii, § 277; *Jung.* Ulpien, *Reg.* tit. xxv, § 8.

(3) Voy. dans M. Demangeat, *Cours élément.,* t. 1, p. 800 et suiv., les différences qui séparent, soit pour l'ancien droit, soit pour l'époque de Justinien, le fidéicommis universel de l'institution d'héritier. M. Demangeat a omis d'en rappeler une qui, pratiquement, pour le temps de Justinien, est la plus importante : c'est que l'institution d'héritier écarte complétement ceux à qui elle enlève l'hérédité, à moins qu'ils

Il ne faut pas, au surplus, se méprendre sur le sens de la prohibition de l'institution d'héritier *ad conditionem ;* si, en fait, une telle institution avait eu lieu, elle n'était pas nulle, c'était la condition dont il n'était pas tenu compte, comme on ne tenait pas compte de toute autre restriction qui limitait illégalement la portée de l'institution.

Je remarque aussi que cette prohibition ne s'applique pas au testament militaire ; il est permis au militaire d'instituer un héritier *ad conditionem,* soit qu'il veuille, à l'arrivée de la condition, appeler un substitué (1), ou bien ouvrir la succession *ab intestat* (2). On ne tient pas plus compte en ce qui le concerne de la maxime *semel heres, semper heres,* que de la règle qu'on ne saurait mourir partie *testat,* partie *intestat.*

Arrivons maintenant aux legs. Si nous considérons d'abord la disposition elle-même, il ne paraît pas qu'on ait connu à Rome le legs fait sous une condition résolutoire ; mais on pouvait, après avoir fait un legs pur et simple, y ajouter une révocation conditionnelle. Toutefois on n'arrivait pas de cette manière à un legs sous condition résolutoire : il était considéré comme fait sous la condition suspensive inverse de celle à laquelle était subordonnée la révocation, et il était traité, en principe, comme un legs sous condition suspensive.

JULIEN, L. 10, pr., Dig., *De adim. vel transf. leg.* (XXXIV,

ne soient légitimaires ; le fidéicommis, au contraire, laisse à ceux qui en sont grevés la quarte Pégasienne. Dans notre hypothèse, cela donne un grand intérêt à la solution rapportée par Gaïus et par Ulpien.

(1) L. 15, § 4, Dig., *De testam. milit.* (XXIX, 1).

(2) L. 41, *pr., eod.*

4). — Si legatum pure datum Titio adimatur sub conditione, et pendente conditione Titius decesserit, quamvis
conditio defecerit, ad heredem Titii legatum non pertinebit; *nam legatum quum sub conditione adimitur, perinde est, ac si sub contraria conditione* datum fuisset (1).

Ainsi qu'on le voit par ce texte, le *dies cedens* du legs
révoqué *sub conditione*, était retardé jusqu'à la défaillance de la condition à laquelle était subordonnée la
révocation elle-même. Cependant on n'avait pas admis
que le legs pût se trouver par là soustrait aux nullités
résultant de l'application de la règle Catonienne. C'est
ce qui résulte du texte suivant, qui donne aussi le motif
de cette solution :

FLORENTINUS, L. 14, pr., *eod. tit.* — Legata inutiliter data
ademptione non confirmantur, veluti si domino herede
instituto, servo pure legatum sub conditione adimatur;
nam pure legatum si sub conditione adimatur, sub contraria conditione datum intelligitur, et ideo confirmatur;
ademtio autem quominus, non quo magis legatum debeatur, intervenit.

Voilà pour ce qui concerne la possibilité d'affecter le
legs lui-même d'une condition résolutoire. C'est une
tout autre question de savoir si on peut par legs conférer des droits susceptibles de s'éteindre par l'arrivée
d'une condition, ou, comme on dit, soumis à une condition résolutoire. Ici, la réponse varie suivant la nature
du droit conféré par le legs. La solution est exactement
la même que si ces droits avaient été créés par actes
entre-vifs.

(1) Comp. L. 107, Dig., *De condit. et demonstr.*; L. 6 pr., *Quando
dies legat.*

Ainsi, s'agit-il d'une créance établie au profit du légataire, à la charge de l'héritier, elle ne pouvait pas plus s'éteindre par l'arrivée d'une condition que si elle fût née d'une stipulation.

> PAUL, L. 44, § 1er, Dig., *De oblig. et act.* (XLIV, 7). —
> . . . . . Placet etiam ad tempus obligationem constitui non posse, *non magis quam legatum;* nam quod alicui deberi cœpit, certis modis desinit deberi . . . . .

> POMPONIUS, L. 55, Dig., *De legat.* 1 (XXX). — . . . . Quia nec tempore, . . . *aut conditione* finiri obligatio heredis legatorum nomine potest.

Ici, comme dans la stipulation, l'arrivée de la condition aurait permis d'opposer une exception de dol à la demande du légataire, ou, en cas de payement antérieur, d'exercer contre lui une *condictio sine causa*. Il y avait toutefois, au point de vue qui nous occupe, une différence considérable entre la stipulation et le legs. C'est pour le cas où l'obligation résultant de l'une ou de l'autre source, aurait eu pour objet des prestations périodiques à effectuer jusqu'à l'arrivée d'une condition. Nous savons qu'alors la stipulation était *una, incerta et perpetua*, avec des conséquences que nous avons déterminées (1). Si nous supposons, au contraire, le legs d'une certaine somme *in singulos annos, donec Titius consul fiat*, on le décomposera en un legs pur et simple, suivi d'un nombre indéterminé de legs sous la condition : *Si Titius consul factus non fuerit* (2).

S'agit-il d'un legs conférant un droit réel, il faut en-

---

(1) *Supra*, p. 127.
(2) LL. 10, 11, 12, Dig., *Quando dies legat.* (XXXIV, 2).

core distinguer. L'usufruit peut être constitué *ad conditionem*, par legs comme par acte entre-vifs (Arg. *Vat. fragm.*, § 48 et § 50 *in fine*) (1). Au contraire, suivant la règle que nous avons vue dans la L. 4, Dig., *De servit.*, si on avait conféré par legs un droit de servitude prédiale *ad conditionem*, *ipso jure*, la servitude était considérée comme constituée *in perpetuum;* seulement l'événement de la condition permettait de tenir en échec toute réclamation du légataire qui aurait voulu continuer à profiter de la servitude.

On n'admettait pas non plus que la propriété pût être léguée *ad conditionem*, et il résulte de la L. 26, C., *De legatis*, que j'ai déjà citée, que la condition extinctive mise au legs de propriété n'était pas non avenue, comme dans le legs de servitude, mais qu'elle entraînait la nullité du legs. Tel était du moins l'ancien droit; mais j'ai déjà remarqué plus d'une fois que Justinien, dans cette même constitution, décida que, par legs ou par fidéicommis, on pourrait transférer la propriété jusqu'à une condition (2); dont l'événement en opérerait de plein droit le retour aux mains de l'héritier.

(1) V. au Cod. de Justinien, L. 12, *De usufructu* (III, 33), l'interprétation d'une condition de cette espèce. Comp. Code Nap., art. 620.

(2) Le texte dit : *Ad tempus certum vel incertum*, mais en admettant même que ces expressions *tempus incertum* ne désignent pas la condition, ce qui est dit du terme s'entendrait, de soi, de la condition qui, j'ai déjà eu occasion de le dire, n'est qu'un terme éventuel.

CHAPITRE III.

Effets de la condition.

SECTION PREMIÈRE.

EFFETS DE LA CONDITION SUSPENSIVE DANS LES CONTRATS.

SOMMAIRE :

I

INTRODUCTION.

On peut résumer en quelques mots la doctrine des
jurisconsultes romains sur les effets de la condition
suspensive : les droits et obligations résultant d'un acte
conditionnel ne prennent naissance qu'à l'événement
de la condition; jusque-là ces actes n'ont en quelque
sorte aucune existence et ne produisent aucun effet.
Quand il s'agit de legs, on exprime cette idée en disant
que *dies legati sub conditione relicti cedit, non ex morte
testatoris*, comme pour le legs pur et simple, mais seulement *quum conditio fuerit impleta* (1). On retrouve aussi
cette formule pour les droits d'obligation résultant
d'actes entre-vifs. Chacun connaît en effet le texte suivant :

> ULPIEN. L. 213, Dig., *De verb. signif.* (L. 16). — *Cedere
> diem* significat incipere deberi pecuniam; *venire diem*
> significat, eum diem venisse, quo pecunia peti possit. Ubi
> pure quis stipulatus fuerit, et cessit, et venit, dies; ubi in
> diem cessit dies, sed nondum venit; *ubi sub conditione,
> neque cessit neque venit dies, pendente adhuc conditione.*

Toutefois on reconnaissait que, même *pendente conditione*, il résultait des actes conditionnels une *spes* à laquelle, du jour de l'acte, quand il était entre-vifs, du jour
du décès du testateur, quand il s'agissait d'un legs,
se rattachaient des effets juridiques plus ou moins
étendus, et dont la détermination devra faire l'objet de

(1) L. 5, §§ 1 et 2, Dig., *Quando dies legat.* (XXXVI, 2).

notre examen attentif. Une idée commune à tous les cas, c'est que, désormais, chacune des deux parties ne pouvait plus par sa seule volonté se soustraire aux relations que devait créer l'événement de la condition. C'est à cela que se rattache la règle développée plus haut, que la condition est réputée accomplie quand elle a fait défaut par le dol de la partie intéressée à ce quelle ne s'accomplît pas (1).

Dans certains cas, les jurisconsultes romains admettaient un autre correctif à leur doctrine qui reportait à l'arrivée de la condition la formation de l'acte conditionnel et la naissance des droits qui en résultaient. Ce correctif, c'était la rétroactivité de la condition, c'est-à-dire une fiction en vertu de laquelle on faisait, *ex post facto*, quand la condition s'était accomplie, remonter les effets de l'acte conditionnel au jour où il avait été consenti. On a, au surplus, beaucoup exagéré les effets de cette rétroactivité, qui ne se produit guère, nous le verrons, que pour les actes entre-vifs créateurs d'obligations, et qui, dans ces actes mêmes, ne joue qu'un rôle assez limité.

Nous sommes donc conduit par l'ordre logique des idées à étudier les effets de la condition suspensive, d'abord quand elle est en suspens, puis quand elle est accomplie ou défaillie.

II

LA CONDITION SUSPEND LA NAISSANCE DES DROITS ET DES OBLIGATIONS RÉSULTANT DU CONTRAT. — CONSÉQUENCES.

L'idée dominante dont il faut d'abord suivre les appli-

_____

(1) L. 161, Dig., *De div. reg. juris* (L , 17); *supra*, p. 80.

cations avant d'étudier les correctifs qui ont pu y être apportés, c'est que, *pendente conditione*, le contrat soumis à une condition n'est pas encore formé, qu'il n'a encore donné naissance à aucun droit, à aucune obligation. De là dérivent les conséquences suivantes :

1° S'il y a eu, par erreur, *pendente conditione*, payement d'une obligation contractée sous condition, ce payement est nul et donne droit, jusqu'à l'arrivée de la condition, à la répétition de l'indû. J'ai déjà cité (p. 15 et 16), sur ce point, la L. 16, Dig., *De condict. indeb.*

2° A plus forte raison n'y a-t-il aucune action pour faire exécuter l'obligation, tant que la condition n'est pas accomplie. Mais ici se présente une difficulté : il n'est pas douteux que le créancier qui intenterait son action *pendente conditione* ne succombât quant à présent; mais pourrait-il la renouveler après l'arrivée de la condition? Ne devrait-on pas dire au contraire, qu'il a consommé son action en l'exerçant prématurément, et qu'il doit être repoussé en vertu de la maxime *bis de eadem re non sit actio ?*

A ne consulter que les principes, il me paraît certain qu'il faudrait lui permettre de réitérer son action. D'après la L. 213, *De verb. signif.*, le *dies cedens* d'une obligation contractée sous condition ne se produit qu'à l'arrivée de la condition; jusque-là l'action n'existe pas, et on ne saurait dire qu'elle a été déduite *in judicium.* — Nous verrons que cette solution ne fait pas de doute pour les legs conditionnels, et, en matière de contrats, nous trouvons des textes qui paraissent bien la consacrer. Ainsi d'abord la L. 43, § 9, Dig., *De ædilit. edict.* (xxi, 1) :

PAUL. — Si sub conditione homo emptus sit, redhibitoria actio ante conditionem existentem inutiliter agitur, quia nondum perfecta emptio arbitrio judicis imperfecta fieri non potest; et ideo, *et si ex empto, vel vendito, vel, redhibitoria ante actum fuerit, expleta conditione iterum agi poterit.*

La même doctrine résulte non moins formellement de la L. 13, § 5, Dig., *De pign. et hyp.* (xx, 1) :

> MARCIEN. — Si sub conditione debiti nomine obligata sit hypotheca, dicendum est, ante conditionem non recte agi, quum nihil interim debeatur ; *sed si sub conditione debiti conditio venerit, rursus agere poterit.*

On pourrait penser cependant que ce dernier texte n'est pas probant, par ce motif que l'action hypothécaire a, au point de vue de son extinction, ses règles particulières : *quia suas conditiones habet hypothecaria actio, id est, si soluta est pecunia, aut satisfactum est, quibus cessantibus tenet* (L. 13, § 4, Dig. *eod. tit.*). Ce point de vue serait inexact : la règle que je viens de rappeler est exclusivement relative à l'extinction de l'hypothèque par suite de l'extinction de l'obligation principale ; elle serait fausse si on voulait l'appliquer à l'extinction directe de l'hypothèque : il ne paraît pas douteux notamment que l'exception *rei in judicium deductæ* ne fût opposable en cas de réitération de l'action hypothécaire déjà intentée (1). Si donc on décide ici que cette action peut être reproduite bien qu'elle ait été exercée *pendente conditione,* c'est que, suivant le jurisconsulte auquel est emprunté ce fragment, l'exercice d'une action *ante conditionem* n'en opère pas la consommation.

_____

(1) *Arg.* L. 16, § 5, Dig., *De pign.* (xx, 1).

16

Je ferai voir tout à l'heure que la L. 36 Dig., *De solut.*, (xlvi, 3) est conçue dans le même sens, et que si elle révèle des doutes, ils sont étrangers au point qui nous occupe. Il semble donc que la question posée soit résolue sans difficulté. Il n'en est pourtant pas ainsi, car un passage des Institutes de Justinien (*Lib.* iv, *tit.* vi, § 33) décide très-expressément qu'il y a *plus-pétition* de la part de celui qui exerce une action en vertu d'un droit suspendu par une condition ; il met à cet égard la condition sur la même ligne que le terme. Dire qu'il y a, dans l'hypothèse, *plus-pétition tempore*, comme dans le cas où la demande a été formée *ante diem*, c'est dire que le demandeur, ayant échoué pour avoir agi prématurément, ne peut pas renouveler sa demande.

Comment peut-on expliquer la divergence qui existe entre le passage des Institutes, et les textes du Digeste que j'ai cités ? MM. Schrader et Ortolan (1) ont pensé que la règle est bien celle qui est écrite aux Institutes, et que les textes du Digeste doivent s'entendre du cas où le créancier n'a pas poussé ses poursuites jusqu'à la *litiscontestation.* Cette allégation me paraît démentie par les expressions mêmes de ces textes, qui, en autorisant la réitération de l'action (*rursus* ou *iterum agi poterit*), supposent bien qu'il s'agit d'une action déjà déduite *in judicium.* M. Machelard (2) propose une explication plus plausible en admettant qu'il a pu y avoir controverse entre les jurisconsultes romains ; il ne serait pas impossible, en effet, que quelques-uns se fussent attachés à l'effet rétroactif de la condition accom-

(1) *Schrader.* note *ad* § 33, Instit., iv, 6. — Ortolan. *Explic.*, hist. des Inst., n° 2160 (6e *édit.*).
(2) *Obligations naturelles*, p. 352 *à la note.*

plie, pour soutenir que l'action intentée *pendente conditione* se trouvait, après coup, avoir existé en droit à l'époque où elle avait été exercée. Il faudrait s'en tenir à cette explication, s'il était prouvé par un texte de quelque jurisconsulte ancien qu'il admettait la règle formulée aux Institutes. Mais il ne s'en trouve pas, que je sache, au Digeste, et le peu qui subsiste du paragraphe de Gaius correspondant à celui des Institutes, révèle entre les deux des différences assez notables pour qu'on ne puisse pas affirmer que sur ce point Justinien a copié Gaius. En cet état des choses, il n'est aucunement téméraire d'affirmer que les rédacteurs des Institutes ont pu, sinon laisser échapper une assertion erronée, du moins poser en règle générale ce qui n'était vrai que dans des circonstances particulières.

Je crois, et c'est là la conciliation que j'incline à proposer, je crois, dis-je, qu'il y avait en effet tel cas, où la demande *ante conditionem* équivalait à la demande *ante tempus*, et produisait les mêmes effets. Nous en avons un exemple dans la L. 36 Dig., *De reb. credit.* (XII, 1). Je ne transcris pas ici ce texte sur lequel j'aurai à revenir; en voici brièvement l'espèce : Un débiteur s'est engagé conditionnellement envers un tiers, à qui il a été délégué par son créancier. Suivant des principes que j'exposerai bientôt, la novation, suite de cette délégation, ne sera opérée qu'à l'événement de la condition. En attendant, le débiteur demeure donc toujours obligé envers le créancier délégant; mais cette obligation n'est plus, en quelque sorte, que conditionnelle; elle est, dans un sens que je vais préciser, affectée de la condition inverse de celle qui affecte l'obligation contractée envers le tiers délégataire. D'où la conséquence que le créancier ne peut plus intenter son action *pendente conditione*, que s'il vient à l'intenter, *ante tempus petere videtur*. Ici la solution est exacte et conforme aux principes ; en effet, dans le cas prévu, la condition suspend bien l'existence de l'obligation en ce sens que, d'après l'événement, l'obligation sera censée avoir toujours persisté, ou avoir été éteinte du jour de la promesse conditionnelle ; mais sa formation n'était pas reportée, comme dans les cas ordinaires, à l'arrivée de la condition ; elle préexistait, et, partant, l'action exercée irrégulièrement *pendente conditione* a été *deducta in judicium* et épuisée.

Je conclus qu'en règle générale il n'y a pas consommation de l'action intentée par le créancier *ante conditionem existentem*, et que la disposition des Institutes s'applique uniquement aux cas où l'obligation est conditionnelle en ce sens qu'elle se trouve soumise à un mode d'extinction affecté d'une condition ; alors, bien que l'action soit suspendue, elle n'en persiste pas moins en droit, et elle peut se déduire *in judicium*.

La règle elle-même n'était vraie, bien entendu, que s'il s'agissait d'un droit suspendu par une condition véritable ; si la condition n'avait été qu'apparente, les choses se seraient passées autrement. Supposons une condition *concepta in præteritum tempus*, et l'action intentée avant la vérification du fait objet de cette prétendue condition ; cette vérification se fera au cours de l'instance, et décidera du sort de la demande. Je fais cette observation, parce qu'elle me paraît rendre raison de la L. 36, Dig., *De solut.* (XLVI, 3) :

JULIEN. — Si pater meus prægnante uxore relicta decesserit,

et ex causa hereditaria totum hoc, quod patri meo debitum fuisset, petiissem, nihil me consumpsisse quidam existimant ; si nemo natus sit, recte me egisse, quia in rerum natura verum fuisset, me solum heredem fuisse. Julianus notat: verius est me eam partem perdidisse pro qua heres fuissem, antequam certum fuisset neminem nasci, aut quartam partem, quia tres nasci potuerunt.....

Un homme est décédé laissant un fils vivant et sa femme enceinte : la succession *ab intestat* appartient au fils actuellement vivant pour une part indéterminée : cette part dépend du nombre d'enfants que la veuve mettra au monde. Il ne peut donc pas, jusqu'à l'issue de la grossesse, exercer pour le tout les actions héréditaires, et spécialement poursuivre contre un débiteur le payement intégral d'une créance de la succession. S'il le fait, l'opinion qui a prévalu, c'est qu'il commet une *plus-pétition* en demandant plus qu'il ne lui est actuellement dû ; mais cette *plus-pétition* ne lui fait perdre dans la créance que la portion, fixée au quart généralement (1), à laquelle il devait avoir droit à tout événement. Quant au surplus, on considérait qu'il n'y avait qu'un droit suspendu par une condition, et que l'exercice prématuré de son action n'avait pu compromettre. En conséquence, si la veuve ne donnait le jour à aucun enfant, il pouvait de nouveau agir contre le débiteur pour les trois quarts. Ces solutions viennent à l'appui de la doctrine générale que j'ai précédemment exposée. Voici maintenant ce qui a trait à ma dernière observation : Julien nous fait connaitre qu'Urséius Férox avait enseigné, à ce sujet, une doctrine différente ; il ensei-

---

(1) L. 28, § 5. Dig., *De judiciis* (v, 1).

gnait que l'action du fils déjà né aurait été régulièrement intentée dans le cas où il ne lui serait pas né de
frère. Sur quel point portait le dissentiment? Sur le
point de savoir si le droit du fils déjà né était, pour ce
qui excédait sa part assurée, suspendu par une véritable condition. L'affirmative a prévalu, mais il y avait
des doutes ; on avait soutenu que l'événement futur qui
suspendait ce droit n'était pas incertain ; qu'il était *per
naturam rerum certum*, partant qu'il y avait un droit actuel, sauf vérification, et que l'action avait été régulie-
rement intentée (1).

III

Suite. — EFFETS DE LA PERTE DE LA CHOSE DUE, ARRIVÉE
PAR CAS FORTUIT *pendente conditione.*

3° Le contrat consenti sous condition était non avenu
quand la chose qui en faisait l'objet avait péri par cas
fortuit, *pendente conditione;* on considérait qu'il ne
pouvait pas se former faute d'un objet existant à l'époque à laquelle était reportée sa formation : *quia non
subest res eo tempore quo conditio impletur.* L. 14, pr.,
Dig., *De novat. et deleg.* (XLVI, 2).

Les conséquences de cette règle sont très-variées,

---

(1) Comp. *supra*, p. 3, à la note. — On peut voir dans la Loi 36
qu'il y avait encore une troisième opinion, suivant laquelle le droit
de l'enfant devait être regardé comme conditionnel pour le tout. On en
tirait cette conséquence que son action était irrégulièrement intentée,
mais non consommée, ce qui est conforme encore à la doctrine que
j'ai défendue.

suivant les divers contrats. Elles se faisaient sentir particulièrement dans le règlement des risques. S'agissait-il d'abord d'un contrat dans lequel le créancier supporte les risques, comme la vente d'un corps certain, s'il avait été consenti sous condition, et que la chose vînt à périr par cas fortuit, *pendente conditione*, la perte était au contraire pour le débiteur, c'est-à-dire pour le vendeur en supposant une vente; ce qui signifie que, malgré l'événement postérieur de la condition, le vendeur qui ne pouvait plus livrer la chose, ne pouvait pas non plus exiger de l'acheteur le payement du prix. Cette solution fait l'objet principal d'un texte important de Paul, la L. 8, Dig., *De peric. et comm. rei vend.*, que je transcris ici en entier, sauf à l'expliquer plus tard dans celles de ses parties qui n'ont pas trait à la question actuelle.

Necessario sciendum est, quando perfecta sit emptio, tunc enim sciemus, cujus periculum sit, nam perfecta emptione periculum ad emptorem respiciet. Et si id, quod venierit, appareat, quid, quale, quantum sit, sit et pretium, et pure veniit, perfecta est emptio. Quod si sub conditione res venierit, siquidem defecerit conditio, nulla est emptio, sicuti nec stipulatio ; quod si extiterit, Proculus et Octavenus emptoris esse periculum aiunt; idem Pomponius libro nono probat. Quod si pendente conditione emptor vel venditor decesserit, constat, si extiterit conditio, heredes quoque obligatos esse, quasi jam contracta emptione in præteritum. Quod si pendente conditione res tradita sit, emptor non poterit eam usucapere pro emptore, et quod pretii solutum est, repetetur, et fructus medii temporis venditoris sunt. * Plane si pendente conditione res interierit, perimitur emptio, * sicuti stipulationes et legata conditionalia perimuntur, si pendente conditione res extincta fuerit. Sane si exstet res, licet deterior effecta, potest dici, esse damnum, emptoris (1).

Cette loi, à propos de la question des risques contient une sorte de petit traité sur les effets de la vente conditionnelle. J'aurai souvent occasion de m'y référer. Quant au point spécial dont il s'agit ici, on peut en extraire les propositions suivantes : quand la vente a pour objet un corps certain et déterminé, et qu'elle est pure et simple, le risque est dès à présent pour l'acheteur. — Quand elle est conditionnelle, l'acheteur supporte également le risque à partir de l'accomplissement de la condition. — Si la condition ne s'accomplit pas, la question ne peut pas s'élever, car le contrat ne se forme pas. — Enfin la perte de la chose vendue *pendente conditione* met également obstacle à la formation de la vente, d'où il suit que, malgré l'accomplissement postérieur de la condition, cette perte sera au préjudice du vendeur.

On aurait pu avoir l'idée d'objecter que, par l'effet rétroactif de la condition accomplie, dont il est question dans notre texte même à un autre point de vue, la formation du contrat se trouve reportée au jour où les consentements sont intervenus dans la forme légale ; d'où la conséquence que, de ce jour-là, la vente étant tenue pour *perfecta*, l'acheteur aurait dû supporter le risque. Ce raisonnement n'aurait été qu'une pétition de principe : la rétroactivité suppose que la condition s'est

(1) Les mots compris entre les deux astérisques ne se trouvent pas dans le texte, tel que nous l'avons; mais ils se suppléent nécessairement d'après l'ensemble du passage. Cujas (*ad libr*. xxxiii *Pauli ad edict.*) assure qu'ils se lisaient *in antiquioribus libris*. — Comp. Maynz, *Elém. de droit romain*, § 288, *note* 2, t. II, p. 149.

accomplie en temps utile, et justement, dans l'idée romaine, elle ne pouvait plus s'accomplir utilement quand la chose vendue avait péri par cas fortuit.

Les mêmes principes reçoivent leur application dans une matière que l'on réglait par analogie de la vente, la constitution en dot d'une chose estimée :

> Ulpien. L. 10, § 4, Dig., *De jure dot.* (xxiii, 3). — Si ante matrimonium æstimatæ res dotales sunt, hæc æstimatio quasi sub conditione est, namque hanc habet conditionem, si matrimonium fuerit secutum ; secutis igitur nuptiis, æstimatio rerum perficitur, et fit vera venditio.
>
> § 5. — Inde quæri potest, si ante nuptias mancipia æstimata deperierint, an mulieris damnum sit ; et hoc consequens est dicere ; nam quum sit conditionalis venditio, pendente autem conditione mors contingens extinguat venditionem, consequens est dicere, mulieri periisse, quia nondum impleta erat venditio, quia æstimatio venditio est.

A l'inverse, quand il s'agissait d'un contrat dans lequel le débiteur avait la charge des risques, la perte par cas fortuit arrivée *pendente conditione*, empêchant la formation du contrat, était supportée par le créancier. Soit par exemple le *mutuum* : supposons que Primus remette en dépôt à Secundus une certaine somme de deniers, avec la condition que tel événement arrivant, l'argent demeurera au dépositaire à titre de prêt : la somme déposée et conditionnellement prêtée vient à être volée chez Secundus avant l'arrivée de la condition, le *mutuum* ne pourra pas prendre naissance quand elle se réalisera plus tard, et en conséquence Primus supportera la perte.

A première vue on pourrait croire que cette solution est contredite par le texte suivant :

ULPIEN. L. 4, pr., Dig., *De reb. cred.*, (XII, 1). — Si quis
nec causam, nec propositum fœnerandi habuerit, et tu
empturus prædia desideraveris mutuam pecuniam, nec
volueris creditæ nomine, antequam emisses, suscipere,
atque ita creditor, quia necessitatem forte proficiscendi
habebat, deposuerit apud te hanc eamdem pecuniam, ut,
si emisses, crediti nomine obligatus esses, hoc depositum
periculo est ejus, qui suscepit. Nam et qui rem vendendam
acceperit, ut pretio uteretur, periculo suo rem habebit.

Dans ce texte, on le voit, les deniers sont aux risques
de l'emprunteur éventuel quoique la perte se produise
pendente conditione. Mais la contradiction n'est qu'apparente : si celui à qui les deniers ont été remis dans
l'hypothèse en supporte la perte, ce n'est pas en qualité
d'emprunteur, car il n'y a pas de prêt, et on ne pourrait
pas exercer contre lui la *condictio ex mutuo;* c'est en
vertu du contrat qui précède, dépôt ou contrat innommé
suivant les circonstances ; et l'action par laquelle on
obtiendra le payement de l'indemnité dont il est tenu,
est l'action *depositi directa,* ou l'action *prescriptis verbis.* Je n'ai pas d'ailleurs à expliquer ici d'après quelles
règles on arrive à mettre le risque à la charge du dépositaire ; il me suffit de faire voir que notre texte ne fait
nullement supporter à l'emprunteur sous condition la
perte survenue *pendente conditione.*

IV

La règle que le contrat conditionnel ne se forme pas
quand la chose qui en fait l'objet est venue à périr *ante
conditionem existentem,* est appliquée expressément à
la stipulation par la L. 8 De *peric. et comm.* (*supra* p. 247).

Toutefois il semble qu'il n'y ait pas d'intérêt pratique à faire cette observation, car voulût-on même dire que l'obligation a pris naissance, elle se trouverait éteinte par la perte de la chose due arrivée sans la faute ni le fait du débiteur. C'est en effet ce qui se produira le plus souvent. Mais, dans certains cas la solution ne sera pas sans intérêt ; c'est quand la stipulation aura eu pour objet de nover une obligation antérieure. — Supposons que, débiteur de mille, je promette à mon créancier, *novandi animo*, Stichus sous condition. Si Stichus vient à périr par cas fortuit avant l'événement de la condition, *stipulatio non committitur*, par suite la novation ne se produit pas, même en supposant l'événement postérieur de la condition (1), et je demeure débiteur de mon obligation primitive. Il en aurait été autrement si la perte de Stichus s'était produite après l'arrivée de la condition : dans cette hypothèse la novation se serait opérée, qui m'aurait libéré de ma première obligation, et je serais également libéré de la seconde *rei interitu*.

Ainsi, quand une stipulation conditionnelle est faite *novandi causa*, la perte de la chose promise arrivée par cas fortuit *pendente conditione*, met obstacle à la novation. Cette règle s'applique aisément dans le cas où la novation devrait se produire par changement de la chose due (2). Mais il est à remarquer que les textes où

(1) *Novatio non potest contingere ea stipulatione, quæ non committitur.* L. 24, Dig., *De novat.* (XLVI, 2).

(2) Je suppose, bien entendu, la perte de la chose qui fait l'objet de la promesse conditionnelle. Si c'était l'objet dû en vertu de la première obligation, obligation pure et simple, qui vînt à périr quand la condition de la deuxième est encore en suspens, cela serait indifférent, et la novation se produirait néanmoins à l'événement de la condition. Plus généralement, lorsque la novation est conditionnelle, elle

elle est rappelée prévoient au contraire l'hypothèse où l'objet dû demeure le même dans l'une et l'autre obligation.

> ULPIEN. L. 14, pr., Dig., *De novat. et deleg.* (XLVI, 2). — Quoties quod pure debetur, novandi causa sub conditione promittitur, non statim fit novatio, sed tunc demum, quum conditio extiterit. Et ideo si forte Stichus fuerit in obligatione, et pendente conditione decesserit, nec novatio continget, quia non subest res eo tempore, quo conditio impletur. Unde Marcellus, et si post moram Stichus in conditionalem obligationem deductus sit, purgari moram, nec in sequentem deduci obligationem, putat.

On a quelque peine à s'expliquer comment les jurisconsultes romains ont été amenés à poser la règle dans une telle hypothèse, car alors il est sans intérêt de dire que la novation ne se produit pas : la persistance de la première obligation est indifférente, car n'ayant pas d'autre objet que celui dont la perte a mis obstacle à la novation, elle est du même coup éteinte *rei interitu*. Et peu importerait qu'il y eût eu changement de débiteur dans la deuxième obligation ; quoi qu'on décide, les deux débiteurs se trouveront également déchargés de toute espèce de dette. Comment donc, encore une fois, les jurisconsultes romains, avec leur esprit pratique, ont-ils pris la peine de donner une solution sans intérêt ?

C'est qu'ils ne la donnaient qu'en passant pour ainsi dire, et afin d'arriver à l'examen d'une difficulté qui

---

n'est pas empêchée par l'extinction de l'obligation primitive survenue d'une manière quelconque *pendente conditione*. Julien le décide ainsi pour l'acceptilation, dans la L. 56 § 8. Dig., *De verb. oblig.*

paraît les avoir divisés : ils se demandaient, comme on peut le voir dans notre L. 14 même, si la même solution se reproduirait, en supposant que le débiteur fût en demeure au moment où est intervenue la stipulation conditionnelle *novandi causa*.

Sur cette difficulté il y avait, si je ne me trompe, trois opinions distinctes. Suivant Marcellus dont la doctrine est ici rappelée par Ulpien, la stipulation conditionnelle faite *novandi animo* avait pour effet de purger la demeure ; elle équivalait à des offres ; en conséquence, le résultat était le même que précédemment, c'est-à-dire que la chose venant à périr avant l'arrivée de la condition, le débiteur n'était tenu ni en vertu de la deuxième obligation, qui ne prenait pas naissance faute d'objet, ni en vertu de la première qui se trouvait éteinte par la perte de la chose sans le fait ni la demeure du débiteur.

Cette doctrine de Marcellus est développée dans le texte suivant :

MARCELLUS. L. 72, § 1, Dig., *De solut.* (XLVI, 3). — Quum Stichum mihi deberes, et in solvendo moram fecisses, sub conditione eum promisisti ; pendente ea Stichus decessit ; videamus, an, quia novari prior obligatio non potest, petitio servi competat ea, quæ competeret, si non intercessisset stipulatio. Sed in promptu contradictio est, debitorem, quum stipulanti creditori promisit, non videri in solutione hominis cessasse ; nam verum est, eum, qui interpellatus dare noluit, offerentem postea periculo liberari.

§ 2. — Sed quid, si ignorante debitore ab alio creditor eum stipulatus est ? Hic quoque existimandus est periculo debitor liberatus, quemadmodum si quolibet nomine ejus servum offerente stipulator accipere noluisset.

§ 3. — Idem responsum est, si quis, quum surreptus sibi
servus esset, sub conditione stipulatus fuerit, quidquid
furem dare facere oportet; nam et fur condictione libe-
ratur, si dominus oblatum sibi accipere noluit. — Si
tamen, quum in provincia forte servus esset, intercesserit
stipulatio ; et finge priusquam facultatem ejus nancisce-
retur fur vel promissor, decessisse servum; non poterit
rationi, quam supra reddidimus, locus esse ; non enim
obtulisse eum propter absentiam intelligi potest.

Marcellus, je l'ai déjà dit, rattachait la cessation de la
demeure, dans notre hypothèse, à cette idée que la stipulation conditionnelle faite *novandi causa* équivaut à
des offres. Partant de là, il n'admettait pas que la demeure
fût purgée quand, au moment de la promesse conditionnelle, la chose due se trouvait à une telle distance
qu'il était impossible de la donner au créancier. Mais
on ne s'était pas tenu à cette restriction, et les jurisconsultes qui partageaient l'opinion de Marcellus avaient
fini par ne plus faire de distinction : *Nec me movet*, dit
Papinien, dans l'hypothèse même de notre L. 72, § 5,
nec me movet; præsens homo fuerit nec ne (L. 17, Dig. *De
condict. furt.* (xiii, 1).

Tout autre était dans cette question l'opinion de
Vénuléius. D'après lui, la stipulation conditionnelle
novandi animo ne purgeait pas la *mora* antérieure ; il
en concluait que la chose due était censée subsister en
tant qu'objet de l'obligation, bien qu'elle eût péri postérieurement par cas fortuit, et par suite que cette
perte survenue *pendente conditione novationis*, à supposer
que la nouvelle obligation eût le même objet que la
première, ne mettait pas obstacle à la novation. C'est du

moins ce qui me paraît résulter de la L. 31, Dig., *De novat et deleg.* (xlvi, 2) :

> Si rem aliquam dari stipulatus sum, deinde eamdem sub conditione novandi animo ab eodem stipuler, manere oportet rem in rebus humanis, ut novationi locus sit, nisi si per promissorem steterit, quominus daret ; ideo-que si hominem dare te mihi oporteat, et in mora fueris, quominus dares, etiam defuncto eo teneris ; et si, priusquam decederet, quum jam mora facta sit, eumdem a te sub conditione stipulatus fuero, et servus postea decesserit, deinde conditio extiteret, quum jam ex stipulatu obligatus es mihi, novatio quoque fiet.

En vain Pothier (1) a-t-il voulu expliquer ce passage en supposant bien gratuitement qu'il s'applique, suivant la distinction de Marcellus, au cas où, au moment de la stipulation conditionnelle la chose due n'était pas *in promptu* ; en vain Voët (2) soutient-il contre l'évidence que Vénuléius veut parler d'une novation dont les effets se borneraient précisément à la *purgatio moræ*, il suffit de lire le texte attentivement pour voir que Vénuléius admet en réalité, dans l'hypothèse que nous étudions, la possibilité de la novation malgré la perte de la chose *pendente conditione*, comme conséquence des effets de la demeure qui, dans sa pensée, persiste nonobstant la stipulation conditionnelle faite *novandi animo*.

C'est ce qui résulte, sans équivoque possible, du rapprochement de notre texte avec la L. 14 pr, *eod. tit.* citée ci-dessus : dans les deux fragments on commence par poser le principe que la perte de la chose promise

---

(1) Pand, tit. *De novat. et deleg.*, n° vii.
(2) *Ad tit. De novat.*, n° 10.

sous condition *novandi animo,* survenue *pendente conditione,* empêche la novation de s'opérer. Mais, tandis qu'Ulpien déclare que la solution reste la même quand le débiteur était en demeure, parce que la demeure est purgée, Vénuléius dit au contraire expressément que ce cas fait exception : *nisi per promissorem steterit quominus daret* (3). L'opposition de doctrine ne saurait être plus nettement accusée.

Dans l'opinion de Vénuléius l'objet de la nouvelle obligation était vraisemblablement la chose même qui avait été promise, et qui était censée survivre à raison de la demeure. On conçoit qu'on ait pu voir là une exagération des effets de la *mora ;* qu'elle empêche de tenir compte de la perte de la chose en tant que cette perte produirait l'extinction de l'obligation primitive, soit ; mais n'est-il pas excessif de supposer que la chose périe *post moram* existe encore de manière à en faire l'objet d'une obligation nouvelle ?

C'est ce que paraît avoir pensé Julien, qui professait, à mon sentiment, sur la difficulté qui nous occupe, un système distinct des deux précédents :

> JULIEN. L. 56, § 8, Dig., *De verb. oblig.* (XLV, 1). — Si hominem, quem a Titio pure stipulatus fueram, Seius mihi sub conditione promiserit, et is pendente conditione post moram Titii decesserit, confestim cum Titio agere potero, nec Seius existente conditione obligetur ; at si Titio acceptum fecissem, Seius existente conditione obligari potest. Idcirco hæc tam varie, quod *homine mortuo desinit esse res, in quam Seius obligaretur ;* acceptilatione interposita superest homo, quem Seius promiserat.

(3) Ces mots ne peuvent pas faire allusion à une mise en demeure postérieure à l'époque où a été faite la promesse conditionnelle : je dirai bientôt que cette mise en demeure était impossible.

J'aurai bientôt à revenir sur cette loi qui présente des difficultés à un autre point de vue ; j'établirai alors qu'elle statue bien dans notre hypothèse d'une stipulation conditionnelle intervenue *post moram debitoris*, pour nover une obligation antérieure. Cela admis, il en ressort que, suivant Julien, cette stipulation conditionnelle ne purge pas la demeure qui subsiste pour perpétuer l'ancienne obligation, malgré la perte fortuite de la chose, ce qui est conforme à la doctrine de Vénuléius ; mais que néanmoins la perte de la chose *post moram* empêche la formation de l'obligation nouvelle, et que par suite la novation ne se produit pas, ce qui est contraire à la doctrine du même jurisconsulte (1).

L'espèce sur laquelle raisonne Julien, est celle où la question présente le plus grand intérêt pratique, savoir celle où le promettant dans l'obligation conditionnelle n'est pas le débiteur primitif; on sent qu'alors le maintien de l'ancienne obligation et l'accomplissement de la novation sont loin d'aboutir au même résultat. On se rappelle que Vénuléius dans la L. 31, *De novation.* suppose au contraire qu'il n'y a pas de changement de

(1) On pourrait être tenté de croire que Paul attribue une opinion différente à Julien dans la L. 91, § 6, Dig., *De verb. oblig.* Paul, dans ce texte, décide, en invoquant l'autorité de Julien, qu'on peut nover l'obligation après la perte de la chose due, quand cette perte est survenue dans des circonstances telles qu'elle n'ait pas libéré le débiteur. Mais il faut remarquer qu'ici la stipulation faite dans le but d'opérer la novation intervient après la perte de la chose, et qu'elle a pour objet, non pas cette chose même qui n'existe plus, mais ce que doit actuellement le débiteur. Tout autre est notre cas où la stipulation conditionnelle avait pour objet la chose primitivement due, et où il s'agit de rechercher quelle influence la perte postérieure de cette chose, par cas fortuit, *post moram debitoris*, exerce sur la naissance de l'obligation conditionnelle.

17

débiteur (1), et on pourrait être tenté de chercher dans la différence des espèces l'explication de la différence des solutions. En effet, quand le débiteur est le même, il n'est pas étonnant qu'on applique contre lui la fiction de la survivance de l'objet au point de vue de la naissance d'une obligation nouvelle comme à celui du maintien de l'ancienne; mais, peut-on dire, les choses doivent se passer autrement, quand le promettant dans l'obligation conditionnelle n'est pas le débiteur primitif; dans ce cas, ce promettant est étranger à la demeure, et quant à lui il n'y a aucune raison de lui faire l'application de la fiction.

Ce point de vue serait exact s'il s'agissait d'une mise en demeure postérieure à la promesse conditionnelle; il serait vrai de dire alors qu'elle est étrangère au promettant. Mais ce n'est pas ce que supposent nos textes, puisque aussi bien, je le dirai bientôt (2), cette mise en demeure du débiteur primitif *pendente conditione* est impossible. Or, s'agissant d'une mise en demeure qui a précédé la promesse conditionnelle, le raisonnement qui précède n'est plus exact: le débiteur nouveau promet ce que doit l'ancien au moment où il contracte; il

---

(1) Dans l'hypothèse de Vénuléius, étant posé que la demeure n'était pas purgée, il était le plus souvent sans intérêt de dire qu'il y avait novation; peu importe en effet que le débiteur soit tenu de l'ancienne obligation perpétuée par la *mora* et non novée, ou de la nouvelle obligation dont l'objet est supposé le même. Cela ne serait cependant pas indifférent si l'une des deux obligations se trouvait munie d'une garantie qui n'existât pas pour l'autre; si, par exemple, le débiteur avait consenti une hypothèque pour sûreté de la promesse conditionnelle faite dans le but d'opérer novation; alors il y aurait utilité à reconnaître la novation pour donner effet à l'hypothèque.

(2) V. *infrà*, p. 268.

épouse par conséquent, si je puis ainsi parler, les conséquences de la *mora* qui n'est plus pour lui *res inter alios acta*. Il faut donc reconnaître entre Vénuléius et Julien une divergence d'opinion en ce que, d'accord pour décider que la demeure n'est pas purgée par une stipulation conditionnelle intervenue *novandi causa*, ils ne le sont plus quand il s'agit de savoir si la perte de la chose *pendente conditione*, dans les circonstances que nous avons dites, laisse encore place à la possibilité de la novation lorsque la condition vient à s'accomplir.

V.

Suite. — EFFETS PRODUITS *pendente conditione* PAR UNE STIPULATION FAITE SOUS CONDITION *novandi animo*.

4° Les développements qui précèdent supposent une règle qui est encore la conséquence du principe que nous étudions, savoir que la stipulation conditionnelle intervenue dans le but d'opérer une novation ne l'opère pas immédiatement, mais seulement à l'arrivée de la condition. Telle était en effet la doctrine qui avait prévalu, mais non sans des dissentiments dont Gaius nous a conservé le témoignage :

> Gaius Instit., *Comm.*, III, § 179. — Quod autem diximus, si conditio adjiciatur novationem fieri, sic intelligi oportet, ut ita dicamus factam novationem, si conditio extiterit : alioquin, si defecerit, durat prior obligatio. Sed videamus num is qui eo nomine agat, doli mali aut pacti conventi exceptione possit summoveri. Et videtur inter eos id actum, ut ita ea res peteretur, si posterioris stipulationis extiterit conditio. Servius tamen Sulpicius existimavit

statim et pendente conditione novationem fieri, et, si
defecerit conditio, ex neutra causa agi posse, eoque modo
rem perire.

Ainsi, Servius Sulpicius admettait qu'une stipulation
conditionnelle suffisait pour opérer dès à présent novation définitive d'une obligation antérieure. Mais il ne
faudrait pas en conclure que, dans l'opinion de ce
jurisconsulte, l'obligation conditionnelle existât avant
l'arrivée de la condition; si telle avait été son idée, la
novation aurait dû être effacée par la défaillance de la
condition. La solution de Servius Sulpicius tenait à une
théorie particulière sur la novation, théorie suivant la
quelle l'effet extinctif attaché à la stipulation faite *novandi animo*, était indépendant de sa valeur au point
de vue de la formation d'une nouvelle obligation.
Aussi Gaius ajoute-t-il (*loco cit.*) que Servius Sulpicius
admettait également que la novation pouvait résulter
de la *promissio* faite par un esclave.

La doctrine qui avait prévalu, c'est que la novation
ne pouvait résulter que d'une stipulation ayant, dans
la forme au moins, une existence régulière, sans qu'on
se préoccupât d'ailleurs de savoir si elle était utile en
ce sens qu'elle produisît une obligation valable (V. Gaius,
Comment. III, § 176).

Or, la stipulation conditionnelle n'étant *commissa*
qu'à l'arrivée de la condition, *pendente conditione*, elle
n'avait aucune existence, et elle ne pouvait, suivant la
règle de la L. 24, Dig., *De novat.*, produire aucune
novation immédiate. Ainsi, dans la doctrine qui avait
triomphé, la stipulation conditionnelle faite *novandi
animo* n'opérait novation que par l'arrivée de la condition, et à l'époque où elle se réalisait. Si la condition

faisait défaut, l'obligation primitive conservait toute son efficacité.

L'application de cette doctrine n'avait rien que de très-acceptable quand la novation impliquait changement dans l'objet de l'obligation, ou substitution d'un tiers à l'une ou à l'autre des parties. On conçoit très-bien que l'intention des parties ait été alors de n'opérer ces modifications que sous la condition convenue, et de laisser les choses dans l'état primitif en cas de défaillance de la condition. Par exemple, quand je dois cent purement et simplement à Titius, et qu'à la place de cette somme je lui promets Stichus *novandi animo*, mais sous condition, notre intention commune peut raisonnablement s'interpréter en ce sens que nous avons voulu simplement changer conditionnellement l'objet de l'obligation. Mais nos textes supposent au contraire que l'objet de l'obligation n'est pas changé, et que les parties demeurent les mêmes. En partant de ces données, l'interprétation naturelle de l'opération, c'est qu'on avait voulu ·substituer à l'obligation primitive les chances de l'obligation conditionnelle. Si donc en ce cas la novation n'était pas immédiate et indépendante de l'événement ou de la défaillance de la condition, cela ne tenait qu'à une pure question de forme (1). Aussi Gaius, dans le paragraphe que j'ai transcrit, décidait-il que si la condition venait à faire défaut, et qu'ainsi en droit rigoureux la novation ne fût pas produite, le débiteur pouvait au moins opposer à la réclama-

_____

(1) Une question de forme, en ce sens que la novation ne peut pas se produire par la seule volonté des parties, et que le contrat *verbis* destiné à l'opérer n'avait pas d'existence tant que la condition était en suspens.

tion du créancier l'exception *pacti conventi* ou *doli mali*.

Rationnellement cette solution de Gaius est inattaquable ; autrement les parties n'auraient rien fait de sérieux : l'objet de l'obligation restant le même, le débiteur se trouverait, à tout événement, tenu de la même dette envers le même créancier. Cependant la forme sous laquelle Gaius nous donne son opinion nous indique qu'elle n'allait pas de soi ; il n'est pas même certain qu'elle ait prévalu, et à en croire certains interprètes, Gaius lui-même l'aurait abandonnée. A l'appui de cette dernière assertion, on invoque le texte suivant :

> GAIUS, L. 30, § 2, Dig., *De pactis* (II, XIV). — Si sub con
> ditione stipulatus fuerim a te, quod Titius mihi pure
> deberet, an deficiente conditione si a Titio petam, excep
> tione pacti conventi et possim, et debeam summoveri ?
> Et magis est, exceptionem non esse opponendam.

Mais pour repousser l'argument qu'on tire de ce texte, il suffit de remarquer que Gaius n'y prévoit plus la même hypothèse que celle sur laquelle il raisonne dans son § 179. Ici, il y a changement de débiteur dans la stipulation conditionnelle, et rien n'est plus naturel que d'admettre que le créancier, en acceptant ce nouveau débiteur pour le cas où la condition se réalisera, a entendu se réserver tous ses droits contre l'ancien pour le cas où elle ferait défaut. L'exception de pacte s'accorde par interprétation de la volonté des parties, et il n'y a aucune contradiction à la refuser dans notre espèce, en l'accordant lorsque le créancier a stipulé *novandi causa*, mais sous une condition qui a fait défaut, de son débiteur lui-même, ce qu'il lui devait pré-

cédemment en vertu d'une obligation pure et simple.
On peut même ajouter quelque chose de plus radical ;
c'est que l'exception de pacte peut être invoquée, non
par toute personne intéressée, mais seulement par
celui qui a été partie au pacte, ou par celui dont la
libération a de l'intérêt pour la partie envers qui le
pacte a été consenti (1). Or, ici, il s'agirait de permettre
au débiteur originaire d'invoquer un pacte auquel il n'a
pas été partie, quand d'ailleurs celui qui est intervenu
au pacte n'a pas d'intérêt à ce qu'il soit libéré. En partant de là, le texte, loin de prouver que Gaius ait abandonné son opinion, établirait plutôt qu'il y a persisté,
car il ne poserait même pas la question dans l'espèce
de la L. 30, § 2, s'il n'admettait pas d'abord, en principe,
que l'opération implique un pacte de remise pour le
cas où la condition ferait défaut.

Mais, si Gaius n'a pas déserté son opinion, il n'est pas
démontré qu'elle ait été généralement admise, et le
contraire paraît résulter de la L. 60, § 1, Dig., De condict.
indeb. (xii, 6) :

> PAUL. — Ubi autem quis, quod pure debet, sub conditione
> novandi animo promisit, plerique putant, pendente nova-
> tione solutum repetere posse, quia, ex qua obligatione
> solvat, adhuc incertum sit; idemque esse, etiamsi diver-
> sas personas ponas eamdem pecuniam pure, et sub con-
> ditione novandi animo promisisse; sed hoc dissimile est,
> *in stipulatione enim pura et conditionali eumdem debi-*
> *turum certum est.*

Il est difficile de nier que, dans la pensée de Paul, la

(1) V. L. 21, § 5, Dig., De pactis.

défaillance de la condition à laquelle a été soumise la stipulation conditionnelle faite *animo novandi*, ne laissât subsister l'obligation primitive avec sa pleine efficacité : les expressions qui terminent le texte sont on ne peut plus précises. Même, les jurisconsultes dont il critique l'opinion ne paraissent pas être, sur le point qui nous occupe, d'un autre avis que le sien. En effet, s'ils admettent la *condictio indebiti* de la part du débiteur qui a payé par erreur *pendente novatione*, ce n'est pas qu'ils pensent que ce débiteur ait une chance d'être libéré même par voie d'exception ; ils la fondent uniquement sur cette circonstance qu'on ne peut pas dire qu'elle est l'obligation qu'il a payée : cette manière de dire suppose elle-même qu'il sera à tout événement, et efficacement tenu de l'une ou de l'autre.

Cependant, si l'on veut bien remarquer que le point de savoir si l'opération dont il s'agit, devait se résoudre en un pacte de remise en cas de défaillance de la condition, était une pure question de fait à résoudre suivant les circonstances de chaque espèce, on reconnaîtra que le dissentiment ne saurait être aussi considérable qu'il le paraît au premier abord.

Tout ce qu'on peut induire du texte que nous venons de citer, c'est que, d'après l'opinion commune, l'interprétation donnée par Gaius n'était pas admise comme présomption générale, mais sans préjudice de l'interprétation à donner, suivant les circonstances, pour chaque cas spécial. Or, il est bien certain que Gaius lui-même n'entendait pas donner une solution absolument indépendante de l'appréciation des faits. On concevrait, par exemple, que si la première obligation était purement naturelle, ou décidât qu'en cas de défaillance de la condition sous laquelle on l'avait convertie en obligation civile, elle devait subsister dans son état primitif. De même si la première obligation était garantie par des fidéjusseurs qui n'aient pas accédé à la promesse conditionnelle, on pourrait supposer assez naturellement que l'intention du créancier était de les libérer au cas d'événement de la condition, mais sous réserve de tous ses droits dans le cas contraire. On pourrait donner d'autres exemples. Je crois donc qu'en fait les deux opinions ne devaient pas arriver à des résultats très-différents.

On peut cependant se demander si, abstraction faite de ce qui précède, la stipulation conditionnelle intervenue *inter easdem partes*, dans le but de nover une obligation antérieure ayant le même objet, ne peut pas produire par elle-même et *pendente adhuc conditione* quelques effets?

Nous avons vu précédemment que, suivant certains jurisconsultes, elle avait pour effet de purger la demeure antérieure du débiteur. Je renvoie aux développements que j'ai déjà donnés à ce sujet.

La stipulation conditionnelle dont nous parlons produisait dans tous les cas un autre effet, en ce qu'elle soumettait virtuellement l'obligation pure et simple antérieure à la condition inverse de celle à laquelle elle était elle-même subordonnée. Si vous devant mille purement et simplement, je vous les promets *novandi animo* sous la condition *si navis ex Asia venerit*, mon ancienne obligation se trouvera *ipso facto*, subordonnée à la condition *si navis ex Asia non venerit*. C'est ce

que nous trouvons dans un texte auquel j'ai déjà fait
allusion.

JAVOLENUS. L. 36, Dig., *De reb. credit.* (XII, 1). — Pecuniam, quam mihi sine conditione debebas, jussu meo
promisisti Attio sub conditione, *quum pendente conditione*
in eo statu sit obligatio tua adversus me, tanquam sub
contrariam conditionem eam mihi spopondisti, si pendente
conditione petam, an nihil acturus sum? Respondit :
non dubito, quin mea pecunia, quam ipse sine conditione stipulatus sum, etiamsi conditio in persona Attii,
qui ex mea voluntate eamdem pecuniam sub conditione
stipulatus est, non extiterit, credita esse permaneat;
perinde est enim, ac si nulla stipulatio intervenisset;
pendente autem causa conditionis idem petere non pos-
sum, quoniam, *quum incertum sit, an ex ea stipulatione*
deberi possit, ante tempus petere videor.

Je n'ai plus à insister sur la solution qui fait le fond
de cette loi (1); je m'arrête seulement à l'idée qui se
rattache à mon sujet actuel : on voit qu'elle justifie
pleinement ma proposition, à savoir qu'en cas de novation conditionnelle, l'obligation primitive se trouve virtuellement soumise à la condition inverse de celle à
laquelle est subordonnée la novation. Le texte, il est
vrai, prévoit le cas de novation par changement de
créancier, mais la règle serait évidemment la même,
d'abord s'il y avait eu *expromissio* conditionnelle de la
part d'un tiers; dans ce cas, sans doute, le créancier
doit demeurer créancier à tout événement, mais quant
à présent il ne saurait dire de qui; le débiteur sera
l'*expromissor* si la condition de l'*expromissio* se réalise;

(1) V. *suprà,* p. 243.

ce sera l'obligé primitif dans le cas contraire, et il est encore vrai que son obligation n'existe plus que sous la condition inverse de celle à laquelle est subordonnée la novation. Enfin il n'en serait pas autrement si la stipulation conditionnelle était intervenue entre les mêmes parties, même sans changement dans l'objet de l'obligation. Si l'analogie ne suffisait pas, on en trouverait au besoin la preuve dans la L. 60, §. 1, D., *De condict. indeb.* (xii, 6), que j'ai déjà analysée : on y discute la question de la validité du payement fait *pendente conditione* dans le cas supposé ; or, cette discussion ne s'élèverait pas si l'obligation primitive était demeurée pure et simple. Seulement, dans cette hypothèse, le même débiteur se trouvant tenu envers le même créancier, de la même chose, en vertu de deux causes, sous deux conditions inverses l'une de l'autre, on peut caractériser sa situation, en disant qu'il se trouve obligé à terme incertain : quoi qu'il arrive, il sera tenu *ipso jure* du moins, mais il ne pourra être poursuivi qu'à l'époque indéterminée où l'on pourra dire *ex qua causa debetur*.

Remarquons au reste que l'obligation primitive novée sous condition ne devient pas vraiment conditionnelle ; elle est seulement traitée à certains égards comme si elle l'était (*tanquam sub contrariam conditionem eam mihi spopondisti*). En droit, elle demeure provisoirement pure et simple, et nous avons vu que dans ce cas l'exercice de l'action *pendente conditione* en opérerait la consommation. Mais les poursuites du créancier sont suspendues en fait, parce qu'on ne sait pas si l'accomplissement de la condition ne viendra pas plus tard la faire considérer comme éteinte rétroactivement.

De là résulte notamment que le débiteur ne peut plus être mis en demeure *pendente novatione*. C'est, on peut le dire, une décision de bon sens, qui trouve d'ailleurs un incontestable appui dans la L. 36, *De reb. credit.*, et dans la L. 60, §. 1, *De condict. indeb.* — Dans le cas prévu par le premier texte, celui d'une délégation considérée comme opérant (sous condition) novation par changement de créancier, le refus d'action au créancier primitif *pendente novatione* est tellement positif qu'on n'a pas pu élever de contestation. Mais Cujas (1) et après lui Pothier (2) ont voulu restreindre la solution à ce cas, et ont refusé de l'étendre au cas de simple *expromissio* conditionnelle, et à celui où la novation (toujours supposée conditionnelle) s'opère *inter easdem partes*. On cherche vainement les raisons de ces distinctions, car, dans toutes les hypothèses, le créancier s'est mis par sa volonté dans le cas de ne plus conserver sa créance primitive que *deficiente conditione novationis*; dans toutes les hypothèses, il s'est mis dans l'impossibilité d'affirmer *pendente conditione* que la créance ancienne persiste, puisqu'elle peut se trouver rétroactivement effacée par la conclusion de la novation. Ces considérations sont pleinement confirmées par la L. 60, §. 1, *De condict. indeb.* : nous y avons vu que dans l'hypothèse d'une *expromissio* conditionnelle on annulait le payement fait *pendente conditione*, et qu'il en était ainsi, suivant l'opinion dominante, même, quand le promettant conditionnel était le débiteur primitif. Comment admettre qu'il puisse y avoir de-

(1) *Ad libr.* LII, *Dig.*, *Jul. Recit. solem.*, (op., Ed. *Neap.*, t. VI, p. 355). V., aussi t. 1, p. 1203 et t. X, p. 418.

(2) *Pand.*, *ad tit. De novat*, n° 7.

meure quand il n'y a pas même lieu à un payement valable?

Cependant Cujas invoque à l'appui de sa doctrine la L. 56, § 8, Dig., *De verb. oblig.*, que j'ai précédemment transcrite. Elle traite, on s'en souvient, la question de savoir si l'*expromissor* conditionnel peut être tenu quand, à l'événement de la condition, la chose due a péri après la demeure du débiteur primitif. Suppose-t-elle que cette demeure était antérieure à l'engagement de l'*expromissor*, ou qu'elle s'est produite *pendente conditione expromissionis?* Évidemment, dit Cujas, il s'agit d'une mise en demeure postérieure à l'engagement de l'*expromissor*, car le texte décide que la novation ne se réalisant pas à raison de la perte de la chose, le débiteur primitif sera tenu *ex mora sua.* Or, il n'en serait pas ainsi en supposant la *mora* antérieure à l'*expromissio;* elle aurait été purgée par le fait même de l'*expromissio*, et le débiteur originaire, à défaut de la novation demeurée imparfaite, aurait été libéré par la perte de la chose survenue par cas fortuit.

Ce raisonnement serait irréfutable s'il était admis, comme point de départ, que la novation conditionnelle d'une obligation pure et simple a pour résultat de purger la demeure antérieure. Mais j'ai fait voir plus haut que telle n'était pas l'opinion de tous les jurisconsultes romains. Notre L. 56, § 8, s'expliquera donc très-facilement, en admettant, comme je l'ai dit précédemment, que Julien son auteur tenait pour l'opinion opposée. Il faudra dire, dans cette donnée, qu'elle prévoit une *mora* antérieure à l'*expromissio* faite sous condition, et dès lors elle ne sera plus en contra-

diction avec la thèse que je développe en ce moment.
Cette interprétation moins favorisée, je le reconnais,
par le texte littéral que celle de Cujas, n'est pas seulement plausible ; elle me paraît nécessaire. Autrement il faudrait reconnaître, en effet, la possibilité
d'une mise en demeure du débiteur *pendente conditione novationis,* sauf le cas où il s'agirait d'une novation par changement de créancier. Or, d'une part,
la règle me paraîtrait injustifiable en logique, et, d'autre part, je ne vois pas comment on pourrait expliquer la distinction qu'on est ainsi obligé de faire entre les cas qui rentrent dans la règle, et celui qui
constituerait l'exception. Au surplus, le texte lui-même
fournit à qui l'examine de près, la preuve que la mise en
demeure du débiteur originaire était impossible alors
que la novation était pendante par suite d'une *expromissio* conditionnelle. Nous y lisons qu'après la perte
de la chose la certitude étant ainsi acquise que la
novation n'aura pas lieu, le créancier peut agir de
suite, *confestim*, contre le débiteur primitif. Cette in-
dication de la possibilité d'une poursuite *immédiate*
quand il est devenu certain que la novation ne se
produira pas, n'implique-t-elle pas que toute poursuite,
et dès lors toute mise en demeure était impossible tant
que la novation était pendante (1) ?

(1) M. Arnault, agrégé près la Faculté de droit de Nancy, dans sa
remarquable thèse pour le doctorat (p. 69 et suiv.), a proposé une interprétation de la L. 56, § 8, fondée sur des données toutes différentes.
Il pense que dans l'hypothèse du texte, Séius l'obligé conditionnel
n'est pas intervenu comme *expromissor*, mais dans l'intention de se
constituer cooblige *in solidum*, hypothèse prévue en effet par la L. 8,
§ 5, Dig., *De novat et deleg.* Cela admis, il serait tout simple que le
débiteur primitif pût encore être mis en demeure après la promesse

VI

DU CAS OU LE DÉBITEUR A PERDU TOUTE PERSONNALITÉ JURIDIQUE AVANT L'ÉVÉNEMENT DE LA CONDITION.

Pour que l'obligation conditionnelle puisse se former, il faut qu'à l'événement de la condition il se trouve une personne juridique sur la tête de qui elle puisse reposer. En conséquence, elle ne pourra prendre naissance, si à l'arrivée de la condition le débiteur éventuel a perdu* toute personnalité juridique, sans que personne lui ait succédé.

La mort du débiteur, je le redirai plus tard, ne produit pas cet effet en règle générale, car il se trouve représenté par ses héritiers, ou par sa succession même si elle est encore vacante à l'arrivée de la condition (1).

de Séius. Certes, j'aimerais mieux entendre ainsi notre loi que d'adhérer à la doctrine de Cujas. Mais je persiste dans mon explication parce que je suis convaincu, avec le plus grand nombre des commentateurs, l'unanimité, je crois, jusqu'à M. Arnault, qu'il s'agit bien dans le texte d'une novation conditionnelle. En voici la preuve : c'est que le jurisconsulte établit comme deux idées corrélatives la possibilité d'une poursuite immédiate contre le premier obligé, et l'inefficacité de la deuxième obligation. Si Titius peut être poursuivi sur-le-champ, confestim, c'est que l'obligation de Séius ne peut plus prendre naissance. Donc, la possibilité de la naissance de l'obligation à la charge de Séius s'opposerait provisoirement à toute action contre Titius, le débiteur primitif, ce qui n'aurait pas lieu à supposer que Séius fût intervenu dans le but de se constituer codébiteur *in solidum*.

(1) L. 24, Dig., *de Novat.* Ce texte donne lieu à des observations particulières quant à la détermination exacte de la personne que représente l'*hereditas jacens*. Ces observations trouveront leur place dans la partie de ce travail où je traiterai des effets de la condition dans l'institution d'héritier.

Mais cela se présentera quand le débiteur éventuel aura subi *pendente conditione* l'une des deux grandes *capitis deminutiones*, entraînant la confiscation des biens : il perd alors toute capacité de droit, et n'a pas de représentant, car le fisc n'est pas un successeur à la personne. Tel sera, par exemple, le cas où il aura été déporté (1). Ulpien fait une application remarquable de ce principe dans le texte suivant :

> L. 14, § 1, Dig., *De novat. et deleg.* (XLVI, 2). — Sed si, quod sub conditione debetur, pure quis novandi causa stipuletur, nec nunc quidem statim novat, licet pura stipulatio aliquid egisse videatur, sed tunc novabit, quum extiterit conditio ; etenim existens conditio primam stipulationem committit, commissamque in secundam transfert. Et ideo si forte persona promissoris pendente conditione fuerit deportata, Marcellus scribit, ne quidem existente conditione ullam contingere novationem, quoniam nunc quum extitit conditio, non est persona, quæ obligetur.

Voici l'ordre des idées : bien qu'on puisse *pendente conditione* nover une obligation conditionnelle, cependant la novation ne s'opère en réalité que quand l'obligation s'est formée par l'arrivée de la condition (2); si la condition ne se réalisait pas, il ne pourrait pas y avoir de novation ; et il en est de même quand, avant l'arrivée de la condition, le promettant a été déporté, car alors elle s'accomplit inutilement, puisqu'il ne se rencontre à cette époque personne qui puisse jouer le rôle de débiteur.

---

(1) L. 1 pr., Dig., *De bonis damnat.* (XLVIII, 20).
(2) Comp. L. 8, § 1er Dig., *De novat. et deleg.* (XLVI, 2).

Il faudrait donner la même solution en sens inverse, si une obligation pure et simple avait été l'objet d'une *expromissio* conditionnelle , et que *pendente conditione*, l'*expromissor* eût été déporté : la novation ne se produirait pas, faute d'une personne qui pût jouer à l'événement de la condition le rôle de débiteur dans l'*expromissio* (1).

Tout cela serait également vrai si, au lieu d'une condamnation à la déportation, le débiteur avait encouru une condamnation entraînant la servitude de la peine, et avec elle la confiscation des biens. Enfin je crois qu'il en aurait été de même si le débiteur était mort *pendente conditione* sans laisser d'héritier.

Il faut bien préciser les conséquences de cette règle : nous venons d'en voir une importante concernant la novation d'une obligation conditionnelle, ou la novation conditionnelle d'une obligation pure et simple. On peut en signaler une autre, très-importante aussi, relative à la fidéjussion : quand une dette conditionnelle avait été garantie par un fidéjusseur, et que *pendente conditione* le débiteur éventuel avait été frappé d'une *capitis deminutio maxima* ou *media* , ou qu'il était décédé sans laisser d'héritier, malgré l'événement postérieur de la condition, le fidéjusseur n'était pas tenu, parce qu'il n'y avait personne pour revêtir l'obligation principale (2). Cette dernière décision s'appuie sur le texte qui suit :

----

(1) Mais quand la première obligation est pure et simple et qu'il intervient une stipulation conditionnelle pour la nover, la novation se produit à l'arrivée de la condition malgré l'extinction de la dette primitive survenue *pendente conditione* (Comp., p. 251, *note* 2.).

(2) Les mêmes événements survenus chez le débiteur principal dans

PAPINIEN. L. 5, *pr.*, Dig., *Ut legat. seu fideic. servand.* (XXXVI,
3). — Postquam heres ab hostibus captus est, conditio
legati, cujus nomine proposita stipulatione cautum fuerat,
extitit; fidejussores· interim teneri negavi, quia neque
jus, neque persona esset, ad quam verba stipulationis
dirigi possint.

Cette loi est dans l'hypothèse d'une fidéjussion
donnée pour la sûreté d'un legs conditionnel, mais en
ce point les principes ne sauraient être différents pour
les obligations dérivant de legs, et pour celles dérivant
de contrats. Il faut aussi remarquer que, dans l'espèce
sur laquelle il raisonne, Papinien ne déclare pas que la
fidéjussion tombe, mais seulement que provisoirement
elle ne produit pas ses effets. C'est qu'ici l'héritier débiteur du legs est en captivité chez l'ennemi, et que
son état est en suspens, sauf à lui appliquer la fiction
du *postliminium* ou celle de la *Lex Cornelia*, suivant qu'il
recouvrera la liberté ou qu'il mourra en captivité. Lui-
même dans le premier cas, son héritier dans le second,
se trouvera grevé de l'obligation dérivant du legs dont
la condition s'est accomplie, et alors la fidéjussion deviendra utile. Mais il est évident que s'il s'était agi
d'un état définitif, Papinien aurait décidé absolument
que l'obligation du fidéjusseur ne pouvait pas prendre
naissance.

Du reste, je pense que, dans tous ces cas, l'obligation
dont la condition s'était réalisée après que l'un des
faits prévus s'était produit dans la personne du débiteur, avait néanmoins effet sur les biens de celui-ci. En

l'obligation pure et simple ou après l'événement de la condition ne
libéreraient pas, au contraire, le fidéjusseur. V. L. 95 § 1er *in fine*,
Dig., *De solut.*, et le commentaire de ce texte par M. Pellat : *Textes
choisis*, 2e *édit.*, p. 191 et suiv.

cas de confiscation, le fisc ne prenait les biens qu'à la charge des dettes *intra vires*; dans l'hypothèse du décès sans héritier, les créanciers se faisaient envoyer en possession, et je crois que le créancier dont nous parlons était appelé à exercer ses droits sur les biens comme les autres. J'en trouve la preuve dans la décision donnée au sujet d'un fidéicommis conditionnel dont était grevée une personne frappée de confiscation : les biens objet du fidéicommis étaient englobés dans la confiscation, mais à la charge de les restituer au fidéicommissaire au cas que la condition du fidéicommis vînt à s'accomplir (L. 48, § 1, Dig., *De jure fisci*, XLIX, 14). Il n'y avait pas de raison pour qu'il en fût autrement du payement d'une dette conditionnelle.

Les textes ne nous disent pas que le contrat conditionnel fût également non-avenu quand c'était le créancier qui, par un des événements qui viennent d'être signalés, avait perdu toute personnalité juridique avant l'arrivée de la condition. Mais on ne saurait douter qu'il n'en fût ainsi : pour que l'obligation puisse se former, l'existence juridique de son sujet actif n'est pas moins indispensable que celle de son sujet passif. — Quoi qu'il en soit, lorsqu'il s'agissait d'un contrat synallagmatique, il est certain que la déportation de l'une des parties ou son décès *sine herede* survenu *pendente conditione*, auraient eu pour résultat d'empêcher absolument la formation du contrat. Alors, en effet, chaque partie se trouvait débitrice de son côté, et dès qu'elle ne pouvait plus le devenir, le contrat devenait impossible. C'était, à mon avis, dans ces cas que devait s'appliquer dans toute sa rigueur, et sans aucun correctif, la règle que je viens de développer.

VII

C'est à l'événement de la condition qu'il faut se placer pour rechercher si la chose due est ou non dans le commerce relativement au créancier.

Ainsi on ne peut ni stipuler ni acheter sa propre chose ; mais si la stipulation ou la vente sont faites sous condition, il suffira pour leur validité que le créancier ait cessé d'être propriétaire quand la condition viendra à se réaliser : on ne tient pas compte de la propriété antérieure, puisque c'est seulement à ce moment que se forme le contrat.

> Pomponius, L. 31, Dig., *De verb. oblig.* (xlv, 1). — Si rem meam sub conditione stipuler, utilis est stipulatio, si conditionis existentis tempore mea non sit.

> Marcellus, L. 61, Dig., *De contrah.*, *empt.* (xviii, 1). — Existimo, posse me id, quod meum est, sub conditione emere, quia forte speratur, meum esse desinere.

De même, on pourra stipuler sous condition une servitude au profit d'un fonds dont on n'est pas actuellement propriétaire, et cette stipulation produira ses effets si on l'est devenu à l'événement de la condition. (V. *infra*, L. 98, Dig., *De verb. oblig.*). En sens inverse, la stipulation d'une servitude sous condition deviendrait inutile si, à l'arrivée de la condition, le stipulant avait cessé d'être propriétaire du fonds au profit duquel la servitude devait être constituée.

Que décider si étant créancier, sous condition, d'une chose dont on n'était pas primitivement propriétaire, on en a acquis la propriété *pendente conditione ?* Faudra-t-il dire aussi que l'obligation ne pourra pas prendre naissance? Ici on faisait une distinction par application de la maxime : *Duæ causæ lucrativæ in eumdem hominem et eamdem-rem concurrere non possunt.* On sait que toute obligation de transférer la propriété d'un corps certain *ex lucrativa causa* était éteinte quand le créancier était devenu, également *ex lucrativa causa*, propriétaire de la chose due. Mais si l'acquisition avait eu lieu à titre onéreux, ou, en sens inverse, si la créance n'avait pas pris naissance *ex lucrativa causa*, bien que l'acquisition eût été faite à titre gratuit, le créancier devenu propriétaire conservait une action pour obtenir, à défaut de la chose dont il était impossible de lui transférer la propriété, du moins sa valeur. En supposant la créance conditionnelle, et l'acquisition de la chose due, par le créancier, avant l'événement de la condition, c'est par une distinction analogue qu'on décide si l'obligation se formera ou non : elle ne se formera pas dans les cas où l'obligation pure et simple aurait été éteinte par la règle sur le concours des causes lucratives, mais dans les cas où l'acquisition de la chose due n'aurait pas éteint l'obligation pure et simple, elle n'empêchera pas non plus l'obligation conditionnelle de se former. Supposons, par exemple, que j'aie acheté une maison sous condition, et qu'à l'arrivée de la condition j'en sois devenu propriétaire en vertu d'un legs, cette circonstance n'empêchera pas plus la vente de se former qu'elle n'aurait éteint l'obligation du vendeur si la vente avait été pure et simple. Il en sera de même en cas de stipulation conditionnelle si je suis devenu dans l'intervalle propriétaire à la suite d'un achat. Mais, dans ce même cas de stipulation, si le créancier était devenu, *pendente conditione*, propriétaire de la chose due par l'effet d'un legs, il n'acquerrait aucun droit en vertu de la stipulation. Voici un texte qui contient la justification de ces diverses propositions :

MARCELLUS, L. 98, Dig., *De verb, oblig.* (XLV, 1). — Existimo id, quod meum est, sub conditione stipulari, item viam stipulari ad fundum posse, quanquam interim fundus non sit meus; aut si hoc verum non est, et alienum fundum sub conditione stipulatus fuero, isque ex lucrativa causa meus esse cœperit, confestim perimeretur stipulatio; et si fundi dominus sub conditione viam stipulatus fuerit, statim fundo alienato evanescit stipulatio ;....

Le jurisconsulte, on le voit, ne pense pas que l'acquisition *interim, ex lucrativa causa*, par le créancier, de la chose qui lui est due *ex stipulatu*, empêche la stipulation de se former s'il a cessé d'être propriétaire à l'événement de la condition ; ce qui implique que la stipulation s'évanouirait si, à l'arrivée de la condition, le créancier se trouvait propriétaire *ex lucrativa causa* ; et enfin la mention spéciale que fait Marcellus de la *causa lucrativa* fait voir qu'il n'y aurait pas de doute sur le maintien de la stipulation en supposant une acquisition à titre onéreux.

7° Les jurisconsultes romains avaient fait de notre principe une autre application remarquable en matière d'action Paulienne : étant supposé que le créancier conditionnel eût empêché par son fait volontaire l'accomplissement de la condition sous laquelle il était créancier, sachant que par là il causait un préjudice à ses propres créanciers, cela ne donnait pas lieu, de la part de ceux-ci, à l'exercice de l'action Paulienne. On considérait que, par ce fait, le débiteur n'avait pas abdiqué un droit antérieurement acquis, mais qu'il avait simplement refusé de s'enrichir :

ULPIEN, L. 6, Dig., *Quæ in fraud. cred.* (XLII, 8), *Pr.* — Pertinet... edictum ad deminuentes patrimonium suum, non ad eos, qui id agunt, ne locupletentur. — § 1. Unde si quis ideo conditioni non paret, ne committatur stipulatio, in ea conditione est, ne faciat huic Edicto locum.

À l'inverse, il va de soi qu'au contraire, par le même motif, il y aurait lieu à l'action Paulienne si celui qui est débiteur sous une condition potestative de sa part, la laissait ou la faisait s'accomplir en fraude de ses créanciers : on ne pourrait pas alléguer qu'il a simplement refusé de s'enrichir en ne se soustrayant pas, comme il l'aurait pu, à une obligation qui pesait antérieurement sur lui ; la vérité est qu'il se sera frauduleusement soumis à une obligation qui n'avait pas encore d'existence.

8° On ajoute ordinairement que le contrat conditionnel ne constitue pas, *pendente conditione*, une *justa causa* qui puisse fonder une usucapion : ce qui suppose qu'il s'agit d'un contrat constituant de sa nature une *justa causa transferendi dominii*, et que la tradition de la chose a été effectuée avant l'arrivée de la condition.

Cela est exact et constaté par plus d'un texte, mais je crois qu'il est mieux de rattacher cela aux effets de la condition dans les actes translatifs de propriété en général, et dans la tradition en particulier. Il me paraît plus facile de justifier, en se plaçant à ce point de vue, la règle suivant laquelle la tradition effectuée pour l'exécution anticipée d'un contrat conditionnel ne peut donner lieu à aucune usucapion, tant que la condition est en suspens.

VIII

LE CONTRAT CONDITIONNEL PRODUIT UNE *spes debitum iri*. — CONSÉQUENCES.

Jusqu'à présent nous avons tiré les conséquences de ce principe que le contrat conditionnel, tant que la condition est en suspens, ne donne naissance à aucun droit, ni à aucune obligation. Nous devons maintenant étudier les correctifs qu'on apportait à ce principe. D'abord, comme je l'ai déjà dit, il y avait au profit du créancier conditionnel une *spes debitum iri* dont les effets ne laissent pas d'être considérables. Elle constitue dès à présent dans le patrimoine du créancier un droit *sui generis* dont l'efficacité, ainsi que je l'ai dit, est indépendante de la pure volonté du débiteur.

L'acquisition de cette *spes debitum iri* exige dès à présent chez les parties la capacité de contracter suivant le rôle qu'elles jouent dans le contrat. Cela va de soi, puisque c'est en vertu du consentement actuellement donné qu'elles doivent plus tard se trouver liées l'une envers l'autre. Mais elle exige en outre, chez le créancier éventuel, l'aptitude actuelle à devenir créancier. Je m'explique: lorsque le stipulant est un *servus sine domino*, par exemple, dans l'ancien droit, un esclave affranchi par un nu-propriétaire, la stipulation même conditionnelle qu'il pourrait faire, ne lui donnera pas une créance civile, bien que la condition se soit réalisée après que l'extinction de l'usufruit l'a conduit à la liberté. C'est encore là ce qui explique pourquoi l'esclave d'une hérédité jacente ne peut pas stipuler, même sous condition, un droit d'usufruit:

> PAUL., L. 26, Dig., *De stip.*, *serv.* (XLV, 3). — Ususfructus sine persona esse non potest, et ideo servus hereditarius inutiliter usumfructum stipulatur..... Quid ergo, si sub conditione stipuletur? Nec hoc casu valeat stipulatio, quia ex præsenti vires accipit stipulatio, quamvis petitio ex eo suspensa sit (1).

Cette *spes debitum iri*, ce droit *sui generis* est transmissible activement et passivement aux héritiers des contractants :

> Ex conditionali stipulatione tantum spes est debitum iri, eamque ipsam spem in heredem transmittimus, si prius, quam conditio existat, mors nobis contigerit (Instit., *De verb. oblig.*, III, XV, § 4).
>
> ..... Hic enim morte promissoris non extinguitur stipulatio, sed transit ad heredem... (L. 24, *in fine*, Dig., *De novat. et deleg.*, XLVI, 2) (2).

On retrouve la même décision dans la L. 8, Dig., *De peric. et comm.* (XVIII, 6), que j'ai transcrite plus haut ; mais elle y est rattachée à la rétroactivité de la condition ; « Quod si pendente conditione emptor vel » venditor decesserit, constat, si extiterit conditio, » heredes quoque obligatos esse, *quasi jam contracta* » *emptione in præteritum.* » Je ne crois pas que cette idée soit exacte, et les Institutes me paraissent bien

---

(1) Le même fragment forme le § 55 des *Fragm. Vat.*

(2) Comp., Inst. III, XIV, § 25 ; L. 36, § 1, *infini*, Dig., *De usufr.*, (VII, 1) ; L. 57, Dig., *De verb. oblig.* (XLV, 1).

plus dans le vrai quand elles parlent de la transmissibilité aux héritiers, activement et passivement, du
droit tel quel résultant du contrat conditionnel. La
preuve que la rétroactivité de la condition accomplie
est sans importance ici, c'est qu'en matière de legs
conditionnels, où il n'y a assurément aucune rétroactivité, l'obligation éventuelle de l'héritier débiteur du
legs se transmet passivement à ses propres héritiers,
qui seront tenus malgré le décès de leur auteur avant
l'événement de la condition. A quoi bon d'ailleurs recourir à une fiction pour expliquer ce qui s'explique
par une notion aussi simple que celle que j'ai indiquée ?

Relativement à la transmissibilité aux héritiers des
droits éventuels, actifs et passifs, résultant d'un contrat conditionnel, deux observations importantes sont
à faire. La première, c'est que si dans les contrats la
condition peut, en règle générale, s'accomplir utilement
après le décès des parties, on n'aurait pas pu, du moins
dans l'ancien droit, soumettre un contrat à une condition qui n'aurait pu absolument se réaliser qu'après la
mort de l'un ou de l'autre des contractants. On aurait
été alors dans le cas d'une stipulation *post mortem sti-
pulantis,* ou *post mortem promittentis* (Instit. III, XIX,
§ 13).

Voici la deuxième observation : pour que la condition
puisse s'accomplir utilement après le décès des parties,
il faut supposer qu'il s'agit d'un contrat que ce décès
ne dissoudrait pas s'il était déjà formé. S'il s'agissait
par exemple d'une société, il est bien clair que le décès
de l'un des contractants *pendente conditione* empêcherait
la société de se former ; sauf le cas exceptionnel d'une
société *vectigalis,* elle ne pourrait pas plus se former

avec les héritiers qu'elle ne leur serait transmissible en cas de mort postérieure à la formation du contrat.

L'obligation conditionnelle pouvait *pendente conditione* être garantie par un fidéjusseur. Il est bien entendu que la fidéjussion était virtuellement soumise à la même condition que l'obligation principale, mais elle pouvait être donnée *ab initio*, ce qui ne saurait surprendre, car on sait que l'on admettait la fidéjussion d'une dette future :

> Ulpien, L. 6, § 2, Dig., *De fidejuss.* (xlvi, 1). — Adhiberi autem fidejussor tam futuræ, quam præcedenti obligationi potest, dummodo sit aliqua vel naturalis futura obligatio (1).

IX

Suite. — Du rang de l'hypothèque constituée pour sûreté d'une dette conditionnelle *ex contractu.*

Par la même raison, l'on pouvait *pendente conditione* donner une hypothèque pour sûreté d'une dette conditionnelle, et cette hypothèque avait rang du jour où elle avait été consentie, et non du jour de l'événement de la condition :

> Gaius, L. 11, § 1, Dig., *Qui pot. in pign.* (xx, 4). — Videamus, an idem dicendum sit, si sub conditione stipulatione facta hypotheca data sit, qua pendente alius credidit pure, et accepit eamdem hypothecam, tunc deinde prioris stipulationis existat conditio, ut potior sit, qui postea credidisset? Sed vereor, num hic aliud sit dicen-

(1) Comp. Instit. III, xx, § 3.

·dum ; quum enim semel conditio extitit, perinde habetur,
ac si illo tempore, quo stipulatio interposita est, sine
conditione facta esset ; quod et melius est.

AFRICAIN, L. 9, § 1, *eod.* — Amplius sub conditione credi-
torem tuendum putabat adversus eum, cui postea quidquam deberi cœperit, si modo non ea conditio sit, quæ
invito debitore impleri non possit.

Ces deux textes consacrent notre proposition ; mais
l'un en donne un motif, l'autre y apporte une restriction, sur lesquels je dois m'arrêter.

La L. 11, § 1ᵉʳ, rattache notre règle à l'effet rétroactif
qu'on accorde à la condition quand elle est accomplie.
Cela est vrai en ce sens que cet effet rétroactif est, si
l'on veut, une raison de plus pour admettre la règle ;
mais il serait inexact de croire que le même résultat
ne se fût pas produit indépendamment de toute rétroactivité : en effet, l'hypothèque peut en principe
être constituée pour sûreté même d'une dette future (1)
avec rang du jour où elle a été consentie. Nous verrons qu'il en est de même de l'hypothèque qui serait
donnée *pendente conditione* pour sûreté d'un legs conditionnel ; or, il est certain qu'aucune fiction de
rétroactivité ne fait remonter la créance résultant d'un
legs conditionnel, plus haut que l'époque de l'arrivée
de la condition. Si l'on voulait parler de rétroactivité
en cette matière, il faudrait l'appliquer à la condition
qui affecte virtuellement toute hypothèque consentie
pour sûreté d'une dette conditionnelle ou future. Cette

(1) La dette conditionnelle est bien aussi une dette future, mais je
désignerai plus spécialement sous le nom de dette future, celle dont
l'existence ne rétroagit pas. Je donnerai des exemples dans la suite.

hypothèque est en effet soumise à la condition que l'obligation principale prendra naissance, et on pourrait dire que l'accomplissement de cette condition donne à l'hypothèque une existence rétroactive du jour où elle a été consentie. Mais pourquoi toutes ces fictions? Pourquoi ne pas dire tout simplement que les parties peuvent dès à présent constituer une garantie pour la sûreté d'une obligation qui n'est pas encore née? Cela n'a rien d'illogique, et je ne vois pas qui pourrait s'en plaindre.

Toutefois, c'est ici que se présente la restriction apportée à notre règle pour la L. 9, § 1, *Qui potior*. Suivant ce texte, l'hypothèque consentie *pendente conditione* pour sûreté d'une dette conditionnelle n'a rang du jour où elle a été constituée, qu'autant que la condition n'est pas de celles dont l'accomplissement dépend de la volonté du débiteur; autrement, elle n'aurait rang qu'à partir de la condition accomplie.

Généralement on s'est rattaché à cette disposition pour soutenir que la rétroactivité de la condition accomplie ne se rencontre pas en matière de conditions potestatives de la part du débiteur. Conçue en termes aussi généraux, cette allégation est inexacte : à tout prendre, il ne serait pas d'une bonne logique de conclure de la négation de l'un des effets de la rétroactivité à la négation de la rétroactivité elle-même et de ses autres effets. Mais j'ai fait voir que la règle que nous étudions est indépendante de la rétroactivité de la condition accomplie, et dès lors la restriction qu'elle comporte ne saurait se rattacher à la négation de la rétroactivité dans le cas prévu. Nous verrons donc que les effets qu'on peut attribuer à cette rétroactivité se produisent sans qu'il y ait lieu de distinguer entre les conditions potestatives ou casuelles.

Mais il nous faut examiner en elle-même cette solution de la L. 9, § 1, sur le rang de l'hypothèque consentie *pendente conditione*, pour garantir une obligation contractée sous une condition dont l'accomplissement dépend de la volonté du débiteur. Je n'hésite pas à dire qu'elle est inacceptable dans les termes généraux dans lesquels elle est formulée. Pour le prouver, je prends d'abord un exemple au sujet duquel je ne rencontrerai pas, je pense, de contradiction. Supposons une obligation avec clause pénale, et une hypothèque consentie pour garantir le payement de la clause pénale. Il s'agit bien d'une obligation sous une condition dont l'accomplissement dépend de la volonté du débiteur. Qui voudrait dire pourtant que l'hypothèque ici n'aurait pas rang du jour où elle a été constituée ? Nous pouvons encore nous placer dans l'hypothèse d'un contrat synallagmatique, par exemple d'une vente, consentie sous une condition potestative de la part de l'acheteur, avec constitution d'hypothèque pour assurer le payement du prix : la condition sera par exemple celle-ci : si l'acheteur embrasse telle profession. N'y aurait-il pas une injustice criante à dénier au vendeur une sûreté en vue de laquelle il a contracté un engagement qu'il ne dépend pas de lui de rompre ?

Faudra-t-il du moins appliquer la solution au cas d'une condition qui remettrait la formation de l'obligation à la pure volonté du débiteur ? C'est ce qu'on admet le plus généralement ; et pourtant, même dans ces termes, cela me paraît inacceptable. Prenons l'exemple de la vente à l'essai sous condition suspensive, avec hy-

pothèque consentie par l'acheteur, comme garantie du
payement, pour le cas où ayant agréé la chose vendue,
il aura ainsi parfait le contrat. Ne serait-il pas contraire
aux notions les plus simples de l'équité, d'annihiler la
garantie en raison de laquelle le vendeur a consenti à
se lier (1)?

Pourtant, inique ou non, à première vue les textes
semblent favorables à cette doctrine. On peut, en effet,
invoquer à l'appui la L. 11, pr. Dig., *Qui potior in pign.*
(xx, 4.)

> GAIUS. — Potior est in pignore, qui prius credidit pecuniam,
> et accepit hypothecam, quamvis.cum alio ante conve-
> nerat, ut, si ab eo pecuniam acceperit, sit res obligata,
> licet ab hoc postea accepit ; poterat enim licet ante con-
> venit, non accipere ab eo pecuniam.

De même en cas d'aliénation de la chose hypothé-
quée :

> PAUL, L. 4, Dig., *Quæ res pign.* (xx, 3). — Titius, quum
> mutuam pecuniam accipere vellet a Mævio, cavit ei, et
> quasdam res hypothecæ nomine dare destinavit; deinde,
> postquam quasdam ex his rebus vendidisset, accepit pecu-
> niam ; quæsitum est, an et prius res venditæ creditori
> tenerentur? Respondit, quum in potestate fuerit debi-
> toris, post cautionem interpositam pecuniam non acci-
> pere, eo tempore pignoris obligationem contractam

---

(1) Il est vrai que dans le cas où la vente *ad comprobationem* est
faite sous condition résolutoire : *nisi displicuerit*, les droits réels constitués *interim* par l'acheteur sont maintenus malgré la résolution du
contrat (V. L. 3, Dig., *Quib. mod. pignus solv.*) ; mais je ferai voir
plus loin qu'il n'y a en fait, dans cette décision spéciale, aucune
question de rétroactivité ou de non-rétroactivité de la condition, et
qu'elle se justifie par des considérations toutes particulières.

videri, quo pecunia numerata est, et ideo inspiciendum, quas res in bonis debitor numeratæ pecuniæ tempore habuerit.

Je ne veux pas objecter contre ces textes qu'ils ne prévoient pas précisément le cas d'une obligation conditionnelle, mais celui d'une obligation future, ce qui n'est nullement la même chose; on me répondrait avec raison qu'au point de vue du rang de l'hypothèque qui les garantit, obligation conditionnelle ou obligation future, c'est tout un. Je l'ai constaté moi-même tout à l'heure, et la L. 9, *pr.*, Dig. *Qui pot. in pign.*, établit bien, en effet, qu'en principe l'hypothèque qui garantit le payement d'une·dette future prend rang dù jour où elle est constituée (1). La distinction est donc ici sans intérêt, et s'il est constant que l'hypothèque garantissant une obligation future ne prend rang qu'au jour où naît l'obligation, quand celle-ci est subordonnée au pur vouloir du débiteur, je concède qu'il devra en être de même dans une obligation sous condition purement potestative de la part de l'obligé.

(1) Il s'agit dans la L. 9, *pr.* de l'hypothèque consentie pour la sûreté de loyers à échoir. Or, quoi qu'en dise la jurisprudence actuelle de la Cour de cassation, ce n'est pas là une créance à terme, ce n'est même pas une créance conditionnelle, c'est une créance future : la nature des choses s'oppose à ce qu'on attache aucune rétroactivité à la créance du locateur; c'est par là qu'elle se distingue d'une créance conditionnelle. Les jurisconsultes romains ne s'y étaient pas trompés. Ainsi quand un esclave avait loué ses services à tant par an, le droit aux loyers était acquis *initio cujusque anni*, à celui qui à cette époque avait droit aux services de l'esclave. S'il y avait eu une seule obligation avec divers termes d'échéance, ou même une succession d'obligations conditionnelles, le bénéfice en aurait été acquis dès l'origine à celui à qui auraient appartenu à cette époque les acquisitions faites par l'esclave *ex operis suis*. (V. Dig., LL. 25, § 2, *De Usufructu*, et 18, § 3, *De stipul. serv.* V. aussi *infrà*, p. 297, *à la note*).

Or, comme je le disais, les textes qu'on vient de lire sont bien favorables à cette doctrine : ils supposent une hypothèque consentie pour assurer la restitution d'un prêt non encore réalisé, et ils lui donnent effet seulement du jour où le prêt sera réalisé parce que, disent-ils, malgré les conventions antérieures, il dépendait toujours de l'emprunteur de ne pas recevoir les deniers, et par suite de n'être pas débiteur. Et en sens inverse, si la L. 9, *pr.*, *Qui potior.*, donne, dans l'espèce qu'elle prévoit, rang à l'hypothèque avant la naissance de l'obligation, c'est, dit-elle, parce qu'il ne dépend pas du débiteur de s'y soustraire.

A l'appui de cette thèse, on a écrit que cette règle a pour objet de déjouer des fraudes (1), dont je ne comprends pas bien la nature dans un régime hypothécaire où il est impossible au créancier de savoir jusqu'à quel point il peut compter sur la prétendue sûreté qu'il trouve dans l'hypothèque.

Pour moi, sans contester la parfaite exactitude juridique des solutions ci-dessus rapportées, je crois qu'on les a trop généralisées, et qu'on en a tiré des conséquences extrêmes qui sont inexactes. Oui, l'hypothèque qui garantit une dette future ou conditionnelle dont la naissance dépend du pur vouloir du débiteur, n'a rang que du jour de la formation effective de l'obligation, mais seulement quand, de son côté, le créancier futur ou conditionnel n'a contracté aucune obligation. Telle est l'hypothèse de nos textes, et il ne faut pas les appliquer au delà. Si le débiteur, dans l'espèce prévue, ne doit l'être que s'il le veut bien, le créancier de son côté

(1) V. Maynz, *Élém. de droit rom.*, t. II, p. 288, *note* 20.

ne s'est pas engagé à réaliser le prêt, et quand l'emprunteur viendra lui demander la numération des espèces, il 'pourra s'y refuser s'il n'a plus la même confiance dans les sûretés qui lui sont offertes. C'est à des hypothèses semblables qu'il faut limiter l'application de notre L. 9, § 1, *Qui potiores*, dans sa disposition finale. Nous supposerons précisément le cas, prévu par la L. 30, Dig. *De reb. credit.*, où le futur prêteur a stipulé d'avance, sous hypothèque, une somme qui doit être prêtée, mais sans qu'il ait d'ailleurs contracté aucun engagement relativement à ce prêt ; c'est bien alors le cas où le débiteur n'étant tenu que sous une condition dépendant absolument de sa volonté, on peut sans blesser l'équité ne donner rang à l'hypothèque que du jour où le prêt sera effectué. Cela se rencontrait, comme on sait, tous les jours dans la pratique romaine, et je suis convaincu que c'est en vue de cette hypothèse spéciale, si fréquente d'ailleurs, qu'est écrite, malgré les termes trop généraux dans lesquels elle est formulée, la règle finale de notre L. 9, § 1.

Mais dès que le créancier futur ou conditionnel se trouvera lié lui-même, comme dans le cas allégué plus haut de vente à l'essai, il est impossible d'admettre qu'il soit au pouvoir de l'acheteur d'annihiler les sûretés qui ont déterminé le vendeur à s'engager.

La thèse que je viens de développer peut trouver un appui dans le texte suivant, dont le sens à la vérité prête à des doutes, mais qui pourtant me paraît suffisamment précis :

PAPINIEN, L. 1, pr. Dig., *Qui pot. in pign.* (XX, 4). — Qui dotem pro muliere promisit, pignus sive hypothecam de restituenda sibi dote accepit, subsecuta deinde pro parte numeratione maritus eamdem rem pignori alii dedit, mox residuæ quantitatis numeratio impleta est ; quæ-rebatur de pignore. Quum ex causa promissionis ad uni-versæ quantitatis exsolutionem, qui dotem promisit, compellitur, non utique solutionum observanda sunt tempora, sed dies contractæ obligationis, nec probe dici, in potestate ejus esse, ne pecuniam residuam redderet, ut minus dotata mulier esse videatur.

Dans l'hypothèse de la loi, l'hypothèque est consti-tuée au moment de la *promissio dotis*, pour assurer la restitution de la dot, stipulée probablement au profit du constituant. Le cas est, comme on voit, assez voisin de celui où l'hypothèque garantit la promesse de restitu-tion d'un prêt à effectuer. Mais il y a entre les deux cette différence capitale que le créancier (celui qui fait la *promissio dotis*), dans notre espèce, n'est pas libre d'ac-complir ou de refuser la numération d'argent qui est la condition de sa créance. Aussi décide-t-on que l'hypo-thèque aura rang du jour de sa constitution, et non du jour où la dot aura été effectivement comptée. Et le motif qu'en donne Papinien, c'est justement que le créancier futur est lié par sa promesse. Cependant il y a difficulté sur la manière d'entendre la fin de ce passage : « *Nec probe dici, in potestate ejus esse, ne pecuniam resi-duam redderet, ut minus dotata mulier esse videatur.* » Longtemps on a rapporté cette phrase au mari, d'où l'on a tiré argument pour soutenir que la raison décisive, c'est que la naissance de l'obligation garantie par l'hy-pothèque ne dépend pas du débiteur. C'est là, je crois, un faux sens ; le sens grammatical de la phrase indique que ces expressions se réfèrent à celui qui a constitué la dot ; elles reproduisent sous une autre forme, elles développent ce qui a été dit précédemment, que le constituant est lié (1). Appliquées au mari, elles ne seraient pas exactes, car il me paraît incontestable qu'il dépend absolument de lui de ne pas exiger le payement de la dot, et de n'en pas devenir débiteur (2). Il faut donc reconnaître qu'en principe l'hypothèque constituée pour la sûreté d'une obligation conditionnelle, ou même future, produit ses effets dès l'époque de sa constitution, toutes les fois que le futur créancier n'est pas libre de le devenir, quand même il dépendrait du futur débiteur que son obligation ne prît pas naissance (3).

X

Pour terminer avec les effets que peut produire *pendente conditione* un contrat conditionnel, en dehors de ceux qui se rattachent à la fiction de la rétroactivité de la condition accomplie, il me reste à dire quelques mots d'un point qui est demeuré très-obscur faute de documents assez précis. Je veux parler de la question de savoir si le créancier conditionnel peut, avant l'arrivée de la condition, se faire envoyer en possession des biens du débiteur éventuel. A cet égard les textes sont contradictoires. D'une part, Paul, L. 6, Dig., *Quib. ex caus. in poss.* (XLII, 4) résout la question par l'affirmative :

---

(1) Les Basiliques ne laissent aucun doute sur l'exactitude de cette interprétation ; voici en quels termes, suivant la version latine d'Heimbach, elles reproduisent notre texte : « Te prior sum : *Quoniam enim promissa solvere necesse habeo*, solutionum tempora non spectamus, sed contractus (*Basil.*, XXV, 5, 1).

(2) Du moins envers le constituant créancier de là restitution.

(3) V. en ce sens Vangerow, et les auteurs qu'il cite (*Lehrbuch* T. 1, § 137 *Anm.* 3).

In possessionem mitti solet creditor, et si sub conditione ei pecunia promissa sit.

D'autre part, Ulpien et Paul lui-même dans un autre texte décident absolument le contraire :

> ULPIEN, L. 7, § 14, Dig., *eod. tit.* — Si in diem vel sub conditione debitor latitet, antequam dies vel conditio veniat, non possunt bona ejus venire.

> PAUL, L. 14, § 2, *eod.* — Creditor autem conditionalis in possessionem non mittitur, quia is mittitur qui potest bona ex Edicto vendere.

Il serait puéril d'énumérer les nombreuses explications, toutes plus ou moins arbitraires, qu'on a proposées de cette difficulté. S'il m'était permis d'exprimer une opinion, ou, si l'on veut, une conjecture, voici la doctrine à laquelle me paraîtraient conduire les principes. D'abord il ne me semble pas douteux que lorsque l'envoi en possession était obtenu, et la *venditio bonorum* poursuivie par d'autres créanciers, le créancier conditionnel devait être admis comme les autres pour obtenir, le cas échéant, son dividende proportionnel. Il faut donc supposer que le créancier conditionnel vient, avant tous autres, solliciter la *missio in possessionem*. Or, il est bien certain que cela n'est pas possible dans tous les cas ordinaires d'envoi en possession. Il est incontestable, à mon avis, que le créancier sous condition ne sera pas admis, en l'absence de tous autres, à demander un envoi en possession *ex causa judicati*, puisqu'il ne peut pas obtenir de jugement, ni sous prétexte que le débiteur *fraudationis causa latitat*, puisqu'il n'a pas encore d'action à exercer contre lui. Mais si nous supposons le

débiteur décédé sans que la succession soit recueillie par
un héritier ou un *bonorum possessor*, il n'y a rien d'illogique à admettre que, pour la conservation de ses
droits, le créancier conditionnel pourra demander l'envoi en possession des biens qui forment son gage éventuel. Et la preuve qu'il devait en effet en être ainsi,
c'est que le créancier sous condition était admis à obtenir la *separatio bonorum*, ce qui implique une *missio in
bona defuncti :*

> PAPINIEN, L. 4, pr., Dig., *De separat.* (XLII, 6). — Credi-
> toribus, qui ex die vel conditione debentur, et propter
> hoc nondum pecuniam petere possunt, æque separatio
> dabitur, quoniam et ipsis cautione communi consulatur.

En résumé, je distinguerais suivant que la *missio in
possessionem*, à raison de la cause en vertu de laquelle
elle est demandée, implique ou non le droit d'exercer,
comme nous dirions aujourd'hui, des poursuites ac-
tuelles contre le débiteur (1).

XI

DE LA RÉTROACTIVITÉ DE LA CONDITION ACCOMPLIE.

Un autre correctif à la règle que le contrat conditionnel ne se forme, et ne donne naissance à des obligations
qu'à l'événement de la condition, se rencontre dans
l'effet rétroactif de la condition accomplie, qui vient
après coup faire produire au contrat conditionnel cer-

---

(1) V., sur les diverses causes qui peuvent motiver la *missio in bona*
des créanciers, Gaius, III, § 78.

tains effets dans le passé. Cette rétroactivité est à proprement parler ce qui distingue l'obligation conditionnelle de l'obligation future. C'est une question de savoir
exactement sur quelles bases juridiques elle est fondée ;
la solution de cette question sera plus facilement donnée
quand nous aurons constaté avec soin les conséquences
pratiques attachées par les jurisconsultes romains à la
rétroactivité.

L'une des plus remarquables se présentait quand le
créancier conditionnel était une personne en puissance
d'autrui, un esclave par exemple, ou un fils de famille.
Si l'on s'était attaché rigoureusement au principe que le
droit ne naît qu'à l'arrivée de la condition, c'est à cette
époque qu'il aurait fallu se placer pour décider au bénéfice de qui il serait constitué. C'est ce qui arrivait dans
les obligations futures. Supposons, par exemple, qu'un
esclave grevé d'usufruit a loué ses services, et stipulé
un salaire à tant par jour. On considérait qu'il y avait
là autant d'obligations futures que de jours de travail,
outre la créance relative au premier jour qui était pure
et simple ; et le droit à chacune de ces créances successives était acquis *quotidie* à la personne qui avait droit
aux *operæ* de l'esclave, c'est-à-dire à l'usufruitier tant
que durait l'usufruit, et ensuite au nu-propriétaire rentré dans la jouissance de sa chose. J'ai choisi cette hypothèse parce qu'elle est directement résolue par les
textes (1). On peut la modifier en supposant que l'esclave
qui a stipulé *in singulos dies* pour prix de ses services
n'était pas grevé d'usufruit, mais qu'il a été affranchi ;

---

(1) LL. 25, § 2. *Dig.*, *De usufructu* (VII, 1), et 18, § 3, *De stipul.*
serv. (XLV, 3).

à partir de sa manumission, c'est lui qui profitera des salaires.

Il en allait tout autrement en cas d'obligation résultant d'un contrat formé sous condition. Supposons par exemple une stipulation conditionnelle faite par un esclave ou un fils de famille, le bénéfice en sera acquis au *paterfamilias* sous la puissance duquel ils se trouvaient au jour de la stipulation, quels que soient les changements survenus dans leur état au jour de l'événement de la condition. Peu importe, par exemple, que le fils de famille ait été émancipé dans l'intervalle, que l'esclave ait été affranchi ou qu'il ait changé de maître pendant que la condition était encore en suspens :

> PAUL, L. 78, pr., Dig., *De verb. oblig.* (XLVI, 1). — Si filiusfamilias sub conditione stipulatus emancipatus fuerit, deinde extiterit conditio, patri actio competit, quia in stipulationibus id tempus spectatur quo contrahimus.

Nous verrons que c'est là une des différences saillantes entre les obligations conditionnelles *ex contractu*, et celles qui naissent d'un legs. Ce contraste, sur lequel j'insisterai en temps opportun, est exprimé notamment dans la L. 18, Dig., *De div. reg. jur.* (L., 17).

> POMPONIUS. — Quæ legata mortuis nobis ad heredem nostrum transeunt, eorum commodum per nos his, quorum in potestate sumus, eodem casu acquirimus ; *aliter atque quod stipulati sumus ;* nam et sub conditione stipulantes omnimodo iis acquirimus, etiamsi liberatis nobis potestate domini conditio existat.

Ces décisions ne se seraient pas appliquées en cas de stipulation ayant pour objet la restitution d'un prêt à effectuer (V. L. 30, Dig., *De reb. credit.*). Dans cette hypothèse on avait non une créance conditionnelle, mais une créance future qui ne prenait naissance, sans aucune rétroactivité, qu'au jour de la numération des espèces (1). Ce rapprochement prouve bien que c'est par l'idée de rétroactivité que s'explique la différence ; il ne suffirait pas de dire que le droit résultant d'une stipulation conditionnelle est acquis à la personne sous la puissance de qui se trouve le stipulant à l'époque où elle intervient, parce qu'elle fait naître *ab initio* une *spes debitum iri* qui compte dans le patrimoine, et qui est transmissible aux héritiers. Cette transmissibilité existait également dans l'hypothèse que je viens de présenter en dernier lieu ; en supposant que l'héritier du stipulant eût réalisé le prêt postérieurement à la mort de son auteur, il aurait pu agir en vertu de la stipulation faite par celui-ci ; et cependant, au point de vue qui nous occupe, les deux cas n'étaient pas traités de la même manière.

De là une différence remarquable dans les effets de la fidéjussion contractée envers une personne *in aliena potestate*, suivant qu'elle s'applique à une dette conditionnelle, ou à une dette future. Dans les deux cas la fi-

(1) Ainsi, en supposant une telle stipulation faite par un esclave grevé d'usufruit, la créance demeurerait *in suspenso* jusqu'à ce que la numération des espèces soit venue déterminer, qui, de l'usufruitier ou du nu-propriétaire, sera créancier. Que si la numération avait été effectuée après la fin de l'usufruit, la créance aurait été acquise dans tous les cas au propriétaire, lors même que le prêt aurait été réalisé au moyen de deniers fournis par l'usufruitier. Du moins telle était la règle résultant de l'application des principes rigoureux du droit, mais dans la pratique certains jurisconsultes s'en écartaient par des considérations d'équité, ou, comme dit Ulpien, d'humanité (L. 25, § 1er, Dig., *De usufructu*, VII, 1).

déjussion est également valable *ab initio*, puisqu'elle
peut précéder l'obligation principale, et le bénéfice en
est acquis naturellement au chef de famille qui a le
stipulant sous sa puissance. Mais s'il s'agit d'une obligation conditionnelle, pourvu que la condition se
réalise, même après que le stipulant est sorti de la
puissance du *paterfamilias*, celui-ci conservera, avec la
créance principale, son droit accessoire contre le fidéjusseur. Il n'en sera pas nécessairement ainsi en cas d'obligation future; si le chef de famille n'aquiert pas la
créance principale, qui n'aura pris naissance qu'à une
époque où il n'avait plus la puissance sur le stipulant,
il est clair qu'il perdra tout droit contre le fidéjusseur,
puisqu'il ne sera pas créancier. Et, en droit rigoureux, à
mon avis, le fidéjusseur devrait être complétement libéré,
car il ne peut pas être tenu non plus envers le stipulant
immédiat qui était *in aliena potestate* au temps de la promesse, et n'a pas pu en acquérir le bénéfice pour lui. De
ces deux dernières solutions, la première est certaine;
elle est donnée très-expressément par Paul dans la
L. 132, § 1, Dig., *De verb oblig.* (XLV, 1).

> Filiusfamilias ita stipulatus est : *quantam pecuniam Titio
> credidero, fide tua esse jubes?* et emancipatus credidit;
> patri non debebit fidejussor, quia nec reus ei tenetur.

Mais la nullité de l'obligation du fidéjusseur envers
le fils qui aurait effectué, après son émancipation, le
prêt en vue duquel était intervenu le cautionnement,
est-elle aussi certaine? Je dois avouer que, bien qu'elle
paraisse dériver des principes, bien qu'elle trouve un
appui solide dans la solution donnée pour le cas tout à
fait identique de la fidéjussion garantissant un legs

conditionnel (1), je dois avouer, dis-je, que la décision
que j'ai avancée sur ce point est contredite, dans une certaine mesure, par Papinien, dans la L. 47, § 1., Dig.,
De fidejuss. et mand. (XLVI, 1).

> Si filius in causa peculiari ita fidejussorem acceperit : *quan-*
> *tam pecuniam credidero, fide tua esse jubes ?* et emanci-
> patus credat, patri quidem, si non est reus obligatus, non
> tenebitur, *filio vero humanitatis intuitu obnoxius esse*
> *debet ✦*

La contradiction existe, je ne puis le nier; mais cette
contradiction ne détruit pas les principes que j'ai posés, car le jurisconsulte, en donnant sa solution, avoue
qu'elle s'écarte du droit rigoureux, et se fonde uniquement sur des considérations d'humanité : *humanitatis*
intuitu.

Il pourrait arriver qu'un esclave ou un fils de famille
eût contracté en soumettant précisément le contrat à
la condition qu'il sortirait de la puissance à la quelle il
était soumis. C'était, par exemple, un fils de famille
qui stipulait dans les termes suivants : *Promittisne mihi*
centum quum emancipatus fuero ? On aurait pu croire
qu'en pareil cas du moins il fallait apporter une exception à la règle qui fait acquérir au *paterfamilias* le bénéfice des stipulations même conditionnelles faites par
le fils qu'il avait sous sa puissance, mais dans ce cas
même l'effet rétroactif de la condition accomplie avait
prévalu :

> POMPONIUS, L. 40, Dig., *De stipul. serv.* — Quidquid con-
> traxit servus, dum nobis servit, *etiam si stipulationem*

(1) V. L. 28, Dig., *De pign. et hyp.* (XX, 1); *infrà*, p. 342.

contulit in alienationem vel manumissionem suam, tamen
nobis id acquisitum erit, quia potestas ejus tum, quum id
contraheretur, nostra fuit. Idque est, si filiusfamilias
contrahat, namque *etiam quod in emancipationis suæ
tempus contulerit,* nobis debebitur, si tamen dolo malo
id fecerit.

Il ne faudrait pas attacher d'ailleurs trop d'importance à la restriction qui termine ce texte. En la supposant bien authentique, ce dont on peut douter, elle n'a
pas une grande importance, car on doit admettre qu'il
y a dol, c'est-à-dire fraude aux droits du *paterfamilias,*
toutes les fois que le bénéfice de la stipulation, en la
supposant pure et simple, lui eût été acquis (1).

On peut se demander en sens inverse si le *paterfamilias* aurait été tenu *de peculio* des obligations contractées par l'esclave ou le fils de famille sous une condition qui ne se serait réalisée qu'après qu'ils auraient
cessé d'être sous sa puissance. Je ne connais pas de
texte qui résolve cette question, ni d'auteur qui l'ait
examinée ; mais l'idée de la rétroactivité une fois admise, il me paraît difficile qu'elle ne produise pas ses
effets au point de vue passif comme au point de vue
actif. Je penserais donc que le pécule était éventuellement affecté des obligations, même conditionnelles,
contractées par l'esclave ou le fils de famille; et comme
l'année accordée pour agir *de peculio* après la cessation

---

(1) Il est à remarquer que le texte n'apporte aucune restriction au
principe qu'il formule dans le cas où le stipulant est un esclave : cela
me paraît tenir à ce que nulle des acquisitions faites par l'esclave ne
pouvait échapper au maître. Cette observation confirme le sens que
je donne aux mots : *Si dolo malo id fecerit,* en ce qui touche la stipulation faite par le fils de la famille.

du lien de puissance était une année utile, l'action pouvait être intentée à quelque époque que la condition vînt à s'accomplir (1).

XII.

Un autre effet dépendant de la rétroactivité attribuée à la condition accomplie, relatif à l'extinction par acceptilation, *pendente conditione*, de l'obligation conditionnelle, m'amène à rechercher d'une manière générale si une obligation contractée sous condition peut être éteinte en vertu d'un mode d'extinction qui s'est produit quand la condition était encore en suspens.

Il n'y a pas de difficulté pour le payement et la novation. En ce qui touche le payement, j'ai déjà eu occasion de citer et d'expliquer la L. 16, Dig. *De solut.* (XLVI, 3). J'ai également transcrit plus haut la L. 14, § 1, Dig. *De novat. et deleg.*, qui décide la même chose pour la novation. Seulement il faut remarquer deux choses ; la première, c'est que ce payement et cette novation ne produisent d'effet que si la condition vient à se réaliser, et à se réaliser de manière à donner naissance à l'obligation qu'ils sont destinés à éteindre. Ainsi il n'y aurait pas de novation si la condition se réalisait après la perte fortuite de la chose objet de l'obliga-

---

(1) On peut rapprocher de cette solution celle de la L. 27, Dig., *pro socio* (XVII, 2), qui fait supporter à la société les dettes conditionnelles contractées par l'un des associés, quand même elles ont été contractées sous une condition qui s'est réalisée après la dissolution de la société. Je ne veux cependant pas rattacher cette dernière décision à la rétroactivité de la condition, car il s'agit non des effets de l'obligation conditionnelle, mais de l'étendue de l'action *pro socio*.

tion conditionnelle (1). La deuxième chose à remarquer.
c'est que la possibilité de payer ou de nover éventuellement une obligation conditionnelle quand la condition
est encore en suspens, est indépendante de la rétroactivité attribuée à l'accomplissement de la condition : nous
savons en effet par des textes précis qu'on peut nover
éventuellement, pour le cas où elle naîtra, une obligation future, dont aucune fiction de rétroactivité ne fait
remonter l'existence à une époque antérieure à celle à
laquelle elle est née.

> ULPIEN, L. 8, § 2, Dig., *De novat. et deleg.* — Si quis stipu-
> latus a Seio sit : *quod a Titio stipulatus fuero, dare spon-*
> *des?* an, si postea a Titio stipulatus sim, fiat novatio,
> solusque teneatur Seius? Et ait Celsus novationem fieri,
> si modo id actum sit, ut novetur, id est, ut Seius debeat,
> quod Titius promisit ; nam eodem tempore et impleri
> prioris stipulationis conditionem, et novari ait; eoque
> jure utimur.

Il en est autrement de l'acceptilation ; il est nécessaire de faire intervenir l'effet rétroactif de la condition
accomplie pour valider l'acceptilation d'une dette conditionnelle quand elle s'est produite *pendente adhuc*
conditione ; aussi n'admet-on pas l'acceptilation d'une
dette future. Voici des textes qui établissent le contraste :

> POMPONIUS, L. 12, Dig., *De acceptil.* (XLVI, 4). — Quod in
> diem, vel sub conditione debetur, acceptilatione tolli
> potest; sed ita id factum apparebit, si conditio stipula-
> tionis exiterit, vel dies venerit.

(1) V. *Supra*, p. 251. De même il n'y aurait pas novation si le
promettant conditionnel avait été déporté, était devenu *servus pœnœ.*
ou était décédé *sine herede*, avant l'accomplissement de la condition
(*supra*, p. 272-273).

Idem., L. 16, Dig., *De solut.* (XLVI, 3). — Sub conditione debitori si acceptum feratur, postea conditione existente *intelligitur jam olim liberatus.*

ULPIEN, L. 13, § 9, Dig., *De acceptil.* (XLVI, 4). — Qui ita stipulatur a fidejussore : *quod Titio credidero, fide tua esse jubes?* deinde, antequam crederet, acceptum fecit fidejussori, reus non liberabitur, sed quandoque ei creditum fuerit, tenetur ; nam et si fidejussorem non ante liberatum esse credimus, quam quum fuerit creditum reo, *non tamen reus antiquiore acceptilatione, quam obligatio ejus est, liberari potuit.*

L'acceptilation, nous le savons, peut se trouver affectée d'une condition tacite ; c'est ce qui explique comment elle peut s'appliquer à une obligation conditionnelle, et, par suite, être virtuellement soumise à la même condition. Mais cependant quand l'arrivée de cette condition lui aura donné une existence définitive, il impliquerait contradiction qu'elle ne fût pas, au moins fictivement, considérée comme ayant produit une libération immédiate à l'époque où elle est intervenue : et dès lors elle ne peut s'appliquer qu'à une obligation qui ait elle-même, du moins par fiction, une existence actuelle : tel est le sens de l'observation si exactement judicieuse qui termine le dernier texte ci-dessus transcrit : *non tamen reus antiquiore acceptilatione, quam obligatio ejus est, liberari potuit* (1).

(1) L'acceptilation pourrait aussi être soumise à une condition *sous-entendue* (*supra*, p. 57), par exemple quand elle intervenait *dotis causa*. Dans ce cas elle ne pourrait plus être réputée avoir produit la libération à l'époque où elle était intervenue. Elle était au contraire censée être intervenue à l'arrivée de la condition à laquelle elle était tacitement soumise. La conséquence était qu'elle aurait été non avenue si le créancier qui avait fait acceptilation *dotis causa* en en reportant

Cela posé, on comprend sans peine la différence qui sépare, au point de vue qui nous occupe, l'obligation conditionnelle de l'obligation future proprement dite : celle-là peut se trouver éteinte par une acceptilation intervenue avant l'arrivée de la condition, parce que, grâce à la rétroactivité, elle est censée avoir existé à l'époque où l'acceptilation s'est produite. Il n'en est pas de même de l'obligation future.

On doit remarquer dans la L. 13 § 9, *De acceptil.*, que le fidéjusseur d'un prêt à effectuer est libéré, lui, à la différence du débiteur principal, par l'acceptilation anterieure à la réalisation du prêt, ce qui tient à ce que la fidéjussion, même pour une dette future, est considérée comme immédiatement obligatoire, sous la condition de l'existence postérieure de l'obligation principale.

On rapporte également à l'effet rétroactif de la condition accomplie, en matière d'obligations dérivant de contrats, les règles relatives au risque de la perte partielle ou de la détérioration survenues par cas fortuit, *pendente conditione* dans la vente conditionnelle d'un corps certain. Nous avons vu plus haut que la perte totale de la chose vendue sous condition, quand elle vient à se produire *ante conditionem existentem*, demeure à la charge de l'acheteur, malgré l'événement postérieur de la condition. Il n'en est pas de même des

l'effet au jour du mariage, était décédé *pendente conditione*. Cette théorie sera développée dans son application générale aux *actus legitimi* affectés d'une condition sous-entendue, quand je traiterai de la condition dans les actes translatifs de propriété (*infra*, sect. III, 2e partie).

détériorations ou de la perte partielle survenues dans les mêmes circonstances ; quand la condition se réalise, les choses se passent à ce point de vue, de même qu'à certains autres, comme si la vente avait été pure et simple *ab initio;* l'acheteur doit payer son prix intégral malgré les diminutions matérielles qu'a subies la chose vendue. C'est donc lui qui supporte ce genre de risque (V. L. 8, pr.,*in fine,* Dig., *De peric. et comm.*(xviii, 6. *supra,* p. 247).

La rétroactivité de la condition accomplie doit encore conduire, en cas de novation conditionnelle, à un résultat remarquable et consacré au moins indirectement par les textes. J'ai déjà eu occasion d'observer que l'extinction de l'obligation pure et simple novée sous condition, quand elle se produisait *pendente conditione novationis,* ne mettait pas obstacle à la novation (1). Cela ne pourrait pas être si l'effet de la novation n'était pas reporté au jour où a été faite la promesse conditionelle ayant pour but de l'opérer. Sans cette rétroactivité, l'obligation nouvelle prenant naissance à une époque à laquelle n'existe plus celle qu'elle devait éteindre, se trouverait contractée sans cause, et celui qui l'a contractée pourrait demander sa libération par la *condictio sine causa.* La rétroactivité admise au contraire, il est rigoureusement tenu ; mais à l'inverse, si c'est par un payement que le débiteur originaire s'est libéré *pendente conditione expromissionis,* c'est lui qui, par l'évènement, aura payé sans cause et qui pourra répéter. Cette décision, qui se déduit logique-

---

(1) A moins que cette extinction ne résultât de la perte de la chose due arrivée par cas fortuit, et que cette même chose fît l'objet de la nouvelle obligation. *Comp. suprà,* p. 251, *note* 2.

ment des principes, est implicitement confirmée par la
L. 60, § 1, Dig., *De condict. indeb.* déjà citée dans une
autre partie de ce travail. Ce texte accorde au débiteur
qui a payé *pendente conditione expromissionis* le droit
d'exercer la répétition avant l'arrivée de la condition,
c'est-à-dire à un moment où il n'est pas certain qu'il sera
libéré. A plus forte raison doit-elle lui être accordée
quand l'événement a démontré qu'il n'était plus obligé.

Enfin on peut, je crois, sauf controverse, clore la
liste des effets attribués *ex post facto* à l'obligation conditionnelle *ex contractu* à raison de la rétroactivité de
la condition, en indiquant que le créancier conditionnel
peut, après l'événement de la condition, exercer l'action Paulienne à raison des actes faits *pendente conditione* en fraude de ses droits. Nous avons une décision
expresse à cet égard, pour l'application de la loi *Ælia
Sentia* aux affranchissements faits pendant que la condition est en suspens ; il n'y a pas de difficulté à transporter cette décision d'une manière générale à l'action
Paulienne :

> HERMOGÉNIEN, L. 27 Dig., *Qui et a quib. manum. lib. non
> fiunt* (XL, 9). — In fraudem creditorum manumittitur,
> liberque esse prohibetur, sive dies solvendæ pecuniæ
> jam cessit, sive in diem vel sub conditione sit debitum.
> Diversa causa est legati sub conditione relicti, nam ante-
> quam conditio extiterit, inter creditores legatarius iste
> non habetur.

On remarquera la différence que le jurisconsulte établit
à cet égard entre le créancier conditionnel *ex contractu*,
et celui qui est créancier en vertu d'un legs fait sous condition. J'insisterai bientôt là-dessus. Quant à présent
j'appelle seulement l'attention sur le motif allégué à

l'appui de cette solution ; savoir : que ce légataire n'est pas encore créancier tant que la condition est en suspens. La même idée se retrouve généralisée dans la L. 42, Dig., *De oblig. et act.* (XLIV, 7), où Ulpien déclare en sens inverse que celui qui a stipulé sous condition est tenu pour créancier même avant qu'elle se soit accomplie. Nous venons de voir quelle est pratiquement la valeur de cette formule : nous aurons à voir quelles conséquences il faut tirer de la formule contraire donnée pour le legs.

A quelle idée faut-il rattacher cet effet rétroactif attribué par la législation romaine à la condition accomplie ? Je suis disposé à y voir simplement un correctif à la règle qui reportait à l'événement de la condition la formation du contrat. Cette règle, quelque illusion qu'elle fasse au premier abord, n'est pas exacte : dans la réalité, le contrat conditionnel se forme au moment où il intervient, seulement il est conditionnel ; il donne immédiatement naissance à des droits ; seulement ils sont conditionnels, l'arrivée de la condition les confirme plutôt qu'elle ne les fait naître. Telle est la vérité, et comme la vérité reprend forcément ses droits, les jurisconsultes romains, après avoir été conduits par un raisonnement juridique subtil à proclamer l'idée opposée, n'ont pas pu, en pratique, la pousser à ses conséquences extrêmes, et l'ont corrigée par la fiction de la rétroactivité.

Des interprètes, acceptant comme exacte l'idée que le contrat conditionnel se forme à l'arrivée de la condition, ont allégué que le droit pur se trouvait ici modifié par l'interprétation de la volonté des parties. Je suis convaincu au contraire que, dans l'esprit des jurisconsultes romains, la rétroactivité est une idée du pur droit, aussi bien que le principe qu'elle avait pour but d'atténuer. La preuve en est dans un texte que j'ai cité, relatif à la détermination de la personne qui profite des contrats conditionnels faits par un esclave ou un fils de famille. Je veux parler de la L. 40, Dig., *De stipul. serv.* (*suprà*, p. 299), suivant laquelle, quand l'esclave stipulant, *contulit obligationem in tempus alienationis vel manumissionis suæ*, le bénéfice n'en est pas moins acquis au maître à qui il appartenait à l'époque de la stipulation. Comment peut-on, après cela, parler d'une rétroactivité ayant pour base une interprétation de volonté?

XIII

EFFETS DE LA CONDITION ENVISAGÉE APRÈS QU'ELLE EST ACCOM-PLIE OU DÉFAILLIE.

Les développements qui précèdent me laissent peu de chose à dire sur les rapports qu'établit entre les parties l'accomplissement de la condition : à compter de l'époque où il se produit, et pour l'avenir, le contrat obtient tous les effets d'un contrat pur et simple ; les actions qui en dérivent peuvent être exercées, et le payement qui aurait été antérieurement fait, même par erreur, cesse de pouvoir être répété.

Nous avons même vu qu'une fiction de rétroactivité, dont j'ai déterminé les conséquences, reporte, à certains égards, la formation du contrat au jour où les consentements ont été donnés dans la forme légale. Il en résulte que les actions auxquelles donne naissance l'événement de la condition, pourront, suivant les circonstances, trouver leur objet et leur fondement dans des faits antérieurs. Ainsi, nous savons que, dans le cas de vente conditionnelle d'un corps certain, l'acheteur supporte le risque de la perte partielle et des dégradations survenues *pendente conditione ;* mais ces détériorations auront été souvent le résultat de délits commis par des tiers, les actions résultant de ces délits, par exemple l'action *legis Aquiliæ,* auront été, *pendente conditione,* acquises au vendeur ; mais il n'est pas douteux qu'il ne doive, après l'arrivée de la condition, les céder à l'acheteur, ou lui en restituer le bénéfice, s'il les a déjà exercées (1).

De même, c'est à partir du jour où le contrat est intervenu entre les parties que le débiteur est tenu de la responsabilité des fautes qu'il peut avoir commises dans la garde de la chose due. Cette responsabilité se mesure d'après les règles propres à chaque espèce de contrats.

On peut, je crois, résumer exactement la situation au moyen de la formule suivante : quand la condition s'est accomplie utilement, les parties sont à considérer, *ex post facto,* quant aux rapports obligatoires dérivant du contrat, comme ayant contracté dès l'origine sous un terme incertain. La condition, en effet, comprenait deux choses : l'incertitude quant à la formation du contrat, et un délai indéterminé pendant lequel, à raison de

---

(1) V. Inst. *De empt. vendit.* (iii, xxiii), § 3, *in fine.* Mais il n'en est ainsi, bien entendu, que dans les contrats où cette cession d'actions aurait pu être exigée en les supposant purs et simples. Cela ne se serait pas produit, pour l'action *legis Aquiliæ,* dans une stipulation conditionnelle. En effet, même en la supposant pure et simple, le promettant n'était pas tenu de céder cette action au stipulant, relativement au *damnum injuria datum* à la chose promise dans l'intervalle de la promesse à la tradition. Le stipulant devait alors recourir à l'action *de dolo* ou à une action *in factum,* suivant les cas, contre l'auteur du dommage.

cette incertitude même, le contrat ne devait recevoir aucune exécution. L'arrivée de la condition ayant supprimé l'incertitude, on peut bien supposer que les obligations ont existé, en droit, dès l'origine, mais on ne peut pas faire que l'exécution n'en ait été reportée à l'époque où la condition s'est accomplie.

Cette observation résout, à mon avis, une question très-débattue, et sur la solution de laquelle les textes ne nous fournissent pas de renseignements précis. Elle est relative aux fruits produits par la chose due *pendente conditione.* Pour qu'elle se pose, il faut supposer qu'il s'agit d'un contrat qui, s'il eût été pur et simple, eût permis au créancier d'exiger, de plein droit, et avant toute mise en demeure, les fruits produits par la chose due. C'est ce qui se présente dans la vente. Beaucoup d'auteurs, s'appuyant sur l'effet rétroactif de la condition accomplie, admettent qu'en cas de vente conditionnelle, lorsque la condition s'est réalisée, l'acheteur a droit aux fruits produits par la chose du jour de la convention. On donne la même solution pour les *accessiones* autres que les fruits, telles que le part de l'esclave.

Il m'est impossible d'admettre cette doctrine. Théoriquement elle n'a d'autre base que la rétroactivité de la condition; mais je viens de faire voir que cette rétroactivité qui reporte en arrière l'existence du droit, n'efface pas le terme implicite compris dans toute condition. Or, si nous supposons une vente avec un terme fixé pour l'entrée en jouissance de l'acheteur, il est bien certain que les fruits perçus dans l'intervalle appartiendront au vendeur; et il n'en saurait être autrement dans notre espèce où l'entrée en jouissance est nécessairement suspendue jusqu'à l'événement de la condition.

Voilà pour les principes : ils conduisent à laisser au vendeur les fruits produits *pendente conditione* par la chose vendue. Il faudrait des textes bien précis pour me faire admettre que les jurisconsultes romains ont pu s'écarter de cette donnée logique, et je ne crois pas qu'on puisse sérieusement en alléguer un seul. Il est impossible, en effet, de s'arrêter au texte suivant, qu'on a pourtant invoqué dans le sens de l'opinion que je repousse (1).

> AFRICAIN, L. 64, Dig., *De verb. oblig.* — Hujusmodi stipulatio interposita est : *Si Titius consul factus fuerit, tum ex hac die in annos singulos dena dari spondes?* Post triennium conditio extitit; an hujus temporis nomine agi possit, non immerito dubitabitur. Respondit eam stipulationem utilem esse, *ita ut in ea eorum quoque annorum, qui ante impletam conditionem intercesserint, præstatio in id tempus collata intelligatur*, ut sententia ejus sit talis : tunc, quum Titius consul factus fuerit, in annos singulos, *etiam præteriti temporis habita ratione*, dena præstentur.

Il faut avoir l'esprit bien prévenu d'une idée préconçue pour fonder sur ce fragment un argument à l'appui de la thèse que je combats : il suffit de le lire sans prévention, pour voir qu'il n'y est point question d'intérêts qui seraient dus comme accessoire d'un capital promis sous condition, pour l'intervalle qui sépare la promesse de l'arrivée de la condition, mais que les prestations rétroactivement dues sont elles-mêmes l'objet de la promesse conditionnelle.

(1) V. Sell., *Bedingte Traditionen*, § 15, p. 143 et suiv.

Et quand le même auteur prétend trouver l'affirmation directe de sa doctrine dans la L. 12, § 2, Dig.,
Fam. ercisc. (x, 2), on a vraiment peine à croire à
une argumentation sérieuse. Voici le texte :

> Res, quæ sub conditione legata est, interim heredum est :
> et ideo venit in familiæ erciscundæ judicium, et adjudi-
> cari potest, *cum sua scilicet causa : ut existente conditione
> eximatur ab eo*, cui adjudicata est, aut deficiente condi-
> tione ad eos revertatur, a quibus relicta est.

Rien n'est plus simple que cette décision ; une chose
a été léguée sous condition; jusqu'à l'arrivée de la
condition, elle continue d'appartenir aux héritiers, et s'il
y a un partage, elle y sera comprise. Seulement elle
sera adjugée *cum sua causa*, c'est-à-dire, comme Ulpien
l'explique, avec la chance pour l'héritier dans le lot duquel elle a été mise, de se la voir enlever par l'arrivée
de la condition. Il faut, on doit l'avouer, un certain parti pris, pour dire que la chose sera adjugée
cum sua causa, c'est-à-dire avec les fruits et accessoires
qu'elle doit produire, d'où l'on tire la conséquence
qu'arrivant la condition, l'héritier dans le lot duquel
elle a été mise devra la rendre au légataire avec les
mêmes fruits et accessoires ! L'argument est d'autant
plus singulier qu'il me paraît certain qu'en matière de
legs, les fruits perçus *pendente conditione* n'appartiennent pas au légataire.

Il est vrai qu'en cas de vente sous condition résolutoire, par exemple de vente avec *in diem addictio*
ou de vente avec pacte commissoire, l'acheteur devait,
advenant la réalisation de la condition, restituer, avec
la chose, les fruits qu'elle avait produits dans l'inter-

valle. Mais, c'est une très-grande erreur, bien qu'on la commette souvent, d'appliquer, en les retournant, les règles écrites pour la condition résolutoire à la condition suspensive, et *vice versa*. Sans doute, quand la propriété a été transférée en vertu d'une vente sous condition résolutoire, l'acheteur, s'il a été mis en possession est tenu sous condition 'suspensive à la restitution de la chose vendue, comme le vendeur est tenu sous condition suspensive à la livraison de la chose vendue, en cas de vente conditionnelle. Mais il ne sont pas tenus au même titre : l'acheteur sous condition résolutoire, qu'on ne s'y trompe pas, n'est pas un *vendeur* sous condition suspensive. Il n'y a donc aucune assimilation à établir entre des obligations qui ne procédant pas de causes identiques, doivent, quant à leur étendue, se gouverner chacune par les règles qui lui sont propres.

On pourrait faire une autre objection, en disant que l'attribution des fruits à l'acheteur, du jour de la vente, n'est qu'une application de la règle qui lui donne droit à tous les accroissements qui surviennent à la chose vendue, comme compensation de la charge des détériorations qui lui incombe dès la même époque ; d'où l'on conclurait que l'acheteur même sous condition suspensive, supportant, à partir du contrat, le *periculum deteriorationis*, il doit aussi obtenir le dédommagement correspondant.

Sans nier que la corrélation qui vient d'être rappelée fût, dans une certaine mesure, admise par les jurisconsultes romains, je remarque cependant que l'attribution des fruits et accessoires à l'acheteur, *ex die emptionis*, était avant tout une question d'interprétation du contrat, et qu'elle était loin d'être absolue : en cas de vente avec un terme pour la tradition, par exemple, l'acheteur supportait les risques du jour du contrat, bien qu'il n'eût pas encore droit aux fruits. Or, j'ai dit plus haut que toute condition contient implicitement un terme incertain qui n'est nullement effacé par la rétroactivité attachée à son accomplissement.

J'ai répondu précédemment aux textes qui ont été invoqués par certains partisans de la doctrine que je combats. Je reconnais volontiers qu'il n'en est aucun que je puisse, de mon côté, invoquer, avec certitude. Toutefois, l'on en doit convenir, l'opinion que je défends trouverait au besoin un appui assez solide dans la L. 8. Dig., *De peric. et comm.* (transcrite *supra*, p. 247). Elle suppose une vente faite sous condition suspensive, et dans cette hypothèse, elle attribue expressément au vendeur les fruits produits par la chose, *pendente conditione* : — « et *fructus medii temporis venditoris sunt.* » On allègue que cette décision suppose que la perte de la chose, survenue avant l'événement de la condition, a rendu impossible la formation du contrat; car, dit-on, la loi entière a pour but de déterminer les conséquences de la perte de la chose vendue, survenue par cas fortuit postérieurement au contrat. — Cette allégation n'est rien moins que justifiée. Sans doute, la L. 8 a pour objet principal ce qu'on appelle la théorie des risques en matière de vente, mais incidemment elle arrive à traiter d'une manière générale de la vente conditionnelle, dont elle détermine les effets en se plaçant successivement dans les diverses hypothèses qui peuvent se présenter. Par exemple, nous y lisons que les obligations réciproques du vendeur et de l'acheteur sont transmissibles à leurs héritiers, quand ils viennent à mourir avant l'accomplissement de la condition : il ne serait pas question de cette transmissibilité, si l'on supposait que la chose vendue a péri par cas fortuit *pendente conditione*. Il n'y a rien, d'ailleurs, dans la phrase d'où j'ai extrait le passage invoqué, qui exige pour être expliqué la supposition de cette perte par cas fortuit. A mon avis, c'est seulement dans la phrase suivante que le jurisconsulte s'occupait de cette hypothèse. Mais, comme le texte est incomplet, et que nous manquons de documents suffisamment authentiques pour le reconstruire (V. *supra*, p. 248 *à la note*), je concède qu'on puisse ne pas le considérer comme décisif.

Quand la condition fait défaut, les parties se trouvent naturellement dans le même état que si elles n'avaient pas contracté : aucun effet juridique ne peut s'attacher à un contrat qui ne s'est pas formé.

SECTION II

EFFETS DE LA CONDITION SUSPENSIVE DANS LES LEGS QUI ·
CONFÈRENT AU LÉGATAIRE UN DROIT DE CRÉANCE.

———

SOMMAIRE.

I

INTRODUCTION.

Je vais m'occuper ici d'une manière plus spéciale des

legs qui confèrent au légataire un simple droit de créance,
c'est-à-dire pour l'époque classique, des legs *per damnationem* (1), afin d'établir une comparaison entre les
effets de la condition dans ces legs, et ceux qu'elle produit en matière d'obligations dérivant de contrats.
Cependant il faut d'abord rappeler quelques notions
générales.

Nous savons que pour les legs, plus particulièrement
encore que pour les obligations dérivant de contrats,
on résumait les effets de la condition en une formule
brève, en disant que les droits résultant de l'acte conditionnel n'avaient leur *dies cedens* qu'à l'accomplissement de la condition. L'opposition qui existait, sous ce
rapport, entre les legs purs et simples ou suspendus par
un simple terme d'exécution, d'une part, et les legs
conditionnels d'autre part, est rappelée d'une manière
très-nette dans le texte qui suit :

> ⋅ ULPIEN, L. 5, § 1, Dig., *Quando dies legat.* — Itaque si
> purum legatum est, ex die mortis dies ejus cedit; si
> vero post diem sint legata relicta, simili modo, atque in
> puris dies cedit.....
>
> § 2. Sed si sub conditione sit legatum relictum, non prius
> dies legati cedit, quam conditio fuerit impleta; ne qui-
> dem si ea sit conditio, quæ in potestate sit legatarii.

Nous retrouvons donc ici les mêmes formules que
nous avons rencontrées dans la L. 213, Dig., *De verb.
signif.*, pour caractériser l'opposition entre la stipula-

---

(1) Ce que je dirai des legs conditionnels devra d'ailleurs s'appliquer
aux fidéicommis qui ne suivent pas des règles différentes quant aux
effets de la condition qui les affecte.

tion pure et simple où à terme, et la stipulation conditionnelle. Pourtant, il faudrait bien se garder de
croire à des positions identiques.

Si nous comparons d'abord le legs et la stipulation
non conditionnels, nous remarquons dans leurs effets,
au point de vue de l'acquisition des droits qu'ils confèrent, des différences importantes. Ainsi, le *dies cedens*
de l'obligation résultant d'une stipulation se place au
jour même où la stipulation est intervenue; le legs
même pur et simple n'a pas son *dies cedens* au jour de
la confection du testament : du vivant du testateur il ne
produit aucun effet ; c'est seulement au décès que *dies
legati cedit*. — D'autre part, ce *dies cedens* du legs qui
produit des effets considérables, ainsi que je le dirai
plus bas, n'assure cependant pas au légataire un droit
exempt de toute incertitude. Le droit du légataire dépend de l'adition d'hérédité, car le défaut d'adition
entraîne la chute du testament tout entier. En logique
rigoureuse, on aurait pu retarder l'ouverture du droit
au legs jusqu'à l'adition, et si, pour des motifs que je
n'ai pas à rappeler, on l'a reportée au décès, du moins
en général, l'adition n'en forme pas moins une condition tacite de laquelle dépend l'efficacité définitive de
la disposition. Au contraire, en matière de stipulation
non conditionnelle, le droit du stipulant est soustrait
dès l'origine à toute éventualité : il existe dans toute
sa plénitude.

Si maintenant nous nous occupons du legs conditionnel, pour le comparer, à compter du décès du testateur,
à la stipulation conditionnelle, nous reconnaîtrons que
la suspension du *dies cedens* dans l'une et l'autre matière
est loin de produire les mêmes conséquences. Le droit

du légataire conditionnel consiste bien, à partir du décès, et *pendente conditione*, en une *spes debitum iri*, comme le droit du créancier conditionnel en vertu d'un contrat, mais cette *spes debitum iri* n'était pas considérée comme un droit faisant d'ores et déjà partie du patrimoine du légataire; et, d'autre part, nulle fiction de rétroactivité ne venait corriger la règle qui reportait à l'événement de la condition la naissance des droits et obligations résultant du legs. De là les différences que j'annonçais tout à l'heure, et que je développerai bientôt.

Ces différences sont résumées dans une formule générale par un texte que j'ai déjà cité (*suprà*, p. 307), et dont on a quelquefois tiré des conséquences exagérées. Je le transcris en cet endroit :

> ULPIEN, L. 42, pr., Dig., *De oblig. et act.* (XLIV, 7). — Is, cui sub conditione legatum est, pendente conditione non est creditor, sed tunc, quum extiterit conditio, quamvis eum, qui stipulatus est sub conditione, placet, etiam pendente conditione creditorem esse.

Du reste, il ne faudrait pas croire que la *spes debitum iri* qui appartient *pendente conditione*, à partir du décès, au légataire sous condition, soit absolument dénuée de toute efficacité juridique. Elle établit déjà un lien à la charge de l'héritier qui fait adition, lien transmissible passivement, comme je vais le dire, et dont il ne peut se débarrasser en empêchant *injuria* l'accomplissement de la condition; ainsi que je l'ai expliqué précédemment (p. 80 et 81).

J'ai cherché à caractériser au moyen d'une formule juridique cette situation *sui generis* du légataire condi-

tonnel, et il m'a paru qu'on pouvait l'assimiler au créancier d'une obligation future, dont je me suis plusieurs
fois occupé. Ce rapprochement me semble donner la
clef de bien des points qui ont paru embarrassants à
d'autres.

Maintenant j'arrive aux détails pratiques.

II

Il nous faut rechercher, en premier lieu, les conséquences rigoureuses de la règle qui reporte à l'événement de la condition la naissance du droit du créancier.
Parmi ces conséquences, il en est qui reproduisent des
solutions exposées à propos des obligations conditionnelles *ex contractu;* ce sont celles dont je m'occupe
d'abord.

1° D'après les principes, le payement d'un legs conditionnel, fait par erreur *pendente conditione*, doit donner lieu à répétition. Telle est, en effet, la règle à
l'époque de Justinien, sauf exception pour le legs *vene-
rabilibus locis relictum* (1) ; mais dans l'ancien droit
cette règle recevait une exception beaucoup plus large.
Le payement fait par erreur ne pouvait jamais être répété quand il avait été fait dans la pensée d'exécuter un
legs *per damnationem* ayant pour objet un *certum.*

GAIUS, Instit., comm. II, § 283. — ... At id quod ex causa
    falsa per damnationem legati plus debito per errorem
    solutum sit, repeti non potest. Idem scilicet juris est de

(1) L. 2, C., *Comm. de legatis* (VI, 43). Instit. III, XXVII, § 7.

co legato quod non debitum, vel ex hac, vel ex illa causa,
per errorem solutum fuerit (1).

S'il en était ainsi quand on avait acquitté un legs qui
n'existait pas, il ne pouvait en être autrement quand
on avait acquitté un legs suspendu par une condition.

Le motif de cela, c'est que l'action *ex testamento,* en
exécution d'un legs *per damnationem* ayant pour objet
un *certum,* était au nombre de celles *quæ inficiando
crescebant in duplum,* ce qui suffisait, on le sait, pour
exclure la *condictio indebiti* (2).

C'est sous cette restriction considérable que s'applique
en cette matière, dans l'ancien droit, la solution que
nous avons donnée plus haut : elle n'est vraie alors que
pour les fidéicommis, et pour les legs qui ne rentrent
pas dans la classe dont nous venons de parler (3).

2° Le légataire conditionnel n'a pas d'action, *pendente
conditione,* pour poursuivre le payement de son legs.
Que s'il l'avait exercée en fait, avant l'arrivée de la condition, il ne paraît pas douteux qu'il ne pût la renouveler *post diem legati cedentem* (arg., L. 1, § 4, Dig.,
Quando dies ususfruct. (VII, 3). Nous savons que ce point
fait quelque difficulté en ce qui touche les obligations·
conditionnelles *ex contractu.* (V. *suprà,* p. 240 et suiv.)

3° Quand la chose qui fait l'objet du legs vient à
périr par cas fortuit *pendente conditione,* le droit du
légataire ne prend pas naissance : la L. 8, Dig., *De
peric. et comm. rei vend.* (citée *suprà,* p. 247), met sur

---

(1) Comp. Inst. Just. III, XXVII, § 7, et Gaïus IV, § 9.
(2) Inst., *loc. cit.*
(3) Gaïus, *loc. cit.*

la même ligne, à cet égard, le legs et la stipulation :
« *Siculi stipulationes et legata conditionalia perimuntur,
si pendente conditione res extincta fuerit.* — Seulement,
on pourrait ne voir là qu'une solution doctrinale sans
intérêt pratique : la chose léguée, en effet, eût-elle péri
après l'événement de la condition, l'héritier débiteur
se trouverait libéré *rei interitu*. Il y a pourtant une différence sérieuse entre les deux cas : quand la chose
léguée périt *pendente conditione*, le legs n'ayant jamais
existé, malgré l'événement postérieur de la condition,
le légataire n'aura pas droit aux accessoires qui pourraient subsister; il y aurait droit, au contraire, si la perte
ne s'était produite qu'après l'arrivée de la condition :
l'extinction de l'obligation, quant au principal, la laisserait subsister pour les accessoires. Ainsi, supposons
le legs d'un esclave *cum peculio*, le décès de l'esclave
ante diem legati cedentem, rend le legs inutile même
pour le pécule ; si l'esclave ne meurt que *post diem legati cedentem*, c'est-à-dire ici après l'arrivée de la condition, la mort fortuite de l'esclave n'empêchera pas
que l'héritier ne soit tenu à la délivrance du pécule.
(Arg., LL. 1, 2 et 12 comparées, Dig., *De pec. leg.*;
XXXIII, 8.)

4° La *maxima* ou *media capitis diminutio* avec confiscation des biens survenue chez l'héritier débiteur du
legs sous condition, pendant que la condition est encore
en suspens, empêche son obligation de naître en tant
qu'obligation personnelle. Il faut reproduire ici ce qui
a été dit plus haut, pour le cas où les mêmes acci-
dents se produisent chez le débiteur conditionnel
ex contractu. Je rappelle que l'intérêt de cette solution
se présentait pour les fidéjusseurs qui se trouvaient li-

bérés quand ces faits se produisaient *ante diem legati cedentem*, non quand ils survenaient plus tard. Je rappelle également que la solution devait être la même lorsque l'héritier décédait *sine herede* (1).

5° En matière de legs conditionnels, comme en matière d'obligations conditionnelles dérivant d'un contrat, c'est au *dies cedens*, c'est-à-dire à l'événement de la condition qu'on se plaçait pour apprécier si le légataire avait le *commercium* relatif de la chose objet du legs. Ainsi, soit le legs d'une chose qui appartient au légataire, si ce legs est conditionnel, et qu'à l'arrivée de la condition le légataire ait cessé d'être propriétaire de la chose léguée, le legs produira ses effets.

Si le legs dont je viens de parler avait été pur et simple, il aurait semblé qu'on dût se placer pour apprécier sa validité au point de vue qui nous occupe, au jour du décès du testateur, puisque c'est à cette époque qu'il avait son *dies cedens*. D'après cela, on aurait décidé qu'en supposant le légataire propriétaire de la chose léguée lors de la confection du testament, le legs n'en eût pas moins été valable, pourvu que la propriété eût changé de mains à la mort du testateur. Mais il en avait été décidé autrement par une règle célèbre, connue sous le nom de *règle Catonienne*, et en vertu de laquelle tout legs qui avait son *dies cedens* au jour du décès, devait réunir, dès l'époque de la confection du testament, les diverses conditions requises pour sa validité.

On la formulait en disant que tout legs qui aurait été nul si le testateur était mort aussitôt après avoir fait son testament, demeurait nul malgré les changements

(1) Comp. *suprà*, p. 271 et suiv.

qui auraient pu le rendre possible, dans l'intervalle de la confection du testament au décès : « *Quod, si testamenti facti tempore decessisset testator, inutile foret, id legatum, quandocumque decesserit, non valere* (1). »

Cette formule même indique que les legs conditionnels n'étaient pas soumis à la règle Catonienne; car ces legs n'ayant pas leur *dies cedens* au décès, le testateur fût-il mort lors de la confection du testament, il serait encore resté un intervalle pendant lequel les obstacles à leur validité auraient pu disparaître. C'est-là ce qui explique la solution donnée plus haut, quant à l'époque à laquelle le légataire devait avoir le *commercium* relativement à la chose léguée. Mais cette solution elle-même n'est qu'une application particulière d'une idée plus générale qu'on peut exprimer ainsi : toutes les conditions de validité du legs qui sont exigées à l'époque de la confection du testament, en vertu de la régle Catonienne, quand le legs est pur et simple, ne sont plus exigées qu'à l'événement de la condition, quand il est conditionnel.

J'insiste sur ce point qu'il s'agit seulement des conditions auxquelles s'applique la règle Catonienne, c'est-à-dire de celles qui, indépendamment de cette règle, ne seraient jamais requises qu'au *dies cedens*, et par conséquent au décès, même dans les legs purs et simples. Quant aux conditions de validité du legs qui sont requises dès l'époque de la confection du testament, en vertu des principes généraux, et indépendamment de la règle Catonienne, telle que serait, par exemple, la *testamenti factio* chez le légataire, la même distinction ne se produit

(1) V. Dig., *De reg. Cat.* (XXXIV, 7). L. 1, *pr.*

plus : elles doivent se rencontrer *ab initio,* même en ce qui touche le legs conditionnel.

Ne pouvant pas entrer ici dans l'examen des difficultés que soulève la détermination exacte des cas auxquels s'applique la règle Catonienne, je prends seulement ceux qui sont incontestés pour leur faire l'application de la règle générale que j'ai formulée plus haut.

C'est en vertu de la règle Catonienne qu'on a décidé, après controverse, que le legs pur et simple fait à l'esclave de l'héritier unique était nul, et demeurait tel, quoique l'esclave légataire eût cessé d'appartenir à l'héritier dans l'intervalle de la confection du testament au décès. — En conséquence, s'il s'agissait d'un legs conditionnel, il était valable, au contraire, quand, avant l'événement de la condition, l'esclave légataire, par manumission on aliénation, était sorti du domaine de l'héritier :

Instit. *De legatis.* (II, XX, § 32). — An servo heredis recte legamus, quæritur. Et constat pure inutiliter legari, nec quidquam proficere, si vivo testatore de potestate heredis exierit; quia quod inutile foret legatum, si statim post factum testamentum decessisset testator, non hoc ideo debet valere, quia diutius testator vixerit. Sub conditione vero recte legatur, ut requiramus an, quo tempore dies legati cedit, in potestate heredis non sit (1).

De même, c'est en vertu de la règle Catonienne que le legs pur et simple est nul, quand il a pour objet la *res propria legatarii,* et qu'il demeure nul malgré l'aliénation que le légataire aurait faite de cette chose

_____

(1) *Comp.* Gaïus, Comm. II § 244. — La même règle s'applique d'ailleurs au legs fait à toute personne placée *in potestate, manu, vel mancipio scripti heredis.* V. Ulp. *Reg.,* XXIV, § 3.

avant le décès du testateur. En conséquence, ainsi que je l'ai dit, s'il s'agit d'un legs conditionnel, il sera valable au contraire, pourvu qu'à l'événement de la condition le légataire ait cessé d'être propriétaire de la chose qui lui a été léguée. C'est ce que nous lisons, avec un troisième exemple que le texte fera suffisamment connaître, dans le fragment qui suit :

ULPIEN, L. 41, § 2, Dig., *De legat.* 1, (xxx). — Tractari tamen poterit, si quando marmora, vel columnæ fuerint separatæ ab ædibus, an legatum convalescat. Et si quidem ab initio non constitit legatum, ex post facto non convalescet, quemadmodum nec res mea legata mihi, si post testamentum factum fuerit alienata, quia vires ab initio legatum non habuit. Sed si sub conditione legetur, poterit legatum valere, si existentis conditionis tempore mea non sit, vel ædibus juncta non sit, secundum eos, qui etiam rem meam sub conditione, et promitti mihi stipulanti, et legari aiunt. Purum igitur legatum Catoniana regula impediet, conditionale non, quia ad conditionalia Catoniana non pertinet (1).

Il pourrait arriver que le légataire conditionnel qui

(1) Comp. Instit., II, XX, § 10. — Ces solutions, en ce qui concerne le legs de la *res propria legatarii*, ne sont pas contredites, comme pourrait le faire croire une lecture superficielle, par la L. 1, § 2, Dig., *De reg. Cat* : *Item, si tibi legatus est fundus, qui scribendi testamenti tempore tuus est, si eum vivo testatore alienaveris legatum tibi debetur ; quod non deberetur, si testator statim decessisset.* Celsus, dans ce passage, ne veut pas dire que le legs de la *res propria legatarii* devient valable quand le légataire a aliéné la chose léguée du vivant du testateur, mais qu'il est valable quand il est fait sous la condition de cette aliénation, et qu'elle s'est réalisée. Le but du jurisconsulte n'est pas d'écarter la règle Catonienne dans l'hypothèse du legs de la *res propria legatarii,* mais de faire voir que la formule habituelle de la règle Catonienne est en défaut lorsque le legs de la propre chose du légataire est fait sous la condition que le légataire aura aliéné cette chose *vivo testatore* (V. M. Machelard, *Etude sur la règle Cat.*, n° 8, p. 4 *à la note*).

n'était pas propriétaire de la chose objet du legs fait à son profit l'eût acquise dans l'intervalle du décès à l'évènement de la condition. Il faudrait appliquer à ce cas ce qui a été dit à propos du même fait quand il se produisait *pendente conditione* dans l'hypothèse d'un contrat conditionnel. C'est-à-dire que le légataire conservait action contre l'héritier toutes les fois qu'il avait acquis la chose léguée *non ex lucrativa causa*. On peut dire d'une manière générale que cette acquisition, *ante conditionem existentem*, par le légataire, de la chose qui lui a été léguée sous condition, empêche son droit de naître, ou le laisse néanmoins prendre naissance, dans les mêmes cas où cette acquisition, postérieure à l'événement de la condition, aurait ou n'aurait pas entraîné la libération de l'héritier (1).

Des observations analogues sont à faire pour l'hypothèse où le legs, au lieu de la propriété, aurait pour objet un droit réel sur la propre chose du légataire. Tel serait le cas où le testateur aurait légué, toujours *per damnationem*, un droit d'usufruit ou de servitude que l'héritier serait tenu de procurer sur un bien appartenant au légataire lui-même. Ce legs frappé de nullité radicale et irrémissible par la règle Catonienne, quand il est pur et simple, ne sera pas, au contraire, nul *ab initio*, quand il aura été fait sous condition ; il sera valable si, à l'événement de la condition, le légataire a cessé d'être propriétaire du fonds sur lequel doit frapper le droit qui fait l'objet du legs. — Et, en supposant que, non propriétaire à l'époque de la confection du testament, le légataire le soit devenu avant l'événement de

(1) V. Inst. II, xx, § 6. — Comp. *suprà*, p. 276 et suiv.

la condition, c'est encore suivant que l'acquisition se sera opérée à titre gratuit ou à titre onéreux, qu'on prononcera la chute ou le maintien du legs.

Il est superflu de faire observer, comme une conséquence du principe qui nous occupe, que l'action Paulienne n'aurait pas été accordée aux créanciers du légataire insolvable à raison de ce qu'il aurait volontairement fait défaillir la condition mise au legs fait à son profit (1). On sait en effet que la répudiation même du legs pur et simple ne donnait jamais lieu à l'action Paulienne (2).

III

LE DROIT DÉRIVANT D'UN LEGS CONDITIONNEL N'EST PAS TRANSMISSIBLE AUX HÉRITIERS DU LÉGATAIRE DÉCÉDÉ *pendente conditione*.

Jusqu'ici, les effets de la condition suspensive, dans les legs qui confèrent un simple droit de créance, ne se sont pas trouvés sensiblement différents de ceux qu'elle produit en matière d'obligations dérivant de contrats. Mais voici un premier point très-important où la différence se fait remarquer : quand le légataire sous condition vient à décéder *pendente conditione*, il ne transmet aucun droit à ses héritiers, qui ne seront pas appelés à recueillir le legs, malgré l'événement postérieur

(1) Comp., *suprà*, p. 278.
(2) L. 6, § 4, Dig.. *Quæ in fraud. cred.* (XLII, 8).

de la condition; c'est seulement à compter du *dies cedens* que le droit au legs devient transmissible aux héritiers du légataire. C'est là une règle bien connue.

Nous savons, au contraire, qu'en matière de contrats, de stipulation, par exemple, le décès du stipulant *pendente conditione* n'éteint pas son droit, mais le transfère tel quel, avec les éventualités auxquelles il est subordonné, à ses héritiers (L. 57, Dig., *De Verb. oblig.*)

D'où vient une différence si considérable? Il n'est pas rare de l'entendre attribuer au défaut de rétroactivité de la condition accomplie dans les legs. J'ai déjà dit par avance que, dans ma pensée, la rétroactivité ou la non-rétroactivité de la condition accomplie n'exerçait aucune influence au point de vue qui nous occupe. Nous en avons la preuve dans une circonstance que j'ai déjà relevée, et sur laquelle j'insisterai bientôt ; c'est que l'obligation conditionnelle dérivant d'un legs, si elle n'est pas transmissible activement, en cas de décès du légataire *pendente conditione*, l'est au contraire passivement en cas de décès de l'héritier *a quo legatum est* (1). Et pourtant la condition accomplie, en matière de legs, ne rétroagit pas plus évidemment quant à l'obligation de l'héritier que quant à la créance du légataire ; il serait contradictoire qu'il en fût autrement; l'obligation ne peut pas précéder la créance.

Il faut donc chercher ailleurs la raison de la différence que nous venons de relever quant aux effets de la condition entre les obligations qui ont leur source dans

---

(1) Comp. L. 65, Dig., *De condit. et de monstr.* (*infrà*, p. 338, et L. 57. *De verb. oblig.*)

un contrat, et celles qui ont leur source dans une disposition testamentaire. Cette raison se trouve dans le caractère exclusivement personnel de la libéralité testamentaire : le droit au legs ne peut être acquis que par celui à qui il s'adresse ; il ne saurait prendre naissance sur une autre tête, fût-ce sur celle des héritiers du légataire, en vue desquels le testateur n'a pas fait sa disposition. Quand on contracte, on stipule pour soi et pour ses héritiers, et il est naturel que ceux-ci succèdent même aux simples espérances qui résultent du contrat ; il n'en est plus de même en matière de legs : ici la libéralité est faite en vue d'une personne déterminée ; elle ne peut profiter à ses héritiers que si le droit a fait d'abord impression sur la tête du légataire.

IV

Il est vrai, au surplus, qu'aucune fiction de rétroactivité ne venait, en matière de legs, tempérer la règle rigoureuse qui reportait à l'événement de la condition la naissance du droit de créance résultant d'un legs conditionnel. De là de nouvelles différences entre les effets de la condition dans les contrats et dans les legs considérés comme produisant un droit de créance. Ces différences sont, du reste, exactement celles que j'ai signalées précédemment entre l'obligation conditionnelle et l'obligation future.

En premier lieu, quand un legs conditionnel était fait au profit d'une personne *in aliena potestate*, c'est à l'époque de l'événement de la condition qu'il fallait se

placer pour déterminer qui devait en recueillir le bénéfice. Si l'on eût suivi ici des règles analogues à celles
qui avaient prévalu en matière de contrats conditionnels, on n'aurait pas mis, sous ce rapport, de différence entre le legs pur et simple ou à terme, d'une part,
et le legs sous condition, d'autre part ; c'est-à-dire qu'on
eût examiné dans tous les cas l'état du légataire à l'époque du décès du testateur, pour attribuer d'une manière
irrévocable le bénéfice éventuel de la disposition. Mais
il n'en était pas ainsi, et l'on s'en tenait rigoureusement
au principe qui reportait à l'événement de la condition
le *dies cedens* du legs.

En conséquence, en supposant que le légataire fût un
esclave, le droit au legs était acquis, non pas au maître
sous la puissance duquel il était placé à l'époque du décès du testateur, mais à celui auquel il appartenait à
l'événement de la condition. Et si, à l'événement de la
condition, le légataire était devenu libre, c'était lui qui
était appelé à recueillir le bénéfice du legs. De même,
quand le légataire était un fils de famille, et qu'il avait
été émancipé dans l'intervalle du décès à l'événement de
la condition, c'était lui qui profitait de la disposition.
Ces solutions sont établies par la L. 18, Dig., *De
div. reg. jur.*, plus haut transcrite ; elles sont écrites
d'une manière plus expresse encore dans le texte suivant :

ULPIEN, L. 14, § 3, Dig., *Quando dies legat.* (XXXVI, 2). —
Si dies legati cesserit, deinde legatarius in jus alienum
pervenit, ipsi potius debetur legatum, in cujus ipse jus
pervenit ; transeunt enim cum eo quæ ei debebantur.
Sed si sub conditione fuerit legatum, non transit, sed
exspectabit conditionem, *eique acquiretur, cujus juris*

erit conditiónis existentis tempore; quod si sui juris fuerit eo tempore, sibi potius acquiret.

Dans l'hypothèse prévue par Ulpien, le légataire est *sui juris* au moment du décès du testateur, et c'est plus tard que, par le résultat d'une adrogation, il s'est trouvé placé *in aliena potestate*. Si le legs était pur et simple ou à terme, l'adrogation, survenue *post diem legati cedentem*, en aura, dans le droit des jurisconsultes (1), transporté irrévocablement le bénéfice à l'adrogeant; et il en sera de même si, le legs étant conditionnel, l'adrogation s'est produite après l'arrivée de la condition. Mais si l'adrogation a eu lieu *pendente conditione legati*, l'adrogeant n'aura pu acquérir immédiatement aucun droit au legs, et ce sera la position du légataire à l'événement de la condition qui déterminera, suivant les règles qui viennent d'être exposées, la personne sur la tête de qui se fixera le droit au legs.

Les mêmes principes sont encore appliqués dans un autre texte, qui met en parallèle, au point de vue qui nous occupe, les droits conditionnels résultant d'un contrat, et ceux résultant d'un legs :

PAUL, L. 2, § 3, Dig., *De collat.* (XXXVII, 6). — Id quoque, quod sub conditione ex stipulatu debetur, emancipato conferri debet. Diversum est in legato conditionali, quia, etsi in potestate fuisset, et post mortem patris conditio extitisset, ipse haberet actionem.

L'enfant émancipé, appelé par le préteur, au moyen de

---

(1) A l'époque de Justinien, l'adrogeant n'acquiert plus que la jouissance des biens de l'adrogé; ces biens forment à l'adrogé un pécule adventice. V. L. 11 C., *Comm. de success.* (VI, 59), et Instit. III, X, § 2.

la *bonorum possessio unde liberi*, à prendre sa part dans l'héritage paternel en concurrence avec ses frères et sœurs demeurés *in patria potestate*, devait, comme on sait, pour rendre les positions égales, confondre dans la masse à partager les biens qu'il avait acquis depuis son émancipation, et qu'il aurait acquis pour le père de famille s'il fût resté sous sa puissance. Tel était l'objet de la *collatio*. Or, au moment du décès du père commun, l'enfant émancipé pouvait se trouver créancier conditionnel en vertu d'un contrat, *ex stipulatu*, par exemple, ou en vertu d'un legs. Devra-t-il mettre à la masse cette créance, et en partager le montant avec ses frères et sœurs, à supposer que la condition se réalise plus tard ?

Le jurisconsulte distingue : la *collatio* est due pour la créance conditionnelle *ex stipulatu*, car par cela seul que la stipulation, toute conditionnelle qu'elle était, s'est produite *vivo patre*, le bénéfice en eût été acquis immédiatement au père, si l'enfant n'eût pas été émancipé. La *collatio* n'est pas due, au contraire, pour la créance d'un legs conditionnel, car, l'enfant émancipé fût-il demeuré sous la puissance paternelle, il aurait, dans tous les cas, conservé pour lui seul le bénéfice du legs dont la condition n'aurait été accomplie qu'à une époque où la mort de son père l'aurait rendu *sui juris*.

Les principes qui viennent d'être exposés donnent une importance nouvelle à la règle suivant laquelle on regarde comme conditionnels les legs faits *ex die incerto*, et à celle aussi suivant laquelle les legs de prestations périodiques *quoad legatarius vivet* se décomposent en un premier legs pur et simple et en une série indéfinie de legs conditionnels, dont la condition est la survie du légataire à l'ouverture de chaque période. Dans ce dernier cas spécialement, chacun de ces legs ayant un *dies cedens* distinct, on conçoit que les changements d'état du légataire rendent en quelque sorte la disposition ambulatoire et peuvent en transporter successivement le bénéfice à des personnes différentes (1).

L'absence de tout effet rétroactif attribué à la condition accomplie, quand il s'agit d'un legs conditionnel, se fait remarquer en second lieu lorsqu'on examine la possibilité d'appliquer par avance, *pendente conditione*, certains modes d'extinction à la créance conditionnelle *ex legato*. Je veux faire allusion à l'acceptilation. J'ai expliqué plus haut comment, grâce à la fiction qui fait remonter l'obligation conditionnelle *ex contractu* au jour où s'est produit le contrat d'où elle dérive, on pouvait par avance en faire acceptilation *pendente conditione*. Cela est-il possible pour une créance dérivant d'un legs conditionnel ? Il faut d'abord expliquer comment la question peut se poser.

L'acceptilation n'est applicable directement qu'à l'extinction des obligations qui ont été contractées *verbis*, non à celle des obligations qui dérivent de toute autre source, et notamment d'un legs. Mais les obligations qui ne sont pas nées *verbis* peuvent cependant se trouver indirectement éteintes au moyen de l'acceptilation. Cela se rencontre : 1° quand cette obligation a été garantie par un fidéjusseur ; 2° quand, au moyen d'une novation, elle a été convertie en une obligation *verbis*. Dans le premier cas, l'acceptilation faite au fidéjusseur obligé *verbis* aura libéré par contre-coup le débiteur principal ;

(1) L. 10, L. 11, L. 12. pr. §§ 1-3, Dig., *Quando dies legat.*

dans le deuxième cas, l'obligation première n'aura pas
été, à vrai dire, éteinte par l'acceptilation, mais bien
par la novation, et c'est à l'obligation qui lui aura succédé que s'appliquera l'acceptilation.

Pour que notre question se présente, il faudra donc
supposer, ou que l'obligation résultant du legs conditionnel a été garantie pour une fidéjussion, ou qu'il est
intervenu, *pendente conditione*, une stipulation ayant
pour objet de nover, le cas échéant, l'obligation *ex
legato*; puisque, toujours avant l'événement de la condition, il est intervenu une acceptilation entre le légataire d'une part, et le fidéjusseur ou celui qui a promis,
novandi animo, le payement du legs, soit l'héritier, soit
un tiers, d'autre part. Quel sera l'effet de cette acceptilation, si plus tard, la condition vient à se réaliser ?

On pourrait croire à première vue que la réponse
doit être la même dans les deux hypothèses que je viens
de présenter. Il n'en est rien pourtant, et, au contraire,
les textes nous donnent avec raison deux solutions différentes pour les deux cas.

En supposant d'abord l'acceptilation faite au fidéjusseur qui est intervenu *pendente conditione*, pour garantir
éventuellement le payement du legs, on décide qu'elle
sera sans influence sur l'obligation de l'héritier, qui
prendra postérieurement naissance par l'événement de
la condition :

ULPIEN, L. 13, § 8, Dig., *De acceptil.* (XLVI, 4). — Si legatorum sub conditione relictorum fidejussori dato accepto
latum sit, legata debebuntur, postea conditione eorum
existente.

Cette solution est la conséquence directe du défaut de

rétroactivité dans les effets d'un legs conditionnel. Je l'ai expliqué plus haut : l'acceptilation , bien qu'elle puisse se trouver subordonnée à une condition tacite, ne saurait cependant s'appliquer à une obligation dont la naissance ne se reporterait pas, au moins par une fiction, avant l'époque où elle est intervenue. Elle éteindra sans doute l'obligation du fidéjusseur qui dérive d'un contrat et dont la formation rétroagit au jour où le fidéjusseur a fait la promesse, mais non celle de l'héritier qui ne préexiste pas à l'événement de la condition.

Je trouve ici une première occasion de confirmer le caractère de créance future auquel je rattache les règles concernant les droits du légataire sous condition. La solution qui précède est , en effet, exactement celle qui s'applique en cas d'acceptilation faite au fidéjusseur d'une dette future, par exemple au fidéjusseur qui a garanti la restitution d'un prêt non encore effectué ; cette acceptilation libérera bien le fidéjusseur, mais non l'emprunteur entre les mains de qui le prêt aura été postérieurement réalisé. Les motifs sont ici les mêmes que dans le cas du legs conditionnel, et le rapprochement entre les deux hypothèses est fait par Ulpien dans la L. 13, *De acceptil.*, dont je viens de transcrire le paragraphe 8, et dont le paragraphe 9 continue en ces termes :

> Qui ita stipulatur a fidejussore : *Quod Titio credidero, fide tua esse jubes?* deinde, antequam crederet, acceptum fecit fidejussori, reus non liberabitur, sed quandoque ei creditum fuerit tenetur ; nam etsi fidejussorem non ante liberatum esse credimus, quam fuerit creditum reo, *non tamen reus antiquiore acceptilatione, quam obligatio ejus est, liberari potuit.*

Si nous passons maintenant au cas où l'acceptilation intervient à la suite d'une promesse faite *novandi animo*, nous trouvons une règle toute différente :

VENULEIUS, L. 21, Dig., *De acceptil.* — Si sub conditione legatum mihi datum novandi causa stipulatus sum, et ante existentem conditionem acceptum fecero, Nerva filius ait, etiamsi conditio extiterit, neque ex testamento competituram actionem, quia novatio facta sit ; neque ex stipulatu quæ acceptilatione soluta sit.

Ainsi, dans cette hypothèse, l'acceptilation intervenue *pendente conditione* aura indirectement éteint la créance du légataire. Cette décision se concilie sans difficulté avec celle de la L. 13, §'8. Ici l'obligation *ex legato,* le texte le dit clairement, n'est pas en réalité éteinte par l'acceptilation, mais bien par la novation qui peut se produire conditionnellement pour une dette future (1), et c'est l'obligation nouvelle *ex stipulatu* qui est l'objet de l'acceptilation; chose possible, car il s'agit d'une obligation conditionnelle dérivant d'un contrat, qui, par l'effet rétroactif de la condition accomplie, remonte à une époque antérieure à l'acceptilation.

On ne doit pas douter que la solution de la L. 21 ne fût également applicable si les faits qu'elle suppose s'étaient produits au sujet d'une obligation future, par exemple de celle qui devrait résulter d'un prêt non encore effectué.

Un troisième point de vue à l'égard duquel se mani-

_____

(1) V. *infra*, p. 342 et suiv. les développements relatifs à la novation d'une créance conditionnelle *ex legato* en vertu d'un acte intervenu *pendente conditione.*

feste l'importance pratique du défaut de rétroactivité
en matière de legs conditionnels, est relatif à l'action
Paulienne : le légataire ne pourra pas, après l'accomplissement de la condition, attaquer comme ayant été
faits en fraude de ses droits des actes consentis par
l'héritier *pendente conditione*. Je renvoie sur ce point à
la L. 27, Dig., *Qui et a quib. manum.*, (XL, 9), que j'a
transcrite plus haut (p. 306).

V

EFFETS JURIDIQUES ATTACHÉS *pendente conditione* A LA *spes*
debitum iri RÉSULTANT D'UN LEGS CONDITIONNEL.

Il faut bien se garder d'attribuer à l'absence de rétroactivité de la condition accomplie en cette matière,
quelle qu'en soit l'importance, des effets trop absolus :
le legs, même conditionnel, fait naître d'ores et déjà au
profit du légataire une *spes debitum iri* qui doit être
prise en considération.

Sans doute cette *spes debitum iri*, nous le savons, ne
forme pas dans le patrimoine du légataire un bien
transmissible activement, mais cependant elle constitue
déjà dans le patrimoine de l'héritier une charge transmissible passivement. C'est ici le lieu de citer le texte
qui formule cette importante proposition déjà plusieurs
fois mentionnée :

PAUL, L. 65, Dig., *De cond. et demonstr.* — Legato sub
conpitione relicto, si heres, a quo sub conditione lega-

tum est, pendente conditione moriatur, heredem suum
obligatum relinquet (1).

En outre, la créance conditionnelle résultant d'un
legs peut, dès à présent, être garantie, comme celle qui
résulte d'un contrat, par une fidéjussion ou par une
hypothèque. Sans doute, l'efficacité de cette fidéjussion
ou de cette hypothèque sera subordonnée à l'événement
de la condition, mais, *existente conditione*, le fidéjusseur
ne pourra pas se dégager sous prétexte qu'il a garanti
une obligation inexistante à l'époque où il a promis, et
s'il est décédé dans l'intervalle, ses héritiers seront tenus comme il l'aurait été lui-même ; de même l'hypothèque prendra rang du jour où elle aura été constituée.

Cela n'a rien qui puisse étonner : en ce qui touche
la fidéjussion d'abord, on sait qu'elle peut aussi bien
précéder que suivre l'obligation principale (2), ou autrement que le fidéjusseur s'engage valablement pour
la sûreté d'une dette future. V. Ulpien, **L. 6, § 2, Dig.**,
De fidejuss. (xlvi, 1), *suprà*, p. 283.

L'application de ces principes à notre hypothèse
n'est pas douteuse. On sait, en effet, que le légataire
sous condition avait le droit d'exiger de l'héritier la
satisdatio legatorum, ce qui implique forcément la possibilité d'une fidéjussion. Cette possibilité est attestée
au surplus par des textes, et spécialement par la L. 13,
§ 8, *De acceptil.* ci-dessus rapportée : ce texte recherchant l'influence de l'acceptilation faite au fidéjusseur,
pendente conditione, dans notre hypothèse, suppose par

(1) Comp. **L. 57. Dig.**, *De verb. oblig.*
(2) V. **Inst.** iii, xx § 3.

là même la validité de la fidéjussion qu'il mentionne d'ailleurs comme une chose toute naturelle (1).

Les considérations qui précèdent s'appliquent également à l'hypothèque. Il est de principe qu'une hypothèque peut être constituée avec rang immédiat pour la sûreté d'une dette future, pourvu que la naissance de cette obligation soit indépendante de la pure volonté de l'une ou de l'autre des parties. Or, c'est ici spécialement le cas ; ici, en effet, la naissance de l'obligation est indépendante de la volonté de l'héritier débiteur éventuel. Nous avons sur ce point un texte formel :

AFRICAIN, L. 9, § 2, Dig., *Qui potiores in pign.* — Sed etsi heres ob ea legata, quæ sub conditione data erant, de pignore rei suæ convenisset, et postea eadem ipsa pignora ob pecuniam creditam pignori dedit, ac post conditio legatorum extitit, hic quoque tuendum eum cui prius pignus datum esset, existimavit (2).

(1) M. Vernet a cru trouver au contraire, dans la L. 13, § 8, Dig., *De acceptil.* la preuve que la créance conditionnelle *ex legato* ne pouvait être cautionnée *pendente conditione* (*Textes choisis sur la théorie des obligations*, p. 130). Suivant lui, le texte prouverait à la fois l'inefficacité de la fidéjussion et celle de l'acceptilation intervenues *pendente conditione*. Mais il est manifeste qu'il ne saurait prouver les deux choses en même temps ; si la fidéjussion doit être tenue pour nulle, l'acceptilation faite au fidéjusseur apparent sera, pour ce motif même, sans influence sur l'obligation principale, et il deviendra impossible d'affirmer que le texte la déclare inefficace à raison de ce qu'elle intervient *pendente conditione*. Au fond, il est certain que la L. 13, § 8, implique par ses termes mêmes la validité de la fidéjussion (*comp.* le § 9 *eod.*) et c'est en la supposant régulière qu'elle recherche si l'acceptilation faite au fidéjusseur devra ou non, à raison des circonstances, libérer le débiteur principal.

(2) Ici encore M. Vernet (*loc. cit.*) a commis une erreur évidente en affirmant qu'aucune hypothèque ne peut être valablement constituée *pendente conditione* pour garantir une créance conditionnelle *ex legato*.

L'efficacité de la fidéjussion et de l'hypothèque, dans les circonstances dont il s'agit ici, dépend, je l'ai déjà dit, de l'événement de la condition ; mais leurs effets, par suite de l'arrivée de la condition, sont considérés comme s'étant produits *ab initio*. De là un résultat singulier qui pouvait se produire quand il s'agissait d'un legs fait à une personne *in potestate aliena* : la créance résultant de la fidéjussion comme le droit résultant de la constitution d'hypothèque étaient alors acquis *ab initio* au *paterfamilias*, tandis que le droit au legs était attaché à la tête du légataire et lui profitait personnellement s'il se trouvait *sui juris* à l'arrivée de la condition. La conséquence de cela était que si, par suite de son changement d'état, le légataire *alieni juris* à l'époque de la fidéjussion ou de la constitution de l'hypothèque, était appelé à recueillir le legs, personne ne

Le texte si précis que je viens de citer lui a échappé. On peut s'en étonner ; car, versé comme il l'est dans la connaissance de nos anciens commentateurs, il ne peut pas ignorer que Doneau (*Ad leg.* 78 *De verb. oblig.*) en tirait son argument principal pour soutenir qu'il y avait un effet rétroactif attaché à la condition accomplie dans les legs. Doneau se trompait en pensant que la possibilité de constituer une hypothèque ne se conçoit pas sans la rétroactivité de la condition. Son erreur est la même au fond que celle de M. Vernet ; pour l'un et pour l'autre elle consiste à méconnaître qu'on puisse constituer une hypothèque avec rang immédiat pour la garantie d'une dette future. En ce qui touche particulièrement M. Vernet, il a eu le tort de s'attacher trop rigoureusement au principe écrit dans la L. 42, Dig., *De oblig. et act.*, suivant laquelle le légataire conditionnel n'est pas encore créancier tant que la condition est en suspens. D'une part, on sait qu'il faut toujours se garder d'attacher un sens trop absolu à des maximes que les jurisconsultes romains avaient formulées le plus souvent en vue d'une solution spéciale ; d'autre part et principalement, je ne puis trop insister sur ce point que l'existence actuelle d'une obligation principale n'est nullement nécessaire pour la constitution de l'hypothèque.

pouvait se prévaloir de la fidéjussion ni de l'hypothèque, lesquelles étaient ainsi dénuées de tout effet. Le légataire n'était pas admis à s'en prévaloir, parce que le bénéfice en avait été originairement acquis au *paterfamilias*; quant à celui-ci, n'étant pas créancier, il n'avait, faute d'intérêt, aucune action pour invoquer les garanties de la créance. Ainsi décide le jurisconsulte Paul dans le texte suivant :

> L. 28, Dig., *De pign. et hyp.* (xx, 1). — Si legati conditionalis relicti filiofamilias pater ab herede rem propriam ejus pignori accepit, et mortuo patre vel emancipato filio, conditio legati extiterit, incipit filio legatum deberi, et neque pater potest pignus vindicare, neque filius, qui nunc habere cœpisset actionem, nec ex præcedente tempore potest quidquam juris habere in pignore, sicut in fidejussore dicitur (1).

IV

Il est manifeste également qu'il n'y a pas de différence à établir entre la créance conditionnelle résultant d'un legs, et celle qui résulte d'un contrat, en ce qui touche la novation qui aurait pu être consentie *pendente conditione*. Le droit romain admet qu'on puisse nover avant sa naissance une obligation future dans le même

_____

(1) On a vu plus haut, p. 297-298, que la solution était la même dans le cas d'une fidéjussion intervenue pour garantir la restitution promise à un fils de famille, d'un prêt futur réalisé par lui après son émancipation. Mais ici le texte se tient dans les principes rigoureux, en annulant la fidéjussion même à l'égard du fils émancipé, tandis que dans l'autre hypothèse, Papinien considère, *humanitatis intuitu*, le fidéjusseur comme obligé envers le fils.

sens qu'il l'admet pour une obligation conditionnelle.
C'est-à-dire que sans doute l'effet de cette novation sera
subordonné à la formation de l'obligation qu'elle doit
éteindre, mais que, l'obligation formée, elle se trouvera au moment même éteinte en vertu de la promesse
antérieurement faite, promesse virtuellement conditionnelle, dont l'effet sera reporté rétroactivement *ex post
facto* au jour où elle est intervenue :

> ULPIEN, L. 8, § 2, Dig., *De nov. et deleg.* (XLVI, 2). — Si
> quis ita stipulatus a Seio sit : quod a Titio stipulatus
> fuero, dare spondes? an, si postea a Titio stipulatus sim,
> fiat novatio, solusque teneatur Seius? Et ait Celsus nova-
> tionem fieri......; nam eodem tempore et impleri prioris
> stipulationis conditionem, et novari ait, eoque jure
> utimur.

Le principe est spécialement appliqué au legs conditionnel dans le paragraphe premier de la même loi :

> Legata vel fideicommissa si in stipulationem fuerint
> deducta, et hoc actum, ut novetur, fiet novatio ; siqui-
> dem pure vel in diem fuerint relicta, statim, si vero
> sub conditione, non statim, sed ubi conditio extiterit (1).

---

(1) M. Vernet (*op. et loc. suprà cit.*), sous l'influence des idées que
j'ai signalées plus haut, refuse tout effet à l'acte intervenu *pendente
conditione* pour nover une créance conditionnelle *ex legato*. Ici encore, sous l'empire d'une idée préconçue, il a méconnu des principes
certains et des textes précis. Nul, je pense, ne se méprendra sur le sentiment qui me fait relever ces oublis échappés à un collègue dont j'ap-
précie autant que personne le savoir et la puissante logique. Des erreurs
graves peuvent échapper aux meilleurs esprits. Puisse cette réflexion
demeurer présente au souvenir de mes lecteurs, et les disposer à l'indulgence pour les erreurs qui n'auront pas manqué de m'échapper à
moi-même !

La novation étant alors subordonnée à la formation de l'obligation qui doit résulter du legs, il faut en conclure que la promesse faite *novandi animo* sera non avenue, non-seulement si la condition ne se réalise pas, mais encore si elle se réalise après le décès du légataire, après la perte par cas fortuit du corps certain qui a été légué, ou enfin après la *capitis diminutio maxima* ou *media* de l'héritier *a quo legatum est*, ou son décès quand il ne laisse pas d'héritier. ·

D'autre part, quand la condition du legs s'accomplit utilement, la promesse faite *novandi animo* produit une obligation dont la naissance remonte à l'époque où la stipulation a eu lieu, car elle résulte d'un contrat conditionnel ; nous en avons vu précédemment la preuve dans la L. 21, *De acceptil.* (*suprà*, p. 355), d'après laquelle cette obligation peut se trouver éteinte en vertu d'une acceptilation intervenue *pendente conditione*.

Ulpien ne s'est-il pas contredit lui-même, et n'a-t-il pas nié la possibilité d'opérer ainsi à l'avance la novation de la créance résultant d'un legs conditionnel dans le texte suivant ?

> L. 11, Dig., *De condit. et demonstr.* (xxxv, 1). — Legata sub conditione relicta non statim, sed quum conditio extiterit, deberi incipiunt ; *ideoque interim delegari non potuerunt.*

De tout temps on s'est préoccupé de la contradiction que l'on a cru apercevoir entre ce passage tel qu'il vient d'être transcrit, et les règles incontestées dont l'exposition précède. Avant de rechercher si la contradiction existe en effet, je dois dire qu'on n'est pas d'accord sur

lès expressions mêmes du texte. Je l'ai donné d'après la
Florentine, mais la Vulgate et Haloander, d'après d'autres manuscrits, en modifient la dernière partie en sub-
stituant *legari* à *delegari*, de la manière suivante.... :
ideoque interim LEGARI *non potuerunt.*

Si l'on admet cette dernière leçon, toute apparence de
contradiction s'évanouit. Le texte sera alors dans l'hypothèse d'un legs *per vindicationem* fait sous condition,
et il énoncera cette règle certaine que le légataire n'étant
pas propriétaire de la chose léguée avant l'arrivée de la
condition, ne peut pas lui-même la léguer *per vindica-*
tionem dans un testament fait *pendente conditione.* On
pourrait objecter que cette manière de lire le texte est
en désaccord avec les expressions *deberi incipiunt* qui
semblent caractériser un legs *per damnationem;* mais
cela ne serait pas décisif, car on trouve la même locution employée à propos d'un legs *per vindicationem*
dans la L. 13, Dig., *Quando dies legat.* (xxxvi, 2). Ce
qui est plus décisif, c'est que les Basiliques confirment
pleinement sur ce point la leçon donnée par le manuscrit de Florence. L'expression sur laquelle porte le
doute, *legari.... delegari* se trouve représentée par le
grec μετα μεταφερεσθαι ερεσθαι, dont le sens est sans doute
un peu élastique, mais qui ne suppose nullement l'idée
d'un legs (1).

(1) M. Fitting, qui admet bien, sur l'autorité des Basiliques, que la
leçon *delegari* est la seule exacte dans la compilation de Justinien, incline à penser que le texte original d'Ulpien était tout autre. Ulpien
aurait écrit *ideoque interim* DO LEGO *legari non potuerunt,* ce qui
serait conforme pour le sens à la version d'Haloander et de la Vulgate.
Cette forme est en effet très-fréquemment employée pour désigner le
legs *per vindicationem* (V. *Fragm. Vat.,* §§ 47, 57, 75, 83, 86, 87).

Il est donc vraisemblable qu'il faut s'en tenir au texte florentin et admettre qu'il s'agit d'une créance conditionnelle *ex legato*, de laquelle on dit : *interim delegari non potuit*. Mais il me semble qu'on a fait fausse route quand on a entendu cela de l'impossibilité d'une novation. Ainsi que l'avait déjà remarqué Cujas (1), *delegare* est une expression qui est susceptible de deux sens très-différents suivant le régime qu'on lui donne. Il ne faut pas confondre *delegare nomen* ou *actionem* avec *delegare debitorem*. — La délégation du débiteur suppose que le créancier a donné mandat à un tiers de stipuler du débiteur, de telle sorte que l'obligation contractée par celui-ci envers le tiers délégataire produise novation de son ancienne dette. Entendu comme il l'a été jusqu'ici, d'une telle opération, notre texte n'aurait pas de sens. Comment pourrait-on avoir l'idée que l'héritier débiteur éventuel du legs consentît à s'engager envers un tiers avant l'arrivée de la condition ? Et si par hasard il l'a fait, fût-ce par erreur, ne sait-on pas que son obligation serait pleinement valable à l'égard du délégataire (2) ? — Ou enfin voudrait-on dire que malgré l'obligation valablement contractée par l'héritier délégué, celui-ci n'en demeurerait pas moins tenu de l'obligation *ex testamento* si la condition du legs venait à se réaliser ? On aurait ainsi, il est vrai, un sens intelligible, mais on reconnaî-

---

Vraisemblablement cette formule usuelle s'écrivait en abrégé au moyen des initiales D. L. (D. L. LEGARI), d'où les copistes auront pu faire par suite DELEGARI (Fitting, *Ueber Lehire der Ruckziehung*, p. 60 et 6¹). Cette conjecture n'est pas inadmissible, mais elle est inutile, comme on va le voir, pour l'explication du texte.

(1) *Paratit ad Cod.* Tit. *De novat.*

(2) A moins que la délégation n'eût lieu *donationis causa* (comp. L. 13, Dig., *De novat.*, et L. 2, § 3, *De donat.*)

tra que le jurisconsulte aurait employé pour rendre sa pensée une expression singulièrement elliptique.

Aussi bien ne s'agit-il nullement, dans notre L. 41, de la *delegatio debitoris*, mais de la *delegatio nominis* qui est tout autre chose. *Delegare nomen* est une locution synonyme de *mandare actiones* (1). Elle est employée dans les textes pour signifier l'opération qui consiste à céder une créance en constituant le cessionnaire *procurator in rem suam* pour en opérer le recouvrement. Une telle opération implique l'existence actuelle d'une action dont le cessionnaire puisse s'assurer le bénéfice en liant l'instance avec le débiteur. C'est cette idée qu'a voulu simplement énoncer Ulpien dans la L. 41 ; il a voulu dire que tant que la condition du legs est en suspens, le légataire ne saurait arriver à transporter sa créance éventuelle : la matière aurait manqué à ce transport. La L. 41 ainsi expliquée est donc complétement étrangère à toute question de novation, et ne contredit nullement les principes exposés ci-dessus (2).

(1) Cette synonymie, sinon absolue, au moins habituelle, résulte notamment de la L. 51, Dig., *De peculio* (xv, 1). — « Ergo si paratus sit *actiones mandare*, absolvetur....... in idem redibit, si *actiones* paratus sit *præstare*; et in omnibus quos idcirco teneri dicimus, quia habent actionem, *delegatio* pro justa præstatione est. — Comp. L. 1, § 12, Dig., *De coll. bon.* L. 77, § 18, *De legat.* 2. L. 1, C., *De contr. jud. tut.* (v. 58), etc., etc.

(2) Le texte des Basiliques cité plus haut confirme cette interprétation. Le grec μετα μεταφερειν ερειν signifie proprement transférer, transporter. Mais la proposition, même entendue en ce sens, n'est plus exacte dans le droit de Justinien ni dans le droit byzantin. En effet, dans le dernier état du droit, il n'est pas douteux qu'on peut céder une créance future. Par suite des progrès du droit, on était arrivé à donner au cessionnaire, en vertu de la simple convention, une action utile contre le débiteur cédé. Dans cet état de la législation, la nécessité d'une *procuratio in*

VII

Des droits actuels qui peuvent être exercés par le légataire conditionnel avant l'arrivée de la condition. — Caution Mucienne.

A certains points de vue, l'espérance résultant d'un legs conditionnel donne au créancier éventuel des droits plus étendus que ceux que nous avons reconnus au profit du créancier conditionnel *ex contractu*. En effet, le légataire conditionnel peut, *pendente conditione*, exiger la *cautio*, ou plus exactement la *satisdatio legatorum*, et à défaut obtenir l'envoi en possession des biens (V. au Dig. le titre *Ut legat. seu fideicomm. servand. caus. cav.* (xxxvi, 3), et spécialement la L. 10. V. aussi L. 8, § 4; Dig. *Qui satisd. cog.*, ii, 8).

Enfin il y avait, comme on sait, des cas où le légataire était admis à exiger l'exécution immédiate du legs, bien que la condition ne fût pas encore accomplie, en

rem suam suivie d'une *litiscontestatio* pour opérer la cession étant écartée, rien ne s'opposait plus à la cession des créances futures. Il faut donc regarder le maintien au Digeste de la L. 41, comme le résultat d'une inadvertance des compilateurs. — Je dois confesser toutefois que la possibilité de céder une créance future à titre de donation paraît déjà constatée par un rescrit de l'empereur Décius de l'an 250 (L. 3, C., *De donat.* viii, 54), tandis que l'action utile en vertu d'un transport de créance opéré *donationis titulo*, ne fut accordée que par Justinien (L. 33 *eod*). Mais on sait qu'il ne faut accorder qu'une foi très-réservée à ces anciennes constitutions que le Code nous transmet sous forme abrégée.

s'engageant sous caution à en procurer l'accomplissement ou, en cas de contravention, à restituer ce qu'il aurait reçu ; c'était là ce qu'on appelait la caution Mucienne. Pour que le légataire eût ce droit, il fallait d'abord, bien entendu, que l'accomplissement ou le non-accomplissement de la condition dépendît de lui, en d'autres termes, qu'il s'agît d'une condition potestative de sa part ; il fallait, en second lieu, que, d'après la nature de la condition, l'accomplissement n'en pût être certain qu'à la mort du légataire.

Tel est le caractère qu'aurait présenté une condition de ne pas faire, ou autrement une condition potestative négative imposée à un légataire. On trouve dans les textes de nombreux exemples où l'on voit la caution Mucienne intervenir à propos de legs faits sous des conditions de cette espèce. En voici un qui, outre l'application, contient la formule de la règle générale :

> PAPINIEN, L. 73, Dig., *De condit. et demonstr.* (xxxv, 1). — Titio fundus, *si in Asiam non venerit.....*, legatus est ; quum *in omnibus conditionibus quæ morte legatariorum finiuntur*, receptum est, ut Muciana cautio interponatur, heres cautionem a Titio accepit..... (*Comp.* L. 7, Dig., *eod.*)

Le légataire n'aurait pas pu offrir la caution Mucienne pour obtenir la délivrance immédiate du legs, si la condition avait été de ne pas faire un acte dans lequel dût intervenir un tiers ; exemple : je lègue cent à Seia *si Titio non nupserit.* Dans ce cas, le prédécès de Titius pourrait assurer l'accomplissement de la condition avant la mort de Séia, légataire, et il suffit qu'il y ait possibilité que le légataire recueille de son vivant, pour écarter la caution Mucienne. Il y a, entre cette hypothèse et celle où la caution est reçue, la même différence qu'entre le legs *quum legatarius morietur*, et le legs *quum Titius morietur* (1).

Au surplus, la caution Mucienne pourrait être offerte même en cas de legs soumis à une condition affirmative, si cette condition avait pour objet d'imposer au légataire l'accomplissement d'un fait qu'il dût réitérer périodiquement pendant toute sa vie. Telle serait la condition de déposer chaque jour, ou chaque semaine, certaine offrande sur le tombeau du testateur. La formule de la L. 73 *De condit.* s'applique exactement ici, et d'ailleurs la condition dont il s'agit se ramène virtuellement à une proposition négative inverse : si le légataire ne manque pas un jour ou une semaine de, etc. — Cette conversion possible de la condition, de quelque manière qu'elle soit formulée, en une condition potestative négative servira de *criterium* dans tous les cas.

Reste à savoir pourquoi on avait dérogé, pour les hypothèses qui viennent d'être déterminées, aux règles

(1) L. 106, Dig., *De condit. et demonstr.* — Toutefois on ne maintenait pas très-rigoureusement cette règle. Ainsi, la caution Mucienne était reçue quand le légataire étant très-attaché au tiers dont le prédécès aurait pu assurer de son vivant l'accomplissement de la condition, il aurait paru trop cruel d'interpréter la chose dans le sens d'un legs fait pour l'époque de la mort de ce tiers. Tel serait le cas d'un legs adressé à une mère, *si a liberis non discesserit* (V. L. 72, *pr.* et § 1er, Dig. *De cond. et dem.*). Même, il est à remarquer que l'admission de la caution Mucienne ne paraît pas avoir souffert de difficulté dans l'hypothèse de la condition de ne pas affranchir un esclave (V. LL. 7 et 67 *eod.*), et pourtant le décès de l'esclave eût pu également assurer du vivant du légataire l'accomplissement de la condition. Cette absence de règles rigoureuses se comprend quand on réfléchit que tout dérivait ici de l'interprétation de la volonté du testateur.

générales sur les effets de la condition, et pourquoi on
n'y avait dérogé que pour les dispositions testamentaires, et non en matière d'actes entre-vifs qui auraient
pu se trouver subordonnés à des conditions de la même
nature.

On dit quelquefois qu'on avait été amené à cet expé-
dient pour éviter la nullité qui sans cela aurait nécessairement frappé tout legs fait sous une condition non
susceptible d'être accomplie du vivant du légataire. Un
tel legs, a-t-on dit, est virtuellement fait *post mortem
legatarii*, ou, ce qui revient au même, la condition à laquelle il est soumis ne pouvant se réaliser qu'après la
mort du légataire, il aurait dû être déclaré nul, et, pour le
faire valoir, il a fallu, par interprétation de la volonté du
testateur, le considérer comme pur et simple sous la
charge de fournir la caution Mucienne.

Je ne crois pas qu'il faille s'arrêter à cette manière de
voir. Si le raisonnement sur lequel elle repose était
fondé, il conduirait à annuler les stipulations mêmes,
quand elles seraient subordonnées à des conditions de
l'espèce dont nous parlons, car s'il n'est pas permis de
faire un legs *post mortem legatarii*, il ne l'est pas davantage de stipuler *post mortem suam*. Sans doute, dans la
stipulation, à la différence du legs, la condition peut
s'accomplir utilement après la mort du créancier, mais
il est indispensable qu'elle puisse s'accomplir avant. Or,
nous ne voyons pas que la stipulation ait été déclarée
nulle dans les circonstances dont il s'agit ici. La vérité
est, en effet, que les conditions dont il est question s'accomplissent non après la mort, mais à la mort du légataire. C'est donc comme si on avait légué à la mort du
légataire, ce qui est très-régulier.

Mais il est à remarquer que, bien que régulier, le legs sous une condition dont l'accomplissement ne pourrait pas être antérieur au décès du légataire ne profiterait en définitive qu'à ses héritiers. C'est pour éviter ce résultat, contraire à la volonté probable du testateur, que l'on interprétait la condition en ce sens que le légataire devait s'engager par la caution Mucienne à se conformer à la volonté du disposant.

La caution Mucienne était une *satisdatio* (LL. 67 et 106, Dig. *De condit. et demonstr.* (xxxv, 1) ; elle était fournie à la personne qui devait, en cas de contravention, profiter de la déchéance du légataire (L. 18 *eod.*), c'est-à-dire généralement à l'héritier. Toutefois il aurait pu arriver que le testateur appelât un autre légataire *in defectum conditionis,* et dans ce cas il aurait paru naturel que la caution fût fournie au légataire substitué. Il ne semble pourtant pas qu'il en fût ainsi dans la pratique : nous voyons par les textes que, dans ce cas même, la caution était fournie à l'héritier obligé, le cas échéant, envers le légataire substitué (LL. 67 et 73 Dig. *eod.*). Cela se comprend ; le légataire en deuxième ordre n'étant appelé que sous une condition, aurait perdu toute espèce de droit s'il était mort avant l'événement de cette condition. Si donc il avait reçu la *satisdatio,* il aurait pu arriver que celle-ci fût sans effet, et que l'héritier appelé par son prédécès à profiter de la déchéance du premier légataire se trouvât sans garantie. La *satisdatio* fournie à l'héritier responsable envers le second légataire était, au contraire, efficace à tout événement, et sauvegardait tous les intérêts.

VIII

L'arrivée de la condition, quand elle s'accomplit utilement, ouvre le droit du légataire, et donne naissance à son profit à l'action *ex testamento* (1) pour obtenir l'exécution du legs. L'héritier est responsable, même dans le passé, de tout fait par lequel il aurait détruit ou détérioré la chose léguée, dans la mesure dans laquelle il en aurait été responsable si le legs avait été pur et simple. Mais le légataire n'a aucun droit aux fruits produits par la chose léguée avant l'événement de la condition. C'est ce que supposent notamment les LL. 88, § 3, et 73, § 4, Dig., *Ad leg. Falcid.* (xxxv, 2), où nous voyons que, pour le calcul de la Falcidie, les legs conditionnels doivent être diminués du montant des fruits ou intérêts perçus par l'héritier *ab adita hereditate* jusqu'à l'événement de la condition, ce qui implique bien que l'héritier conserve ces fruits. Du reste, même dans les fidéicommis et les legs les plus favorisés, les fruits ne sont dus qu'à partir de la demeure (V. Gaïus, II § 280), et aucune mise en demeure n'étant possible avant l'événement de la condition, cela supprime toute espèce de doute (2).

---

(1) Ou à une *persecutio extraordinaria* quand il s'agissait d'un fidéicommis.

(2) V. aussi L. 24 Dig., *De opt. leg.* (xxxiii, 5).

23

Dans le cas où la chose léguée aurait été détruite *pendente conditione* par le délit d'un tiers, l'héritier serait libéré, et il aurait, à l'exclusion du légataire, l'action *Legis Aquiliæ*, contre l'auteur du dommage. C'est l'application de la règle que le legs ne produit aucun droit quand la chose léguée périt par cas fortuit avant l'arrivée de la condition. Que si la chose léguée avait été simplement détériorée, l'héritier serait-il quitte en la livrant telle quelle, ou devrait-il céder, en outre, au légataire l'action *damni injuriæ*? Je crois que le légataire ne pourrait pas exiger cette cession, car il est muni d'une action de droit strict en vertu de laquelle il ne peut demander que la chose due (1). De même, en cas de vol, le légataire n'aurait pas le droit d'obtenir la cession de l'action *furti*, ni même, je crois, la *condictio furtiva*, mais il pourrait toujours exiger le transport de la propriété, à supposer que la chose existât encore, ce qui lui permettrait d'agir en revendication. — S'il s'agissait d'un fidéicommis, on peut conjecturer que, vu l'étendue des pouvoirs du magistrat, l'héritier aurait dû transférer au fidéicommissaire toutes les actions qu'il avait acquises même avant l'arrivée de la condition, relativement à l'objet de la disposition.

Quand la condition faisait défaut, le legs ou le fidéicommis étant non avenus, les choses se passent, dans les rapports du légataire ou du fidéicommissaire avec l'héritier, comme si la disposition n'avait pas été écrite dans

_____

(1) *Nec obstat*, L. 15 pr., *in fine*, Dig., *Ad leg. Aquil.* — Ce texte, relatif à un legs *per vindicationem*, sera expliqué plus bas.

le testament, sauf d'ailleurs l'application, s'il y avait lieu, des règles bien connues sur la revendication des caduques (1) à l'époque classique, et sur l'accroissement au temps de Justinien (2).

(1) Les dispositions qui faisaient défaut par suite de la non arrivée de la condition à laquelle elles avaient été subordonnées étaient *in causa caduci*. L. un., §§ 2 et 7 C., *De cad. toll.*, (VI, 51.)

(2) Je ne parle pas du temps antérieur aux lois caducaires, parce qu'alors, le legs étant supposé *per damnationem*, il n'y avait jamais d'accroissement, et la défaillance profitait toujours à l'héritier (Gaïus. II, § 205). Quant aux fidéicommis, ils n'étaient pas encore obligatoires.

SECTION III

EFFETS DE LA CONDITION SUSPENSIVE DANS LES ACTES AYANT POUR OBJET LE TRANSPORT DE LA PROPRIÉTÉ OU DE SES DÉMEMBREMENTS.

——◦◦◦——

SOMMAIRE :

———————

I

Nous retrouvons tout d'abord, en cette matière, le principe que les droits résultant d'un acte conditionnel ne prennent naissance qu'à l'événement de la condition. Mais ici l'application du principe n'est pas atténuée, comme dans les obligations conditionnelles résultant d'actes entre-vifs, par la fiction de la rétroactivité attachée à la condition accomplie ; cette fiction, comme nous le verrons, n'avait point paru nécessaire pour sauvegarder les intérêts légitimes de celle des parties dont la propriété était suspendue par une condition. A cet égard il n'y a pas de distinction à faire entre les actes entre-vifs et les legs.

Dans les développements que je vais donner aux diverses propositions qui précédent, je suivrai un ordre inverse de celui que j'ai suivi au sujet des obligations, et je m'occuperai d'abord des legs : les textes en ce qui les concerne sont plus nombreux et plus précis ; ils me permettront d'asseoir avec plus de sécurité une doctrine dont l'application aux actes entre-vifs fera ensuite l'objet de mon examen.

PREMIÈRE PARTIE. — LEGS *PER VINDICATIONEM.*

II

Pour déterminer clairement l'influence de la condition sur un legs ayant pour objet la translation de la propriété ou d'un autre droit réel, ou, pour parler le langage de l'ancien droit, sur un legs *per vindicationem,* il faut d'abord rappeler quels seraient les effets de ce legs en le supposant pur et simple.

Le legs, même pur et simple, ne transfère pas la propriété du jour du décès du testateur, du moins quand l'hérédité est déférée à un *heres extraneus*. Le décès assure seulement au légataire un droit au bénéfice du legs, droit transmissible à ses héritiers, droit acquis à la personne sous la puissance de qui il est actuellement placé en le supposant *alieni juris*, mais qui doit s'évanouir si le testament vient ensuite à être *desertum*. Le droit légué lui-même n'est établi, au plus tôt, qu'au moment où l'adition d'hérédité vient assurer la confirmation et le maintien du testament. Même, suivant la doctrine des Proculiens, la propriété n'aurait pas été acquise *ipso facto* au légataire dès l'époque de l'adition, mais seulement au moment où, ayant connaissance du legs fait à son profit, il aurait manifesté la volonté de l'accepter. Mais les Sabiniens n'étaient pas de cet avis; ils pensaient que l'adition d'hérédité transférait au légataire, *ipso facto*, même à son insu, la propriété de la chose léguée *per vindicationem*. Chacun connaît, à cet égard, le § 195, *comm.* II, des institutes de Gaïus :

In eo vero dissentiunt prudentes, quod Sabinus quidem et Cassius, ceterique nostri præceptores, quod ita legatum sit, statim post aditam hereditatem putant fieri legatarii, etiamsi ignoret sibi legatum esse dimissum ; et posteaquam scierit et repudiaverit, tum perinde esse atque si legatum non esset ; Nerva vero et Proculus, ceterique illius scholæ auctores, non aliter putant rem legatarii fieri quam si voluerit eam ad se pertinere. Sed hodie ex Divi Pii constitutione hoc magis jure uti videmur quod Proculo placuit ; nam cum legatus fuisset Latinus per vindicationem coloniæ, Deliberent, inquit, decuriones an ad se velint pertinere, proinde ac si uni legatus esset.

Il importe de fixer exactement la portée de cette dissidence : le dissentiment n'existe au fond que sur la condition de la chose léguée, au point de vue de la propriété, à partir de l'adition jusqu'au moment où le légataire prend parti. Dans l'opinion des Sabiniens, elle passerait immédiatement au légataire, sauf à revenir rétroactivement à l'héritier en cas de répudiation du legs ; ce qui revient à dire que dans l'intervalle la propriété est *in suspenso*, bien que provisoirement attribuée au légataire. Suivant les Proculiens au contraire, dans l'intervalle, la chose léguée était *res nullius* ; elle n'était acquise au légataire qu'à partir et en vertu de son acceptation (1).

On a quelque peine à se rendre compte des fondements sur lesquels pouvait reposer cette dernière opinion ; si encore les Proculiens avaient attribué *interim* à l'héritier une propriété résoluble sans rétroactivité (2), cela aurait pu se comprendre, mais donner au legs l'effet de faire sortir la chose léguée des biens transmis à l'héritier, sans l'attribuer en même temps au légataire, c'est une idée qui me paraît illogique et contradictoire (3). Les textes ne nous renseignent pas d'ailleurs sur les résultats pratiques de la doctrine

---

(1) Gaïus, ii, § 200.

(2) C'est ce que décidaient les Sabiniens, nous le verrons, dans l'hypothèse du legs conditionnel, et tous les jurisconsultes, sans distinction, au cas d'affranchissement testamentaire *sub conditione* (V. Gaïus, *loc. cit.*).

(3) Il faut dire pourtant que les Proculiens, en ne s'arrêtant pas à l'idée si simple, à leur point de vue, de laisser la propriété à l'héritier jusqu'à l'acceptation du légataire, échappaient à un inconvénient pratique considérable ; ils empêchaient par ce moyen l'extinction, par confusion, des servitudes prédiales qui auraient pu exister sur le fonds légué, au profit d'un fonds appartenant à l'héritier, ou réciproquement.

proculienne quant au point qui nous occupe, en comparaison avec ceux de la doctrine opposée. On peut
cependant, à l'aide des principes, en signaler quelques-uns.

1° On peut supposer que le légataire, avant qu'il eût
connaissance du legs fait à son profit, mais *post aditam
hereditatem*, a légué lui-même *per vindicationem* la chose
qui lui avait été léguée. Ce nouveau legs, valable dans
l'opinion des Sabiniens, serait nul dans la doctrine opposée, suivant la règle que, pour la validité du legs *per
vindicationem* d'un corps certain, le testateur doit être
propriétaire de l'objet légué à l'époque de la confection
du testament (1).

Sur ce premier point (et je ferai voir qu'il en est de
même pour ceux qui suivent), c'est incontestablement
l'opinion des Sabiniens qui a prévalu, comme on le voit
dans la L. 44, § 1, Dig. *De legat.* 1 (xxx).

> ULPIEN. — Si quis rem sibi legatam ignorans adhuc lega-
> verit, postea cognoverit, et voluerit ad se pertinere, lega-
> tum valebit, quia, ubi legatarius non repudiavit, retro
> ipsius fuisse videtur ex quo hereditas adita est; si vero
> repudiaverit, retro videtur res repudiata fuisse heredis.

2° Quand la chose léguée est un esclave, dans l'intervalle de l'adition à l'acceptation du légataire, cet esclave sera, d'après le système des Proculiens, un *servus
sine domino*, et partant il ne pourra rien acquérir par
aucun acte entre-vifs, et toute disposition testamentaire
faite à son profit serait nulle, faute d'un maître à qui il
puisse emprunter la *testamenti factio*. Suivant le sys-

(1) Gaïus, ıı, § 196.

tème sabinien, il en serait autrement, et il y aurait
seulement incertitude sur le point de savoir, quant à
présent, quel est le maître qui doit profiter des acquisitions faites par l'esclave, ou en la personne duquel
l'esclave trouvera la *testamenti factio* nécessaire pour
être inscrit dans le testament. Cette dernière doctrine
est en effet celle que professe Julien dans la L. 86, § 2,
Dig., *De legat.* 1 (xxx), ainsi conçue :

> Quum servus legatur, et ipsius servi status, et omnium,
> quæ personam ejus attingunt, in suspenso est; nam si
> legatarius repulerit a se legatum, nunquam ejus fuisse
> videbitur, si non repulerit, ex die adituæ hereditatis ejus
> intelligetur. Secundum hanc regulam et de jure eorum,
> quæ per traditionem servus acceperit, aut stipulatus
> fuerit, deque his, quæ legata ei vel donata fuerunt, sta-
> tuetur, ut vel heredis, vel legatarii servus singula ges-
> sisse existimetur.

3° La chose léguée peut être une servitude : en suivant la doctrine proculienne, tant que le légataire
n'aura pas connu et accepté la disposition faite à son
profit, la servitude n'ayant aucune existence ne pourra
pas s'éteindre par le non-usage, et, d'autre part, si le légataire, à l'époque où il a connaissance du legs, a cessé
d'avoir la propriété du fonds pour l'utilité duquel la servitude a été léguée, la disposition demeurera sans effet,
la servitude ne pouvant plus à ce moment s'établir au
profit du légataire. Il n'en est pas de même dans l'opinion de l'autre école : la servitude existant de droit à
compter de l'adition, est dès ce moment susceptible de
s'éteindre par le non-usage, et, loin que l'aliénation du
fonds dominant, consentie par le légataire avant de
prendre parti, puisse porter atteinte à l'efficacité du

legs, elle transmet virtuellement la servitude au nouveau propriétaire, au préjudice duquel la répudiation ne peut plus avoir lieu. Nous retrouvons ces deux dernières solutions dans un texte de Pomponius, qui, comme on sait, se rattachait généralement aux doctrines de Sabiniens.

> L. 19, § 1, Dig., *Quemadm. servit. amitt.* (VIII, 6). — Si per fundum meum viam tibi legavero, et adita mea hereditate per constitutum tempus ad amittendam servitutem ignoraveris eam tibi legatam esse, amittes viam non utendo; quod si intra idem tempus, antequam rescires tibi legatam servitutem, tuum fundum vendideris, ad emptorem via pertinebit, si reliquo tempore ea usus fuerit; quia scilicet tua esse cœperat, ut jam nec jus repudiandi legatum tibi possit contingere, quum ad te fundus non pertineat.

Au surplus, bien que Gaïus paraisse ici considérer la doctrine de ses maîtres comme condamnée par un rescrit d'Antonin le Pieux, qui me paraît loin d'avoir la portée qu'il lui attribue (1), les textes qui nous ont été conservés au Digeste prouvent, au contraire, que cette doctrine avait prévalu. Cela ne résulte pas seulement du texte de Pomponius qui précède, et qui pourrait encore passer pour l'expression de l'opinion d'une secte ; cela résulte surtout de passages empruntés à des jurisconsultes d'une époque postérieure, qui affirment la règle enseignée auparavant par les Sabiniens, sans même

---

(1) Le rescrit décide que les décurions doivent délibérer, comme le ferait un particulier, sur le point de savoir *si velint ad se pertinere legatum*; mais, dans toutes les opinions, le légataire est appelé à prendre une décision sur l'acceptation ou la répudiation du legs.

laisser soupçonner l'existence d'une controverse ; en
voici deux :

> PAPINIEN, L, 80, Dig., *De Legatis* II, (XXXI). — Legatum
> ita dominium rei legatarii facit, ut hereditas heredis res
> singulas; quod eo pertinet, ut, si pure res relicta sit, et
> legatarius non repudiavit defuncti voluntatem, *recta via
> dominium, quod hereditatis fuit, ad legatarium transeat,
> nunquam factum heredis.*

> MARCIEN, L. 15, Dig., *De rebus dubiis* (XXXIV, 5). — Quæ-
> dam sunt, in quibus res dubia est, sed ex post facto re-
> troducitur, et apparet, quid actum est. Ut ecce si res
> legata fuerit, et deliberante legatario eam rem heres alii
> tradiderit; nam siquidem voluerit legatarius habere lega-
> tum, traditio nulla est, si vero repudiaverit, valet. Tan-
> tumdem est, et si pecuniam hereditariam legatam cre-
> diderit heres; nam si quidem non repudiaverit legatarius,
> alienam pecuniam credidit, si vero repudiaverit, suam
> pecuniam credidisse videtur.

Ces deux fragments attestent donc que, vers la fin de
l'époque classique, on admettait, conformément à la
doctrine des Sabiniens, que par le fait de l'adition, le
légataire, quand le legs était *per vindicationem* et pur et
simple, devenait de plein droit, *etiam ignorans*, propriétaire de la chose léguée, sauf effet rétroactif attribué
à la répudiation (1). Cette doctrine sera le point de départ de la comparaison qu'il faut maintenant établir
entre le legs pur et simple et le legs conditionnel.

_____

(1) V. aussi Ulpien, L. 44, § 1 Dig., *De legat.* 1° (*supra,* p. 360),
et Nératius, L. 64 Dig., *De furtis* (XLVII, 2).

III.

EFFETS GÉNÉRAUX DE LA CONDITION DANS LE LEGS PER
VINDICATIONEM.

Le legs *per vindicationem* conditionnel diffère d'abord du legs pur et simple, en ce qu'il ne donne pas au légataire, du jour du décès, un droit transmissible à ses héritiers : j'aurais à reproduire ici les règles que j'ai précédemment exposées à propos du legs considéré comme conférant un droit de créance, sur le *dies cedens* en matière de legs, et sur ses effets. Mais ce sont des notions trop connues pour qu'il soit nécessaire d'y insister. Je me contente donc de rappeler sommairement :

1° Que le legs *per vindicationem*, comme tout autre legs, quand il était conditionnel, ne produisait d'effet qu'autant que la condition se réalisait du vivant du légataire ;

2° Que le legs étant supposé fait à une personne *alieni juris*, c'est à l'événement de la condition qu'il fallait se placer pour déterminer qui devait en obtenir le bénéfice ;

3° Que la règle catonienne n'avait pas d'application en matière de legs conditionnels.

IV.

Suite. — LE LÉGATAIRE CONDITIONNEL N'ACQUIERT LA PROPRIÉTÉ DE LA CHOSE LÉGUÉE QU'A L'ÉVÉNEMENT DE LA CONDITION.

Mais, pour apprécier d'une manière plus précise les effets de la condition dans le legs *per vindicationem*, il faut surtout nous préoccuper de l'influence de la condition, non sur l'établissement du droit au legs, mais sur la constitution même du droit qui en fait l'objet ; droit de propriété, d'usufruit ou de servitude prédiale. Pour cela, il faut nous placer après l'adition d'hérédité, et marquer avec soin les différences pratiques qui séparent le legs pur et simple et le legs conditionnel au point de vue de l'acquisition du droit réel qu'ils ont pour objet de conférer.

Dans le legs conditionnel, l'acquisition du droit de propriété, d'usufruit ou de servitude qui en fait l'objet, est reportée à l'événement de la condition. Dans l'intervalle de l'adition d'hérédité à l'arrivée de la condition, la chose léguée demeure la propriété de l'héritier ; le droit d'usufruit ou de servitude qui a été légué n'amoindrit pas encore la propriété, qui demeure pleine entre ses mains.

En nous occupant spécialement du legs ayant pour objet la pleine propriété, les jurisconsultes romains paraissent bien avoir toujours été d'accord pour reporter à l'événement de la condition l'acquisition du droit au profit du légataire, mais, chose singulière ! ils ne l'étaient plus pour décider que, dans l'intervalle, la propriété continuait à résider sur la tête de l'héritier. Cette opinion était bien celle des Sabiniens, mais les Proculiens enseignaient que, dans l'intervalle, la chose léguée était *res nullius :*

GAIUS. *Instit. comm.*, II, § 200. — Illud quæritur, quod sub conditione legatum est, pendente conditione cujus esset. Nostri præceptores heredis esse putant exemplo statuliberi, id est, ejus servi qui testamento sub aliqua conditione liber esse jussus est, quem constat interea

heredis servum esse. Sed diversæ scholæ auctores putant
nullius interim eam rem esse : quod multo magis dicunt
de eo quod sine conditione pure legatum est, antequam
legatarius admittat legatum.

Il n'est pas plus aisé ici qu'en matière de legs pur et
simple de trouver le fondement de l'opinion des Proculiens, et d'expliquer comment le legs peut avoir pour
résultat de dépouiller l'héritier, sans investir le légataire. Quant à l'intérêt pratique du dissentiment, il est
encore moins facilement saisissable que quand il s'agit
du legs pur et simple. On peut remarquer cependant
que, dans la doctrine des Sabiniens, si l'héritier, dans
l'intervalle, avait fait son testament, et qu'il eût légué
per vindicationem la chose objet du legs conditionnel, ce
nouveau legs était valable *ab initio*, et le devenait définitivement quand la condition du legs primitif faisait défaut. Il est permis de conjecturer qu'il en était autrement
dans le système des Proculiens, et que le legs fait par
l'héritier dans les circonstances que j'ai dites serait
nul, la propriété de la chose léguée n'ayant pas appartenu au testateur lors de la confection du testament. On
pourrait aussi reproduire ici ce qui a été dit au sujet du
legs pur et simple relativement à l'impossibilité où se
serait trouvé, par application de la doctrine proculienne,
un esclave légué, de stipuler ou d'être inscrit dans un
testament, jusqu'à l'époque où il serait passé dans la
propriété du légataire.

Au surplus, il est remarquable, et le texte de Gaïus
ci-dessus transcrit en fait foi, que la controverse dont
nous nous occupons ne s'était pas élevée en ce qui concerne l'affranchissement testamentaire par forme de
legs. Le legs de liberté, j'ai déjà eu occasion de le dire,

était en réalité un véritable legs *per vindicationem*. Eh bien ! quand il était fait sous condition, l'on n'hésitait pas à décider que, *pendente conditione*, à partir de l'adition d'hérédité, l'esclave ainsi affranchi conditionnellement, ou *statuliber*, continuait d'appartenir à l'héritier et demeurait esclave, jusqu'à l'époque où l'arrivée de la condition lui faisait acquérir la liberté. On ne comprend guère quelle raison les Proculiens pouvaient alléguer pour refuser d'appliquer aux autres cas la règle admise pour celui-ci.

Quoi qu'il en soit, il est bien certain que l'opinion des Sabiniens l'avait emporté; c'est la seule qu'on retrouve dans les nombreux textes du Digeste, que je vais avoir l'occasion de citer.

Donc, jusqu'à l'événement de la condition, la chose léguée, continue d'appartenir à l'héritier qui a fait adition d'hérédité, et le droit réel objet du legs n'appartient pas au légataire.

V

Suite. — DES RESTRICTIONS DONT LE LEGS CONDITIONNEL FRAPPE LA PROPRIÉTÉ ENTRE LES MAINS DE L'HÉRITIER.

Faut-il cependant en conclure que *pendente conditione* le legs conditionnel *per vindicationem* n'a encore aucune efficacité, et n'affecte en aucune façon le droit de l'héritier ? Nullement. — L'héritier n'a plus qu'une propriété susceptible, suivant les cas, ou de s'éteindre complétement, ou de subir des restrictions plus ou moins considérables par l'événement d'une condition, et il ne peut transférer lui-même que des droits affectés des mêmes éventualités. En combinant cette proposition avec la précédente, dont elle limite la portée, on obtient la formule exacte au moyen de laquelle on détermine les effets de la condition suspensive quand elle affecte un legs destiné a opérer la translation de la propriété, ou la constitution d'un droit réel. Cette formule ne se trouve nulle part exprimée plus nettement que dans un texte que j'ai déjà cité, mais que je reproduis ici comme point de départ des développements qui vont suivre :

> ULPIEN, L. 12, § 2, Dig., *Famil. ercisc.* (x, 2). — Res, quæ sub conditione legata est, interim heredum est; et ideo venit in familiæ erciscundæ judicium, et adjudicari potest, cum sua scilicet causa, ut existente conditione eximatur ab eo, cui adjudicata est, aut deficiente conditione ad eos revertatur, a quibus relicta est. Idem et in statulibero dicitur, qui interim est heredum, existente autem conditione ad libertatem perveniat.

Dans l'intervalle de l'adition d'hérédité à l'événement de la condition, la chose léguée, ou l'esclave *statuliber*, sont donc considérés et traités provisoirement, en principe du moins, comme propriété libre de l'héritier ou des héritiers ; et notre texte en fait une application en décidant que cette chose est comprise dans le partage de la succession, et peut être l'objet d'une *adjudicatio*.

Une autre conséquence de la même idée, c'est que si la chose léguée se trouve en la possession d'un tiers, l'héritiers a *interim* qualité, et qu'il a seul qualité, pour en exercer la revendication ; c'est ce que nous lisons en effet dans le texte suivant :

> PAUL, L. 66, Dig., *De rei vindic.* — Non ideo minus recte

quid nostrum esse vindicabimus, quod abire a nobis dominium speratur, si conditio legati vel libertatis extiterit.

Enfin, les actes par lesquels l'héritier aurait disposé de la chose léguée sous condition, sont en principe réguliers, et leur effet persiste jusqu'à ce que l'événement de la condition, mettant fin à la propriété de l'héritier, entraîne du même coup l'extinction des droits qu'il avait conférés. La règle est si certaine que les textes la supposent plutôt qu'ils ne l'énoncent ; ils se contentent en effet, pour la plupart, de mentionner la restriction qui la limite, et suivant laquelle les actes de disposition émanés de l'héritier ne peuvent porter aucune atteinte aux droits du légataire conditionnel. On peut citer à cet égard notamment les passages si remarquables relatifs au *statuliber* :

ULPIEN, L. 2, pr., Dig., *De statuliberis* (XL, 7). — Qui statuliberi causam apprehendit, in ea conditione est, ut, sive tradatur, salva spe libertatis alienetur, sive usucapiatur, cum sua causa usucapiatur, sive manumittatur, non perdat spem orcini liberti.

MARCIEN, L. 13, § 1, Dig., *De pignor. et hyp.* (XX, 1). — Statuliber quoque dari hypothecæ poterit, licet conditione existente evanescat pignus.

Donc, *pendente conditione*, l'héritier, demeuré propriétaire de la chose léguée, ou de l'esclave affranchi sous condition, en dispose valablement par voie d'aliénation, de constitution d'hypothèque ou de tous autres droits, mais sous la réserve expresse que tout cela ne portera aucune atteinte aux droits du légataire. Le premier des deux textes que je viens de transcrire fait cette réserve au profit du *statuliber* qui, *pendente conditione*, aurait été affranchi par l'héritier. L'affranchissement est valable sans aucun doute; *interim* l'héritier est le patron de l'affranchi, et si celui-ci vient à mourir *ante conditionem existentem*, il mourra *libertus heredis*. Mais arrive l'événement de la condition mise à l'affranchissement testamentaire, celui-ci produit ses effets et annihile, pour l'avenir au moins, les effets de l'autre. L'affranchi n'est plus *libertus heredis*, il est *libertus orcinus*, et par suite, si l'héritier n'est pas l'enfant du testateur, il n'a aucun droit de patronat.

La même réserve nous conduit à admettre que la chose jugée contre l'héritier qui aurait revendiqué *pendente conditione* l'objet légué sous condition et possédé par un tiers (V. *suprà*, L. 66, *De rei vindic.*), ne serait pas opposable au légataire; le légataire en effet tient ses droits du testateur; il n'est pas l'ayant cause de l'héritier; il est propriétaire après lui, sans lui succéder dans la propriété.

Ce caractère précaire des droits constitués *pendente conditione* par l'héritier sur la chose léguée n'implique nullement, qu'on le remarque bien, une rétroactivité quelconque attachée aux droits du légataire une fois qu'ils ont pris naissance par l'arrivée de la condition. C'est simplement l'application de la règle qu'on ne saurait transférer plus de droits qu'on n'en a soi-même, maxime qui n'est pas moins vraie, comme on en a fait judicieusement la remarque (1), de la durée que de l'étendue des droits que l'on peut conférer. S'il y avait rétroactivité de l'acquisition de la propriété au profit

(1) Fitting, *Ueber den Begriff der Rückziehung*, p. 66.

du légataire, les textes ne diraient pas que les droits
conférés *interim* par l'héritier s'éteignent à l'arrivée de
la condition, ils diraient qu'ils sont considérés comme
ayant été *ab initio* conférés sans droit; or, nous venons
de le voir, et nous le verrons encore par la suite, tel
n'est pas leur langage.

Il n'y a que deux cas dans lesquels, par exception, et
pour des raisons particulières, on déclare sans effet *ab
initio* des actes par lesquels l'héritier a disposé *pendente
conditione* de la·chose léguée sous condition, savoir le
cas où il aurait affranchi l'esclave ainsi légué, et celui
où, s'agissant d'un fonds, il aurait voulu le rendre *religiosus* :

> PAUL, L. 11, Dig., *De manumiss.* (XL, 1). — Servum, qui
> sub conditione legatus est, interim heres manumittendo
> liberum·non facit.

> GAIUS, L. 29, § 1, Dig., *Qui et a quib. manum.* (XL, 9). —
> Sub conditione servus legatus pendente conditione pleno
> jure heredis est, sed nullam libertatem ab eo consequi
> potest, ne legatario injuria fieret.

> PAUL, L. 34, Dig., *De religiosis* (XI, 7). — Si locus sub
> conditione legatus sit, interim heres inferendo mortuum
> non facit locum religiosum.

Pourquoi dans ces deux cas avoir refusé *ab initio*
toute efficacité à l'acte fait par l'héritier? C'est que
dans l'esprit des jurisconsultes romains, les actes dont
il s'agit avaient un caractère irrévocable. Nous sommes
en présence d'une disposition analogue à celle de la
loi *Ælia Sentia* qui annule, au lieu de le déclarer révocable, l'affranchissement *in fraudem creditorum*. Le
principe étant admis, il fallait, dans nos hypothèses,

s'arrêter au parti indiqué par nos textes, ou sacrifier le droit du légataire et le réduire à un recours contre l'héritier, ce qui n'était pas acceptable : ce point de vue est nettement indiqué dans le passage de Gaïus ci-dessus transcrit (L. 29, § 1er, *Qui et a quib.*, Dig., XL, 9) : *Sed nullam libertatem ab eo consequi potest, ne legatario injuria fieret.*

La règle que je viens de relever sur l'inefficacité de l'affranchissement de l'esclave légué sous condition, recevait une application remarquable. au cas du legs d'option, ou du legs *per vindicationem* d'un esclave *in genere* à prendre parmi ceux du testateur. Comme l'explique très-bien un texte que je vais reproduire, de tels legs ont conditionnellement pour objet chacun des esclaves appartenant au testateur, et dès lors l'héritier ne saurait, tant que le légataire n'a pas fait son choix, soustraire à son option par un affranchissement aucun des esclaves entre lesquels cette option doit s'exercer.

GAIUS, L. 3, Dig., *Qui et a quib. manum.* (XL, 9). — Si optio hominis data sit, vel indistincte homo legatus sit, non potest heres quosdam servos, vel omnes manumittendo aut evertere, aut minuere jus electionis; nam optione, sive electione servi data quodammodo singuli sub conditione legati videntur.

La même solution se trouve encore appliquée au *legatum optionis* dans la L. 14, Dig., *De optione leg.* (XXXIII, 5), qui fournit, je crois, la réponse à une difficulté que soulève l'interprétation des textes précédents.

Suivant ces textes, l'affranchissement conféré *pen-*

dente conditione par l'héritier à l'esclave légué sous condition est déclaré sans effet *ab initio*, mais est-ce seulement à l'égard du légataire, et pour le cas où la condition se serait accomplie, ou faut-il dire que cet affranchissement frappé d'une nullité radicale demeure inefficace à tout événement, quand même la condition ferait défaut? Même question si l'on suppose. qu'il s'agit de la prohibition de rendre *religiosus* le fonds légué.

Même en raisonnant abstraction faite des textes, il ne faudrait pas admettre la deuxième alternative : en effet, d'une part, la prohibition, n'ayant pour objet que la protection des droits du légataire, doit s'effacer dès que ceux-ci disparaissent; d'autre part, quand la condition du legs fait défaut, c'est comme s'il n'y avait jamais eu de legs. Enfin on peut invoquer l'analogie de la loi Ælia Sentia, qui, elle aussi, en déclarant nul l'affranchissement *in fraudem creditorum*, le laisse cependant valoir à défaut de réclamation des créanciers, ou lorsqu'ils sont désintéressés.

Ces données théoriques sont précisément confirmées par le texte que je viens d'indiquer; prévoyant le cas d'un legs d'option qui se gouverne, au point de vue qui nous occupe, d'après les règles du legs conditionnel (1), il considère comme définitivement affranchis tous esclaves autres que celui sur lequel s'est arrêtée l'option du légataire :

> JAVOLENUS. — Si, cum optio servi ex universa familia legata esset, heres aliquem, priusquam optaretur, manumisit, ad libertatem eum interim non perducit, servum

(1) Le legs d'option est encore conditionnel en un autre sens, don je n'ai pas à me préoccuper ici.

tamen, quem ita manumiserit, amittit, quia is *aut*
electus legato cedit, aut relictus tunc liber ostenditur.

VI

Aucune fiction de rétroactivité ne fait remonter la
propriété du légataire à une époque antérieure à l'arrivée de la condition.

En dehors des deux exceptions qui viennent d'être
exposées, on reconnaît en toute circonstance la validité
originelle des actes de disposition faits *pendente condi-*
tione par l'héritier, sauf à ajouter que l'effet de ces
actes cesse de se produire à l'arrivée de la condition.
Telle est encore la formule que nous rencontrons dans
l'hypothèse où l'héritier aurait lui-même légué *per*
vindicationem la chose conditionellement léguée *ab eo :*
la condition du premier legs venant à se réaliser, on ne
déclare pas le deuxième rétroactivement nul, comme
ayant été fait *a non domino,* on décide seulement qu'il
ne fait pas obstacle à l'exécution de l'autre :

> JULIEN, L. 81, pr., Dig., *De legatis* 1 (xxx). — Si fun-
> dum sub conditione legatum heres pendente conditione
> sub alia conditione alii legasset, et post existentem con-
> ditionem, quæ priore testamento proposita fuisset, tunc
> ea conditio, sub qua heres legaverat, extitisset, domi-
> nium a priore legatario non discedit.

Sans doute le résultat pratique est le même, à ce
point de vue, que si l'on avait fait remonter la propriété
du légataire, par une fiction de rétroactivité, au jour
de l'adition d'hérédité. Mais, à raison des conséquences
qu'on pourrait en tirer sous d'autres rapports, il est
important de bien remarquer que l'anéantissement des
droits conférés *pendente conditione* par l'héritier sur la

chose léguée ne se rattachait nullement, dans l'esprit des jurisconsultes romains, à l'acquisition rétroactive de la propriété au profit du légataire ; loin de là, qu'il est constaté par les textes en des termes qui écartent au contraire l'idée d'une telle rétroactivité.

M. Vernet me paraît en effet être tombé dans une erreur certaine, en admettant que la propriété du légataire conditionnel, en cas de legs *per vindicationem*, remonte rétroactivement au jour de l'adition d'hérédité (1). Et pourtant, abstraction faite des textes, qui sont décisifs comme nous allons le voir, une considération bien simple aurait dû le préserver de cette erreur. C'est que cette prétendue rétroactivité est inconciliable avec l'un des effets les plus importants de la règle qui reporte à l'événement de la condition le *dies cedens* du legs conditionnel. En vertu de cette règle, si le légataire est une personne *alieni juris*, et que, dans l'intervalle de l'adition d'hérédité à l'événement de la condition, il soit devenu *sui juris*, il doit recueillir le legs pour lui-même. Mais évidemment; alors, sa propriété ne peut pas remonter à une époque où il était incapable d'être propriétaire ; elle ne pourrait remonter à l'adition sous peine d'être acquise à la personne sous la puissance de qui se trouvait alors le légataire, ce qui serait en contradiction avec les principes que je viens de rappeler. Le même raisonnement s'appliquerait au cas où le légataire, sans devenir *sui juris*, serait passé dans l'intervalle sous la puissance d'un *paterfamilias* nouveau.

Voyons cependant par quel raisonnement M. Vernet

(1) *Textes choisis sur la théorie des obligations*, p. 146.

a été amené à proposer une telle doctrine. Il argumente *a fortiori* de la rétroactivité attachée, au profit de l'héritier, à la répudiation du légataire pur et simple *per vindicationem*. Ainsi que nous l'avons vu plus haut, suivant la doctrine qui avait prévalu, le légataire pur et simple devenait, par le fait de l'adition, *etiam ignorans*, propriétaire de la chose léguée ; mais, s'il répudiait, l'héritier était rétroactivement considéré comme ayant toujours conservé la propriété. Or, dit le savant interprète dont j'expose la théorie, au regard de l'héritier, la répudiation du légataire est une condition tacite à laquelle était subordonné son droit à la chose léguée ; si donc cette condition tacite rétroagit, à plus forte raison doit-il en être de même de la condition expresse à laquelle est subordonnée l'acquisition de la propriété au profit du légataire conditionnel, et par contre-coup la résolution du droit de l'héritier sur la chose objet du legs.

Il y a une réponse décisive à faire à ce raisonnement : lorsque le légataire pur et simple répudie, cette répudiation anéantit forcément le legs dans le passé comme dans l'avenir ; elle efface rétroactivement la propriété du légataire, parce qu'elle fait tomber son titre. Il n'en est pas de même dans notre hypothèse : quand la condition du legs vient à se réaliser, on conçoit parfaitement qu'elle déplace la propriété à l'époque même où elle se réalise, et à cette époque seulement ; car c'est alors que le legs produit son effet ; il n'est pas du tout nécessaire d'effacer pour le passé la propriété de l'héritier.

Du reste, ainsi que je l'ai annoncé, les textes ne laissent pas de doute sur la véritable doctrine des jurisconsultes romains en cette matière, et il est regrettable que

M. Vernet, à qui ils sont si familiers, en ait fait
ici complétement abstraction. Il est vrai qu'il n'en existe
pas, que je sache, qui aient statué sur le point auquel il
a réduit l'intérêt pratique de la question, à savoir quel
sera le sort des actes par lesquels le légataire aurait disposé de la chose léguée avant l'événement de la condition. Mais, en laissant ce point de vue de côté pour un
moment, la question présente de l'intérêt sous d'autres
rapports au sujet desquels les textes présentent au contraire des solutions très-précises.

Ainsi d'abord, il est bien vrai, je l'ai déjà fait remarquer, que, de toute façon, les actes de disposition faits
pendente conditione par l'héritier sur la chose léguée ne
seront pas opposables au légataire après l'arrivée de la
condition ; mais, quant aux actes par lesquels l'héritier
aura acquis un droit réel utile à la chose léguée, de-
vront-ils être maintenus? La négative est certaine si
l'arrivée de la condition a eu pour résultat d'effacer rétroactivement la propriété de l'héritier. Eh bien ! c'est
au contraire l'affirmative qui était admise par les jurisconsultes romains :

> MARCELLUS, L. 11, § 1, Dig., *Quemadm. servit. amitt.*
> (VIII, 6). — Heres, quum legatus esset fundus sub con-
> ditione, imposuit ei servitutes; extinguentur, si legati
> conditio existat, *videamus, an acquisitæ sequantur lega-*
> *torium? Et magis dicendum est, ut sequantur.*

Il n'en serait pas ainsi assurément, et les servitudes,
actives elles-mêmes, acquises *pendente conditione* au
profit du fonds légué, devraient être regardées comme
non avenues, si, par une rétroactivité attribuée aux

droits du légataire, l'héritier devait être considéré
comme n'ayant jamais eu la propriété.

Voici une autre hypothèse dans laquelle les jurisconsultes romains avaient appliqué jusque dans ses conséquences les plus extrêmes le refus de toute rétroactivité au droit du légataire conditionnel.

> JULIEN, L. 17; Dig., *Quib. mod. ususfr.* (VII, 4). — Si tibi
> fundi ususfructus pure, proprietas autem sub conditione
> Titio legata fuerit, pendente conditione dominium pro-
> prietatis acquisieris, deinde conditio extiterit, pleno jure
> fundum Titius habebit, neque interest, quod detracto
> usufructu proprietas legata sit; enim dum proprietatem
> acquiris, jus omne legati ususfructus amisisti.

Julien suppose qu'un testateur a légué purement et
simplement l'usufruit d'un fonds à une personne, et à
une autre la nue propriété du même fonds sous condition ; la condition de ce dernier legs étant encore
pendante, le légataire de l'usufruit acquiert de l'héritier la nue propriété ; il se produit une consolidation
qui éteint l'usufruit, et dont le résultat persiste, suivant le jurisconsulte, même après que l'événement de
la condition a fait cesser les effets de cette acquisition en
ouvrant le droit de l'autre légataire, si bien que celui-ci,
trouvant l'usufruit éteint, recueillera la pleine propriété
au lieu de la nue propriété qui lui avait été léguée.

Certes, la solution est dure pour le légataire d'usufruit, et il faut convenir que ç'aurait bien été le cas
d'invoquer, pour l'écarter, la rétroactivité de la propriété du légataire conditionnel, si cette rétroactivité
avait été admise. En effet, en effaçant, même dans le
passé, l'acquisition de la nue propriété par le légataire

de l'usufruit, elle aurait effacé du même coup la consolidation, que n'aurait évidemment pas pu produire
'une acquisition faite en réalité *a non domino*. Le maintien des suites de la consolidation malgré l'événement
de la condition, qui dépouille le légataire d'usufruit de
la propriété, sans lui rendre son droit antérieur, est une
des conséquences les plus rigoureuses de la non-rétroactivité de la condition en cette matière.

Nous pouvons désormais considérer cette non-rétroactivité comme établie, et, sans plus me préoccuper de
la prouver, je vais continuer d'en faire ressortir les
effets.

Un esclave a été légué ou affranchi par testament sous
condition ; *pendente conditione* l'héritier est victime
d'un meurtre ; l'esclave tombera, comme lui appartenant, sous l'application du sénatus-consulte Silanien
de publica quæstione a familia necatorum habenda :

> ULPIEN, L. 1, § 4, Dig., *De Senatusc. Silan.* (XXIX, 5). —
> Servi appellatione etiam hi continentur, qui sub condi-
> tione legati sunt ; nam medio tempore heredis sunt, *nec,*
> *quod conditio existens efficit, ut desinant esse heredis,*
> *facit, ne videantur interim ejus esse.* Idemque erit di-
> cendum in statulibero.

L'esclave légué ou affranchi sous condition commet
un délit envers l'héritier, dans l'intervalle de l'adition
d'hérédité à l'arrivée de la condition : l'héritier pourra-t-
il, une fois la condition réalisée, exercer l'action *ex male-*
ficio contre l'affranchi ou l'action noxale contre le légataire ? Non, car il était propriétaire de l'esclave quand
le délit a été commis ; il le pourrait, au contraire, si la
propriété était rétrospectivement effacée par la rétroac-

tivité de la condition (Comp. L. 64, Dig., *De fur-tis*). De même, si le délit était antérieur à l'adition d'hérédité, l'action s'éteindrait pour ne plus renaître, suivant l'opinion qui a prévalu (Inst., iv, viii, § 6 ; *comp.* Gaïus, iv, § 78), après l'événement de la condition.

Un testateur institue pour son héritier une personne qui avait un droit d'usufruit sur l'un de ses biens, et il lègue ce bien sous condition à un tiers, ou bien, s'il s'agit d'un esclave, il l'affranchit également sous condition ; la propriété intérimaire de l'héritier aura eu pour résultat d'éteindre son droit par consolidation, et, à l'arrivée de la condition, le legs conférera la pleine propriété ou, en cas d'affranchissement, la liberté immédiate (1).

> ULPIEN, L. 6, Dig., *De manum. testam.* (XL, 4). — Si fructuarium dominus proprietatis heredem scripserit, et servo sub conditione sit libertas data, quoniam interim sit heredis, confusione facta ususfructus, si extiterit conditio, perveniet ad libertatem.

C'est encore la non-rétroactivité de la propriété du légataire sous condition qui motive une solution que nous avons signalée précédemment dans la L. 3. Dig., *De servit. leg.* (XXXIII, 3) (2). Ce texte déclare nul le legs pur et simple d'une servitude au profit d'un fonds légué

---

(1) On sait que l'affranchissement émané du nu-propriétaire ne conférait, dans l'ancien droit, la liberté à l'esclave qu'à la fin de l'usufruit (V. Ulpien, *Reg.*, i, § 19). Cela a été changé par Justinien (Instit., ii, xiv *pr.*, et L. 1 C., *Comm. de manum.* (vii, 15). Mais alors même, l'extinction de l'usufruit n'est pas sans intérêt, dans l'hypothèse prévue au texte, à raison des services dont l'esclave aurait été autrement tenu en fait, tant qu'aurait duré l'usufruit.

(2) *Suprà*, p. 226.

lui-même à la même personne, mais sous condition, quand au moment où se produit le *dies cedens* du legs de la servitude, la condition de l'autre legs est encore pendante. Cette décision est fondée sur l'impossibilité où se trouve le légataire de profiter d'une servitude établie pour l'avantage d'un fonds dont il n'est pas propriétaire à l'époque où elle serait constituée. Il faudrait, au contraire, valider le legs de servitude, si l'événement de la condition, à laquelle était subordonné le legs du fonds, avait pour résultat d'en donner rétroactivement la propriété au légataire : cette rétroactivité lèverait, en effet, le seul obstacle qui s'oppose à l'acquisition de la servitude.

Les mêmes principes conduisent à décider que le part d'une femme esclave, léguée ou affranchie sous condition, est la propriété de l'héritier, quand il naît *pendente conditione*, et il en est de même des acquisitions que pourrait faire un esclave dans les mêmes circonstances. Sur les deux points, nous avons des textes précis. — En voici d'abord un relatif au part de l'esclave :

ULPIEN, L. 16, Dig., *De statulib.* (XL, 7). — Statulibera quidquid peperit, hoc servum heredis est (1).

Il faudrait à coup sûr en dire autant du croît des animaux, comme de tous fruits produits *pendente conditione* par la chose léguée ; mais on pourrait très-bien concilier l'attribution des fruits à l'héritier avec la rétroactivité du droit du légataire, tandis que la propriété du part, qui n'est pas un fruit, est forcément déterminée par la propriété et la condition de la mère.

(1) Comp. LL. 15 et 16 Dig., *De statu hom.* (I, 5).

Quant aux acquisitions faites *pendente conditione* par
l'esclave légué ou affranchi sous condition, nous avons
à citer un texte bien remarquable :

> JULIEN, L. 11, Dig., *De opt. leg.* (XXXIII, 5). — Si Eros
> Seio legatus sit et Eroti fundus, deinde optio servi Mævio
> data fuerit, isque Erotem optaverit, fundus ad solum
> Seium pertinebit, quoniam aditæ hereditatis tempore is
> solus erat, ad quem posset legatum pertinere.

J'ai eu précédemment occasion d'expliquer comment
le legs d'option se trouvait ramené à un legs conditionnel, ou, si l'on veut, transportait sous condition la
propriété de l'objet sur lequel tombait le choix du légataire. Cela rappelé, supposons avec notre texte qu'un
testament ait disposé dans les termes suivants : *Seio Ero-*
tem do lego, — *Eroti fundum Cornelianum do lego*, —
Mævio quem ex familia mea optaverit do lego. Si le choix
de Mævius se porte sur l'esclave Eros, il se trouvera
que Séius et Mævius auront été légataires *conjuncti re*,
et par suite deviendront copropriétaires du même Eros.
Mais cette copropriété ne datera que de l'option faite
par Mævius ; jusque-là Séius, propriétaire exclusif de
l'esclave, profitera seul des acquisitions par lui faites,
et spécialement c'est lui qui recueillera, à l'exclusion de
Mævius le legs du fonds Cornélien fait à Eros : il aurait
dû partager ce legs avec Mævius si on avait fait rétroagir
la propriété de celui-ci au jour de l'adition d'hérédité.
On arrive ainsi à la règle générale suivante : le légataire
conditionnel d'un esclave n'a aucun droit aux acquisitions faites par cet esclave *pendente conditione*, depuis
l'adition d'hérédité. Elles appartiennent à l'héritier, à
moins que, comme dans l'hypothèse prévue par notre

L. 11 , il n'y ait un colégataire pur et simple (1).

Une dernière application de notre principe, empruntée aux textes, est relative au legs conditionnel de liberté. *Pendente conditione* le *statuliber* peut avoir contracté des obligations : le créancier avec qui il aura contracté aura-t-il action contre lui *post existentem conditionnem?* Non, car il a traité avec un esclave :

> L. 1, C., *An servus ex suo facto* (IV, 14). — Quamvis cum statulibero contraxeris, tamen ex ante gesto te non habere cum eo post impletam conditionem libertatis actionem, scire debes.

Que si nous arrivons enfin à la question spécialement résolue par M. Vernet, à savoir le sort des actes de disposition concernant la chose léguée accomplis par le légataire *pendente conditione*, la solution, dans le silence des textes, ne saurait plus désormais être douteuse, et elle est tout juste le contre-pied de celle qu'a proposée notre savant collègue. Ces actes devront être considérés comme ayant pour objet la chose d'autrui au moment où ils se sont produits, et c'est en partant de ce point de vue qu'il faudra déterminer leur efficacité. Ainsi on devra déclarer radicalement nul, *ab initio*, le legs *per vindicationem* par lequel le légataire aurait disposé de la chose léguée. Toutefois cette règle théo-

---

(1) S'il s'agissait, comme dans le texte, d'un legs fait à l'esclave légué sous condition, et qu'il n'y eût pas de colégataire, ce legs, supposé pur et simple, serait nul à moins que la condition sous laquelle a été légué l'esclave ne fût de nature à pouvoir s'accomplir dans l'intervalle du décès à l'adition d'hérédité (époque du *dies cedens* d'un legs fait à un esclave légué). Il en serait de même pour le legs pur et simple au profit d'un esclave affranchi sous condition (V. la règle avec des exemples dans la L. 94, § 1 Dig., *De legat.* 1 (XXX).

rique se trouve modifiée pratiquement par l'application du sénatus-consulte Néronien, et au temps de Justinien, le legs fait dans ces circonstances aurait été valable, à la charge de prouver que le testateur savait que la chose ne lui appartenait pas encore. Quant à l'aliénation entre-vifs, il faut distinguer : la mancipation ou l'*in jure cessio* faites par le légataire *pendente conditione* seraient nécessairement nulles dans tous les cas ; mais la tradition serait valable si elle avait été soumise à la même condition que le legs ; elle serait nulle seulement dans le cas où l'on aurait entendu lui faire produire une aliénation pure et simple. On appliquerait aisément les mêmes règles, *positis ponendis,* aux actes par lesquels le légataire aurait voulu établir, avant l'arrivée de la condition, des droits réels sur la chose léguée.

Au surplus, la situation résultant d'un legs conditionnel, pour l'intervalle qui sépare l'adition d'hérédité de l'événement de la condition, au point de vue de la propriété de la chose léguée, est indiquée avec netteté dans un texte célèbre à d'autres égards, et par lequel je termine tous ces développements :

> ULPIEN, L. 12, § 5, Dig., *De usufr.* — Julianus libro trigesimo quinto Digestorum tractat : si fur decerpserit vel desecuerit fructus maturos pendentes, cui condictione teneatur, domino fundi, an fructuario? Et putat, quoniam fructus non fiunt fructuarii, nisi ab eo percipiantur, licet ab alio terra separentur, magis proprietario condictionem competere, fructuario autem furti actionem, quoniam interfuit ejus, fructus non esse ablatos. Marcellus autem movetur eo, quod si postea fructus istos nactus fuerit fructuarius, fortassis fiant ejus ; nam si fiunt, quæ ratione hoc evenit, nisi ea, ut interim fie-

rent proprietarii? Mox apprehensi fructuarii efficientur,
exemplo rei sub conditione legatæ, quæ interim heredis
est, existente autem conditione ad legatarium transit;
verum est enim condictionem competere proprietario.
Quum autem in pendenti est dominium, ut ipse Julianus ait, in fœtu, qui summittitur, et in eo, quod servus
fructuarius per traditionem accepit nondum quidem
pretio soluto, sed tamen ab eo satisfacto, dicendum est,
condictionem pendere, magisque in pendenti esse dominium.

La question principale traitée dans ce fragment est
bien connue ; il s'agit de savoir à qui, de l'usufruitier
ou du nu-propriétaire, appartient la *condictio furtiva*, à
raison des fruits dérobés, déjà mûrs, mais avant que
la perception en eût été faite par l'usufruitier, sur un
fonds grevé d'usufruit.

Pour avoir la *condictio furtiva*, il faut être propriétaire de la chose volée ; le point à résoudre était donc
en réalité celui-ci : à qui, dans l'espèce, appartenaient
les fruits au moment du vol ? — Julien qui avait posé
la question, donnait l'action au nu-propriétaire, en
décidant que l'usufruitier ne devenait propriétaire des
fruits que par la perception. Toutefois il laisse percer
quelque hésitation ; *magis proprietario*, dit-il, *condictionem competere*.

Marcellus paraît avoir été plus affirmatif dans le
même sens, et voici, d'après Ulpien, le motif qui lui
avait paru déterminant : si, par la suite, disait-il, l'usufruitier parvenait à se mettre en possession des fruits
volés, on dirait qu'il les acquiert ; c'est donc que
jusque-là ils appartiennent au nu-propriétaire (1).

(1) Ce motif, prétendu déterminant, n'est qu'une tautologie ; mais ce

Ulpien, enfin, reprend le raisonnement de Marcellus, en faisant remarquer que si, postérieurement au vol, l'usufruitier parvenait à se mettre en possession des fruits, il se passerait quelque chose de semblable à ce qui arrive pour la propriété d'une chose léguée sous condition. Intérimairement, cette chose appartient à l'héritier; par l'arrivée de la condition, *elle passe* au légataire. Cette analogie, invoquée par Ulpien pour appuyer la doctrine de Marcellus, nous fait voir que cette idée du déplacement de la propriété, sans rétroactivité, par l'événement de la condition, était admise sans contestation dans notre hypothèse du legs conditionnel. La difficulté était de savoir s'il en aurait été de même au cas prévu par Julien, ou si l'on ne devait pas plutôt voir dans ce cas un exemple de propriété *in pendenti*, comme dans les hypothèses prévues à la fin du texte (1).

Le passage que je viens d'analyser ne contient pas seulement la formule d'un principe; il conduit à des

mode de raisonnement était assez dans les habitudes de Marcellus; on peut s'en convaincre en lisant la L. 4, § 3 Dig., *De in diem addict.* (*supra*, p. 151.) : *rem pignori esse* DESINERE,..... *Ex quo colligitur, quod emptor medio tempore dominus esset.*

(1) Je ne m'occupe de la L. 12, § 5, *De usufructu* que pour mettre en relief la proposition qu'elle contient relativement au legs conditionnel. Mais je dois noter que, quant à la question principale qui en fait l'objet, elle n'a pas toujours été entendue dans le sens de l'analyse rapide que je viens de présenter. Sans parler des Basiliques où elle se trouve reproduite d'une manière inintelligente, de façon à présenter un sens contradictoire (V. *Bas.*, xvi, i, 12), la Glose en donne une interprétation toute différente de celle que j'ai admise (V. aussi Faber, *Rationalia ad Pand. ad h. leg.*). L'interprétation que j'ai présentée, et qui prévaut aujourd'hui, a été exposée avec une grande autorité par Fitting (*Begriff der Rückz.*, 24 et suiv.).

applications pratiques qui ne sont pas sans importance.
D'abord, en supposant que la chose léguée ait été volée
pendente conditione, elle amène à décider que la *condictio furtiva* appartiendrait à l'héritier, et non au
légataire, malgré l'arrivée postérieure de la condition.
Je ne vois même pas que le légataire eût un moyen
quelconque pour obtenir la cession de cette action. Il
aurait pu seulement recourir à la revendication, qui
était loin d'assurer les mêmes avantages que la *condictio furtiva*.

On arrive à des résultats encore plus remarquables
en supposant que le legs avait pour objet un esclave ou
un animal, qui a été tué injustement par un tiers avant
l'événement de la condition. Dans ce cas, la chose
léguée ayant péri sans le fait ni la faute de l'héritier
ante diem legati cedentem, le legs s'évanouissait, et
l'action à raison du *damnum* appartenait à l'héritier.
C'était une de ces hypothèses dans lesquelles la perte
de la chose léguée profitait à l'héritier.

Que si, au lieu de supposer que l'esclave ou l'animal légué a été tué *pendente conditione*, nous supposons
qu'il a simplement été blessé, le legs tiendra, mais
l'action *legis Aquiliæ* n'appartiendra pas au légataire
proprio nomine. Elle appartiendra à l'héritier, qui toutefois devra la céder au légataire (1).

_____

(1) Cette cession sera imposée à l'héritier *officio judicis ;* il faut se
souvenir que l'action intentée par le légataire est la *rei vindicatio,*
action arbitraire, ce qui permet au juge, dans son *arbitrium,* d'exiger,
outre la restitution de la chose, la cession de l'action *legis Aquiliæ.*
Mais il est à remarquer que si la chose léguée était en la possession
d'un tiers contre qui le légataire dût intenter la revendication, il
n'aurait aucun moyen d'arriver à se faire céder l'action résultant du
délit.

Les deux propositions qui précèdent ne sont écrites dans aucun texte, mais elles s'appuient par analogie sur la L. 15, *pr.*, Dig., *Ad Leg. Aquil.*, qui, en supposant un legs pur et simple, donne ces solutions pour le cas où le *damnum* aurait été commis *ante aditam hereditatem*, c'est-à-dire avant que le légataire eût acquis la propriété.

DEUXIÈME PARTIE. — ACTES ENTRE-VIFS.

VII

EFFETS GÉNÉRAUX DE LA CONDITION DANS LA TRADITION.

Je m'occupe d'abord de l'effet de la condition dans la tradition, parce que, parmi les actes entre-vifs translatifs de propriété, c'est le seul au sujet duquel les textes fassent mention de cette modalité. Cet effet consiste d'une manière générale en ce que le transport de la propriété, que la tradition avait pour but d'effectuer, est suspendu jusqu'à l'arrivée de la condition. C'est exactement la même formule que pour les legs conditionnels : la situation respective du *tradens* et de l'*accipiens*, quant à la propriété de la chose livrée sous condition, est en effet la même, *pendente conditione*, que celle de l'héritier et du légataire conditionnel *per vindicationem*, dans l'intervalle qui sépare l'adition d'hérédité de l'événement de la condition.

Cette formule générale qui se déduit de la nature même de la condition, se trouve aussi dans les textes :

ULPIEN, L. 7, § 3, Dig., *De jure dot.* — Si res in dotem dentur,. . . . . Quid ergo, si ante matrimo-

nium ? Si quidem sic dedit mulier, ut statim ejus fiant
efficiuntur; enimvero si hac conditione dedit, ut tunc
efficiantur, quum nupserit, *sine dubio dicemus, tunc ejus
fieri, quum nuptiæ fuerint secutæ* (1).

De là il résulte que, tant que la condition est en
suspens, le *tradens* demeuré propriétaire aura seul
l'action en revendication contre tout débiteur de la
chose. La décision générale de la L. 66, Dig., *De rei
vindic.* (*supra*, p. 368) est appliquée distinctement à
notre hypothèse, au sujet de la donation à cause de
mort, par la célèbre L. 29, Dig., *De mort. caus. donat.*
qui a été précédemment transcrite, où nous lisons :

> .....Et si quidem quis sic donavit, ut, si mors contigisset,
> tunc haberet, cui donatum est, *sine dubio donator poterit
> rem vindicare*, mortuo eo, tunc is cui donatum est.

En droit, cette revendication du *tradens* peut procéder contre l'*accipiens* lui-même, et dans bien des cas
rien ne la paralysera. Ainsi, dans l'hypothèse d'une
donation à cause de mort, quand le donateur n'aura
pas renoncé à la faculté de révoquer, il est bien clair
qu'il pourra revendiquer, dès qu'il lui plaira, la chose
livrée sous condition. Il y en a un autre exemple dans
le cas de la tradition faite *ex causa venditionis* quand
le vendeur n'a pas été payé, n'a pas reçu de garanties,
et n'a pas suivi la foi de l'acheteur. Nous savons que
la translation de la propriété se trouve alors virtuellement soumise à la condition que le prix sera payé,

---

(1) Comp. L. 1 pr., L. 2, § 5, Dig., *De donat.* (xxxix, 5), L. 2 *in
fine* et L. 29 Dig., *De mort. caus. donat.* (xxxix, 6), L. 1, § 2, *Pro dote*
(xli, 9).

et jusqu'au payement, le droit pour le vendeur d'exercer, contre l'acheteur, la revendication de la chose ne
saurait être mis en doute.

Mais dans bien des cas aussi, l'action en revendication du *tradens* se trouvera paralysée par une exception quand elle sera dirigée contre l'*accipiens* lui-
même. Nous en avons un exemple dans le cas d'une
tradition *dotis causa* suspendue par la condition *si
nuptiæ sequantur*.

> L. 7, § 3, Dig., *De jure dot.* — .....Sed ante nuntium re-
> missum si vindicabit (mulier), exceptio poterit nocere
> vindicanti aut doli, aut in factum ; doti enim destinata
> non debebunt vindicari.

Et il en sera de même, toutes les fois que la volonté
des parties aura été que l'*accipiens* conservât la possession, tant que la condition demeurerait en suspens.
Ainsi en sera-t-il notamment quand, dans une vente
conditionnelle, il aura été convenu que néanmoins la
tradition serait faite immédiatement, sauf à être suspendue quant à ses effets par la même condition.

VIII

LA TRADITION CONDITIONNELLE TRANSFÈRE-T-ELLE IMMÉDIA-TEMENT LA POSSESSION ?

L'*accipiens* qui n'est pas encore propriétaire tant
que la condition est en suspens, acquiert-il au moins
dès à présent la possession ? La question est débattue
et délicate. Sell l'a résolue par la négative (1). En faveur de cette opinion, l'on peut raisonner de la ma-

---

(1) *Bedingte Traditionen*, p. 36 et suiv.

nière suivante : la tradition, de soi, n'est pas autre chose que le transport de la possession ; la translation de la propriété n'en est que la conséquence médiate. En d'autres termes, la translation de la propriété par la tradition est la conséquence du transport de la possession. Donc, soumettre la tradition à une condition, c'est rendre conditionnel l'effet direct, immédiat de la tradition, savoir le transport de la possession ; plus simplement, la condition qui affecte le transport de la propriété ne peut être que le contre-coup de celle qui affecte le transport de la possession.

Ce raisonnement ne manque pas de force. Je crois cependant qu'on peut y répondre, et que l'opinion contraire doit être préférée. Sans doute, dans la tradition, la transmission de la propriété est la conséquence de la transmission de la possession ; mais elle n'en est pas la conséquence forcée ; la tradition a une portée différente suivant l'intention qui y préside ; elle aura transféré la propriété avec la possession si telle a été l'intention des parties ; elle aura pu aussi, comme dans le *pignus*, n'opérer que le déplacement de la possession. Dès lors, rien ne s'oppose, il me semble, à ce que les parties s'accordent pour transférer immédiatement la possession comme telle, en soumettant à une condition l'effet translatif de propriété qu'elles auraient pu n'y point attacher du tout. Tout se réduit donc à une question d'interprétation de volonté. Or, en se plaçant à ce point de vue, il ne saurait guère y avoir de doute. On ne peut pas supposer raisonnablement que le *tradens*, en mettant en fait la chose à la disposition et à la garde de l'*accipiens*, ait voulu cependant conserver la possession

juridique, et avec elle les interdits destinés à la pro-
téger. En l'absence d'une manifestation contraire de
volonté, on doit présumer que la volonté commune
des parties a été de rendre l'*accipiens* immédiatement
possesseur, la condition portant uniquement sur le
transport de la propriété qui, sans elle, se serait produit
hic et nunc avec le déplacement de la possession (1).

Je viens, dans le raisonnement qui précède, d'indiquer l'intérêt pratique de la difficulté que j'examine ; il consiste à savoir à qui appartiendraient les
interdits, au cas de trouble ou de dépossession de l'*accipiens* pendant que la condition est en suspens. Suivant l'opinion que j'ai défendue, je les attribue à
l'*accipiens*, et j'ajoute qu'on devrait les lui accorder
même contre le *tradens*, si c'était lui qui fût l'auteur
du trouble ou de la dépossession. Mais on ne trouve,
que je sache, aucun texte qui statue sur la question, ni
théoriquement, ni au point de vue de la conséquence
pratique qui s'y rattache.

Toutefois, Sell a invoqué à l'appui de l'opinion
opposée la L. 38, § 1er, Dig., *De acquir. possess.*
(xli, 2) :

> JULIEN. — Si quis possessionem fundi ita tradiderit, ut ita
> demum cedere ea dicat, si ipsius fundus esset, non vide-
> tur possessio tradita, si fundus alienus sit. Hoc amplius
> existimandum est, *possessiones sub conditione tradi posse,
> sicut res sub conditione traduntur*, neque aliter acci-
> pientis fiunt, quam conditio extiterit.

Pour qui l'examine sans prévention, ce passage si-

---

(1) En admettant cette doctrine, on aura un cas de plus dans lequel
la possession *ad interdicta* appartiendra à une personne, tandis qu'une
autre (ici le *tradens*) conservera la possession *ad usucapionem*.

gnifie simplement que la tradition, quand elle a pour
but unique le transport de la possession, peut être
subordonnée à une condition, aussi bien que quand
elle tend au transport de la propriété. On n'y peut rien
voir de plus. Sans doute il est permis de dire, par voie
de commentaire, que dans les deux cas c'est au fond la
translation de la possession qui est conditionnelle (1);
mais c'est là une glose et non pas le texte. Quant
à affirmer, avec Sell, que notre loi tranche expressément la question, parce qu'elle assimile absolument,
quant à leurs effets, la tradition translative de la simple possession et la tradition translative de la propriété
dans le cas où elles sont affectées d'une condition, c'est
lui donner de parti pris une portée qu'elle n'a évidemment pas.

A l'appui de la doctrine que je défends, il est permis
d'argumenter de certaines expressions des textes relatifs
à un point qui sera traité plus loin avec détail, savoir
la règle que, dans notre hypothèse, l'usucapion n'est
pas possible, au profit de l'*accipiens*, tant que la condition
est en suspens. Le plus souvent les jurisconsultes formulent la règle sans la motiver; quelquefois cependant
ils la motivent, et alors ils la motivent sur cette circonstance que *pendente conditione* il n'existe pas encore de
justa causa qui puisse fonder l'usucapion. Ainsi, dans le
§ 111 des *Vat. Fragm.*, Paul explique que lorsque la
chose d'autrui a été livrée au futur mari *ante nuptias*
avec estimation, il ne peut pas usucaper avant le ma-

(1) Telle paraît être l'idée de M. de Savigny (*Possession*, § 19 vers la
fin). Voir aussi la note ajoutée à ce passage dans la 7e édition de l'ouvrage, publiée par M. Rudorff.

riage, parce que, dans ce cas, l'usucapion procède *ex empto*, et que la vente est suspendue jusqu'à la conclusion du mariage. Cette manière de raisonner suppose évidemment que le futur mari, à qui tradition conditionnelle a été faite, est devenu immédiatement possesseur, autrement on ne motiverait pas le refus d'usucapion sur l'absence de *justa causa*, chose relativement secondaire, mais sur la considération bien plus radicale de l'absence de possession (1). Enfin on peut ajouter que le refus de la revendication au *tradens* contre l'*accipiens*, au moins dans certaines hypothèses, vient encore à l'appui de cette opinion. Il serait bien singulier que celui qui ne peut pas être dépossédé par une revendication, demeurât sans protection contre un trouble de fait ou une dépossession violente, de la part notamment de la personne même qui n'est pas admise à revendiquer contre lui.

Il y a toutefois une hypothèse spéciale où l'on peut soutenir avec beaucoup de vraisemblance que la condition, à laquelle est subordonnée une tradition, affecte indistinctement tous les effets de la tradition, le transport de la possession comme celui de la propriété. Je veux parler du cas où la tradition, étant faite en vertu d'une vente pure et simple, se trouve soumise virtuellement à la condition du payement du prix. Ici le vendeur, peut-on dire, doit être considéré comme ayant subordonné à cette condition tous les effets de la tradition. Tout au moins, il faut, à ce qu'il semble, retourner en ce sens, la présomption établie en sens inverse pour les autres hypothèses.

(1) Voyez en ce sens M. le professeur Jehring, Examen critique du livre de Sell. (*Richter's Jahrbücher*, 1847, p. 882 et suiv.)

C'est ce qui est enseigné par M. Machelard (1), qui s'est rattaché à cette solution pour expliquer l'intervention assez fréquente, paraît-il, du *precarium* à propos de la vente (2). Le vendeur aurait eu recours au *precarium*, suivant lui, afin, d'une part, de transférer à l'acheteur la possession qu'il n'aurait pas eue sans cela, et de se décharger ainsi du soin d'exercer les interdits possessoires, et, d'autre part, de se ménager un moyen facile de reprendre la possession à son gré.

Je conviens que cette hypothèse est plus délicate que les autres ; cependant, même dans ce cas, je maintiendrais qu'il y a, sauf manifestation contraire de volonté, translation immédiate de la possession. La preuve qu'on interprétait en ce sens l'intention des parties (3), me semble résulter du texte même des Institutes, qui détermine à quelles conditions la tradition faite *ex causa venditionis* peut transférer la propriété : *Venditæ vero res et* TRADITÆ *non aliter emptori acquiruntur, quam si...* (4). Ce texte suppose bien qu'il y a eu tradition, c'est-à-dire transport de la possession, et que ce qui est conditionnel, c'est l'effet translatif de propriété attaché à la tradition. Quant à l'emploi du

---

(1) *Théorie des interdits*, pp. 266, 267.

(2) L. 20 Dig., De precario (XLIII, 26). — *Ea quæ distracta sunt, ut precario penes emptorem essent, quoad pretium universum persolveretur, si per emptorem stetit, quominus persolveretur, venditorem posse consequi.* Comp. L. 13, § 2, *De act. empti*, L. 11, § 12, *Quod vi aut clam*.

(3) Je dis l'intention *des parties*. M. Demangeat, dont l'opinion sur ce point est la même que la mienne, raisonne uniquement d'après l'intention de l'acheteur (*Cours élém.*, t. 1, p. 482). C'est à tort, je crois ; car, dès qu'il s'agit d'une possession dérivée, l'*animus possidendi* isolé chez celui qui l'acquiert est insuffisant ; il ne peut acquérir que ce qu'on a voulu lui transférer.

(4) Instit., *De divis. rer.* (II, 1), § 41.

precarium il n'est pas besoin, pour le justifier, de supposer qu'il est nécessaire pour donner à l'acheteur les interdits possessoires; il est utile en ce qu'il donne au vendeur une facilité pour rentrer en possession. A mon avis, loin d'ajouter aux effets de la tradition dans laquelle il intervient, il les restreint au profit du vendeur.

IX

DES RESTRICTIONS APPORTÉES AUX DROITS DU *tradens* PAR LA TRADITION CONDITIONNELLE.

L'effet que je viens de reconnaître, du moins en principe, à la tradition conditionnelle, n'est pas le seul qu'elle produise immédiatement. Elle a en outre, et incontestablement, pour résultat direct de limiter entre les mains du *tradens* la propriété qui lui est conservée; elle lui enlève le droit de disposer de la chose au préjudice de la propriété qui doit, le cas échéant, appartenir à l'*accipiens*. Elle soustrait à la volonté de l'aliénateur, pour ne la subordonner qu'aux chances de l'événement de la condition, la translation éventuelle du domaine à l'acquéreur.

Soit, par exemple, le cas d'une vente conditionnelle : la position de l'acheteur, au point de vue de la propriété, sera bien différente suivant qu'il lui aura été fait ou non, *pendente conditione*, tradition de la chose, sous la condition qui affecte la vente elle-même. Sans doute, dans l'une et l'autre hypothèse, l'arrivée de la condition soumettra le vendeur aux obligations dérivant du contrat, mais s'il n'y a pas eu tradition conditionnelle, l'acheteur n'aura contre lui qu'un simple droit de créance, et devra subir, sauf son recours, tous les droits réels dont le vendeur aura pu grever la chose dans l'intervalle. Il en sera autrement, s'il y a eu tradition : dès qu'elle sera intervenue, le vendeur n'aura plus la possibilité de conférer, sur la chose vendue, des droits qui puissent préjudicier à ceux de l'acheteur.

Mais l'effet immédiat de la tradition, même conditionnelle, est encore plus remarquable quand il n'y a pas entre les parties de rapport de droit autre que celui qu'elle a pour but de faire naître elle-même. Tel serait le cas d'une *datio dotis*, ou d'une donation conditionnelles. Alors, ce n'est plus seulement la translation de la propriété, mais l'opération juridique dans son ensemble, qui se trouve soustraite à la bonne volonté de l'aliénateur, et qui, par la vertu de la tradition irrévocable comme telle, se consommera malgré lui à l'arrivée de la condition.

Quant aux conséquences pratiques de la situation faite aux parties par la tradition conditionnelle, elles sont les mêmes en principe que dans l'hypothèse d'un legs conditionnel, dans l'intervalle qui sépare l'adition d'hérédité de l'événement de la condition.

En premier lieu, on devra considérer comme absolument interdits au *tradens* tous actes qui aboutiraient, à raison de leur caractère d'irrévocabilité, à une disposition définitive de la chose livrée sous condition. S'il s'agit d'un esclave, il ne pourra pas l'affranchir, et s'il s'agit d'un terrain, il ne pourra pas en faire un *locus religiosus* (1).

Pour tous autres actes de disposition, ils ne conféreront que des droits soumis aux mêmes restrictions que celui du *tradens,* c'est-à-dire qu'ils s'éteindront lorsque l'arrivée de la condition viendra mettre fin à la propriété de celui qui les avait constitués (2) : ici on peut outre les textes relatifs aux legs conditionnels, invoquer ceux qui concernent les actes faits par la personne à qui on a transféré une propriété soumise à une condition résolutoire (V. Dig., L. 4, § 3, *De in diem addict.* (xviii, 2) et L. 3, *Quib. mod. pign. solv.* (xx, 6). Ils sont ici d'une application directe, car celui qui a aliéné sous une condition suspensive, je l'ai déjà fait remarquer, devient par ce fait propriétaire sous une condition extinctive.

Il y a cependant une différence de fait considérable entre celui qui a fait tradition sous une condition suspensive, et celui qui a reçu tradition sous une condition résolutoire ; c'est que celui-ci, dans l'intervalle, a la chose entre ses mains, tandis que le premier ne l'a plus. Il pourra donc, de même que l'héritier *a quo legatum est,* accomplir avec les chances de droit, même ceux des actes de disposition qui exigent la tradition de la chose. Ces actes, au contraire, ne pourront pas en général être accomplis par celui qui a déjà fait tradition sous une condition suspensive. Pour appliquer notre règle, il faut surtout songer au cas où le *tradens* aurait constitué une hypothèque ou un autre droit réel sur la

---

(1) Comp. *suprà,* p. 371.

(2) Comp. de Vangerow, § 95, *anm.* ii, 2 *b.* — Fitting, *op. cit.,* p. 64 et suiv.

chose qu'il avait auparavant conditionnellement aliénée.
Ces hypothèques ne seraient pas opposables à l'acquéreur après l'accomplissement de la condition. Il serait
même possible d'imaginer une deuxième tradition faite
quand la condition de la première était encore en suspens, en supposant que le *tradens* était rentré en possession par une circonstance quelconque.

X

INFLUENCE DE LA MORT DU *tradens* SURVENUE *pendente conditione* SUR L'EFFICACITÉ DE LA TRADITION CONDITIONNELLE.

En partant de l'idée principale que je viens de mettre
en relief, savoir que celui qui a consenti une tradition
sous condition suspensive ne conserve plus qu'une propriété restreinte, ou, pour mieux parler, conditionnellement périssable, et qu'il ne peut conférer ou transférer
que des droits soumis aux mêmes chances d'extinction
que le sien propre, on doit arriver à reconnaître sans difficulté que son décès survenu *pendente conditione* ne saurait apporter aucun obstacle au transport de la propriété
qui doit se produire à l'événement de la condition.
Telle est en effet la décision du jurisconsulte Julien dans
la L. 2, § 5, Dig., *de Donat.* (xxxix, 5) :

> Si pecuniam mihi Titius dederit absque ulla stipulatione,
> ea tamen conditione, ut tunc demum mea fieret, quum
> Seius Consul factus esset, sive furente eo, sive mortuo
> Seius consulatum adeptus fuerit, mea fiet.

Mais cette décision est contredite par Ulpien dans la
L. 9, § 1, Dig., *De jure dot.* (xxiii, 3) :

> Si res alicui tradidero, ut nuptiis secutis dotis efficiantur,
> et ante nuptias decessero, an secutis nuptiis dotis esse
> incipiant? Et vereor, ne non possint in dominio ejus
> effici, cui datæ sunt, quia post mortem incipiat domi-
> nium discedere ab eo, qui dedit, quia pendet donatio in
> diem nuptiarum, et quum sequitur conditio nuptiarum,
> jam heredis dominium est, a quo discedere rerum non
> posse dominium invito eo fatendum est. Sed benignius
> est, favore dotium necessitatem imponi heredi consen-
> tire ei, quod defunctus fecit, aut si distulerit, vel absit,
> etiam nolente vel absente eo dominium ad maritum
> ipso jure transferri, ne mulier maneat indotata.

On voit qu'Ulpien, au contraire de Julien dans le
texte précédemment transcrit, admet que le décès du
tradens, survenu *pendente conditione*, empêche la translation de la propriété de s'accomplir à l'événement de
la condition. Cependant la fin du passage apporte à
cette doctrine une réserve qui l'anéantit et la réduit à
l'affirmation d'un droit théorique rigoureux qui ne serait pas suivi en pratique. Je crois, avec M. Pellat (1),
que cette réserve ne peut pas avoir été formulée par
Ulpien ; elle manque de base juridique, et on doit l'attribuer aux compilateurs des Pandectes.

Quoi qu'il en soit de ce point secondaire, il reste toujours à apprécier la divergence d'opinions que nos
textes paraissent révéler entre Ulpien et Julien sur la
question de principe. Et d'abord, cette divergence
existe-t-elle réellement ?

M. Pellat, dans son beau commentaire du titre *De*

(1) *Textes sur la dot, ad h. l.*

jure dotium (2), a exposé et réfuté avec sa netteté habituelle les tentatives faites par Cujas, Sell et de Savigny
pour arriver à une conciliation entre les deux passages
dont il s'agit. Il serait superflu de refaire après lui ce
travail ; je ne puis que renvoyer le lecteur à son livre.

Quant à lui, le savant doyen de la Faculté de droit
de Paris arrive à reconnaître un dissentiment entre les
deux jurisconsultes (1) ; dans son opinion, Ulpien, en
cas de tradition conditionnelle, aurait exigé la persistance de la volonté de l'aliénateur à l'arrivée de la condition, tandis que Julien ne l'aurait pas exigée. Quant
aux considérations qui auraient motivé l'opinion d'Ulpien, je les emprunte textuellement à M. Pellat, de
peur de les affaiblir ou de les rendre moins claires en
les résumant.

« D'après les intentions de celui qui a livré les choses
au futur mari, dit M. Pellat, la propriété ne devait en
être transférée à celui-ci qu'au moment du mariage ;
or, à ce moment, la propriété appartenait, non plus à
lui, déjà décédé, mais à son héritier : c'était donc de
celui-ci que la propriété devait passer au mari. Mais la
propriété ne peut pas échapper au propriétaire sans sa
volonté : il faut donc que l'héritier, propriétaire actuel,
consente à cette translation. Vainement dira-t-on que
son auteur y a déjà consenti. Un héritier n'est obligé
de reconnaître, de subir la volonté de son auteur, qu'autant qu'elle a produit un de ces deux effets, ou l'aliénation d'un droit réel, ou la constitution d'une obliga-

---

(1) *Textes sur la dot,* ad *h. l.*
(2) Tel paraît être aussi le sentiment de M. de Vangerow, *Lehrbuch,*
§ 95, *anm.* ii, 2 c, t. 1, p. 148.

tion. Or ici, d'une part, le défunt n'a jamais cessé d'être propriétaire ; d'autre part, il ne s'est imposé aucune obligation de transférer la propriété. Il a seulement, sans l'avoir promis, entrepris de la transférer, et il n'a pas achevé. L'héritier n'est pas tenu d'achever une opération que le défunt a laissée incomplète, à moins que celui-ci ne se fût obligé à l'exécuter, auquel cas son obligation passerait à l'héritier. »

Malgré l'autorité qui s'attache si justement aux opinions de l'éminent jurisconsulte que je viens de citer, il me répugne de penser qu'Ulpien, l'homme du progrès dans le droit, ait pu venir, longtemps déjà après que l'opinion contraire aurait été proposée par Julien, professer que la tradition conditionnelle perdait toute efficacité par le décès du *tradens* survenu *pendente conditione*. Il suffit, d'ailleurs, pour repousser cette idée, de réfléchir aux conséquences où on aurait été amené en partant de cette prétendue opinion d'Ulpien. S'il est vrai que les effets des actes accomplis par le défunt ne sont opposables à ses héritiers qu'autant qu'ils ont produit une obligation ou l'aliénation d'un droit réel, il faudra dire aussi que les effets des actes accomplis par le défunt ne sont transmissibles activement à ses héritiers qu'autant qu'ils ont produit une créance ou l'acquisition d'un droit réel ; c'est-à-dire que le décès de *l'accipiens* survenu *pendente conditione* rendra aussi la tradition inefficace, malgré l'arrivée postérieure de la condition. Ce n'est pas tout ; s'il est vrai que la propriété ne peut pas échapper au propriétaire actuel contre sa volonté, bien que ce propriétaire tienne ses droits d'une personne qui avait auparavant fait tradition conditionnelle de la chose à un tiers, cette règle pourra être invoquée, non-seulement par l'héritier du *tradens,* mais encore, et à plus forte raison, par ses successeurs à titre particulier, et voici à quelle conséquence nous arriverons : c'est que le *tradens* pourra, en aliénant *pendente conditione,* par exemple en cédant *in jure* la chose précédemment livrée sous condition, rendre cette tradition inefficace, et transmettre des droits qu'il n'avait plus lui-même. Ces conséquences étant inadmissibles, le principe est faux et il me paraît impossible qu'Ulpien ait pu le formuler.

Reste à savoir comment l'on peut expliquer la L. 9, § 1. Je ne sais si je me fais illusion, mais il me semble qu'il n'est pas impossible d'en rendre raison, sans la mettre en contradiction avec les principes, non plus qu'avec le texte de Julien, qui en contient l'application exacte. Pour cela, il suffit d'admettre qu'Ulpien parlait dans ce passage, non pas d'une tradition, mais d'une mancipation ou d'une *in jure cessio* faite sous la condition sous-entendue : *si nuptiæ secutæ fuerint.*

XI

On n'a pas oublié, en effet, que la translation de la propriété, ou la constitution d'un droit réel démembrement de la propriété, pouvaient se trouver suspendues par une condition, même quand elles résultaient d'une mancipation ou d'une *in jure cessio;* il suffisait, pour rendre la chose possible, que la condition fût sous-entendue(1). Cette condition sous-entendue, comme les

---

(1) C'est un principe qui a été méconnu par M. de Savigny dans l'explication qu'il a tentée de la L. 9, § 1.

conditions exprimées dans la tradition, avait pour effet de reporter à l'époque de son arrivée la naissance du droit, par exemple le transport de la propriété. Mais dans l'application de cette idée fondamentale, on arrivait ici, par la force des choses, à des résultats bien plus rigoureux qu'en matière de tradition.

Il faut, je crois, poser à cet égard la règle générale suivante :

Toutes les fois qu'un *actus legitimus* se trouve en fait subordonné à une condition sous-entendue, cet acte doit être considéré d'une manière absolue comme se formant à l'arrivée de la condition. Sans doute, à cette époque, il se formera fatalement, même à l'insu et contre le gré des parties, en vertu des consentements antérieurement donnés dans les formes solennelles prescrites, mais il faudra pour cela que les choses soient demeurées dans un état tel que les parties pussent encore le consentir. Il y a une sorte de fiction nécessaire, en vertu de laquelle l'acte dont il s'agit est censé se produire à l'événement de la condition. Jusque-là il est, en droit, non avenu.

J'ai parlé d'une fiction nécessaire ; en effet, juridiquement, les actes dont il s'agit ne peuvent absolument pas être conditionnels ; quand la condition est sous-entendue, c'est par tolérance qu'on admet la validité de l'acte, et cette tolérance consiste en ce qu'on le suppose fait à l'époque où il aurait pu régulièrement se produire, bien qu'il l'ait été à un moment où il ne pouvait pas se former suivant le droit rigoureux.

Les conséquences pratiques de cette formule sont faciles à déduire. Soit, par exemple, la mancipation ou l'*in jure cessio* en vue d'une constitution de dot *ante nuptias*, avec l'intention de ne transférer la propriété qu'au jour du mariage, ce transport de propriété ne pourra plus avoir lieu, si le constituant est décédé avant le mariage, ou s'il est en état de folie au jour du mariage, ou enfin si à la même époque il a aliéné la chose. Dans tous ces cas, il devient impossible de reporter par fiction l'acte antérieurement fait à l'arrivée de la condition, puisqu'à ce moment le constituant ne pourrait plus l'accomplir. Que si le constituant, sans aliéner la chose, l'a grevée de droits réels, la propriété ne passera plus au mari que sous la charge de ces droits établis à une époque où l'aliénateur était encore pleinement propriétaire.

Nous ne pouvons pas, dans l'espèce d'une constitution de dot, supposer la mort ou la folie de l'acquéreur conditionnel, puisque l'une et l'autre rendraient impossible le mariage, c'est-à-dire la réalisation de la condition. Mais s'il s'agissait d'une donation à cause de mort, il faudrait dire également que l'état de folie du donataire au décès du donateur mettrait obstacle à l'accomplissement de l'aliénation.

De même, en supposant une constitution de servitude, elle ne s'effectuerait que si, à l'arrivée de la condition, la propriété des deux fonds entre lesquels la servitude doit s'établir n'avait pas changé de mains.

Enfin, les principes seraient les mêmes s'il s'agissait d'une acceptilation soumise à une condition sous-entendue, comme dans le cas d'une constitution de dot (**L**. 43, pr., Dig., *De jure dot.*). Cette acceptilation se trouverait sans effet, si le créancier était décédé *ante nuptias*, ou s'il avait reçu le paiement dans l'intervalle (1).

La théorie que je viens d'exposer me semble incontestable d'après la logique des principes. On conçoit qu'elle ne peut pas se trouver affirmée expressément dans les textes qui nous sont parvenus (2); mais je ne doute pas qu'il ne faille en reconnaître une trace dans notre L. 9, § 1ᵉʳ, *De jure dot.* Les compilateurs des Pandectes auront substitué l'expression *tradidero* à celles dont Ulpien avait dû se servir : *mancipavero, in jure cessero*, en ajoutant à la solution, désormais en contradiction avec les règles établies, le singulier correctif qui termine le texte. Ce qui donne du poids à cette opinion, c'est que la L. 9, comme il est facile de le voir, était, dans les écrits d'Ulpien, la continuation immédiate du passage transcrit au § 3 de la L. 7 *eod.*, empruntée comme la L. 9 au livre xxxi du commentaire de ce jurisconsulte *ad Sabinum.* Or, dans la L. 7, § 3, Ulpien s'occupant de la *datio dotis*, avait dû expliquer, M. Pellat en a fait lui-même judicieusement la remarque, les effets des divers modes employés, suivant les circonstances, pour l'opérer. Les compilateurs n'ont pas même supprimé toute trace des distinctions qu'il avait présentées à cet égard; mais ils ont au moins supprimé avec le plus grand soin la mention de la *mancipatio* ou de l'*in jure cessio.* Cela étant bien reconnu, on ne peut

---

(1) Comp. *suprà*, p. 303 *texte et note.*

(2) Je trouve cependant, à l'appui de cette doctrine, un argument d'analogie assez puissant dans la L. 18 Dig., *Comm. præd. (suprà*, p. 185.) Nous y avons l'exemple d'actes forcément suspendus par une condition virtuelle, et qui sont non avenus si les choses ne se sont pas maintenues jusqu'à l'arrivée de la condition dans un état tel que ces actes pussent encore se produire.

guère douter que le passage suivant, qui se trouve aujourd'hui dans la L. 9, n'ait été l'objet de mutilations semblables, et que le sens primitif n'en ait été altéré. Qui ne sait d'ailleurs dans combien d'autres circonstances les textes présentent des substitutions semblables, ou d'autres analogues?

Mais il faut bien se garder d'appliquer à la tradition conditionnelle les mêmes principes : la tradition peut être ouvertement suspendue par une condition ; sans doute elle ne produira, dans ce cas, son effet définitif qu'à l'arrivée de la condition, mais, de même que l'obligation contractée sous condition limite déjà la liberté du débiteur éventuel, et produit une *spes debitum iri* au profit du créancier éventuel, de même la tradition conditionnelle affecte *ab initio* la propriété du *tradens*, elle fait naître au profit de l'autre partie une *spes acquirendi dominii* indépendante du décès de l'un et de l'autre, et des actes par lesquels l'aliénateur aura pu disposer de la chose *ante eventum conditionis*.

XII

LA PROPRIÉTÉ ACQUISE A L'ÉVÉNEMENT DE LA CONDITION NE RÉTROAGIT PAS AU JOUR DE LA TRADITION.

Les effets que j'ai reconnus comme étant produits immédiatement par la tradition conditionnelle ne supposent du reste aucune rétroactivité attachée, en cette matière, à l'accomplissement de la condition ; et j'ajoute ici que, sauf un cas exceptionnel, il ne faut lui en attribuer aucune. Cette assertion contredit une doctrine

naguère encore admise sans contestation (1), mais
que de graves autorités ont déjà combattue (2). Il faut
le dire tout de suite, le malentendu est venu surtout de
ce qu'on a voulu rattacher à la rétroactivité des effets
qui ne sont pas de son domaine. Ainsi, généralement,
cette prétendue rétroactivité n'était guère invoquée que
pour permettre à l'acquéreur de méconnaître les droits
réels constitués sur la chose par l'aliénateur, *ante conditionem existentem*. Mais, comme je l'ai fait voir pour
les legs, le but était atteint sans cela, par la simple
application de la règle : *Nemo plus juris in alium trans-
ferre potest quam ipse habet.* Seulement, en se plaçant à
ce point de vue, au lieu d'effacer rétroactivement dans
le passé les actes faits par l'aliénateur, ce qui est bien
inutile, on se contente d'en écarter l'effet à partir de
l'événement de la condition.

Mais, si l'on envisage les résultats qu'aurait dû produire une véritable rétroactivité, il faut reconnaître
que les jurisconsultes romains ne l'ont point admise ici,
et qu'à leurs yeux, la propriété de l'acquéreur, en cas
de tradition conditionnelle, ne remonte jamais à une
époque antérieure à l'arrivée de la condition.

En effet les textes, pour caractériser la situation, ne
se contentent pas de dire : la propriété passe à l'acquéreur par l'arrivée de la condition, formule qui
n'exclurait pas la rétroactivité ; ils disent : la propriété
passe à l'acquéreur seulement (*tunc demum*) à l'arrivée
de la condition (V. L. 1 *pr.*, L. 2, § 5, Dig. *De donat.*

---

(1) V. Sell, *op. cit.*, p. 105 et suiv.
(2) Fitting, *Goldschmidt's Zeitschrift*, t. ɪɪ, p. 255 *à la note*, et Vangerow. *Lehrbuch*, § 95, *Anm.* ɪɪ, 2, t. ɪ, p. 145 et suiv.

xxxix, 5). Pour qui connaît la précision du langage des jurisconsultes romains, il y a déjà là une preuve décisive. La L. 11, *pr.*, Dig. *De donat. int. vir. et ux.* (xxiv, 1), est encore plus formelle; voici comment elle s'exprime au sujet d'une donation *mortis causa* entre époux.

> ULPIEN. — Sed interim res non statim fiunt ejus, cui donatæ sunt, sed tunc demum, quum mors insecuta est; *medio igitur tempore dominium remanet apud eum, qui donavit.*

Voilà qui est on ne peut plus clair ; l'arrivée de la condition n'efface nullement dans le passé la propriété de l'aliénateur. Ce n'est pas tout : la même loi, dans les paragraphes qui suivent, fixe encore mieux la règle en nous faisant connaître qu'elle pouvait recevoir une exception, justement dans le cas d'une donation *inter virum et uxorem.* Enfin, dans son § 9, elle en signale une conséquence pratique qui ne peut plus laisser aucun doute :

> Si uxor rem, quam a marito suo mortis causa acceperat, vivo eo alii tradiderit, nihil agitur ea traditione, quia non ante ultimum vitæ tempus mulieris fuit...... (1).

On le voit, l'aliénation que ferait l'acquéreur conditionnel *pendente conditione* serait nulle, à moins, bien entendu, qu'elle ne fût subordonnée elle-même à la condition ; elle serait considérée comme faite *a non domino* malgré l'arrivée ultérieure de la condition. De même, l'acquéreur ne pourrait pas léguer la chose *per*

---

(1) V. la suite du texte, *infrà*, p. 415.

vindicationem dans un testament antérieur à l'événement de la condition.

En sens contraire, Sell (1) a invoqué la L. 8. Dig. *De reb. cred.* (*supra* p. 113), qui semble mettre sur la même ligne la *mutui datio* conditionnelle, et le prêt de deniers légués, fait par l'héritier avant que le légataire ait pris parti. Or, dans ce dernier cas, il est certain que la répudiation du légataire aura pour résultat de valider rétroactivement le prêt à compter du jour où l'héritier a versé les deniers à l'emprunteur.

Mais il faut bien prendre garde que le jurisconsulte ne met les deux cas sur la même ligne qu'à un point de vue, je veux dire comme exemples d'hypothèses où la confirmation du *mutuum* est subordonnée à un événement incertain : *interdum pendet mutui datio*; c'est là tout ce qu'ils ont de commun. J'ai signalé par avance (*suprà*, p. 113), entre les deux espèces, une différence capitale que nul ne saurait méconnaître, en faisant remarquer que la perte fortuite des deniers empêcherait le *mutuum* conditionnel de se former, tandis que, dans l'autre espèce, à supposer la répudiation du légataire, les deniers auront été, du jour de leur numération, aux risques de l'emprunteur. L'assimilation, encore une fois, doit être réduite aux termes dans lesquels elle est formulée; les observations qui terminent le texte, sur la validation rétroactive du *mutuum*, sont spéciales à la deuxième hypothèse, et rien n'autorise à les étendre à la première.

Il est du reste facile de justifier la différence qu'on mettait sous ce rapport entre les obligations et les actes

(1) *Op. et loc. cit.*

translatifs de propriété. J'ai déjà dit que toute condition suppose un terme incertain, qui n'est nullement effacé par la rétroactivité de la condition. L'on peut en effet ramener la règle de la rétroactivité à la formule suivante : l'acte fait sous condition doit être considéré, après l'événement de la condition, comme s'il avait été fait *ab initio* sous un terme incertain. Or, le terme qui, dans les obligations, ne suspend que l'exigibilité, suspend au contraire la naissance même du droit, quand il s'agit d'un acte translatif de propriété. Ainsi, en supposant un legs *per vindicationem* fait *ex die*, le légataire ne deviendra propriétaire qu'à l'arrivée du terme (1). De même ici, la condition étant, si l'on veut, effacée par la fiction de la rétroactivité, il restera toujours un terme que rien ne peut effacer, et qui reculera forcément à l'arrivée de la condition le déplacement de la propriété.

Tout cela n'est au surplus que l'interprétation de la volonté des parties, qui n'ont pas entendu que la propriété fût déplacée avant l'époque incertaine où la condition s'accomplira. Cette observation répond à une objection qui pourrait en être faite. Il serait possible que la tradition conditionnelle eût été accomplie en exécution anticipée d'un contrat conditionnel, d'une vente par exemple. Dans ce cas, tant que la condition de la vente est en suspens, il ne peut pas y avoir de translation de propriété par suite de l'absence d'une *justa causa*. Mais, pourrait-on dire, une fois la condi-

---

(1) Ulpien, L. 9, § 2, Dig., *Usufruct. quemadm. cav.* — Plane si ex die proprietas alicui legata sit, ususfructus pure, dicendum esse Pomponius ait, remittendam esse hanc cautionem fructuario, quia certum sit, ad eum *proprietatem*, vel ad heredem ejus *perventuram*.

tion accomplie, la vente, considérée comme ayant une existence rétroactive, donnera par là même à la tradition une *justa causa* rétroactive, en vertu de laquelle elle aurait dû transférer la propriété *ab initio*.

Cette objection ne serait que spécieuse. Le contrat qui motive la tradition, ne constitue une *justa causa traditionis* qu'en tant qu'il révèle l'intention commune des parties d'opérer, par le moyen de la tradition, le transport de la propriété (1). Or, la rétroactivité attachée aux obligations résultant du contrat n'empêche pas que les parties n'aient voulu retarder jusqu'à l'événement de la condition qui suspendait la vente, l'effet de la tradition qu'elles ont accomplie prématurément. — Je remarque en outre que l'objection n'aurait aucune portée, s'il s'agissait de l'un des cas nombreux dans lesquels il n'y a pas de *justa causa* en dehors de l'opération même que la tradition conditionnelle a pour but de réaliser. On peut supposer, par exemple, une tradition conditionnelle *dotis* ou *donationis causa*; il n'y aura là aucune obligation qui rétroagisse, aucun rapport de droit préexistant au transport de propriété qui doit s'effectuer à l'arrivée de la condition.

Le principe posé et justifié, on peut, outre les conséquences précédemment déduites, y rattacher la plupart de celles que le principe analogue entraîne dans les legs. Pour ne prendre que les solutions les plus saillantes, je dirai que les droits réels actifs, acquis au profit de la chose, *pendente conditione*, par l'aliénateur, seront maintenus au profit de l'acquéreur (2); que s'il

(1) Comp. M. Demangeat, *Cours élém.*, t. i, p. 477-478.
(2) Comp. *suprà*, p. 377.

s'agit d'un esclave, les acquisitions qu'il aura pu faire, du moins en dehors de celles qui rentrent dans la jouissance, demeureront à l'aliénateur et il en sera de même du part de la femme esclave né avant la réalisation de la condition (1).

XIII

EXCEPTION A LA RÈGLE PRÉCÉDENTE.

J'ai indiqué précédemment qu'il y avait un cas où, par exception, l'on avait admis la rétroactivité dans l'acquisition de la propriété transféréé sous condition. Cela se présentait en matière de donations entre époux. Un conjoint pouvait faire à son conjoint une donation *mortis causa*, même à l'époque où la prohibition des donations *inter virum et uxorem* existait dans toute sa rigueur. Toutefois, il ne lui était pas loisible de faire cette donation absolument de la même manière qu'il aurait pu la faire à un étranger. Quand le donataire était un étranger, le donateur avait le choix entre deux partis : transférer la propriété sous la condition suspensive de son prédécès, ou la transférer *hic et nunc*, avec clause de retour pour le cas de prédécès du donataire. Entre époux, au contraire, la propriété ne pouvait jamais passer au donataire du vivant du donateur ; la donation était donc forcément faite sous condition suspensive ; mais on obtenait l'équivalent de la donation sous condition résolutoire, au moyen de la rétroactivité

---

(1) *Supra*, p. 381-382.

qui était exceptionnellement attachée, dans cette hypothèse, à la propriété du conjoint donataire. C'est en ce
sens qu'Ulpien nous dit dans la L. 11, § 1. Dig. *De
donat. int. vir. et uxor.* (xxiv, 1); « *Sed quod dicitur,
mortis causa donationem inter virum et uxorem valere,
ita verum est, ut non solum ea donatio valeat secundum
Julianum, quæ hoc animo fit, ut tunc res fiat uxoris vel
mariti, quum mors insequetur, sed omnis mortis causa
donatio.* »

Il y avait donc à consulter le but que s'était proposé
le conjoint donateur. Avait-il voulu transférer la propriété à son conjoint sous la condition suspensive de
son prédécès, on appliquait le droit commun, et la propriété ne passait en effet au donataire qu'au décès du
donateur, sans aucune rétroactivité. — L'intention du
donateur avait-elle été, au contraire, de rendre son conjoint propriétaire du jour où il lui faisait tradition,
sans doute cela était impossible de son vivant, mais
dès que sa mort avait confirmé la donation, l'on donnait satisfaction à sa volonté en faisant rétroagir l'acquisition du donataire. C'est sous le bénéfice de cette
distinction, qu'il faut entendre la règle écrite dans le
texte suivant :

PAPINIEN, L. 40, Dig., *De mort. caus. donat.* (xxxix, 6). —
Si mortis causa inter virum et uxorem donatio facta sit,
morte secuta reducitur ad id tempus donatio, quo interposita fuisset.

Cette exception confirme à la fois la règle et les motifs sur lesquels je l'ai appuyée ; c'est toujours la volonté des parties qui est la raison déterminante, et on

lui donne effet dès que l'obstacle légal qui s'y opposait
a disparu.

Quant aux conséquences pratiques de la rétroactivité
admise ici exceptionnellement, il est facile de les déterminer en prenant le contre-pied de celles auxquelles je
suis arrivé par application de la règle générale. Ainsi,
d'abord, si le conjoint donataire a disposé de la chose
du vivant du donateur, cet acte sera rétroactivement
validé lorsque la donation sera confirmée :

> Ulpien, L. 11, § 9, Dig., *De donat. int. vir. et ux* — ......
> Plane in quibus casibus placeat, retroagi donationem,
> etiam sequens traditio a muliere facta in pendenti ha-
> bebitur.

De même, si l'objet de la donation est un esclave, et
que cet esclave acquière quelque chose du vivant du
donateur, c'est l'événement qui démontrera à qui, du
donateur ou du donataire, profiteront ces acquisitions :

> Javolenus, L. 20, *eod. tit.* — Si is servus, qui uxori mor-
> tis causa donatus est, priusquam vir decederet, stipulatus
> est, in pendenti puto esse causam obligationis, donec
> vir aut moriatur, aut suspicione mortis, propter quam
> donavit, liberetur ;........

Cela s'appliquerait de la même manière au part de
l'*ancilla* qui aurait fait l'objet de la donation.

Mais la rétroactivité se retournerait contre le donataire, si le donateur avait, depuis la tradition par lui
faite, acquis quelque servitude au profit du fonds
donné. Cette servitude se trouvant avoir été constituée
au profit d'un *non dominus* serait non avenue.

Enfin, si le donataire était fils de famille à l'époque

de la tradition, bien qu'il soit devenu *sui juris* quand la mort du donateur a confirmé la donation, la propriété, par l'effet de la rétroactivité, n'en aura pas moins été acquise au *paterfamilias* sous la puissance duquel il se trouvait à l'origine.

XIV

Cette dernière solution, certaine d'ailleurs, n'est pas écrite formellement dans les textes, mais elle résulte, sans équivoque, de divers passages de la L. 11 déjà citée, *De donat. int. vir. et ux.*, où la solution contraire est écrite pour l'hypothèse où la rétroactivité ne se produit pas.

> § 2. — Quando itaque non retroagatur donatio (1), emergunt vitia, ut Marcellus animadvertit . . . .
> . . . .

> § 3. — Idem ait, placuisse scio Sabinianis, si filiæ familias uxori maritus tradet, donationem ejus cum omni suo emolumento fieri, si vivo adhuc marito sui juris fuerit effecta; quod et Julianus libro septimo decimo Digestorum probat.

> § 4. — Proinde et si uxor marito filiofamilias mortis causa tradat, et is sui juris effectus sit, sine dubio dicemus, ipsius fieri.

Il résulterait de ces passages que si la tradition condi-

---

(1) M. Vernet, *Textes choisis sur la théorie des obligations*, p. 145, entend ce passage comme s'il y avait : *non retroagitur donatio quando emergunt vitia*, et *quando emergunt vitia* signifie pour lui : *lorsque la rétroactivité tournerait au préjudice du donataire*. C'est un contre-sens évident.

tionnelle est faite à une personne en puissance d'autrui, elle n'en acquiert pas le bénéfice, dans les circonstances ordinaires et en dehors du cas exceptionnel où la rétroactivité est admise, au *paterfamilias* sous la puissance duquel elle est actuellement placée, mais qu'il faut, comme dans les legs conditionnels, se reporter à l'arrivée de la condition pour déterminer au profit de qui la propriété est acquise.

La même idée se retrouve dans d'autres passages de la L. 11 avec des conséquences assez curieuses :

> § 5. — ......Maritus uxori mortis causa donatum voluit, interposuit mulier filium familias, qui a marito acciperet, eique traderet, deinde, quum moritur maritus, paterfamilias invenitur, an valeat traditio? Et ait (Marcellus), consequens esse dici, traditionem valere, quia sui juris effectus est eo tempore, ad quod traditio redigitur, id est, quum maritus moriebatur.

> § 6. Consequenter Scævola apud Marcellum notat, si servum interposuit mulier, ut ei tradatur mortis causa, isque adhuc servus dederit mulieri, deinde mortis tempore liber inveniatur, tantumdem esse dicendum.

On suppose que la femme a pris un intermédiaire pour recevoir la donation *mortis causa* que veut lui faire son mari. Le mari fait tradition de la chose *mortis causa*, sous condition suspensive, à la personne interposée, qui à son tour transmet la chose à la femme sous la même condition. Rien de mieux si l'intermédiaire est une personne *sui juris;* mais s'il est *alieni juris*, esclave ou fils de famille, à l'époque où il a reçu du mari, n'aura-t-il pas acquis pour le *paterfamilias* à la puissance duquel il est soumis, et dès lors aura-t-

27

il pu transmettre régulièrement la chose à la femme ?
Marcellus et Scævola répondent : Peu importe la condition de l'intermédiaire à l'époque de la tradition ; à
cette époque il n'acquiert rien ; c'est à l'événement de
la condition qu'il faut se placer, et si à ce moment l'intermédiaire est *sui juris*, il aura acquis pour lui, et la
transmission qu'il aura faite à la femme sera régulière.

Concluons donc que, dans le cas prévu par la L. 11,
si la tradition conditionnelle est faite à une personne en
puissance d'autrui, pour déterminer au profit de qui se
produira l'acquisition, il faudra, suivant les circonstances, envisager l'état de l'*accipiens* à l'époque de la
tradition ou à celle de l'événement de la condition : à
l'époque de l'événement de la condition lorsque la
propriété a dû être transmise sans rétroactivité conformément à la règle ordinaire ; à l'époque de la tradition,
au contraire, lorsque l'acquisition a dû par exception y
être ramenée rétroactivement.

Faut-il voir dans cette distinction l'application d'un
principe général, et rattacher à la non-rétroactivité de
l'acquisition de la propriété, dans la tradition conditionnelle, cette conséquence considérable, que le bénéfice de
la tradition conditionnelle faite à une personne *alieni
juris* demeure en suspens jusqu'à la réalisation de la
condition ? Si cela est vrai, on arrivera, sous ce rapport, à une différence bien remarquable entre les effets
de la condition dans les contrats, et ceux qu'elle produit dans la tradition. Ne doit-on pas dire, au contraire, qu'il y a là une solution exclusivement applicable aux donations *mortis causa*, et que, hors de là, le
bénéfice d'une tradition conditionnelle est acquis *ab*

initio à celui qui a l'*accipiens* sous sa puissance?

C'est à ce dernier parti que s'arrête M. Fitting (1). Il lui semble que les restrictions apportées à la propriété du *tradens* par la tradition conditionnelle correspondent à l'acquisition d'un certain droit dans la personne de l'*accipiens*, et que ce droit, transmissible aux héritiers de l'*accipiens*, doit se trouver acquis *ab initio*, d'une manière incommutable, à la personne qui a sur lui le droit de puissance au jour de la tradition. L'ingénieux interprète voit ici une situation analogue à celle qui se produirait dans le cas d'un legs *per vindicationem ex die* fait à une personne *alieni juris :* dans cette dernière hypothèse, bien que la propriété ne remonte pas à une date antérieure à l'échéance du terme, le droit à cette propriété future n'en est pas moins acquis, à compter du décès du testateur, à celui qui, à ce moment, a sur le légataire le droit de puissance. Qu'il en soit autrement quand il s'agit d'une donation à cause de mort, cela se conçoit, et on peut en alléguer plusieurs raisons : d'abord la faculté de révocation qui appartient au donateur et qui ne permet guère de parler d'un droit quelconque acquis avant son décès; ensuite l'assimilation de plus en plus complète de la donation à cause de mort avec les legs, assimilation qui aura conduit à appliquer ici les règles du legs conditionnel. Enfin la L. 11 elle-même paraît bien dire qu'il y a quelque chose d'exceptionnel, de spécial à la donation à cause de mort quand elle s'exprime ainsi : *Quando itaque non retroagatur donatio*, EMERGUNT VITIA (*dict.* L., § 2). Que

---

(1) *Begriff der Rückziehung*, p. 109 et suiv.

seraient ces *vitia*, sinon des dérogations au droit commun des traditions conditionnelles?

Assurément cette argumentation est des plus sérieuses, mais elle fait trop directement violence au texte de la loi 11 pour pouvoir être admise. Et d'abord il faut se garder de toute équivoque. Le rôle de la personne *alieni juris* qui a reçu tradition n'est pas toujours le même. Elle peut y avoir figuré comme un simple instrument du père de famille qui a pris possession par son intermédiaire, et alors la tradition aura été faite en réalité au père de famille ; il sera le véritable *accipiens*, et, comme tel, il aura acquis un droit indépendant aux chances de l'acquisition future. C'est là, il faut le reconnaître, ce qui arrivera le plus souvent, et en cela la tradition conditionnelle diffère du legs conditionnel, dans lequel ne saurait se rencontrer ce rôle effacé du légataire *alieni juris*.

Mais il peut arriver aussi, même dans une tradition conditionnelle, que l'*accipiens*, esclave ou fils de famille, ait figuré à l'acte comme véritable partie, en empruntant seulement au père de famille la capacité nécessaire pour y figurer. En d'autres termes la tradition peut avoir été faite *contemplatione servi vel filii, non contemplatione patris* (1). C'est alors vraiment que se présente

---

(1) Ce double rôle que peut jouer suivant les circonstances, dans une tradition conditionnelle, une personne *alieni juris*, est très-nettement indiqué dans la L. 23, Dig., *De mortis caus. donat.* (XXXIX, 6) : « Si filiofamilias mortis causa donatum sit, et vivo donatore moriatur filius, pater vivat, quæsitum est, quid juris sit. Respondit, morte filii condictionem competere, *si modo ipsi potius filio quam patri donaturus dederit* ; alioquin *si quasi ministerio ejus pater usus sit*, ipsius patris mortem spectandam esse, idque juris fore, et si de persona servi quæratur. »

notre question, et la L. 11 ne me paraît pas laisser de doute sur la solution. Le fondement unique des décisions si topiques que j'en ai extraites, c'est que l'acquisition de la propriété se produit, sans rétroactivité, à l'événement de la condition. Il ne faut donc pas hésiter à étendre ces décisions à tous les cas où la propriété est transférée à une époque postérieure à l'acte en vertu duquel s'opère la translation. C'est à l'événement de la condition, non au temps de la tradition, qu'on devra apprécier la situation de l'*accipiens*, pour décider s'il aura acquis pour lui-même ou pour son *paterfamilias*. Supposons par exemple une tradition faite à un esclave à titre de donation entre-vifs, mais sous condition suspensive, nous dirons : si l'esclave a reçu la liberté *ante eventum conditionis*, c'est lui qui acquerra la propriété par le motif si bien déduit dans la L. 11 : *quia sui juris effectus est eo tempore, ad quod traditio redigitur.*

On peut supposer aussi que la tradition a été faite, dans les mêmes circonstances, à un enfant émancipé qui vient, *pendente conditione*, recueillir, en concours avec ses frères demeurés *in patria potestate*, la succession paternelle. Dans mon opinion, il ne devra pas être soumis au rapport à raison de l'acquisition qui pourra se réaliser plus tard par l'arrivée de la condition, pas plus qu'il n'y serait soumis à raison d'un legs dont la condition ne se serait pas réalisée *vivo patre*. Le rapport n'est dû que pour les biens que l'émancipé aurait acquis au père de famille sans l'émancipation. Or, dans l'hypothèse, le père de famille étant décédé *ante eventum conditionis*, le bénéfice de l'acquisition serait demeuré à l'enfant, même en supposant le maintien de la puissance paternelle jusqu'à la mort du père (1).

Il est vrai, comme l'a fait remarquer M. Fitting, que dans le cas du legs *per vindicationem ex die*, le légataire *alieni juris* acquérait au *paterfamilias* le droit au legs à compter du décès, bien que la translation de la propriété ne s'opérât qu'à l'échéance du terme, sans rétroactivité; mais c'était là une conséquence des effets spéciaux attachés par le droit romain au *dies cedens* en matière de legs. Nous ne trouvons rien de tel en matière de tradition. Sans doute la tradition conditionnelle fait naître *ab initio* une *spes acquirendi dominii* transmissible aux héritiers de l'*accipiens*, continuateurs de sa personne juridique, mais elle ne lui confère dès à présent aucun de ces droits formés qui sont acquis au *paterfamilias* par les personnes qu'il a sous sa puissance. S'il en est autrement quand il s'agit d'obligations conditionnelles *ex contractu*, cela tient à l'effet rétroactif de la condition accomplie, qui reporte la naissance du droit même de créance au jour où le contrat est intervenu, effet qui ne se produit point ici.

XV

DE L'USUCAPION EN CAS DE TRADITION CONDITIONNELLE

FAITE *a non domino*.

Lorsque la chose livrée sous condition n'appartenait pas au *tradens*, à quel moment l'usucapion pourra-t-elle commencer au profit de l'*accipiens* de bonne foi? Les

---

(1) Comp. L. 2, § 3, Dig., *De collat.*, *supra*, p. 332.

textes répondent que l'usucapion ne peut pas se produire *pendente conditione*. Mais cette règle, toute claire qu'elle paraisse, ne résout cependant pas complétement la question.

Nous la trouvons formulée dans deux cas : à propos de la vente conditionnelle et à propos de la *datio dotis*. — Relativement à la vente, on lit dans la L. 8 Dig., *De peric. et comm.* (*suprà*, p. 247) :

> Quod si pendente conditione res tradita sit, emptor non poterit eam usucapere pro emptore,.....

Ce principe général est appliqué spécialement à la vente avec pacte d'*in diem addictio* dans la L. 4, *pr.*, Dig., *De in diem addict.* (xviii, 2),

> ULPIEN. — Ubi autem conditionalis venditio est, negat Pomponius usucapere eum posse...... (1).

Relativement à la *datio dotis*, les textes recherchant si le *sponsus* peut usucaper *ante nuptias*, proposent diverses distinctions qui aboutissent à la consécration de la même règle :

> ULPIEN, L. 1, § 2, Dig., *Pro dote* (xli, 9). — Et primum de tempore videamus, quando pro dote quis usucapere possit, utrum post tempora nuptiarum, an vero et ante nuptias. Est quæstio vulgata, an sponsus possit, hoc est, qui nondum maritus est, rem pro dote usucapere. Et Julianus inquit, *Si sponsa sponso ea mente tradiderit res, ut non ante ejus fieri vellet, quàm nuptiæ secutæ sint, usu quoque capio cessabit;* si tamen non evidenter id actum fuerit, credendum esse id agi Julianus ait, ut sta-

---

(1) Comp. L. 2, § 1, *eod.*

tim res ejus fiant, et si alienæ sint, usucapi possint;
quæ sententia mihi probabilis videtur; ante nuptias autem non pro dote usucapit, sed pro suo (1).

Ainsi de deux choses l'une, ou la tradition *dotis causa*
dans l'intention des parties aurait dû transférer la propriété *hic* et *nunc*, sauf répétition au cas que le mariage ne suivît pas, ou, au contraire, la volonté des parties a été que le transport de la propriété fût suspendu
jusqu'à la réalisation du mariage. Dans le premier cas,
l'usucapion pourra s'accomplir *ante nuptias*, parce que
la tradition aura été pure et simple; seulement ce sera
l'usucapion *pro suo*, non l'usucapion *pro dote*, car il ne
saurait y avoir de dot tant qu'il n'y a pas de mariage.
Dans le second cas, la tradition étant conditionnelle, il
n'y aura pas d'usucapion possible *ante conditionem existentem*, c'est-à-dire avant la réalisation du mariage.

La distinction qui précède n'était du reste pas admise quand la dot avait été constituée avec estimation;
alors il n'y avait jamais place à une usucapion *pro suo
ante nuptias* :

FRAGM. VAT., § 111. — L. Titius a Seia uxore sua inter
cetera accepit æstimatum etiam Stichum puerum, et
eum possedit annis fere quatuor ; quæro an eum usuce-
perit? Paulus respondit, si puer, de quo quæritur, in
furtivam causam non incidisset, neque maritus sciens
alienum in dotem accepisset, *potuisse eum æstimatum in
dotem datum post nuptias, ante non, usucapi.* Quamvis
Julianus et ante nuptias res dotis nomine traditas usucapi pro suo posse existimaverit, et nos quoque idem

(1) Sur l'intérêt que pouvait présenter la distinction entre l'usucapion *pro dote* et l'usucapion *pro suo*, V. L. 67 Dig., *De jure dot.*, et
M. Pellat, *ad h. l.*

probemus ; tamen hoc tunc verum est, quum res dotales sunt : quum vero æstimatæ dantur, *quoniam ex empto incipiunt possideri, ante nuptias pendente venditione, non prius usucapio sequi potest, quam secutis nuptiis* (1).

Quand la dot a été *æstimata*, la possession a lieu au titre *pro emptore*, et la vente en vertu de laquelle la propriété aurait dû être transférée, étant suspendue jusqu'au mariage, l'usucapion est également suspendue jusque-là. Toutefois il me semble qu'on a tiré de ce texte des conséquences trop absolues : il ne serait pas impossible que, même au cas d'une *dos æstimata*, l'usucapion pût se produire *ante nuptias*. La volonté des parties aurait pu être de faire une vente pure et simple résoluble au cas que le mariage ne suivît pas, et alors rien ne s'opposerait à l'usucapion immédiate ; seulement cela n'était pas présumé, et lorsque cela se présentait, l'usucapion n'avait pas lieu au titre *pro suo*, mais au titre *pro emptore*, et c'est à mes yeux la différence caractéristique, au point de vue qui nous occupe, entre cette hypothèse et celle de la *dos inæstimata*.

Ce que les textes nous disent de la vente ou de la *datio dotis* conditionnelles, doit s'entendre de tout autre cas où la tradition est faite sous condition, tel que celui d'une donation à cause de mort.

La règle ainsi rappelée dans les termes dans lesquels elle nous a été transmise, il s'agit d'en déterminer exactement la portée.

Une conséquence certaine qui en découle, c'est que si la condition vient à faire défaut, quelque longue qu'ait été la possession de l'*accipiens*, aucune usucapion

___

(1) Comp. L. 2 Dig., *Pro dote* (XLI, 9).

n'aura pu s'accomplir de son chef. C'est là une notable différence entre les effets de la tradition sous condition suspensive et ceux de la tradition sous condition résotoire. Étant supposé, par exemple, une vente avec pacte d'*in diem addictio*, si ce pacte forme condition résolutoire, l'acheteur aura pu usucaper, et l'usucapion persistera malgré la résolution de la vente (1), tandis que si la vente a été suspendue par la clause dont il s'agit, et ne s'est définitivement pas formée, il n'aura pas pu y avoir d'usucapion. Le même contraste se reproduirait au sujet d'une donation *mortis causa* suivant qu'elle aurait été faite sous condition suspensive ou sous condition résolutoire : la donation se trouvant sans effet par le prédécès du donateur, à supposer qu'on eût donné la chose d'autrui, l'usucapion aurait été impossible dans le premier cas ; elle aura pu s'accomplir dans l'autre.

Il pourrait arriver que celui qui avait fait tradition sous une condition aujourd'hui défaillie fût lui-même *in causa usucapiendi*. Dans ce cas, il me paraît certain qu'il aurait le droit de compter à son profit le temps pendant lequel la possession a été aux mains de l'*accipiens*. Cela ne fait pas de doute pour ceux qui pensent que la tradition conditionnelle laisse la possession intacte au *tradens*. Mais, même dans l'autre opinion, il faut reconnaître que les choses devaient se passer ici comme entre le créancier gagiste et le débiteur, l'*accipiens* acquérant seulement la possession *ad interdicta*, et l'autre partie conservant la possession *ad usucapionem*.

Supposons maintenant la condition accomplie : sera-

(1) Comp. L. 13 pr, Dig., *De mort. caus. donat.*

t-il encore vrai de dire que l'usucapion n'aura pas pu courir avant l'arrivée de la condition? Les interprètes du droit romain ne sont pas d'accord sur ce point. Il en est qui pensent qu'une fois la condition accomplie, l'usucapion doit dater rétroactivement *ab initio traditionis* (1). Voici comment ils raisonnent : des trois conditions de l'usucapion, celui qui a reçu tradition conditionnelle en a réuni deux dès l'origine, savoir la possession, et, il faut le supposer, la bonne foi. Seule la *justa causa* faisait défaut; or, par suite de l'effet rétroactif attaché à la condition accomplie, la *justa causa* doit maintenant être considérée comme ayant aussi existé *ab initio* ; donc, l'accomplissement de la condition a rétroactivement effacé le seul obstacle qui s'opposait à l'usucapion.

Il va sans dire que cette doctrine doit être repoussée par les auteurs suivant lesquels la tradition conditionnelle ne transfère la possession elle-même qu'à l'arrivée de la condition : la possession est *res facti,* comme on dit souvent, et il ne saurait y avoir aucune rétroactivité dans son établissement.

Bien que partant d'un point de vue différent, je crois aussi qu'ils ne faut dater l'usucapion que de l'accomplissement de la condition ; telle est la portée qui me paraît devoir être accordée à notre règle qu'il n'y a pas d'usucapion *pendente conditione traditionis.* L'opinion contraire me semble repoussée par les textes et par une saine intelligence des principes.

Quant aux textes, d'abord, ils formulent le principe d'une manière absolue, sans allusion à aucune distinc-

(1) V. Jhering, *Richter's Jahrbücher*, 1847, p. 897-898.

tion entre le cas où la condition s'accomplit et celui où elle fait défaut. Mieux que cela, plusieurs d'entre eux supposent l'application de la règle précisément au cas où la condition s'est réalisée. Tel est le § 111 des *Fragm. Vat.* (*Supra* p. 424-425), où nous lisons : *Potuisse eum...... POST NUPTIAS, ANTE NON usucapi;* et plus loin : *Non prius usucapio SEQUI potest, quam secutis nuptiis.* Tel est encore, et plus formel, s'il est possible, le texte suivant relatif à la vente conditionnelle.

> PAUL, L. 2, § 2, Dig., *Pro emptore* (XLI, 4). — Si sub conditione emptio facta sit, pendente conditione emptor usu non capit; idemque est, et si putet conditionem extitisse, quæ nondum extitit; similis est enim ei qui putat se emisse. Contra si extitit, et ignoret, potest dici secundum Sabinum, qui potius substantiam intuetur, quam opinionem, usucapere eum. Est tamen nonnulla diversitas, quod ibi, quum rem putat alienam, quæ sit venditoris, affectionem emptoris habeat, at quum nondum putat conditionem extitisse, quasi nondum putat sibi emisse;......

Ce fragment, au sujet de notre principe qu'il commence par poser, soulève deux questions. Première question : *L'accipiens* croit à tort que la condition sous laquelle la tradition lui a été faite s'est réalisée; usucapera-t-il? Non; il est dans le cas de celui qui croit posséder en vertu d'une *justa causa*, tandis qu'il n'en a pas. — Deuxième question : *L'accipiens* ignore l'arrivée de la condition; usucapera-t-il? Cette question n'aurait évidemment aucun sens si le point de départ de l'usucapion n'était pas l'arrivée même de la condition. Admettons qu'une fois la condition accomplie, l'usucapion datera du jour où la tradition a été faite, quelle importance peut avoir la connaissance plus ou moins tardive qu'aura eue l'*accipiens* de la réalisation de la condition? Quant à la solution, elle était douteuse, mais on peut voir, par les raisons alléguées dans la discussion, qu'il s'agit toujours d'une usucapion qui commencera, suivant les uns, à l'arrivée de la condition, suivant les autres, à l'époque où l'acheteur en aura eu connaissance. Les textes sont donc décisifs. Quant aux principes, il faut remarquer que les partisans de la doctrine opposée admettent la rétroactivité de la condition accomplie, dans les actes entre-vifs translatifs de propriété, comme dans les contrats. Avec ce point de départ, rien de plus logique que leur système : l'*accipiens*, par le fait de l'arrivée de la condition, aurait eu une propriété remontant à l'époque de la tradition si le *tradens* avait été propriétaire; n'est-il pas légitime que l'usucapion ait couru à son profit depuis le même temps, depuis le temps où il a dû penser qu'il était devenu *dominus?* L'on a peine à croire que des partisans de la rétroactivité en cette matière aient refusé de se rendre à des considérations aussi décisives, et il ne faut pas s'étonner s'ils n'ont eu que des raisons sans valeur à alléguer à l'appui de la doctrine qui est en définitive la meilleure.

Mais la thèse change quand on prend pour point de départ la règle de la non-rétroactivité de la condition dans les actes translatifs de propriété, même entre-vifs. Cette idée admise, il va de soi que l'*accipiens* n'a pas dû pouvoir usucaper avant le moment où il a dû compter qu'il deviendrait propriétaire, c'est-à-dire avant l'arrivée de la condition. C'est à l'arrivée de la condition seulement et sans rétroactivité que sa possession *ad interdicta* se convertit en une possession *ad usucapionem*. En vain objecte-t-on que la rétroactivité attachée au contrat conditionnel qui a motivé la tradition, donne *ex post facto* une *justa causa* rétroactive à la possession de l'*accipiens*, dont le caractère serait ainsi rétrospectivement modifié. J'ai par avance répondu à cette objection : j'ai prévu qu'elle pourrait être faite contre la négation de toute rétroactivité de l'acquisition qui résulte d'une tradition conditionnelle. La réponse à faire ici est la même que celle que j'ai faite précédemment : les mêmes motifs qui ne permettent pas de reporter en arrière la translation de la propriété quand le *tradens* était propriétaire, ne permettent pas davantage de reporter en arrière le point de départ de l'usucapion, quand la tradition a été faite *a non domino*. Qu'on y songe d'ailleurs, en admettant le contraire, on pourrait arriver à ce singulier résultat que, si la condition demeurait longtemps en suspens, l'*accipiens* se trouverait avoir parfait l'usucapion à une époque où il n'aurait pas pu songer à devenir propriétaire du chef du *tradens*.

Toute mon argumentation suppose que la condition ne rétroagit pas en notre matière, et en la retournant, on peut dire aussi que les textes qui établissent, avec la large portée que je lui reconnais, la règle : *Pendente conditione usucapio procedere non potest*, viennent à l'appui de la non-rétroactivité.

Aussi bien ne ferai-je aucune difficulté de reconnaître que cette règle ne s'applique plus dans le cas où, par exception, l'on a admis la rétroactivité de la propriété acquise en suite d'une tradition conditionnelle : alors, l'usucapion devra avoir couru au profit du conjoint donataire à partir du jour où il serait devenu propriétaire si le donateur l'avait été lui-même.

Dans les cas ordinaires, l'acquéreur aura toujours la ressource de joindre à sa possession celle de l'aliénateur; mais il faudra pour cela que l'aliénateur fût lui-même *in causa usucapiendi*, sans quoi l'intervalle de la tradition à l'événement de la condition sera forcément perdu pour l'usucapion. L'on peut résumer tout cela d'un mot en disant : tout se passera comme si la tradition avait été faite le jour où la condition s'est réalisée.

SECTION IV.

EFFETS DE LA CONDITION SUSPENSIVE DANS LES INSTITUTIONS D'HÉRITIER (1).

SOMMAIRE.

I. La condition suspend l'ouverture du droit de l'institué. — Conséquences.
II. *Suite.* Effets du décès ou du changement d'état de l'institué survenus *pendente conditione*.
III. L'existence d'une institution conditionnelle suspend l'ouverture de la succession *ab intestat*. — État de fait de l'hérédité dans l'intervalle.
IV. Condition, en droit, de l'hérédité dans l'intervalle.
V. De la caution Mucienne appliquée aux institutions conditionnelles.

I

Pour apprécier l'effet de la condition dans l'institution d'héritier, il faut se placer après le décès du testateur.

(1) C'est le dernier acte sur lequel il me reste à examiner l'influence de la condition. En ce qui touche les actes d'extinction des obligations,

Tant que vit le testateur, l'institution même pure et simple, et à plus forte raison l'institution condition- nelle, ne peut conférer aucun droit à l'institué. Je rappelle cependant que l'institution conditionnelle suffit à donner au testament la consistance nécessaire pour révoquer un testament antérieur.

Le testateur mort, l'effet de la condition commence à se faire sentir : elle reporte à l'époque de sa réalisation l'ouverture du droit de l'institué. A cette époque seu- lement, l'institué acquerra l'hérédité, s'il est au nombre des héritiers nécessaires ou des héritiers siens ; à cette époque seulement, il sera admis à l'acquérir par l'adi- tion qu'il en fera, s'il s'agit d'un héritier externe (1). Tel est le principe dont il faut étudier les conséquences principales, en nous occupant plus spécialement de l'*heres extraneus*.

D'abord l'institué devra être capable à l'arrivée de la condition. L'on sait que la capacité est requise chez l'héritier institué en premier lieu, et dans tous les cas, au moment de la confection du testament, puis, en second lieu, à l'époque où s'ouvre son droit, pour persister alors jusqu'à l'adition d'hérédité. Quant à l'intervalle qui sépare la confection du testament de l'ouverture du droit de l'institué, on applique la règle : *Media tempora non nocent.* Dans cet intervalle donc, l'institué peut impunément avoir perdu sa capacité, pourvu qu'il l'ait recouvrée lorsque s'ouvre son droit,

payement, novation, acceptilation, j'ai dit chemin faisant tout ce que j'avais à en dire. J'ai également, à propos des legs, traité de l'affran- chissement conditionnel.

(1) V. L. 21, § 2, et 32, § 1, Dig. *De acq. vel omitt. hered.* (xxix, 2).

c'est-à-dire au décès du testateur si l'institution est pure et simple, à l'arrivée de la condition si elle est conditionnelle. Il serait superflu de transcrire ici le texte si connu des Institutes de Justinien (1) d'où j'extrais ces règles ; il ne le serait pas moins d'insister plus longuement sur des règles aussi élémentaires.

Ce qui précède s'entend de la capacité proprement dite. Quant au *jus capiendi*, chacun sait qu'il n'est jamais exigé qu'après le décès du testateur. Mais ici encore se fait sentir l'influence de la condition. Quand l'institution est pure et simple, le délai de cent jours dans lequel l'institué doit avoir acquis le *jus capiendi* pour pouvoir recueillir l'hérédité, se compte *a die mortis testatoris* ; il se compte à partir de l'arrivée de la condition, lorsque l'institution est conditionnelle (2).

II

Il résulte de ce qui précède que l'institution conditionnelle ne peut pas produire d'effet, quand l'institué est décédé avant l'événement de la condition. Cette règle reçoit son application notamment au cas de substitution vulgaire. Le substitué est institué sous la condition que l'institué au premier rang ne recueillera pas. Il ne pourra recueillir lui-même que s'il existe encore à l'époque où son droit s'ouvrira par la défaillance de l'institution :

---

(1) Inst. II, XIX, § 4; L. 49, § 1, Dig , *De hered. instit.* (XXVIII, 5).
(2) *Arg.* L. 11, Dig., *De vulg. et pup. substit.* (XXVIII, 6). — *Comp*. L. 62, *pr. De hered. instit.* (XXVIII, 5).

ULPIEN, L. 84, Dig., *De acq. vel omitt. hered.* (XXIX, 2).
— Toties videtur heres institutus etiam in causa substitutionis adiisse, quoties acquirere sibi possit; nam si mortuus esset, ad heredem non transferret substitutionem.

De là une des différences qui séparaient la substitution réciproque du droit d'accroissement. En supposant plusieurs institués *invicem substituti*, l'un d'eux venant à mourir sans avoir fait adition, sa part serait recueillie exclusivement par ceux de ses cohéritiers qui lui auraient survécu. Si l'un d'eux était prédécédé, même après avoir fait adition pour sa part, ses héritiers ne pourraient rien prétendre dans la portion du défaillant, à l'encontre des survivants :

PAUL, L. 45, § 4, Dig., *De vulg. et pupill. subst.* (XXVIII, 6). — Paulus respondit, si omnes instituti heredes omnibus invicem substituti essent, ejus portionem, qui quibusdam defunctis postea portionem suam repudiavit, ad eum solum, qui eo tempore supervixit, ex substitutione pertinere.

S'il n'y avait pas eu de substitution réciproque, la part vacante, dévolue suivant les règles du droit d'accroissement, se serait répartie entre les cohéritiers survivants, et les héritiers du prédécédé : *portio accrescit portioni, non personæ.*

Lorsque l'héritier institué est une personne *alieni juris*, on sait qu'elle acquiert l'hérédité au *paterfamilias* par l'ordre de qui elle fait adition, et qu'elle l'acquiert pour elle-même, si elle est devenue *sui juris* avant d'avoir fait adition. En conséquence, au cas d'institution conditionnelle, si l'institué est un esclave et qu'il change de maître ou qu'il soit affranchi *pendente condi-*

tione, il entraînera avec lui le droit à l'hérédité qu'il n'aura pas pu accepter auparavant. Même, si l'esclave institué *pure* pour une part de l'hérédité, et conditionnellement pour une autre part, avait fait d'abord adition *jussu domini* pour la portion à laquelle il était appelé purement et simplement, puis qu'il eût été affranchi *pendente conditione*, il recueillerait à son profit personnel, à l'événement de la condition, la portion pour laquelle il avait été institué conditionnellement.

> Paul, L. 80, § 2, Dig., *De acq. vel omitt. hered.* (xxix, 2).
> — Item si servus meus ex parte heres institutus sit pure, ex parte sub conditione, dato scilicet coherede, et jussu meo adierit, deinde eo manumisso conditio alterius portionis extiterit, verius est, non mihi esse acquisitam illam portionem, sed ipsum comitari; omnia enim paria permanere debent in id tempus, quo alterius portionis conditio extet, ut acquiratur ei, cui prior portio acquisita est.

Il va sans dire que la même règle s'appliquerait, si l'institué était un fils de famille qui eût été émancipé avant l'arrivée de la condition.

De là une autre différence entre la substitution réciproque et le droit d'accroissement. Quand il y avait plusieurs héritiers, et parmi eux un esclave, celui-ci en faisant adition *jussu domini*, acquérait à son maître, outre la portion pour laquelle il était institué, le droit de venir par voie d'accroissement à la part de ceux des autres héritiers qui pourraient faire défaut. Et c'était le maître qui profitait de l'accroissement, même quand il avait aliéné ou affranchi l'esclave, dans l'intervalle de l'adition à l'événement qui donnait ouverture à l'ac-

croissement, *puta* la répudiation de l'un des institués.
C'était toujours l'application de la maxime : *portio
accrescit portioni*. — Les choses ne se passaient pas de
même au cas de substitution réciproque; alors, la substitution constituait au profit de l'esclave un titre distinct, duquel résultait une acquisition distincte, qui
ne profitait au maître par l'ordre duquel il avait fait
adition *ex parte sua*, qu'autant qu'il n'était pas sorti
de sa puissance à l'époque où une autre part devenait
vacante : que si, à cette époque, il avait été affranchi, il
faisait adition pour son compte *ex causa substitutionis*,
et de même il faisait adition par l'ordre et au profit de
son nouveau maître, s'il avait été aliéné :

> Ulpien, L. 35, *pr.*, Dig., *eod. tit*....., et si filiusfamilias
> vel servus jussu domini vel patris adierint hereditatem,
> mox emancipatus vel manumissus ex causa subtitutionis
> adeant, erunt..... heredes.....

Les idées qui viennent d'être exposées s'appliquaient
également à la substitution pupillaire, lorsque le père
de famille auteur de cette substitution avait désigné
pour substitués ses propres héritiers. Parmi ceux-ci,
ceux-là seulement étaient admis à profiter de la substitution, qui avaient survécu au fils mort impubère. Et
si au nombre des héritiers du père, substitués pupillai-
rement au fils, se trouvait un esclave, le bénéfice de la
substitution était ambulatoire avec lui; il n'était pas
nécessairement acquis au maître qui avait recueilli par
son intermédiaire une part dans l'hérédité du père :

> Ulpien, L. 10, *pr.*, Dig., *De vulg. et pup. subst.* (xxviii,
> 6). — Sed si plures sint ita substituti : *Quisquis mihi ex*

suprascriptis heres erit, deinde quidam ex illis, posteaquam heredes extiterint patri, obierunt, soli superstites ex substitutione heredes existent pro rata partium, ex quibus instituti sunt, nec quidquam valebit ex persona defunctorum.

MODESTIN, L. 3, *eod.* — Quum filio impuberi pater ita substituerit : *Quisquis mihi heres erit, idem filio impuberi heres esto,* placuit, ad hanc substitutionem scriptos tantummodo ad hereditatem admitti; itaque dominus, cui per servum hereditatis portio quæsita sit, ex substitutione impuberi heres effici non poterit, si servus ab ejus exierit potestate.

Ces résultats s'expliqueraient d'eux-mêmes, indépendamment de tout recours aux principes de la condition, en admettant l'idée que la substitution pupillaire était en droit ce qu'elle était en fait, savoir l'hérédité du fils déférée par le testament paternel. Alors, il serait tout simple de dire que, pour recueillir cette hérédité, il faut exister à l'époque où elle s'ouvre par la mort du *de cujus,* et qu'elle ne saurait être acquise au maître de l'esclave substitué, en vertu d'une adition antérieure à la même époque. Mais, sinon au temps classique, du moins au temps de Justinien, l'idée qui a prévalu, au contraire, c'est qu'en droit l'hérédité du fils, déférée par la voie d'une substitution pupillaire, était une partie de l'hérédité du père (1). Celui qui était appelé à l'une et à

(1) Si bien que si le père avait donné pour substitué à son fils son propre héritier, celui-ci ayant accepté la succession du père, était nécessairement appelé à recueillir celle du fils, au moins par droit d'accroissement, fût-il même décédé avant lui (V. L. 20, C., *De jure delib.*). Mais il faut remarquer que ce droit d'accroissement ne se produirait pas s'il survivait quelqu'autre héritier du père également substitué au fils : la substitution exclut toujours l'accroissement.

l'autre était donc, en se plaçant à ce point de vue, institué *pure ex parte*, et institué sous condition *ex altera parte*, et c'est uniquement par les principes de la condition qu'on peut expliquer comment son droit à la substitution n'est pas ouvert, comment il ne peut pas *adire ex causa substitutionis*, dès qu'il a accepté l'hérédité principale.

III.

La condition ne suspendait pas seulement l'acquisition de l'hérédité en vertu de l'institution à laquelle elle avait été ajoutée; elle suspendait également, par contrecoup, la dévolution de l'hérédité aux héritiers *ab intestat*. C'est une règle bien connue que la succession *ab intestat* s'ouvre, non pas toujours à la mort du *de cujus*, mais à l'époque où il devient certain qu'elle ne sera pas déférée en vertu du testament laissé par le défunt : *Quamdiu potest ex testamento adiri hereditas, ab intestato non defertur* (L. 39. Dig., *De acq. vel omitt. hered.*). On n'aurait pu décider autrement sans violer à la fois la règle qu'on ne peut mourir partie *testat*, partie *intestat*, et cette autre, que l'hérédité ne saurait être acquise *ad tempus*. En conséquence, tant que la condition était en suspens, l'hérédité demeurait forcément jacente, et n'était encore déférée à personne. Il y avait là, d'abord, une situation de fait qui présentait de grands

---

C'est là ce qui concilie le texte que je viens de citer avec les **LL.** 3 et 10, Dig., *De vulg. et pup. substit.*, transcrites à la page précédente.

inconvénients pratiques. On y pourvoyait suivant les circonstances, par des moyens divers.

Le préteur admettait l'institué à demander *pendente conditione* la *bonorum possessio secundum tabulas*. Ce droit, attesté par plusieurs textes (1), n'était toutefois accordé qu'à la charge d'une *satisdatio* qui devait être fournie au substitué. A défaut de substitué, nous ne voyons pas qu'une telle satisfation pût être exigée par les héritiers *ab intestat*. Le silence des textes sur ce point est d'autant plus significatif que nous retrouverons pour la caution Mucienne quelqne chose de semblable établi par des documents qu'on peut considérer comme positifs : la caution Mucienne pouvait être exigée par le substitué, non par l'héritier *ab intestat*. J'essaierai d'expliquer pourquoi, et les raisons que j'en donnerai, sont également celles au moyen desquelles on peut rendre compte de la particularité que je signale en ce moment.

On ne nous dit pas si, l'institué demeurant dans l'inaction, les héritiers *ab intestat* pouvaient obtenir la *bonorum possessio*. Nous savons bien que, quand il s'agissait des *bonorum possessiones ab intestato*, il y avait pour chaque degré un délai dans lequel la *bonorum possessio* devait être demandée, après quoi le droit de la demander passait au degré suivant. Le préteur avait voulu par là donner, autant que possible, à l'hérédité un représentant qui pût répondre aux créanciers, et éviter ainsi d'accorder à ceux-ci la *missio in bona defuncti*. Mais nous ignorons s'il existait quelque chose d'ana-

---

(1) V. Dig. LL. 23, *pr.*, *De hered. instit.* (xxviii, 5), 5 *pr.*, 6, 10, 12, *De bon. poss. secund. tab.* (xxxvii, 11), 12, *Qui satisd. cog.* (ii, 8), 8, *pr.*, *De stip. præt.* (xlvi, 5).

logue pour transmettre aux héritiers *ab intestat* le droit
de demander la *bonorum possessio* négligée par l'institué.
Les motifs pratiques qui avaient fait admettre la transmission dans le premier cas, existaient avec la même
force dans celui-ci. Cependant j'incline plutôt à penser
qu'il n'y avait rien de pareil ici. Rien en effet ne nous
autorise à croire que le préteur se soit écarté du droit
civil, en ce qui touche la règle suivant laquelle la succession *ab intestat* s'ouvre seulement quand il est devenu certain qu'il n'y aura pas d'hériter testamentaire.

Aussi les textes mentionnent-ils, pour ce cas, comme
une chose usuelle, la *missio in bona* des créanciers. Cet
envoi en possession était accordé après l'expiration d'un
délai imparti à l'institué par analogie du *spatium deliberandi* (1). Le préteur pouvait même autoriser le représentant des créanciers à accomplir les actes les plus ur-
gents (2). On doit admettre que le substitué aurait pu
de même faire impartir un délai semblable à l'institué
dont il devait prendre la place en cas de défaillance de
la condition, et obtenir ensuite la *bonorum possessio* si
l'institué ne l'avait pas demandée (3). C'est ainsi qu'on
sauvegardait les divers intérêts auxquels pouvait préjudicier le retard apporté à la dévolution de l'hérédité.

IV

En droit, pendant cet intervalle, l'hérédité était jacente, elle n'appartenait en réalité à personne. Quand

(1) L. 23, §§ 1 et 2, Dig., *De hered. instit.* (xxviii, 5).
(2) *Dict.* L. 23, § 3.
(3) *Arg.* L. 69, Dig., *De acq. vel omitt. hered.* (xxix, 2).

l'événement avait prononcé, elle se trouvait ouverte au profit du substitué, ou des héritiers *ab intestat*, si la condition avait fait défaut. Il est bien certain qu'il n'y avait ici aucune rétroactivité de la condition, en ce sens qu'à aucun point de vue on ne faisait remonter la délation de la succession à une date antérieure à celle de l'arrivée de la condition. C'est une tout autre question de savoir si l'adition faite, par l'institué après la réalisation de la condition, par le substitué ou par l'héritier *ab intestat* après sa défaillance, avait pour résultat de les faire considérer comme ayant succédé au défunt *a die mortis*. La question du reste n'est pas spéciale à mon sujet; elle s'élève également au cas d'institution pure et simple, pour l'intervalle qui sépare le décès de l'adition d'hérédité.

Si l'on était resté dans la vérité juridique, on aurait dit que dans l'intervalle l'hérédité était sans maître, que les biens dont elle était composée étaient momentanément *bona vacantia*. Mais au point de vue de la pratique, ce maintien du principe rigoureux aurait présenté de grands inconvénients. Le plus saillant aurait été de mettre les esclaves qui faisaient partie de l'hérédité dans l'impossibilité de rien acquérir, et spécialement d'être valablement inscrits dans un testament, soit à titre d'héritiers institués, soit à titre de légataires, faute d'un maître à qui ils pussent emprunter la *testamenti factio*.

Il avait été pourvu à cet inconvénient par l'établissement d'une fiction qui se rencontre dans les textes sous deux formules différentes; suivant l'une, l'hérédité jacente est une sorte de personne morale, *vice personæ fungitur*; suivant l'autre, elle représente la personne du défunt :

> FLORENTINUS, L. 22, Dig., *De fidejuss.* (XLVI, 1). — Mortuo reo promittendi et ante aditam hereditatem fidejussor accipi potest, quia *hereditas personæ vice fungitur*,.....
>
> ULPIEN, L. 34, Dig., *De acq. rer. dom.* (XLI, 1). — Hereditas enim *non heredis personam, sed defuncti sustinet*, ut multis argumentis juris civilis comprobatum est.

Au fond, ces deux formules expriment la même idée (1), à savoir que l'hérédité est censée, pendant la vacance, appartenir à un propriétaire, bien qu'elle n'appartienne pas encore à l'héritier. Grâce à cette fiction, les esclaves qui en faisaient partie pouvaient acquérir, stipuler ; ils avaient un maître à qui ils pouvaient emprunter la *testamenti factio* :

> ULPIEN, L. 33, § 2, Dig., *De acq. rer. dom.* — Quoties servus hereditarius stipulatur, vel per traditionem accipit, ex persona defuncti vires consumit, ut Juliano placet ; cujus et valuit sententia, testantis personam spectandam esse opinantis (2).

Quand il s'agit de l'institution d'héritier, on ne se contente pas de dire qu'elle est possible, parce que l'hérédité représente la personne du défunt, on ajoute expressément qu'elle ne représente pas la personne de l'héritier :

---

(1) V. pour la synonymie des deux formules : L. 34, § 1er, *De hered. instit.* (XXVIII, 5) : « quia creditum est hereditatem *dominam esse, defuncti locum obtinere.* »

(2) *Comp.* L. 64, *eod.* tit., L. 18, *pr. De stipul. serv.* Instit. III, 17. *pr.*

ınstit. *De hered. instit.* (ıı, 1**4**), § 2. — Servus autem alienus post domini mortem recte heres instituitur, quia et
cum hereditariis servis est testamenti factio : *nondum
enim adita hereditas personnæ vicem sustinet, non heredis futuri, sed defuncti :* cum etiam ejus qui in utero est
servus recte heres instituitur (1).

La fin de ce passage révèle l'importance qu'il y avait,
en cette matière, à décider que l'hérédité vacante
sustinet personam defuncti, non heredis futuri. On validait ainsi les dispositions testamentaires faites au profit
de l'esclave de l'hérédité jacente, bien que l'héritier futur fût actuellement incapable :

> PAUL, L. 52, Dig., *De hered. instit.* — Servus hereditarius
> heres institui potest, si modo testamenti factio fuit cum
> defuncto, licet cum herede instituto non sit.

Il est d'ailleurs facile de comprendre comment l'*heres
futurus* peut avoir eu la *testamenti factio* avec celui qui
l'a institué, et ne l'avoir point avec celui qui veut disposer au profit de l'esclave dépendant de l'hérédité. Il
suffit de supposer, avec le texte des Institutes, qu'il est
encore *in utero*, posthume par conséquent à l'égard
des deux testateurs, mais posthume sien à l'égard du
premier, et posthume externe à l'égard de l'autre. On
peut supposer aussi que le premier testateur a testé
jure militari, ce qui lui a permis d'instituer une personne qui n'aurait pas la *testamenti factio* avec tout
autre ; ou enfin, que l'*heres futurus* est une femme, et
que les deux testateurs ont des fortunes inégales (2).

(1) *Comp.* L. 31, § 1ᵉʳ, Dig., *De hered. instit.* (xxvııı, 5).
(2) V. Savigny *system*, T. 2, § CII. M. Demangeat, *Cours élém.*
ı. 1, p. 648-649.

La fiction devenait même indispensable, quel que fût d'ailleurs l'*heres futurus*, toutes les fois que la disposition était faite au profit d'un esclave légué, ou affranchi par le testament. Dans ce cas, quoi qu'il arrive, cet esclave n'aura jamais appartenu à l'héritier, car, au moment même de l'adition d'hérédité, il deviendra libre ou passera dans la propriété du légataire. Sans la fiction dont je m'occupe les dispositions testamentaires faites au profit de cet esclave auraient été nécessairement frappées d'une inefficacité originelle (1).

Du reste, il faut bien le remarquer, la portée de la fiction se bornait à soustraire à cette nullité originelle les actes d'acquisition faits par l'esclave héréditaire, ou les dispositions testamentaires faites à son profit. Pour leur assurer une efficacité définitive, il faut, d'abord pour les actes entre-vifs, que l'hérédité soit postérieurement acceptée :

> PAUL, L. 73, § 1, Dig., *De verb. oblig.* (XLV, 1). — Si servus hereditarius stipulatus sit, nullam vim habitura sit stipulatio, nisi adita hereditas sit, quasi conditionem habeat.

Quand il s'agissait d'une disposition testamentaire, il fallait en outre que l'esclave se trouvât libre, ou aux mains d'une personne capable, à l'époque du *dies cedens* pour un legs ; à partir du décès du testateur jusqu'à l'adition, pour une institution d'héritier.

---

(1) Ne pourrait-on même pas aller jusqu'à dire que l'*heres futurus* est une *persona incerta*, ce qui rendrait dans tous les cas la fiction indipensable pour donner *factio testamenti* aux esclaves héréditaires ? Il n'est pas certain, en effet, que l'hérédité sera recueillie par l'héritier institué, et il est impossible de prévoir au profit de qui s'ouvrirait, le cas échéant, l'hérédité *ab intestat*.

La doctrine qui vient d'être exposée est parfaitement coordonnée ; mais elle est contredite par des textes qui posent au contraire comme règle que l'héritier, à quelque époque qu'il fasse adition, est censé avoir succédé au défunt du jour de son décès Voici comment s'exprime, dans la L. 26, *De acq. rer. dom.*, le jurisconsulte Florentinus, auteur de la L. 22, *De fidejuss.*, ci-dessus transcrite :

> Heres quandoque adeundo hereditatem, jam tunc a morte defuncti successisse intelligitur (1).

Cette manière de voir est évidemment inconciliable avec la fiction suivant laquelle *hereditas jacens sustinet personam defuncti*. En tant que fiction, car c'en est bien une aussi, elle est beaucoup moins rationnelle que la précédente, et au point de vue pratique, d'après ce qui vient d'être exposé, elle était loin de présenter les mêmes avantages. Aussi pensé-je, avec M. Demangeat (2), qu'il faut en limiter l'application à la seule hypothèse où nous la trouvions faite par les textes. Cette hypothèse est celle où un *servus hereditarius* aurait stipulé nommément *heredi futuro* ; cette stipulation ne pouvait valoir qu'en faisant remonter par une fiction la propriété de l'héritier à l'époque où elle s'était produite.

> L. 28, § 4, Dig., *De stipul. serv.* (XLV, 3). — Illud quæsitum est, an heredi futuro servus hereditarius stipulari possit. Proculus negavit, quia is eo tempore extraneus est. Cassius respondit, posse, quia, qui postea heres extiterit, videretur ex mortis tempore defuncto successisse ; quæ ratio illo argumento commendatur, quod heredis familia ex mortis tempore funesta facta intelligitur, licet

---

(1) Comp. L. 193, Dig., *De reg. jur.* L. 138, *eod.*, etc., etc.
(2) *Cours élém.* T. 2, p. 343.

post aliquod tempus heres extiterit ; manifestum igitur est, servi stipulationem ei acquiri.

En dehors de ce cas, nous ne trouvons aucune autre application de cette idée que l'effet de l'adition d'hérédité est de faire remonter au décès la propriété de l'héritier sur les biens héréditaires (1). Mieux que cela, on avait maintenu, par application de la première fiction, une règle assez rigoureuse, qu'il aurait été facile d'écarter au moyen de la fiction opposée, si elle avait eu le caractère de généralité que lui supposent certains textes. Je veux parler de la règle suivant laquelle l'esclave d'une hérédité jacente ne peut ni stipuler, ni acquérir un droit d'usufruit (2). Le motif, c'est qu'il n'y a pas actuellement une personne vivante (l'hérédité représentant le défunt), sur la tête de qui le droit ou la créance d'usufruit puisse prendre naissance. Il en aurait été autrement, cela est clair, si la propriété de l'héritier avait dû être reportée *ex post facto* au jour du décès.

Il est visible du reste que la stipulation *heredi futuro*

---

(1) Cette fiction est cependant encore mentionnée dans la L. 24, Dig., *De novat.* (V. *suprà*, p. 271. *à la note*), pour expliquer comment l'obligation conditionnelle peut prendre naissance, bien qu'à l'époque de l'événement de la condition, le promettant soit décédé, et son hérédité encore jacente : « *Hic enim morte promissoris non extinguitur stilatio, sed transit ad* HEREDEM, CUJUS PERSONAM INTERIM HEREDITAS SUSTINET. » — Mais il est à remarquer que, dans l'hypothèse du texte, il est complétement indifférent que l'*hereditas jacens* représente la personne du défunt ou celle de l'héritier futur. Aussi ne pensé-je même pas qu'il soit nécessaire d'admettre la correction de la Vulgate : « *Sed transit ad heredem* ILLIUS, *cujus*, etc. » Comp. Savigny, *loc. cit.*, note *e*.

(2) V. *Vat. Fragm.*, § 55, et L. 26, Dig., *De stip. serv.*, *suprà*, p. 281.

n'aurait pas pu être valable, si l'esclave stipulant avait été légué ou affranchi purement et simplement. Nous savons qu'alors, il ne pouvait jamais être regardé comme ayant à une époque quelconque appartenu à l'héritier.

On doit ajouter probablement que les acquisitions faites durant la vacance, par un esclave héréditaire, appartenaient à l'hérédité et non à l'héritier, en ce sens que, s'il y avait lieu à la séparation des patrimoines, les biens ainsi acquis étaient compris dans la masse de la succession. Toutefois les textes sont muets sur cette application de la règle.

V

DE LA CAUTION MUCIENNE APPLIQUÉE AUX INSTITUTIONS CONDITIONNELLES.

Par exception, la condition mise à l'institution d'héritier ne retardait ni la délation, ni l'acquisition de l'hérédité, dans les mêmes circonstances dans lesquelles elle ne retardait pas l'acquisition des legs. Je veux parler du cas où la condition ne pouvait être accomplie qu'au décès de l'institué. Il était plus nécessaire ici encore qu'en matière de legs de venir au secours de l'institué, car, pour qu'il pût transmettre l'hérédité à ses propres héritiers, il ne suffisait pas qu'il eût survécu à l'ouverture de son droit, il fallait en outre, s'il était *heres extraneus* qu'il eût fait adition avant de mourir, chose difficile ici, sinon impossible, car il aurait fallu qu'il manifestât la volonté d'accepter à l'instant même de sa mort, puisqu'à cet instant seulement la condition eût été accomplie (1). Il avait donc été admis, au cas d'institution sous des conditions de cette nature, que l'institué aurait le droit de recueillir immédiatement l'hérédité en donnant caution Mucienne de restituer s'il contrevenait à la condition. Par le fait, on convertissait la condition de ne pas faire en celle de s'engager sous caution Mucienne à ne pas contrevenir à la prohibition imposée par le testateur.

Mais envers qui devait être pris cet engagement? A qui devait être donnée la caution Mucienne? La réponse à cette question ne présente pas de difficulté, quand l'héritier institué sous condition a des cohéritiers. Ce sont eux qui, ayant dès lors, par le fait de leur acceptation, un droit éventuel à l'hérédité entière, avaient qualité pour exiger et recevoir la caution. Les textes mentionnent assez souvent la caution Mucienne donnée aux cohéritiers. Mais à défaut de cohéritiers, on dispute sur le point de savoir si la caution peut être exigée par le substitué ou par les héritiers *ab intestat* appelés, ceux-ci comme celui-là, à recueillir à la place de l'institué, au cas qu'il contrevienne à la condition.

L'opinion qui me paraît la meilleure, c'est que la caution Mucienne doit être donnée au substitué, mais non aux héritiers *ab intestat*. Les textes sont muets en ce qui concerne le substitué, mais nous avons vu qu'ils lui accordent expressément le droit d'exiger caution de l'institué qui obtient, *pendente conditione*, la *bonorum pos-*

(1) La faculté pour l'institué d'obtenir la *bonorum possessio* avant l'arrivée de la condition ne remédiait pas à cet inconvénient. La *bonorum possessio* demandée et obtenue ainsi avant l'ouverture du droit de l'institué, ne le dispensait pas de faire adition lorsqu'il venait plus tard à s'ouvrir.

sessio secundum tabulas (V.Dig., L. 12, *Qui satisd. cog.*; L.8, *De stipul. præt.*; *suprà*, p.439-440).L'analogie des situations ne permet guère de douter qu'il n'eût le même droit relativement à la caution Mucienne. Au fond, il s'agit, dans un cas comme dans l'autre, de savoir si le substitué peut, dès à présent, invoquer la disposition éventuelle faite à son profit. On comprendrait à la rigueur une solution négative absolue ; mais l'affirmative admise pour une hypothèse entraîne forcément, par identité de motifs, la même décision pour l'autre (1).

Quant aux héritiers *ab intestat*, par la même analogie en sens inverse, et en vertu du principe qu'il n'y a pas d'héritiers *ab intestat quandiu institutus speratur*, il faut décider qu'il n'y a pas lieu de les admettre à exiger la caution Mucienne. Telle est bien aussi la règle qui ressort des textes :

> ULPIEN, L. 4, § 1, Dig., *De condit.instit.* (XXVIII, 7). — Idem Julianus scribit, eum, qui ita heres institutus est, si servum hereditarium non alienaverit, caventem coheredi implere conditionem ; ceterum, si solus heres scriptus sit, sub impossibili conditione heredem institutum videri ; quæ sententia vera est.

Nous voyons que la condition potestative négative imposée à l'héritier était accomplie au moyen de la caution Mucienne par lui fournie à ses cohéritiers ; que s'il n'en avait pas, elle est déclarée impossible, et, comme telle, non écrite. Cette dernière solution peut surprendre au premier abord ; il semble que la condition potestative négative devrait, au contraire, conserver tout son effet quand il n'existe pas de cohéritiers à qui puisse

---

(1) V. En ce sens Vangerow *Lehrbuch*, § 436, III, t. 2, p. 154 et suiv.

être donnée la caution Mucienne. La condition devrait
conserver tout son effet, puisqu'il n'y a pas possibilité de
l'écarter en donnant la caution. L'on peut donner de la
décision du texte deux explications. La première, spéciale à l'hypothèse prévue, se tire de cette circonstance que la condition consiste à ne pas affranchir
un esclave qui fait partie de l'hérédité. Cette condition peut-être dite impossible en ce sens qu'elle ne
saurait être acomplie avant l'adition d'hérédité, puisque
l'institué n'est pas, avant cette époque, propriétaire
des biens qui composent la succession. C'est donc une
sorte de condition prépostère qui doit être effacée dès
qu'il est impossible de l'éluder au moyen de la caution
Mucienne. L'autre explication, plus générale et qui me
paraît plus conforme au point de vue des jurisconsultes
romains, se tire de la transformation que l'institution de
la caution Mucienne faisait subir aux conditions auxquelles elle s'appliquait. La condition était convertie en
celle de s'engager, sous caution Mucienne, à ne pas
contrevenir à la prescription du testament; c'est cette
dernière condition, à laquelle l'autre se trouvait ramenée, qui devenait impossible quand celui à qui elle
était imposée n'avait pas de cohéritiers (1). Quelle que
soit celle de ces deux explications à laquelle on s'arrête,
il sortira toujours du texte la preuve que la caution
Mucienne ne doit pas être donnée aux héritiers *ab intestat.* Autrement, la condition dont il s'occupe ne serait
pas plus impossible quand il n'y a pas de cohéritiers,
que quand il en existe.

(1) Comp. L. 20, *pr. in fine*, Dig., *De condit. instit. suprà*, p. 19.
et 20. — Pour diverses interprétations de la L. 4, § 1er, V. Vangerow,
loc. cit.

SECTION V.

EFFETS DE LA CONDITION RÉSOLUTOIRE.

SOMMAIRE.

I

Les effets de la condition résolutoire doivent être envisagés dans les contrats où elle a été admise, et dans les actes translatifs de propriété ou d'usufruit. Les deux points de vue peuvent se trouver réunis dans l'hypothèse d'une vente soumise à une résolution conditionnelle. C'est cette hypothèse que je vais étudier tout d'abord.

D'une manière générale, en droit romain, on peut dire que les actes ou les droits affectés d'une clause de résolution sous condition sont, *ab initio*, et tant que la résolution est en suspens, considérés et traités comme purs et simples. En ce qui touche spécialement la vente, les textes insistent avec soin sur cette idée : *non sub conditione emptio contrahitur*, disent-ils dans le cas qui nous occupe, *sed pura est, quæ sub conditione solvitur*.

II

La formation de la vente n'est donc pas suspendue jusqu'à ce que la condition qui aurait pu amener la résolution ait fait défaut; elle se forme immédiatement, sauf à se résoudre si la condition s'accomplit. De là des conséquences considérables, et des différences saillantes entre les effets de la condition suspensive et ceux de la condition résolutoire. Une des plus frappantes est relative aux risques de la chose vendue. C'est un point sur lequel il me paraît qu'on n'a pas toujours su se garder d'une certaine confusion, et, pour cette raison, il est nécessaire d'y insister. Pour plus de clarté, je prends un exemple.

Titius vend à Séius une maison déterminée, avec la clause que la vente sera résolue *si Seius proximo anno consul factus non fuerit*. La question des risques peut se poser alors dans deux hypothèses bien distinctes. Elle peut se poser, d'abord, au cas où la vente a été maintenue par la défaillance de la condition résolutoire. Dans l'espèce, Séius a été promu au consulat, mais dans l'intervalle la maison a été détruite par un incendie, ou par tout autre accident, sans le fait ni la faute d'aucune des deux parties. Point de doute dans ce cas : les risques sont pour l'acheteur ; malgré la perte de la chose, il ne pourra répéter le prix qu'il aurait déjà payé, et il sera tenu de le payer s'il ne l'a déjà fait. En supposant la même vente consentie sous la condition suspensive *si Seius consulatum proximo anno adeptus fuerit*, le risque aurait été au contraire pour le vendeur, en ce sens que, malgré l'arrivée de Séius au consulat, il n'aurait pas été obligé de payer son prix, si la chose vendue était venue à périr auparavant par cas fortuit. La différence, quant aux risques, entre la vente sous condition suspensive et la vente sous condition résolutoire, se manifeste donc aisément lorsque l'événement s'est prononcé pour la formation ou le maintien du contrat. Cette différence est en outre très-facile à expliquer : quand la vente est faite sous condition résolutoire, elle est *ab initio perfecta*, et peu importe que l'objet n'en existe plus à l'époque où il y a certitude acquise qu'elle ne sera pas résolue. Voilà en quel sens il est très-exact de dire qu'au cas de vente sous condition résolutoire les risques sont pour l'acheteur ; c'est en ce sens que la formation de la vente n'étant pas reportée à l'époque où la condition sera défaillie, elle sera maintenue au préjudice de l'acheteur, malgré la perte de la chose vendue, survenue par cas fortuit *pendente conditione*.

Mais le risque sera-t-il encore pour l'acheteur, en supposant qu'après la perte de la chose la condition résolutoire s'est accomplie ? Dans l'espèce que j'ai faite,

Séius n'a pas été promu au consulat, et avant que cet événement fût venu résoudre la vente, la maison avait péri par cas fortuit. Devrons-nous dire alors encore que la vente ayant été *ab initio perfecta*, la perte devra être supportée par l'acheteur qui demeurera toujours débiteur du prix ou ne pourra pas répéter celui qu'il aurait payé ? Ceci est une tout autre face de la question.

C'est une opinion assez généralement admise que les risques, dans la vente sous condition résolutoire, sont pour l'acheteur, même au cas où l'événement s'est prononcé pour la résolution du contrat. A l'appui, on invoque un seul argument qu'on présente sous deux formes. On dit : quand la vente est faite sous condition résolutoire, la position respective des parties est juste l'inverse de ce qu'elle serait si la vente avait été faite sous condition suspensive ; c'est alors le vendeur qui se trouve créancier sous condition suspensive, de la chose vendue ; la même raison qui en mettait la perte à sa charge dans le cas où il en était débiteur sous condition, laisse au contraire cette perte à la charge de l'acheteur, dans cette hypothèse où l'acheteur joue le même rôle. — On dit aussi plus brièvement : « Dans le cas de perte totale arrivée *pendente conditione*, la résolution ne peut pas plus prendre naissance que la vente elle-même dans le cas précédent (celui de vente sous condition suspensive), et cela par les mêmes motifs (1). »

Je tiens fermement, au contraire, que la perte de la chose vendue, survenue *pendente conditione*, au cas de vente sous condition résolutoire, doit être supportée

(1) M. Vernet, *Textes choisis sur la théorie des obligations*, p. 136.

par le vendeur quand la condition résolutoire s'accomplit. Je me suis toujours étonné que les raisonnements qui précèdent aient pu faire illusion à de bons esprits. Ils reposent au fond sur une erreur évidente, qui consiste à considérer et à traiter l'acheteur sous condition résolutoire comme s'il était vendeur sous condition suspensive. Tout ce qu'on a dit serait vrai si la résolution était une revente; mais il n'en est pas ainsi, et dès lors il est faux d'alléguer que les parties ont, dans la vente sous condition résolutoire, la position inverse de celle qu'elles obtiennent dans la vente sous condition suspensive. En effet, si, dans la vente conditionnelle, les risques sont pour le vendeur, cela tient, non pas à ce qu'il est *débiteur*, mais à ce qu'il est *vendeur* sous condition, et que la vente ne peut plus se former quand l'objet a péri *pendente conditione.*

C'est la même erreur qui se reproduit sous une autre forme, quand on dit que *la résolution ne peut pas prendre naissance*, si l'objet vendu n'existe plus à l'arrivée de la condition résolutoire. Ici, l'impropriété du langage trahit l'inexactitude de l'idée : la résolution d'un contrat n'est pas la formation d'un contrat en sens inverse du premier. S'il faut un objet pour que la vente puisse se former, il n'est nullement nécessaire que cet objet existe encore pour que les parties soient remises, par l'effet de la condition résolutoire, dans la situation où elles seraient si elles n'avaient pas contracté. En deux mots, comme il ne s'agit pas de former un contrat, l'effet de la condition résolutoire se produit malgré la perte de la chose vendue, et, par suite, le vendeur est sans droit pour exiger ou pour conserver le prix.

Une dernière observation : les partisans de l'opinion que je combats supposent toujours, qu'avant l'événement de la condition résolutoire, il y avait eu exécution de la vente par la livraison de la chose vendue, et que celle-ci a péri entre les mains de l'acheteur. Il y a alors une certaine apparence de raison à dire que, l'obligation de restituer n'ayant pas pris naissance à la charge de l'acheteur, il n'a pas pu devenir créancier de la restitution du prix. Mais, sans accepter l'exactitude de ce raisonnement, je fais remarquer qu'il suppose quelque chose d'accidentel. Il est possible qu'il n'y ait eu aucune exécution de la vente, et alors il ne saurait être question d'aucune obligation réciproque de restituer ; comment dire, en ce cas, qu'il n'y a pas à tenir compte de la condition résolutoire, parce que l'obligation de restituer ne peut pas naître à la charge de l'acheteur faute d'un objet ? Faudra-t-il donc que la solution change suivant que le contrat aura été ou non exécuté (1) ?

Je crois que les textes sont favorables à la doctrine que je défends ; avant de les aborder, il faut encore faire une remarque : la perte de la chose vendue peut, suivant les circonstances, exercer une influence décisive sur la condition résolutoire et en empêcher l'accomplissement. Nous allons voir comment cela peut se présenter. Quand il en sera ainsi, il est bien clair que, la

(1) Je raisonne en pur droit, pour me placer dans l'ordre d'idées qui était celui des jurisconsultes romains, dans le règlement des risques. Mon opinion ne serait pas moins facile à défendre en se plaçant au point de vue, dominant en droit moderne, de l'intention des parties. En cas de vente sous condition résolutoire, l'intention des parties n'est-elle pas d'être remises, par l'arrivée de la condition, dans l'état où elles seraient si elles n'avaient pas contracté ? Or, s'il n'y avait pas eu de contrat, le vendeur aurait supporté la perte.

résolution ne se produisant pas, la perte sera forcément supportée par l'acheteur, ainsi que je l'ai précédemment exposé. Les textes que j'ai à citer se réfèrent précisément à des hypothèses de ce genre, et, en décidant que, dans ces hypothèses, le risque est supporté par l'acheteur, parce que la condition résolutoire ne peut pas se réaliser, ils décident implicitement qu'il en aurait été autrement si la condition résolutoire s'était accomplie.

Les textes les plus décisifs sont ceux qui sont relatifs à l'*in diem addictio* :

ULPIEN, L. 2, § 1, Dig., *De in diem addict.* — Ubi igitur, secundum quod distinximus, pura venditio est, Julianus scribit, hunc, cui res in diem addicta est......, et periculum ad eum pertinere, si res interierit.

PAUL, L. 3, *eod.* — *Quoniam post interitum rei jam nec afferri possit melior conditio.*

Étant supposé une vente avec pacte d'*in diem addictio* formant condition résolutoire, la perte de la chose empêchant toute offre de conditions meilleures, met un obstacle invincible à l'accomplissement de la condition. La vente primitive se trouve donc maintenue au préjudice de l'acheteur, qui subit les conséquences de cette perte. Mais qu'on remarque bien le motif allégué par la L. 3 ; ce n'est pas qu'en général la condition résolutoire ne puisse plus, comme la condition suspensive, s'accomplir utilement *post interitum rei*, c'est que, dans le cas particulier, la perte de la chose rend impossible l'accomplissement de la condition. Comme je le disais, ce raisonnement prouve implicitement que s'il s'était

agi de toute autre condition, qui se fût accomplie après
la perte de la chose, l'acheteur en eût été exonéré.

On peut tirer la même conclusion du fragment suivant, relatif à la *lex commissoria* :

> POMPONIUS, L. 2, Dig., *De lege comm.* (XVIII, 3). — Quum
> venditor fundi in lege ita caverit : *Si ad diem pecunia*
> *soluta non sit, ut fundus inemptus sit*, ita accipitur
> inemptus esse fundus, si venditor inemptum eum esse
> velit, quia id venditoris causa caveretur ; nam si aliter
> acciperetur, exusta villa in potestate emptoris futurum,
> ut non dando pecuniam inemptum faceret fundum, qui
> ejus periculo fuisset.

La *lex commissoria* est une clause qui est exclusivement dans l'intérêt du vendeur ; le vendeur est libre,
au lieu de s'en prévaloir, de poursuivre le payement
du prix. Telle est la décision principale de notre texte,
et Pomponius fait remarquer qu'une solution différente
permettrait à l'acheteur, en ne payant pas son prix, de
procurer la résolution de la vente, et de rejeter ainsi
sur le vendeur, en cas de perte de la chose, le risque
qu'il doit supporter. C'est donc que si la résolution
avait eu lieu de plein droit, la perte aurait été pour le
vendeur.

Je sais bien qu'on a voulu limiter la portée de cette
décision, en la restreignant à ce qu'on appelle *pericu-*
lum deteriorationis, c'est-à-dire à la perte partielle.
En ce sens, on fait observer que, dans l'espèce de Pomponius, l'objet vendu est un *fundus*, et que la perte
consiste dans l'incendie d'une *villa*, c'est-à-dire de
bâtiments qui ne sont qu'un accessoire de la propriété
vendue : restriction arbitraire, faite uniquement pour
les besoins de la cause ; en admettant qu'il puisse y

avoir quelque équivoque dans l'emploi du mot *fundus* (V. L, 211, Dig., *De verb. signif.*), la fin du fragment indique bien nettement qu'il s'agit du risque de la chose vendue tout entière : *fundum qui ejus periculo fuisset* (1).

Quant à la perte partielle, il est d'ailleurs incontesté qu'elle doit être supportée par le vendeur, au cas de résolution de la vente ; par l'acheteur, au contraire, quand la condition résolutoire fait défaut.

III

Une hypothèse qui demande des observations particulières est celle de la vente *ad comprobationem*. Exemple : J'ai acheté Stichus, avec la convention que *si intra diem certum mihi displicuisset, is redderetur* ou bien *inemptus foret*. — Comme la détermination des effets de cette clause présente des difficultés à plusieurs points de vue, je crois utile d'en préciser le caractère.

Il paraît que, dans la pratique romaine, cette clause avait pour but ordinaire d'étendre , au profit de l'acheteur, l'application de la rédhibition à raison des vices de la chose. Elle avait pour lui l'avantage de le dispenser d'une preuve difficile, et de ne pas le cantonner dans un cercle restreint de vices rédhibitoires. C'était donc un droit de rédhibition illimité, stipulé au profit de l'acheteur.

Ce point de vue n'a rien de conjectural ; plusieurs textes établissent la relation qui existait entre la vente

---

(1) L'opinion que je viens d'exposer est admise par Sell, *op. cit.* p. 269 et suiv.

avec la clause *nisi emptori displicuerit*, et la théorie générale des vices rédhibitoires : ainsi, d'abord, le § 14 des *Fragm. Vat.*

> Lege venditionis inempto prædio facto, fructus interea perceptos *judicio venditi* restitui placuit. . . . .
> Cui non est contrarium quod judicium ab ædilibus *in factum* de reciperando pretio, *mancipio reddito quia displicuisset,* proponitur; quod non erit necessarium, si eadem lege contractum ostendatur.

On voit par ce passage que, dans notre hypothèse, les parties, au lieu de recourir, en cas de résolution, aux actions ordinaires dérivant du contrat de vente, avaient la faculté d'intenter les actions édilitiennes *in factum* données à l'occasion de la rédhibition. — La possibilité de recourir à ces actions, en vertu de la clause qui nous occupe, est encore attestée très-expressément par la L. 31. § 22, Dig., *De œdil. edict.* (xxi, 1) et par la L. 4, C. *De œdil. act.* (iv, 58).

Je transcris cette constitution empruntée aux empereurs Dioclétien et Maximien.

> Si prædium quis sub ea lege comparavit, ut, *si displicuerit, inemptum sit,* ut pote sub conditione venditum, resolvi, et *redhibitoriam adversus venditorem competere,* palam est.

Il ne faut pas toutefois conclure de là que la résolution en vertu de la clause *nisi displicuerit,* fût gouvernée de tous points par l'application des principes qui régissaient l'action rédhibitoire. Je ne parle pas encore de l'influence que pouvait exercer la résolution sur la translation de la propriété effectuée en vertu de la vente. En ne nous occupant, quant à présent, que des rapports d'obligation créés par le contrat, les textes paraissent établir entre les deux cas une différence au point de vue du risque de la chose vendue. Il est certain que l'action rédhibitoire ordinaire pouvait être intentée, même après la perte de la chose vendue survenue par cas fortuit (1). Ce n'est pas toutefois qu'il y ait lieu d'en tirer argument à l'appui de la théorie générale que j'ai développée plus haut sur la possibilité d'une résolution *post interitum rei venditæ*. On considérait ici que le droit aux conséquences de la rédhibition était acquis à l'acheteur du moment où la chose lui avait été livrée vicieuse ; son droit était donc déjà né lorsque survenait la perte.

Il paraît, au contraire, qu'on n'admettait plus l'acheteur à invoquer le *pactum displicentiæ* quand la chose était venue à périr par cas fortuit, même avant le terme convenu. Du moins, c'est ce qui semble résulter du texte suivant :

> ULPIEN, L. 20, § 1, Dig., *De præscr. verb.* (XIX, 5). — Item apud Melam quæritur, si mulas tibi dedero, ut experiaris, et si placuissent, emeres, si displicuissent, ut in dies singulos aliquid præstares; deinde mulæ a grassatoribus fuerint ablatæ intra dies experimenti, quid esset præstandum, utrum pretium et merces, an merces tantum? Et ait Mela, *interesse, utrum emptio jam erat contracta*, an futura, ut, *si facta, pretium petatur*, si futura, merces petatur......

Ce fragment, s'il devait être généralisé, donnerait pleinement raison à l'opinion que j'ai combattue et suivant laquelle la chose vendue sous condition résolu-

---

(1) *Post mortem autem hominis ædiliciæ actiones manent*. L. 47, § 1er, Dig., *De ædil. edict.* (XXI, 1).

toire est absolument, au cas de perte totale, aux risques de l'acheteur. En supposant la clause *nisi displicuerit*, le jurisconsulte Méla, au rapport d'Ulpien, décidait qu'elle ne pouvait plus être invoquée par l'acheteur, après la perte de la chose vendue, pour se dispenser de payer le prix. Mais je crois que c'est là une décision spéciale qu'on ne doit pas généraliser. L'acheteur, dans l'hypothèse d'une vente *ad comprobationem* formant condition résolutoire (1), ne saurait être admis, pour réclamer le prix après la perte fortuite de la chose, ou se dispenser de le payer, à invoquer ni les principes généraux de l'action rédhibitoire, ni ceux de la condition résolutoire ordinaire. Il ne saurait invoquer l'application des règles de l'action rédhibitoire, puisqu'il n'allègue pas l'existence d'un vice qui lui aurait ouvert cette action *a die traditionis;* il ne saurait se prévaloir du droit commun en matière de condition résolutoire, parce qu'il est sans intérêt à alléguer maintenant que la chose n'est pas propre à remplir le but dans lequel il l'avait achetée. Il faut le remarquer en effet, bien que l'acheteur *ad comprobationem* soit absolument libre de se dédire, l'intention des parties a été que ce dédit fût inspiré

---

(1) C'est à cette hypothèse que je rapporte ces expressions du texte : *emptio jam contracta*, tandis que *emptio futura* ferait allusion à la vente sous condition suspensive. M. Accarias, dans la remarquable étude qu'il vient de publier sur le titre *De præscriptis verbis*, entend cela d'une autre manière. *Emptio jam contracta*, suivant lui, devrait s'entendre du cas où l'acheteur aurait déjà agréé les mules. Il serait tout simple, dès lors, qu'il eût la charge des risques. Je ne demanderais pas mieux que d'admettre cette traduction; elle me dispenserait de reconnaître et de justifier une exception à la règle générale que je me suis efforcé d'établir, mais le texte y résiste trop impérieusement; il suppose que les mules ont été enlevées *intra dies experimenti*, par conséquent, avant que l'acheteur eût pris une décision.

uniquement par l'appréciation du mérite de la chose vendue. On doit donc reconnaître que *post interitum rei*, la condition résolutoire dont il s'agit ne peut plus s'accomplir conformément à l'intention des contractants. L'acheteur supporte le risque parce que, comme dans l'*in diem addictio*, mais d'une autre façon, la perte de la chose empêche l'accomplissement de la condition.

IV

La doctrine que j'ai exposée sur les effets de la perte de la chose vendue sous condition résolutoire se résume en ces termes : toutes les fois que la condition résolutoire peut s'accomplir *post interitum rei*, la perte totale survenue *pendente conditione* n'empêche ni le maintien de la vente au préjudice de l'acheteur, si la condition fait défaut, ni la résolution au préjudice du vendeur, si la condition se réalise.

La même formule s'appliquerait exactement si l'une des parties avait perdu toute personnalité juridique, par exemple était décédée *pendente conditione* sans laisser d'héritier. Cette circonstance, qui, nous le savons, comme la perte de la chose, mettrait obstacle à la formation d'une vente conditionnelle, n'empêcherait ni le maintien ni la résolution de la vente, par suite de la défaillance ou de la réalisation de la condition résolutoire à laquelle cette vente aurait été soumise (1).

V

Non-seulement la condition résolutoire ne suspend

(1) Comp. *suprà*, p. 275.

pas l'existence de la vente, mais elle n'en suspend pas même l'exécution. A défaut de convention contraire, chacune des parties peut donc *pendente conditione* exiger de l'autre qu'elle exécute ce à quoi elle est tenue en vertu du contrat. Cette exécution produit *ab initio* les mêmes effets que l'exécution d'une vente pure et simple. Spécialement, la tradition de la chose vendue en transfère immédiatement la propriété, dans les termes du droit commun, si le vendeur est propriétaire. Elle met l'acheteur *in causa usucapiendi*, s'il a acheté de bonne foi *a non domino*. Un mot sur cette usucapion, pour ne plus nous occuper ensuite que de la translation de la propriété et de ses effets.

La faculté d'usucapion immédiate au profit de celui qui a reçu tradition en vertu d'une vente conditionnellement résoluble, dérive des principes généraux; elle est consacrée par la L. 2, § 1, Dig., *De in diem addict*. Elle constitue une nouvelle et considérable différence entre les effets de la vente conditionnelle et ceux de la vente *pura quœ sub conditione solvitur*. Et par là, on ne veut pas dire seulement que l'acheteur pourra, au cas que la vente soit maintenue par la défaillance de la condition résolutoire, dater son usucapion *a die traditionis*, on veut dire qu'il pourra parfaire, *pendente conditione*, une usucapion dont les effets survivront même à la résolution de la vente, et qui pourra profiter en définitive au vendeur. Que si l'usucapion, commencée par l'acheteur, n'avait pas été accomplie *pendente conditione*, et que la résolution fût survenue, on peut se demander si le vendeur pourrait, en quelque manière, profiter, au point de vue d'une usucapion à accomplir en sa personne, de la possession intérimaire de l'acheteur. C'est une question que j'examinerai quand je m'occuperai des rapports créés entre les parties par l'événement de la condition résolutoire.

VI

Occupons-nous maintenant du cas où la propriété a été transférée à l'acheteur. Suivant l'opinion à laquelle je me suis arrêté, dans l'origine, l'acheteur devait être rendu propriétaire sans restriction (1), soumis seulement à l'obligation personnelle de retransférer la propriété au vendeur, si la vente venait à être résolue. Plus tard, on arriva à décider que la condition résolutoire à laquelle la vente était soumise pourrait affecter même la translation de la propriété. En nous plaçant sous l'empire de ce droit nouveau, voici quelle sera la situation des parties à la suite de la tradition faite à l'acheteur.

L'acheteur rendu propriétaire, n'aura cependant acquis qu'un droit susceptible de s'éteindre à l'arrivée de de la condition qui résoudra le contrat. *Pendente conditione,* c'est lui qui aura seul l'action en revendication contre les tiers (2); il pourra librement aliéner la chose et la grever de droits réels, mais, suivant une formule que j'ai déjà plusieurs fois employée, sans pouvoir préjudicier au droit de propriété qui doit, le cas échéant, revenir au vendeur. Sous ce rapport, il est exactement dans la même position que l'héritier propriétaire intérimaire de la chose léguée sous condition. Il faut lui appliquer tout ce que nous avons dit de celui-ci.

(1) *Suprà*, p. 136 *et suiv.*
(2) Arg. L. 29, Dig., *De mort. caus. donat.*

30

Ainsi, si l'acheteur investi d'une propriété résoluble a succombé dans une contestation relative à la propriété de la chose, il n'aura compromis que son droit, et la chose jugée ne sera pas opposable au vendeur après la résolution accomplie.

De même, si l'acheteur a affranchi l'esclave, ou s'il a rendu religieux le terrain objet de la vente, ces actes seront non avenus au cas que la condition résolutoire se réalise.

Enfin, s'il a aliéné la chose, ou s'il l'a grevée de droits réels, de servitudes par exemple, ou d'hypothèques, ces droits prendront fin avec la propriété de celui qui les avait constitués. Nous avons sur ce point des textes directs qui ont été déjà transcrits (V. L. 4, § 3, Dig., *De in diem add.*, et L. 3, *Quib. mod. pign. solv.*, *suprà*, p. 151.

Il va sans dire que ces résultats ne se seraient pas produits, dans la doctrine qui n'admettait pas que la propriété pût être transférée *ad conditionem*; dans ce système, lorsque l'acheteur, en vertu de son obligation, restituait le domaine au vendeur, celui-ci se trouvait l'ayant cause de celui-là, et devait respecter tous les droits réels dont il avait grevé la chose. Si l'acheteur l'avait aliénée, s'il avait affranchi l'esclave, s'il avait rendu le fonds religieux, le vendeur était réduit à une simple action personnelle contre lui.

Même dans le système nouveau, on peut imaginer telle hypothèse où la résolution du contrat ne devrait pas avoir, dans l'intention des parties, d'autre effet que d'obliger l'acquéreur à une rétrocession (1). Alors, la propriété étant, sauf cette obligation qui ne l'affecte

_____

(1) V. L. 12, Dig., *De præscr. verb.*, et *suprà*, p. 155 *et suiv.*

pas réellement, transférée d'une manière incommutable
à l'acheteur, la résolution laisserait intacts tous les
droits que celui-ci aurait conférés dans l'intervalle sur
la chose. Je fais cette observation parce qu'elle peut
rendre compte d'une décision sur le fondement de
laquelle les interprètes sont très-partagés. Je veux
parler de la règle écrite à la fin de la L. 3, Dig., *Quib.
mod. pignus solv.* (*suprà*, p. 151). Nous y lisons qu'en
cas de vente sous la condition résolutoire *nisi res emptori displicuerit*, les hypothèques consenties *interim* par
l'acheteur ne prenaient pas fin par la résolution de la
vente. Telle était l'opinion de Marcellus et d'Ulpien, qui
admettaient, au contraire, l'extinction de ces hypothèques par l'arrivée de toute autre condition résolutoire,
à laquelle la vente aurait été soumise.

La plupart des commentateurs ont invoqué cette solution pour soutenir la thèse suivant laquelle il n'y a
pas lieu d'attribuer un effet rétroactif à la réalisation
de la condition, quand elle est potestative de la part de
celui au préjudice de qui elle doit s'accomplir. Argument sans valeur, car nous sommes ici dans un ordre
d'idées complétement étranger à la rétroactivité de la
condition : il ne s'agit pas de savoir si la condition rétroagit, mais si elle affecte le droit de propriété de
l'acquéreur, et si elle limite entre ses mains le droit de
disposition.

Au fond, la décision finale de la L. 3 *cit.* peut s'expliquer de deux manières. Elle peut s'expliquer d'abord
par l'observation que je viens de présenter. En effet,
j'ai fait voir plus haut que, dans la pratique romaine,
la clause *nisi res emptori displicuerit* avait pour but
d'élargir au profit de l'acheteur, et de lui faciliter l'exer-

cice de la rédhibition. Or, il est certain que la rédhibition légale n'avait pas d'effets réels, et qu'elle se bornait à créer entre les parties des obligations réciproques
de restitution. On conçoit donc que la clause qui nous
occupe, donnant ouverture aux mêmes actions, eût été
interprétée dans ce sens restreint, et qu'on eût été
amené à y voir, comme au cas de rédhibition légale,
non pas une condition affectant la translation de la
propriété, mais une convention dont les effets purement
obligatoires étaient limités aux rapports des parties
entre elles. A ce point de vue, la L. 3, considérée comme
donnant à la clause son sens pratique habituel, contient
une décision parfaitement exacte.

Mais elle est susceptible de recevoir une explication
satisfaisante, même en supposant que la clause eût le
caractère d'une condition résolutoire affectant la propriété, caractère qu'il aurait dans tous les cas dépendu
des parties de lui donner, en admettant, ce qui est
assez probable, que ce ne fût pas le droit commun.
Cette condition ne pourrait résoudre les droits constitués sur la chose par l'acheteur qu'autant que la
vente elle-même serait résolue. Or, le fait d'avoir
disposé de la chose par voie d'aliénation ou de constitution de droits réels, rendait évidemment l'acheteur
non recevable à se prévaloir de la réserve faite à son
profit dans la vente. Il y était non recevable pour deux
raisons : d'abord, parce qu'il devait être considéré
comme ayant agréé la chose d'une manière définitive
dès qu'il en avait disposé ; ensuite, parce que s'étant mis
dans l'impossibilité d'opérer la restitution dont il aurait été tenu, il ne pouvait plus poursuivre contre le
vendeur l'exécution de ses propres engagements. Si

donc, dans l'espèce, les droits constitués *interim* par l'acheteur étaient définitivement maintenus, ce n'était pas malgré la résolution, dont les effets auraient été limités à raison de la nature de la condition ; c'était plutôt parce que la constitution même de ces droits était un obstacle à l'accomplissement de la résolution.

La propriété transférée à l'acheteur, bien que soumise à une résolution conditionnelle, le rendait propriétaire des fruits et accessoires produits par la chose *pendente conditione* (L. 2, § 1, Dig., *De in diem addict.*). Mais la portée de cette règle a besoin d'être déterminée avec exactitude. La vente sous condition résolutoire étant, *ab initio*, une vente pure et simple, elle donnait à l'acheteur un droit immédiat aux fruits, dans les termes du droit commun ; il pouvait exiger par l'action *empti* la prestation de ceux qui avaient été perçus avant la tradition ; il en était créancier, et son droit à une exécution immédiate s'étendait aux accessoires comme à la chose principale. A partir de la tradition, c'était lui qui, propriétaire de la chose vendue, était propriétaire des fruits et des accessoires, tels que le part d'une *ancilla*. Tel est proprement le sens du texte cité plus haut. Cette propriété des fruits et des accessoires n'était pas une propriété résoluble comme celle de la chose principale ; elle persistait malgré la résolution de la vente. Toutefois, la vente résolue, l'acheteur ne pouvait pas conserver ces fruits ; il était obligé de les restituer au vendeur :

ULPIEN, L. 6, *pr.*, Dig., *De in diem addict.* — Item quod dictum est, fructus interea captos emptorem priorem sequi, toties verum est, quoties nullus emptor existit, qui meliorem conditionem afferat,..... sin vero extitit

emptor posterior, fructus refundere priorem debere constat, sed venditori ;.....

Mais cette obligation de restituer était purement
personnelle ; elle n'impliquait nullement la résolution
de la propriété conférée à l'acheteur sur les fruits et les
accessiones produits par la chose *pendente conditione ;*
d'où la conséquence, notamment, que le vendeur
n'aurait pu les revendiquer contre les tiers qui les
auraient acquis de l'acheteur.

VII.

EFFETS DE LA CONDITION RÉSOLUTOIRE ACCOMPLIE.

Il faut maintenant nous placer à l'arrivée de la condition résolutoire, pour déterminer d'une manière
exacte les effets de la résolution. Je suppose que le
contrat a été exécuté et la propriété transférée, sans
quoi l'effet de la résolution se bornerait à faire cesser
de part et d'autre le droit de poursuivre l'exécution.
En supposant donc, ce qui sera le plus ordinaire, l'exécution accomplie *pendente conditione*, la résolution produira le double effet : 1° d'obliger les parties l'une
envers l'autre à se remettre, au moyen de restitutions
réciproques, dans la position où elles auraient été si le
contrat n'avait pas eu lieu (1) ; 2° dans l'opinion qui a
prévalu, de rétablir, *recta via,* l'aliénateur dans la propriété de la chose vendue.

(1) Comp. L. 23, § 1 ; L. 60, Dig., *De œdil. edict.* (XXI, 1).

En premier lieu, l'acheteur était tenu de restituer la chose vendue au vendeur, *cum fructibus et omni causa.* J'ai précédemment justifié cette proposition en ce qui touche les fruits et les *accessiones.* Mais, l'*omnis causa* avait une portée plus compréhensive. Elle comprenait d'abord les indemnités à raison des dégradations survenues à la chose par la faute de l'acheteur, et en outre la cession des diverses actions qu'il pouvait avoir acquises à propos de la chose. Un texte que j'ai déjà transcrit (p. 158), la L. 4, *pr.*, Dig., *De lege comm.*, mentionne avec les fruits les dommages-intérêts qui sont dus par l'acheteur *si deterior fundus effectus sit facto ejus.* En voici un autre, où on lui impose, au même titre encore que la restitution des fruits, l'obligation de céder au vendeur l'interdit *quod vi aut clam* qui pourrait lui compéter à raison de faits qui se seraient produits *pendente conditione* :

> ULPIEN, L. 4, § 4, Dig., *De in diem addict.* (XVIII, 2). — ..... Fundo autem in diem addicto, et commodum, et incommodum omne ad emptorem pertinet, antequam venditio transferatur : et ideo, si quid tunc vi aut clam factum est, quamvis melior conditio allata fuerit, ipse utile interdictum habebit, sed eam actionem, sicut fructus, inquit, quos percepit, venditi judicio præstiturum.

La même règle s'appliquerait à l'interdit *unde vi*, à l'action *furti*, à l'action *legis Aquiliæ.*

De son côté le vendeur devait rembourser à l'acheteur le prix qu'il avait reçu. En devait-il également les intérêts ? Aucun texte ne lui en impose l'obligation, et en voici même un qui semble bien l'exclure :

> L. 6, C., *De pact. int. empt.* (IV, 54). — .....Et ideo aditus

competens judex fundum, cujus mentionem facis, restitui tibi cum fructibus suis sine ulla ludificatione sua auctoritate perficiet, præcipue quum et diversa pars *receptis nummis suis* nullam passa videri possit injuriam.

Il n'est fait mention dans cette constitution que de la restitution du prix, comme donnant toute satisfaction à l'acheteur, et on en a conclu que celui-ci ne pouvait pas exiger les intérêts. — Je ne puis pas souscrire à cette conclusion. Je dirai tout à l'heure que l'action au moyen de laquelle se règlent les rapports entre le vendeur et l'acheteur, après la résolution de la vente, est une action de bonne foi. Or, dans les actions de bonne foi, les intérêts doivent être prestés *officio judicis*, toutes les fois que l'équité l'exige, et il est évident que la restitution des fruits de la part de l'acheteur entraîne, comme compensation équitable, de la part du vendeur la prestation des intérêts. Les mêmes considérations qui imposent à l'acheteur l'obligation de payer les intérêts du prix, indépendamment de toute convention, et comme équivalent de la jouissance de la chose vendue, doivent lui permettre de les exiger ici, où les avantages de la jouissance lui sont, en fait, rétroactivement enlevés. L'objection tirée du texte qui précède n'est nullement décisive. Il ne traite pas d'une véritable condition résolutoire, mais d'une résolution improprement dite, amenée par l'inexécution des obligations de l'acheteur : on comprend très-bien qu'en pareil cas, celui-ci doive se tenir pour satisfait en recouvrant ce qu'il a payé ; s'il perd quelque chose, l'équité n'en est pas blessée, car il subit les conséquences de sa faute. Mais il faut se garder d'appliquer cela au cas d'une véritable condition résolutoire dont l'accomplissement n'impliquerait aucune faute de la part de l'acheteur (1). On ne concevrait guère, au cas d'*in diem addictio* par exemple, une règle qui établirait entre les parties une semblable inégalité.

Le vendeur devait également compte à l'acheteur des impenses nécessaires, et aussi, je crois, des impenses utiles qu'il aurait pu faire sur la chose vendue. Cela n'est pas douteux pour les impenses nécessaires :

> Ulpien, I.. 16, Dig., *De in diem addict.* (xviii, 2). — Imperator Severus rescripsit : Sicut fructus in diem addictæ domus, quum melior conditio fuerit allata, venditori restitui necesse est, ita rursus quæ prior emptor medio tempore probaverit erogata, de reditu retineri, vel, si non sufficiat, solvi æquum est;......

Mais la mention spéciale que fait ici Ulpien des impenses nécessaires, semble exclusive du droit pour l'acheteur de réclamer les impenses utiles. On pourrait ajouter, en ce sens, qu'en somme l'acheteur est une sorte de possesseur de mauvaise foi, puisqu'il n'ignorait pas la chance de résolution qui pesait sur sa propriété. Je crois néanmoins qu'il faut lui reconnaître le droit de répéter ses impenses utiles, au moins jusqu'à concurrence de la plus-value, si elle est inférieure au chiffre de la dépense. L'argument *a contrario* qui ressort, contre cette opinion, du texte ci-dessus, n'est pas pro-

---

(1) Cette observation est confirmée par la règle bien connue, suivant laquelle l'acheteur qui subit la résolution en vertu de la *lex commissoria* ne recouvre pas même la partie du prix qu'il aurait payée (L. 6, *pr.*, Dig., *De leg. comm.*).

bant, car la décision rapportée est un rescrit, dans lequel l'empereur ne statuait que sur les impenses nécessaires, parce qu'il se tenait dans les termes du fait qui lui avait été soumis. Quant à assimiler l'acheteur à un possesseur de mauvaise foi, les jurisconsultes romains n'y avaient pas songé, sans quoi ils ne lui auraient pas même accordé les impenses nécessaires ; et, en raison, cette assimilation n'est pas admissible. Il importe d'insister sur cette face de la question, afin de bien établir que c'est là une règle générale, applicable à tous les cas de translation de propriété sous condition résolutoire, et indépendamment de la nature de l'action intentée par l'aliénateur pour poursuivre les effets de la résolution. Il y a en ce sens un texte qui ne peut pas laisser de doute, c'est la L. 14, Dig., *De mort. caus. donat.* (*suprà*, p. 159). Si on l'entend avec beaucoup d'auteurs, et rien ne s'y oppose au temps de Justinien, d'une donation *mortis causa* sous condition résolutoire, elle tranche expressément la question. Si au contraire, se reportant à l'époque classique, on l'entend, comme je l'ai fait, d'une donation sous condition suspensive, elle fournit un argument *a fortiori* : en effet, si celui qui a reçu la propriété sous condition suspensive, peut, au cas de défaillance de la condition, recouvrer les impenses utiles qu'il a faites n'étant pas encore propriétaire, à plus forte raison le même droit doit-il appartenir à celui qui a fait des impenses étant propriétaire, bien que la propriété pût lui échapper. — Au surplus, pour l'hypothèse particulière de la vente, il y a une raison spéciale qui est décisive ; c'est que les dispositions du droit romain qui refusent au possesseur de mauvaise foi le droit de répéter ses

impenses supposent qu'il n'existe entre les parties aucun rapport contractuel ; elles ne s'appliquent pas
quand celui qui a fait les impenses possède ou détient
la chose en vertu d'un contrat, particulièrement,
comme ici, en vertu d'un contrat de bonne foi (1). C'est
alors d'après les règles propres au contrat, qu'il faut
déterminer l'étendue des obligations des parties. A ce
point de vue, il ne saurait être douteux qu'il n'entrât
dans la mission du juge d'une action de bonne foi
d'empêcher l'une des parties de réaliser aux dépens de
l'autre un bénéfice injuste.

Il reste sur ce point à déterminer exactement quelles
actions le droit romain mettait à la disposition des parties, pour poursuivre l'exécution des obligations dont
il vient d'être parlé. On trouve au Digeste plusieurs
textes qui, en décidant qu'il y avait lieu de recourir aux
actions ordinaires dérivant du contrat de vente,
constatent cependant qu'il y avait eu à cet égard une
controverse :

POMPONIUS, L. 6, § 1, Dig., *De contrah. empt.* (XVIII, 1).
— Si fundus annua, bima, trima die ea lege venisset, ut,
si in diem statutum soluta pecunia non esset, fundus
inemptus foret, et ut, si interim emptor fundum co-
luerit, fructusque ex eo perceperit, inempto eo facto
restituerentur, et ut quanti minoris postea alii venisset,
ut id emptor venditori præstaret ad diem pecunia non
soluta, *placet, venditori ex vendito eo nomine actionem
esse.* Nec conturbari debemus, quod inempto fundo facto
dicatur, actionem ex vendito futuram esse ; in emptis
enim et venditis potius id, quod actum quam id, quod
dictum sit, sequendum est ; et quum lege id dictum

---

(1) V. *Anal.* L. 55, § 1er, Dig., *Loc. cond.* (XIX, 2).

sit, apparet, hoc duntaxat dictum esse, ne venditor emptori pecunia ad diem non soluta obligatus esset, non ut omnis obligatio empti et venditi utrique solveretur.

Ce passage fait bien connaître les considérations qui faisaient hésiter à admettre ici les actions ordinaires dérivant du contrat de vente : le contrat étant résolu par l'arrivée de la condition, il ne pouvait plus être question des actions auxquelles il avait donné naissance ; telle était l'objection, et il faut convenir qu'il était difficile d'y répondre. Aussi, l'avait-on tournée plutôt qu'on ne l'avait réfutée, en faisant remarquer que la clause résolutoire devait être considérée, non comme destinée à entraîner l'anéantissement du contrat, mais comme un pacte adjoint *in continenti* à une vente pure et simple, et créant éventuellement à la charge des parties des obligations en sens inverse de celles qui étaient résultées du contrat.

Le texte qui vient d'être transcrit est emprunté à Pomponius *ad Sabinum ;* d'où l'on voit que la doctrine qu'il rapporte était celle des Sabiniens. Elle était d'ailleurs conforme à la tendance générale de cette Ecole, qui donnait, comme on sait, la plus grande extension à l'application des actions naissant des contrats nommés. Les Proculiens, fidèles également à leurs tendances habituelles, avaient proposé de recourir à l'action *præscriptis verbis*. Des rescrits impériaux consacrèrent l'opinion qui permettait l'emploi des actions *empti* et *venditi*. « *Et quidem finita est emptio*, dit Ulpien à propos de la *lex commissoria, sed jam decisa quæstio est, ex vendito actionem competere, ut Rescriptis Imperatoris Antonini et D. Severi declaratur*. » (L. 4 pr., Dig., *De*

leg. comm.; suprà p. 158).—Cette consécration de l'opinion sabinienne n'était du reste nullement exclusive de
l'action *præscriptis verbis*. Paul, déjà, après avoir rappelé, dans l'hypothèse de la vente *ad comprobationem*,
que l'acheteur pouvait recourir à l'action *empti*, conformément à la doctrine de Sabinus, ajoute qu'on lui accorde également l'*actio in factum proxima empti* (L. 6,
Dig., *De rescind. vendit.*). Ce fut le dernier terme de la
législation sur ce point. Nous trouvons le droit de choisir entre les actions du contrat et l'action *præscriptis
verbis* consacré par une constitution d'Alexandre Sévère rapportée au Code de Justinien (L. 2, C. *De pact.
int. empt.; suprà*, p. 144).

VIII

EFFETS DE LA RÉSOLUTION SUR LA PROPRIÉTÉ TRANSMISE
A L'ACHETEUR.

La résolution de la vente, dans l'opinion qui avait
prévalu, avait en second lieu pour effet de faire revenir
ipso jure la propriété aux mains de l'aliénateur. Celui-ci
pouvait dès lors revendiquer la chose, non-seulement
contre l'acquéreur dont la propriété avait pris fin, mais
contre tout détenteur, même contre celui au profit de
qui la chose aurait été aliénée *pendente conditione* par
l'acheteur. A ce point de vue, la résolution de la propriété offrait à l'aliénateur des avantages considérables,
et le plaçait dans une situation meilleure que celle dans
laquelle il se serait trouvé par suite de la simple résolution du contrat. Il ne faut pas en conclure cependant

que ce retour virtuel de la propriété, et l'action en revendication qui en était la suite, eussent rendu inutile,
pour le vendeur, l'action personnelle qui lui avait été
donnée de tout temps pour poursuivre l'exécution des
obligations auxquelles donnait naissance la résolution
du contrat. L'action personnelle lui était, à divers points
de vue, plus avantageuse que la revendication. Ainsi,
d'abord, la revendication n'était possible qu'à la condition que le vendeur eût été propriétaire, et eût transféré
la propriété à l'acheteur. Si, au contraire, le vendeur
n'était pas antérieurement propriétaire, il était bien impossible que la propriété lui revînt, et qu'il pût revendiquer la chose. Cela deviendrait saillant, surtout si
l'acheteur avait usucapé *pendente conditione*. La résolution de la vente obligerait bien alors l'acheteur à restituer la chose au vendeur, car il doit rendre tout le bénéfice qu'il a fait à l'occasion du contrat, mais ce ne serait
qu'une simple obligation personnelle; il ne pourrait
être question que de transférer la propriété au vendeur.

.L'action personnelle présentait encore des avantages
pour le vendeur relativement aux prestations accessoires
auxquelles il avait droit. Je ne crois pas que, par la revendication, il eût pu obtenir la restitution des fruits ou des
accessiones acquis à l'acheteur *pendente conditione*. Comme
je l'ai déjà dit, la propriété de l'acheteur sur ces fruits ou
accessiones était incommutable; pour qu'il en fût autrement, il aurait fallu que la propriété fût revenue au
vendeur non-seulement *ipso jure*, mais encore rétroactivement. Or, je montrerai bientôt qu'à cet égard, l'accomplissement de la condition résolutoire ne produisait
aucun effet rétroactif. La restitution de ces fruits et accessoires ne pesait donc sur l'acheteur qu'à titre d'obli-

gation, et il ne me semble pas que cette obligation pût
être suppléée par l'office du juge de l'action en revendication : si large que fût cet *officium*, il ne pouvait pas
embrasser des faits antérieurs à la naissance de la propriété du demandeur, et, je le répète, cette propriété ne
remontait pas au delà de l'époque de la résolution. Cela
deviendrait surtout évident, si la revendication était
dirigée contre un tiers acquéreur ; il ne pourrait pas
être question d'exiger de lui la restitution de produits
perçus avant le temps où il a cessé d'être propriétaire ;
force serait donc au vendeur, pour les obtenir, de recourir à l'action *venditi* dirigée personnellement contre
l'acheteur.

En m'attachant à l'idée que je viens d'énoncer, que le
juge de l'action en revendication ne peut avoir aucune ju-
ridiction sur des faits antérieurs à la naissance du droit du
demandeur (ou de ses auteurs), j'arrive également à dire,
dans notre hypothèse, que, par la revendication, le vendeur ne pourrait obtenir aucune indemnité pour les
détériorations survenues à la chose *pendente conditione*, par la faute de l'acheteur ; de ce chef encore
l'action *venditi* lui était plus avantageuse.

IX

J'ai déjà indiqué à plusieurs reprises que le retour
de la propriété au vendeur par l'effet de la condition
résolutoire s'opérait sans aucun effet rétroactif. C'est un
point qui a déjà été très-bien établi par M. Vernet (1).

_____

(1) *Op. cit.*, p. 144 *et suiv.*

A cet égard, les textes ne laissent aucun doute. Quand ils nous parlent de l'extinction des droits réels constitués sur la chose, *pendente conditione*, par l'acheteur, ils supposent toujours que, même *ex post facto*, ces droits doivent être considérés comme ayant été régulièrement établis, comme ayant duré jusqu'à l'arrivée de la condition, et comme prenant fin à cette époque. Ulpien, d'après Marcellus, après avoir fait cette remarque, en tire même expressément cette conséquence que l'acheteur a eu la propriété dans l'intervalle (L. 4, § 3, *Dig.*, *De in diem addict.* Comp. L. 3, *Quib. mod. pign. solv.*; *supra*, p. 151).

Ce défaut de rétroactivité se concilie sans difficulté avec l'extinction des droits conférés *interim*, par l'acheteur, sur la chose vendue. J'ai déjà dit bien des fois qu'on arrive à ce résultat simplement par l'idée que l'acheteur ne pourrait pas conférer des droits plus étendus que le sien propre. A cet égard, qu'on admette ou non la rétroactivité de la condition, l'on arrive pratiquement aux mêmes conséquences. Il n'en est pas moins important, à d'autres égards, de constater l'absence de rétroactivité de la condition résolutoire, en tant qu'il s'agit du retour de la propriété au vendeur. C'est par là que j'ai expliqué comment le vendeur ne recouvrait pas rétroactivement la propriété des fruits, et surtout des *accessiones* telles que le part de l'esclave, qu'il n'aurait pas pu revendiquer contre les tiers au profit de qui l'acheteur les aurait aliénés. C'est ainsi encore qu'il ne pouvait intenter l'action *legis Aquiliæ*, l'action *furti*, et même la *condictio furtiva* à raison de faits commis *pendente conditione*, qu'en vertu de la cession à lui faite par l'acheteur. Il aurait dû pouvoir exercer ces actions *proprio nomine,* s'il eût recouvré sa propriété même dans le passé.

L'influence de la non-rétroactivité se fait encore sentir en supsosant que l'acheteur ait acquis *pendente conditione* quelque servitude active au profit du fonds objet de la vente. La servitude régulièrement acquise subsistera après la résolution, tandis qu'elle serait forcément anéantie, si la propriété intérimaire de l'acheteur se trouvait effacée par la rétroactivité de la condition accomplie.

De même, grâce à la non-rétroactivité, les servitudes qui auraient pu exister avant la vente, entre le fonds vendu et un bien de l'acheteur, ne reviviraient pas de plein droit par l'effet de la résolution. Mais ici l'intérêt n'est pas bien grand, car les parties auraient évidemment le droit réciproque d'en exiger le rétablissement (1).

Enfin, la non-rétroactivité exerçait une influence sur le sort des actes par lesquels le vendeur aurait disposé de la chose *pendente conditione,* ou l'aurait grevée de droits réels. Si la résolution effaçait rétroactivement la propriété de l'acheteur, ces actes, tenus en suspens jusqu'à l'arrivée de la condition, se trouveraient dans tous les cas validés *ab initio* par l'accomplissement de la résolution. Mais la rétroactivité étant écartée, il n'en sera pas ainsi. Les actes dont nous parlons, auront été consentis *a non domino,* leur efficacité sera régie par les règles applicables aux actes faits sur la chose d'autrui, lorsque celui qui les a consentis devient ensuite propriétaire. Ainsi, en supposant que le vendeur eût légué la chose, *per vindicationem,* par un testament fait *pendente*

---

(1) Comp. L. 7, § 1er, Dig , *De fund. dot.* (xxiii, 5).

conditione , ce legs ne pourrait pas valoir, au moins en tant que legs *per vindicationem*, et sans l'application du sénatus-consulte Néronien, quand même la résolution s'accomplirait ensuite du vivant du testateur. — Je ne parle pas de la tradition que le vendeur pourrait avoir faite alors que la résolution est en suspens ; cela ne se présentera guère, puisque le vendeur n'est pas en possession. Mais le principe s'appliquerait sans difficulté au cas où il aurait voulu par mancipation ou *in jure cessio* constituer quelque servitude sur le fonds vendu.

Sur ce point, toutefois, il semble que la doctrine que je viens d'exposer soit contredite par un texte remarquable. C'est la L. 9, *pr.*, Dig., *De aqua et aquæ pluv.* (1). Elle paraît bien admettre, en cas de résolution de la vente, l'efficacité des actes constitutifs de servitudes émanés du vendeur avant l'arrivée de la condition. Elle suppose une vente avec *in diem addictio*, et décide que celui qui voudrait acquérir, *pendente conditione*, sur le fonds, une servitude *aquæ ducendæ*, devrait, pour avoir pleine sécurité, obtenir le consentement du vendeur et celui de l'acheteur. J'ai déjà exposé les motifs qui me font douter qu'il s'agisse, dans la L. 9, d'une vente sous condition résolutoire, du moins dans la pensée de son auteur. Mais, d'une part, au temps de Justinien, rien ne s'oppose plus à ce qu'elle soit rapportée à cette hypothèse, et, d'autre part, même en l'entendant d'une vente sous condition suspensive, je devrais encore en rendre raison. Dans ce cas, en effet, ne pourrait-on pas prétendre qu'elle admet la rétroactivité de la propriété de l'acheteur, puisqu'elle tiendrait

(1) Ce texte a été transcrit, *suprà*, p. 160.

pour régulièrement constituée, le cas échéant, la servitude dont il l'aurait grevée *pendente conditione?* Or, j'ai
refusé, au contraire, de reconnaître en principe aucun
effet rétroactif à l'accomplissement de la condition mise
à une translation de propriété. Je dois donc démontrer
que le texte n'implique ni la rétroactivé de la propriété
de l'acheteur, s'il suppose une condition suspensive, ni
la rétroactivité de celle du vendeur, s'il suppose une
condition résolutoire.

Pour faire cette démonstration, il suffit de remarquer que la L. 9 n'est pas dans l'hypothèse d'une servitude établie *jure civili,* et par un acte solennel. Elle
parle d'une servitude établie *jure prætorio, per usum
et patientiam,* et ce qu'elle requiert chez le constituant, c'est une simple adhésion, un simple consentement à l'exercice de la servitude. Or, on comprend
que ce consentement puisse être donné conditionnellement par celle des parties qui n'est qu'éventuellement
propriétaire. Il en est de ceci comme de la tradition
que ferait le propriétaire conditionnel ; j'ai dit qu'elle
serait éventuellement valable, si elle était soumise à la
même condition que le droit du *tradens* lui-même ;
tout cela ne suppose d'aucune manière l'existence rétroactive d'une propriété transférée sous condition. La
non rétroactivité rend nuls les actes par lesquels le propriétaire conditionnel entendrait conférer sur la chose
un droit actuel ; elle n'annule pas ceux qui, pouvant
être conditionnels eux-mêmes, comme dans notre
L. 9, ont été, en effet, soumis à la condition de l'acquisition postérieure de la propriété, au profit de celui qui
les accomplit.

On peut prévoir enfin contre la thèse de la non-rétroactïvité de la condition résolutoire, relativement à la propriété qui fait retour à l'aliénateur, une dernière objection. C'est que la résolution de la vente, en effaçant, même dans le passé, le contrat qui avait motivé la translation de la propriété, doit effacer du même coup, également dans le passé, la translation de la propriété elle-même. En effet, peut-on dire, la vente disparaissant, la tradition se trouve après coup avoir été faite *sine justa causa*.

Cette objection serait à peine spécieuse. Si elle était fondée, il faudrait aussi annihiler l'usucapion qui aurait pu s'accomplir *ante eventum conditionis;* ce serait la conséquence forcée de la suppression rétroactive de la *justa causa*. Or, nous savons qu'il n'en était pas ainsi. C'est qu'aussi bien les jurisconsultes romains ne considéraient nullement la vente comme effacée rétroactivement par l'arrivée de la condition résolutoire. Ils disaient qu'elle prenait fin, ce qui est bien différent. *Et quidem finita est emptio*, dit Ulpien dans un texte que j'ai déjà cité (L. 4 *pr.*, Dig., *De lege commiss.*). A ce point de vue comme à tous autres, la condition que nous appelons résolutoire est bien plutôt, suivant une expression que j'ai fréquemment employée, une condition *extinctive*.

Au surplus, nous ne trouvons ici, au fond, aucune idée nouvelle, mais bien l'application de l'idée plusieurs fois déjà mise en relief que, lorsque la condition est accomplie, les parties doivent être considérées comme ayant traité dès l'origine sous un terme incertain, soit suspensif, soit extinctif.

X

Si l'interruption de la propriété du vendeur persistait, malgré le retour qui s'en opérait à son profit par l'effet de la résolution, à plus forte raison en était-il ainsi de sa possession : elle était forcément interrompue pendant tout le temps qu'avait duré celle de l'acheteur. Il n'était pas possible de considérer, après coup, l'acheteur comme ayant possédé pour le compte du vendeur : propriétaire dans l'intervalle, l'acheteur a nécessairement possédé *proprio nomine*. De là une question qui, théoriquement, n'est pas sans difficulté.

En supposant que le vendeur non propriétaire fût *in causa usucapiendi* avant la vente, et que l'usucapion n'eût pas été parachevée chez l'acheteur, l'interruption de la possession s'opposait-elle irrémissiblement à l'accomplissement de l'usucapion commencée au profit du vendeur(1)? Cela revient à se demander si le vendeur pouvait ajouter la possession de l'acheteur à la sienne propre. Il n'y avait guère de raison de douter dans le droit originaire, car la résolution de la vente amenant une rétrocession, le vendeur se trouvait, à l'égard de l'acheteur, dans les rapports d'un ayant cause avec son auteur. C'est à ce point de vue que se place évidemment Javolénus dans le texte suivant, où il admet en

---

(1) Je parle de l'accomplissement de l'usucapion commencée avant la vente, car il est certain que le vendeur, à supposer qu'il soit demeuré de bonne foi, pourrait toujours en recommencer une nouvelle, en vertu de son titre primitif, à dater de sa rentrée en possession.

effet, dans notre hypothèse, l'*accessio possessionum* au profit du vendeur.

> L. 19, Dig., *De usurp. et usuc.* (XLI, 3). — Si hominem emisti, ut, si aliqua conditio extitisset, inemptus fieret, et is tibi traditus est, et postea conditio emptionem resolvit, *tempus, quo apud emptorem fuit, accedere venditori debere existimo,* quoniam eo genere retroacta venditio esset redhibitioni similis, in qua non dubito tempus ejus, qui redhibuerit, venditori accessurum, quoniam ea venditio proprie dici non potest.

Je conviens que les derniers mots de ce fragment sont peu en harmonie avec le raisonnement que je suppose être celui de Javolénus; mais, si on voulait les prendre à la lettre, ils conduiraient non plus seulement à accorder au vendeur l'*accessio possessionum,* mais à lui permettre de compter comme sienne la possession intérimaire de l'acheteur, ce qui n'est nullement la même chose, et ce qui n'est pas du tout dans la pensée du jurisconsulte. En n'en tenant pas compte, il reste comme idée essentielle l'assimilation qu'établit Javolénus, relativement à l'*accessio possessionum,* entre la vente *ad conditionem* et la vente d'une chose affectée d'un vice rédhibitoire. Or, dans cette dernière hypothèse, il est certain que, par suite de la rédhibition, il s'opérait une rétrocession de l'acheteur au vendeur; c'est donc par là que, dans les deux cas, se justifie le droit accordé au vendeur de joindre la possession de l'acheteur à la sienne.

Même dans ces termes, il fallait encore des conditions assez complexes pour que le vendeur fût admis à profiter de la possession de l'acheteur pour compléter son usucapion. Il fallait, d'une part, que l'acheteur eût été de bonne foi, afin que sa propre possession fût utile au point de vue de l'usucapion; il fallait, d'autre part, que le vendeur fût demeuré lui-même de bonne foi, car il s'agissait pour lui d'une possession nouvelle, à un titre nouveau, qui, pour s'ajouter aux possessions antérieures, devait réunir elle-même les caractères requis pour permettre d'usucaper.

Dans le système nouveau, comme le retour de la propriété s'opère sans rétrocession, les relations d'auteur à ayant cause ne peuvent plus, semble-t-il, s'établir entre l'acheteur et le vendeur. Malgré cela, il me semble difficile de ne pas admettre le maintien de la règle; c'est bien ce qui résulte de l'insertion au Digeste de la L. 19 *cit.* Cela peut d'ailleurs se justifier; le vendeur, en effet, est libre de ne pas se prévaloir de la règle nouvelle, et il est visible que, dans notre hypothèse, il n'a aucun intérêt à s'en prévaloir. Lorsque se posera la question, il se gardera bien d'arguer du retour virtuel de la propriété, puisqu'il ne l'avait pas transmise, ne l'ayant pas lui-même; il se placera sous l'application des anciens principes qu'il n'a pas perdu le droit d'invoquer.

XI.

DE LA CONDITION RÉSOLUTOIRE DANS LES ACTES TRANSLATIFS DE PROPRIÉTÉ, EN DEHORS DE LA VENTE,

Il est facile de faire l'application des principes précédemment exposés aux hypothèses dans lesquelles la condition résolutoire affecte uniquement la translation de la propriété. On peut prendre pour type des cas de cette espèce la donation *mortis causa* (1). Alors, comme dans le cas où le transport de la propriété a été la suite d'une vente sous condition résolutoire, le donataire devient *ab initio* propriétaire, ou, si la chose n'appartenait pas au donateur, il est placé immédiatement *in causa usucapiendi*. Dans l'origine, aucune restriction ne limitait réellement sa propriété; advenant la résolution de la donation, il était tenu d'une simple obligation personnelle d'opérer la rétrocession du domaine. Le donateur ou ses héritiers avaient contre lui, pour obtenir cette rétrocession, la *condictio*, ou peut-être, au choix, l'action *præscriptis verbis*. A cette époque il n'y avait pas, dans la vérité des choses, de condition résolutoire affectant la propriété du donataire. Quand la possibilité d'une condition de cette espèce a été enfin admise, la propriété revenant *recta via* au donateur, ou à ses héritiers, par l'effet de la résolution, ils peuvent désormais agir par la revendication, soit contre le donataire lui-même, soit contre les tiers, même contre ceux au profit de qui le donataire aurait aliéné où engagé la chose donnée. Dès lors, par conséquent, la propriété du donataire se trouve soumise aux mêmes

---

(1) On pourrait citer aussi la *datio dotis* antérieure au mariage, avec transmission immédiate de la propriété, et droit de reprise pour le cas où le mariage ne s'accomplirait pas. Mais je crois qu'en principe, dans cette hypothèse, il n'y avait pas un transport de propriété *ad conditionem* (V. suprà, p. 156), pas plus que dans la plupart des applications si nombreuses de la *condictio causa data, causa non secuta*. Seulement il est évident que les parties auraient pu donner ce caractère à l'opération. Même, dans le droit impérial, on voit une tendance à accorder dans des cas analogues, indépendamment d'une volonté manifestée en ce sens, une revendication *utile* à l'aliénateur (V. L. 1, C., *De donat. quæ sub modo* (viii, 55).

restrictions que celle de l'acheteur sous condition résolutoire. Mais, de même aussi que dans la vente, à côté
de l'action en revendication et concurremment avec
elle, on laissa subsister l'ancienne *condictio* qui, sans
avoir les mêmes caractères que l'action *venditi* maintenue en cas de vente, présentait des avantages analogues. Ainsi, d'abord, c'était la seule à laquelle le donateur pût recourir quand il avait donné la chose
d'autrui, et qu'elle avait été usucapée dans l'intervalle.
C'est même au sujet de la donation à cause de mort
qu'est posée la règle suivant laquelle cette usucapion
profite à celui *qui usucapionis occasionem præstitit* :

> JULIEN, L. 13, *pr.*, Dig., *De mortis caus. donat.* (XXXIX, 6).
> — Si alienam rem mortis causa donavero, eaque usu-
> capta fuerit, verus dominus eam condicere non potest,
> sed ego, si convaluero. (Comp. L. 33 *eod.*)

De même, la *condictio*, non la revendication, pouvait
faire obtenir au donateur les fruits acquis entre-temps
au donataire, et les autres accessoires produits par la
chose avant que la donation fût résolue :

> PAUL, L. 12, Dig., *De condict. causa dat.* (XII, 4). — Quum
> quis mortis causa donationem, quùm convaluisset do-
> nator, condicit, fructus quoque donatarum rerum, et
> partus, et quod accrevit rei donatæ, repetere potest.
> (*Comp.* L. 38, §§ 2 et 3, Dig., *De usuris*, XXII, 1.)

La revendication ne pouvait pas faire obtenir ces fruits
et accessoires, non-seulement en ce sens qu'ils ne pouvaient pas être l'objet d'une revendication de la part du
donateur, qui n'en avait jamais été propriétaire, et qui

dès lors n'aurait pas pu les atteindre entre les mains
des tiers, mais encore en ce sens qu'ils n'auraient pas
dû être restitués, *officio judicis*, accessoirement à la revendication de la chose principale dirigée contre le donataire (1).

Il me reste à dire un mot du cas où la translation de
la propriété sous une condition résolutoire s'est accomplie par un acte dans lequel une personne *alieni juris*
a joué le rôle d'acquéreur. Supposons, par exemple,
une donation de propriété, faite sous condition résolutoire, à un fils de famille. Voici quelle est la question
qu'on peut se poser : si la translation de la propriété
est confirmée définitivement par la défaillance de la
condition, et que cette défaillance se produise à une
époque où le donataire est devenu *sui juris*, est-ce lui
qui profitera exclusivement de l'acquisition, ou doit-on
considérer que cette acquisition s'est produite *ab initio*
et d'une manière incommutable au profit du *paterfamilias ?* Il semble que la réponse ne puisse pas être
douteuse : la propriété ayant été transférée *ab initio*,
n'a pu l'être qu'au profit du père, et on ne conçoit
guère qu'elle se déplace par suite de l'émancipation du
fils.

Cependant, pour le cas particulier d'une donation
mortis causa, voici un texte qui implique une solution
toute différente :

PAUL, L. 44, Dig., *De mort. caus. donat.* (XXXIX, 6 — Si
servo mortis causa donatum sit, videamus, cujus mors
inspici debeat, ut sit locus condictioni, domini, an ipsius

---

(1) *Comp. sup.*, p. 478.

servi. Sed magis ejus inspicienda est, cui donatum esset ;
sed tamen post mortem ante apertas tabulas testamenti
manumissum hæc donatio non sequetur.

Il y a dans ce fragment deux décisions. Le jurisconsulte, supposant une donation *mortis causa* faite à un
esclave, se demande d'abord si l'on doit s'attacher à la
mort de l'esclave ou à celle du maître pour ouvrir la
condictio au profit du donateur. L'hypothèse où il se
place est bien celle de la donation sous condition résolutoire, puisqu'il s'agit d'admettre l'exercice d'une *condictio* pour la reprise du bien donné (1). Paul décide
qu'il faut voir qui le donateur avait voulu gratifier (2).
Puis il ajoute, et c'est la deuxième décision du texte,
que, dans tous les cas, alors même qu'il faudrait s'attacher à la personne de l'esclave, la chose donnée n'en
resterait pas moins au maître, si cet esclave avait été
affranchi *post mortem donatoris, ante apertas tabulas testamenti*. C'est donc que si l'esclave avait été affranchi
avant la mort du donateur, il aurait profité pour lui-
même de la donation.

J'incline à penser que c'est là une solution toute spéciale à la donation à cause de mort, et qui ne saurait

---

(1) Je considère comme inadmissible la correction proposée par
M. Fitting (*Begriff der Rückziehung*, p. 114); correction consistant
à lire *conditioni* au lieu de *condictioni*, ce qui permettrait d'entendre
le texte d'une donation sous condition suspensive. Outre que cette correction ne s'appuie sur aucun document, la phrase construite de cette
manière ne serait pas correcte; je ne crois pas qu'on trouve nulle part
locus est conditioni pour dire qu'une condition est accomplie.

(2) C'est ainsi que j'entends le passage : *Sed magis ejus inspicienda
est, cui donatum esset*, conformément à la distinction établie par la
L. 23, *eod. tit.* (V. *sup.*, p. 420).

être étendue aux autres cas de translation de la propriété *ad conditionem*, par exemple à celui d'une donation entre-vifs affectée d'une condition résolutoire. La dérogation au droit commun, admise en matière de donations *mortis causa*, au point de vue dont il s'agit ici, s'explique suffisamment par l'assimilation établie entre ce genre de libéralité et les legs. Par suite de cette assimilation, l'on appliquait ici la règle qui reporte à l'événement de la condition l'acquisition du droit au legs conditionnel. Le texte fournit lui-même la justification de cette manière de voir : l'idée que le jurisconsulte a voulu plus particulièrement mettre en relief, c'est qu'à la différence de ce qui se passe pour les legs, sous l'empire des lois caducaires, il ne fallait pas reporter au jour de l'*apertura tabularum* l'acquisition du droit dérivant d'une donation à cause de mort. D'où l'on voit qu'il s'agissait pour lui, de l'extension plus ou moins complète qu'il convenait de faire à la donation *mortis causa* des règles concernant les legs.

TABLE DES MATIÈRES.

—•—✱—◄—

d'une personne dont le refus en empêche l'accomplissement. — Discussion sur l'hypothèse où l'obstacle provient d'un cas fortuit.

CHAPITRE II. — Quels sont les actes qui admettent la condition.

De l'institution conditionnelle au profit de personnes que le testateur est tenu, soit suivant le droit civil, soit suivant le droit prétorien, d'instituer ou d'exhéréder.

CHAPITRE III. — Effets de la condition.

SECTION 1re. — Effets de la condition suspensive dans les contrats.

Section ii. — Effets de la condition suspensive dans les legs qui confèrent au légataire un droit de créance.

Section iii. — Effets de la condition suspensive dans

32

les actes ayant pour objet le transport de la propriété ou de ses démembrements.

SECTION IV. — Effets de la condition suspensive dans
les institutions d'héritier.

SECTION V. — Effets de la condition résolutoire.

FIN DE LA TABLE DES MATIÈRES.

TABLE DES TEXTES ANALYSÉS

ou

CITÉS DANS L'OUVRAGE.

Error

Error

Paris. — Imprimerie de Ex DONNAUD, rue Cassette, 9.